U0608532

战略管理会计

Strategic Management Accounting

〔英〕基斯·沃德（Keith Ward）著

何 瑛 陈宋生 译

经济管理出版社

ECONOMY & MANAGEMENT PUBLISHING HOUSE

北京市版权局著作权合同登记：图字：01—2004—5190 号

图书在版编目（CIP）数据

战略管理会计/（英）沃德著；何瑛，陈宋生译. —北京：经济管理出版社，2011.6

ISBN 978-7-5096-1342-9

Ⅰ.①战… Ⅱ.①沃… ②何… ③陈… Ⅲ.①管理会计 Ⅳ.①F234.3

中国版本图书馆 CIP 数据核字（2011）第 050798 号

出版发行：经济管理出版社

北京市海淀区北蜂窝 8 号中雅大厦 11 层

电话:(010)51915602　　　邮编:100038

印刷：北京紫瑞利印刷有限公司　　　经销：新华书店

责任编辑：宋　娜　白瑞花

责任印制：黄　铄

责任校对：蒋　方

787mm×1092mm/16　　　20 印张　　　392 千字

2011 年 10 月第 1 版　　　2011 年 10 月第 1 次印刷

定价：58.00 元

书号：ISBN 978-7-5096-1342-9

译者序

推进财务转型　实施战略管理会计

随着企业财务转型的逐步推进与精细化管理的深度实施，为企业将效益管理落到实处，从而高效实施价值管理创造了良好的环境和契机。财务管理部门作为公司价值管理的主要部门，要深入研究产业价值链和内部价值链变化对公司价值的影响，提供战略成本信息，建立相应的估值模型，支撑公司建立合理的产业价值分配模式和盈利模式，推动产业价值链的扩大，实现企业价值最大化。同时，由于用户需求的多样化和激烈的市场竞争，企业内部需要精细管理经营收入、控制经营成本，确保收入质量，实现成本结构和效益的最优化，建立内部价值链管理体系，防止价值流失。并且随着产业价值链的外延不断扩大，企业内部价值链所涉及的专业分工更加精细，由技术和业务转型带来的管理转型对财务部门的价值管理能力、业务支撑能力和精细化管理能力提出了更高要求，而战略管理会计的逐步实施正是企业成功实施财务转型的基础和重要支撑。

纵观管理会计的发展，大致经历了三个阶段：执行性管理会计阶段、决策性管理会计阶段和战略管理会计阶段。

第一阶段：面向企业内部，注重提高内部效率，着眼于减少消耗和损失。这一阶段的标志是 1911 年泰罗《科学管理原理》的发表。伴随着泰罗的科学管理理论在实践中的广泛应用，管理会计开始关注如何为提高企业的生产和工作效率服务。于是，标准成本、预算控制和差异分析等方法开始被引进到管理会计中来，成为管理会计方法体系的重要组成部分。但是以标准成本、预算控制和差异分析为主要内容的管理会计，其基本点是在企业的战略、方向等重大问题已经确定的前提下，协助企业解决在执行过程中如何提高生产效率和生产经济效果问题，所以说这个时期的管理会计还只是处于执行性的管理会计阶段，追求的是"效率"，处于管理会计发展的初级阶段。

第二阶段：面向市场，根据市场需求安排企业的生产。这一阶段的标志是 20 世纪 50 年代西蒙的《决策理论》的发表，并最终获得了诺贝尔经济学奖。随着现代科学技术发展突飞猛进，跨国公司大量涌现，市场情况瞬息万变，企业竞争更加剧烈，曾风靡一时的泰罗的科学管理就显得非常被动，其重局部、轻整体的根本性的缺陷暴露无遗，不能与外部环境相适应。1958 年，美国会计学会在一份研究报告中明确指出，管理会计的基本方法包括标准成本计算、预算管理、盈亏临界点分析、差量分析法、变动预算、边际分析等，从而形成了管理会计方法体系的基础。而且随着电子计算机和信息科学的发展，管理会计的理论方法体系不断完善，并逐步形成了以"决策与计划会计"为主体的管理会计结构体系。这个时期的管理会计处于决策性的管理会计阶段，追求的是"效益"，处于管理会计发展的中级阶段（胡玉明，1999）。

第三阶段：面向顾客，以战略为导向，以满足客户需要为出发点。这一阶段的标志是 20 世纪 80 年代迈克尔·波特的《竞争战略》和《竞争优势》的发表，并随着美国著名会计学家诺顿·卡普兰教授的平衡计分卡的提出，管理会计进入了战略管理会计阶段，并将得到进一步发展。这个阶段企业追求的是"效率"和"效益"的协同，处于管理会计发展的高级阶段。

资本市场的发展需要规范的以对外报告为主的财务会计，而资本市场的繁荣需要先进的以对内报告为主的管理会计。2010 年，管理会计成为财界的焦点话题，也同样是在 2010 年，理财者普遍认为管理会计在中国的"春天"真的来临了。所以，由基斯·沃德所著的《战略管理会计》一书的中文版公开出版作为国内出版的第一本系统研究战略管理会计的书籍，将会帮助中国企业高层财务管理人员更好地履行服务战略、配置资源、管理风险、创造价值的职能，从而引领企业的价值创造、价值实现与价值经营。

本书适用于 EMBA、MBA、MPAcc 以及硕士研究生学习《管理会计》课程的参考书，适用于经理人员和财务专业人士了解和掌握公司理财知识和方法的参考书，也同样适用于特许管理会计师、注册会计师、注册财务管理师的培训教材。

本书由何瑛组织翻译，参加翻译的人员包括何瑛和陈宋生。在翻译过程中，部分章节几经推敲和审校，但因译者水平和时间有限，书中恐存疏漏甚至错误之处，恳请读者批评指正为盼。

何 瑛

2011 年 5 月

序　言

　　本书的目的是在企业战略管理的背景下研究管理会计，并且在这种环境中，为运用管理会计的技术和概念提供一个切实可行并且有严格理论支撑的框架结构。

　　本书首先介绍了企业战略和战略管理，概述了竞争和企业战略的观点。随后的章节，研究了管理会计的本质和相关的财务控制问题，考察管理会计如何有助于选择和实施最有效的竞争战略，尤其是通过提供与竞争对手、客户和个别产品有关的财务信息，进而研究不同类型的组织结构以及由此产生的整体企业战略对企业管理会计要求的影响。在本书中，为企业发展的各个阶段量身打造财务控制措施的需求不断增加，这会在第四部分详细讨论。本书最后汇集了所有的包括收集、分析和传递相关财务支撑信息的问题，以便于形成一种决策导向的管理会计系统，以满足不同类型组织的需要。

　　本书使用了大量案例和小例子来说明主要论点；然而，它故意不使用数字和复杂的数学理论来填充。主要目的是要传达一个重要的概念和方法，表明管理会计能够而且必须被纳入到战略决策的制定过程中。

　　因此，本书可以作为对管理会计师和财务会计师培训的相关资料，也可以对在战略管理的背景下关心和制定财务决策的企业经理有所帮助。它尤其与高级 MBA 课程联系密切，曾经成功地在 Cranfield 大学的战略管理会计选修课上得到广泛认可。

　　本书的风格有些挑战性和争论性，因为我相信管理会计领域在可预见的未来意味着对专业人士的最大挑战。

　　我要感谢我的秘书 Sheila Hart 和她的同事 Marjorie Dawe 和 Alieen Tracey，她们帮我打印手稿，感谢 Natalie Thomas 制作出了电脑生成的图表，这都是为了尽快完成书稿。我还要感谢我的家人：Angela、Samantha 和 Robert，感谢他们在我写本书的过程中给予我的包容。很显然，在过去的一段时间里我变得越来越暴躁；我希望这些没有反映在文章里，而你，亲爱的读者，能感受到大家的努力，尤其是我家人的那一部分，就很值得了。

基斯·沃德（Keith Ward）

目　录

第二部分　竞争战略会计

第四部分　根据企业发展状况改变战略

第五部分 战略管理会计的信息需求

第一部分

将战略和管理会计联系起来

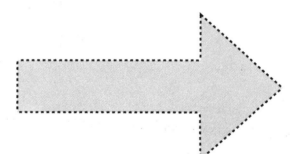

第一章　导言和概述

本书的书名是战略管理会计，也可以叫做"为战略管理服务的会计"，或更准确地叫做"企业在计划和实施业务计划范畴下的管理会计"。为了更准确地理解上述这些定义，我们有必要对企业战略、战略管理以及管理会计的定义加以说明。

战略管理

一般认为，战略管理是一种综合的管理方法，它将企业战略计划、实施和控制中所涉及的那些单一要素整合起来。所以，很明显，这要求我们对一个企业的长期目标和任务（企业的发展方向）有一个较好的理解。同时，我们也有必要对企业目标和任务现在所在的以及未来经营所在的环境进行一次全面的分析（企业现况）。该分析必须包括企业所有内部的运营和资源状况（既包括目前状况也包括潜在状况），但同等重要的是，它还必须包括企业所在经营环境中的外部情况。这包括对竞争对手、供应商、顾客、经济和政治变化以及法律和其他监管政策的变化等的分析。

需要纳入这些企业之外的诸多因素（而且必须真正关注这些因素）是将战略管理会计和其他更传统的会计领域相分离的主要因素。那些传统的会计领域都只关注于企业内部的运营而且只将企业与外部的那些特定交易纳入进来。

要将"企业现况"和"企业的发展方向"这两者结合起来，我们自然而然就需要找出弥补这两者之间的差距所需要采取的一系列行动，或者是，如果外部环境正朝着不利于本公司的方向发展，那么我们仅仅要找出能维持目前态势的方法。这些"企业战略"必须在同时考虑了内外部环境的情况下才能制定，这样才能保证这些战略的可行性；如果不这样做，那么该公司的目标和任务只能是维持在理论上的"愿望清单"，而不能转变成公司可以操作的行动计划。对许多大公司而言，企业战略的制定必须在组织内合适的层面上做出，这一点非常重要：因为大公司的各个事业部都以不同的产品在不同的市场上进行竞争，它们都有相互割裂但又联系的战略，只有这样才能保证整体的公司战略正是企业所需要的。但是，到目前为止，我们所讨论的企业战略只停留在纸上谈兵阶段，而战略管理的整个流程还包括对选定战略的执行。

这其中的一些目标和任务是长期的，而且相关的战略也将在一个动态且不断变化的外部环境下来实施。所以，如果要实现所有这些行动计划的预期结果是不太可能的。在任何一个真正全面的战略管理框架下，都需要一个评价和控制流程，而且有必要的话也需要一个修正流程。做任何一次修正都意味着之前所选的战略会发生变化，但是在一些情况下，企业不得不承认在现实的外部经营环境中它们原先的目标达不到了，或以它们所能获得的内部资源无法实现之前所定的目标。这样，一些目标就不得不做出修正，除非能找到一些方法或者让环境变得更有吸引力，又或者是增加自身所能获得的资源。所以，战略管理是一个持续、互动的过程，如图 1.1 所示。这个过程我们会在第二章详细地讨论。如果战略管理想在战略分析、计划和控制过程中的财务方面起到积极的作用，那么它就必须在这个不断变化的环境中获得成功。所以，我们有必要挑选出那些和会计职能和战略角色相联系的财务。

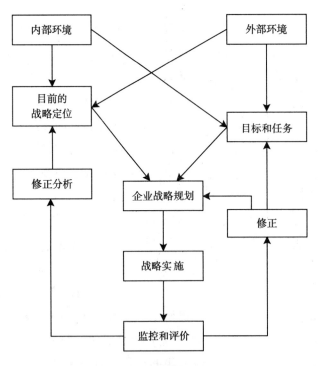

图 1.1   战略管理流程

管理会计的作用

在大多数企业中，一般都将财务职能划分为三个主要方面，这三个方面各自所关注的主要内容如下：

1. 记录企业的财务交易并将这些交易的历史财务数据报告给股东和其他利益相关团体，即财务会计。

2. 以最恰当的方法为企业筹集发展所需的资金，即财务管理（或者叫公司财务）。

3. 为公司的管理者在财务决策制定过程中提供支撑作用并作为管理团队的一分子，即管理会计。

基于前面对战略管理作用的讨论，可以很明显地看出，涉及战略方面的最合适的领域就是管理会计了。将管理会计从财务管理中划分出来是一次巨大的变革，这个划分突出了管理会计并不是关注于对历史事件的记录或者是关注于陈述对外宣称的财务声明报告（因此这也不是本书的目的）。但这并不意味着战略管理会计与股东（企业所有者）和其他一些重要的利益相关者（目前一般认为这些利益相关者包括债权人、顾客、供应商、员工、政府和公众，公众一般表现为消费者团体和环境论者）的利益（也即目标和任务）联系不紧密。

不同的利益相关者

如图 1.2 所示，一个企业所有的利益相关者都会对管理者（他们自身也是这些利益相关者群体中的一员）选择和实施企业战略产生影响。这些当事人的相关影响力非常重要，而且随着时间的推移会发生重大转变或者是由于在某个特定的时期某个特定的战略问题会起主导作用。所以，企业战略的选择不仅仅是管理人员的职权。而且，正如下面以及第二章所论述的，很可能这些拥有不同优先权且相互矛盾的利益相关者会将相互冲突的子战略强加给企业。在一个企业中，所有这些利益相关者都公开了他们的财务报告，这也是法律规定的主要的财务信息来源，但是这些财务报告只反映了企业过去的财务绩效和财务状况（因为这些财务报告只覆盖了历史的财务会计期间而且该报告也是在该会计期间已经结束一段时间之后才公开发布）。而且，大多数的这些公开信息都是以总结的形式概括地反映每一个法律实体的状况。对那些规模庞大、多元化经营非常广泛而且是公开上市的企业集团而言，这种概括性的报表肯定满足不了许多有兴趣的利益相关者的信息要求，他们可能更希望获得公司某一特定方面的更为详细的信息。

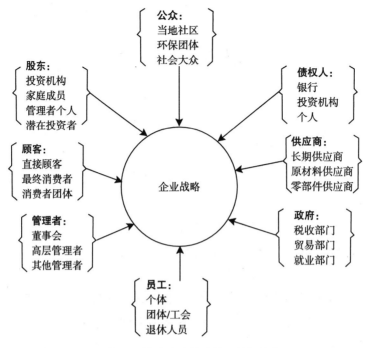

图 1.2　影响企业战略的利益相关者

　　但是，对今天大多数公司的股东而言，他们已经将公司所有的直接的和错综复杂的情况委托给他们的"代理者们"，或更准确地说在这种情况下叫"管家"，人们假定这些代理者们会为他们的委托人的利益而尽他们最大的努力。在这个最重要的且论证充分的"代理理论"概念中，"公司股东的代理者们"就是企业的高层管理者或是公司的董事，他们拥有企业日常事务的全部管理权，他们只受定期向股东汇报这一约束（它的最初出发点是企业对外公布的财务报表）。所以，管理者在制定、持续地实施以及不断升级企业长期战略的过程中应该考虑股东及其他企业利益相关者的利益。管理会计在这一战略决策制定过程中的重大作用也需要管理团队时刻将外部相关者的需要和愿望记在心中——尤其要记住与某一特定决策相关的风险而且要决定是否能获得预期可以接受的利润水平。第二章中会讨论战略计划过程中到底如何具体做到这些方面，而其他一些相关的财务含义会在第三章和第四章进行讨论。如果管理者们忘记了他们的主要利益相关者（即委托人）委托给他们的代理职责，那么在任何一个有效的金融市场中对管理者的惩罚就是管理者失去他们的工作。要做到这一点，要么是现有的股东通过投票让管理者下课，要么是现有股东非常不满意管理者的业绩表现，他们出售公司的股票，这样他们就将公司的最终所有权转移给其他一些股东，而这些新股东极有可能在管理方面做出重大的改变。其他所有的利益相关者都能够实施这一惩罚措施，其他不拥有所有权的利益相关者所施加的压力一般是间接的，但这些压力仍然能对公司最终的财务绩效产生影响，而且现在他们可以使用一些更直接的法律限制来约束管理者。即使这些压力是间接的，但从长期来看仍然是有效的，这样管理者就不会滥用委托给他们的权力。

这些不同的利益相关群体在企业中差别迥异，而且有可能是相互冲突的利益空间，而且他们也希望通过各种各样的途径且不同程度地涉入公司的战略中。例如，在一个规模庞大、跨国且多元化经营的集团公司中，股东对集团特定的业务、产品、市场以及投资的国家都所知甚少，甚至对此也毫不关心。他们主要关心自己以分红和资本利得等形式得来的财务收益，从这些利得可以看出这些属于低风险投资，因为股权得到了很好的分散。如果之前公司成功的战略中已经包含了购并和业务出售，即使是较大的动作，或者是对生产设备进行大面积的投资，那么很可能任何一个相类似的提案会自动获得股东的批准。这样看来，只要管理者能继续在财务方面保持好的绩效，企业战略就会由管理者来全权负责。

但是，员工对任何一项购并或出售业务单元提案的态度都不一样，在一些情形下，他们的态度对于战略选择以及最终的成功都是至关重要的。而且，供应商以及顾客对于公司任何一个能对目前交易领域有影响的战略威胁（即垂直整合）都会非常关注。任何一个较大的竞争对手也会成为一个重要的利益相关者，因为他们会想尽办法影响公司的战略决策。如果一个公司的计划实施会改变目前实力均衡或打破行业均衡的战略（如一个公司大幅度地提高产能，而这些增加的产量却不能被未来市场需求的增长所吸纳）时这种情况就会发生。当战略中涉及大规模的新增投资或通过关闭厂房来缩减规模时，当地政府有时甚至是所在国政府就突然成为切身的利益相关者，他们会尽量影响管理者所做出的决定。本书自始至终都经常会追溯到的问题之一是，是人而不是组织在做出决策。所以，决策是如何做出的这一问题就非常重要，而且相关压力群体所施加的影响会在很大程度上影响最终的战略决策。

在一个理想且理论上可行的世界中，运用委托代理理论可以保证管理者所做出的决策是依照所有相关利益相关者的目标和任务所做出的。在权衡这些利益相关者的重要性时，要考虑一些适当的能反映利益相关者影响力和实力（即重要程度）的因素，而且将这些权重因素与所考虑的特定目标联系起来。而在不完善的战略业务决策现实当中，要适当地考虑所有重要的利益相关群体的利益，而且在战略决策实施之前，要尽可能地对潜在的一些迹象进行评价，这两点非常重要。所以，管理者应该致力于体现利益相关者的目标。但是，如果管理者的个人目标正好与利益相关者的目标相一致，那么他们会更加愿意全心全意地实施制定的战略。

目标协调的目的

举例来讲，某一个公司的股东们在初始投资尽可能相对较少的情况下，可能希望管理者采纳一个高风险、高增长的战略，因为如果这个战略能取得成功，那么这些股东会获得很高的投资回报。如果该战略失败，那么该公司就会破产，而股东们可能通过他们投资组合中其他投资项目的收益来弥补这一项目的损失。也就是说，股东们可以通过投资分散化来降低他们的投资风险，而且如果某项投资的战略为高风险战略时，股东们确实也应该这么做。但是，如果这一高风险战略失败的话，管理者发现他们会丢掉自己的工作，而很难通过工作组合来降低自身的风险。而如果这一高风险战略能获得成功，管理者所能获得的可能的额外回报远低于股东所能获得的额外回报，所以他们采纳这种高增长战略的动机就不是很强。本书自始至终都强调了目标协调这一问题，而第三部分更是对各种组织结构下导致该问题的原因进行了深入的探讨。

在最简单的企业结构形式下，即所有者同时还是企业的高层管理者，就不会存在这种利益冲突，但是对绝大多数大中型企业而言，这种利益冲突很早以前就存在了。的确，在特大型企业中，这种冲突还经常会升级，因为整个公司的高层管理者（如集团董事会）和真正的事业部或执行层面的管理者（从层级的意义上来讲，他们是高层管理者的代理人）在目标和任务上存在着另外一种潜在的代沟。很明显，在这种多层级的组织中，要始终在各个层级之间保持目标一致是非常困难的，这就要求在开发战略会计管理系统的过程中应非常明显地关注于主要的战略问题。这就要求在所有的相关管理层级上要非常谨慎地选择每个层级的管理绩效指标以使它与整个公司的战略相一致，所以这也是任何一个好的管理会计系统的主要任务，我们将管理会计和战略问题之间的相互作用关系体现在图 1.3 中。

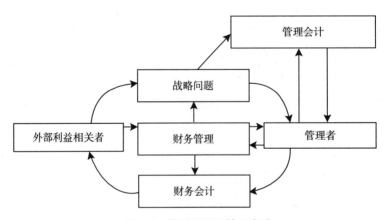

图 1.3 战略问题和管理会计

注：图中箭头的方向表示影响或信息沟通的主要方向。

管理会计也不同于财务管理，财务管理主要关注的是通过最合适的方式为企业获得需要的资金。在大多数大型企业的财务会计部门，这两个职能分别由不同的人来完成，从日常操作的层面来讲，分开的做法是比较合理的，因为他们对技能的要求是不同的。但是，从企业战略的层面来考虑财务管理者的时候，很明显，最重要的一个因素是企业为实施预期战略而筹措并维持所需资金的能力。如果已经证明不能获得所需的资金，那么整个战略就必须做出调整以适应实际的筹资水平（现在一般将这一概念称为"筹资能力"），否则企业的可持续发展就会面临危险。也就是说，正如图1.3所描述的，任何一个切合实际的战略管理会计的定义都必须包含着这样一个方面，即必须要确保能获得企业的任何一次新战略调整所需的资金。从某种意义上讲，这种更为前瞻性的、主动性的财务管理方式称做财务战略可能更准确一些。由于它能大大提升企业的总体价值，所以其单独成为一个学科的确有它自身的意义。所以，该学科中只有一些非常关键且密切相关的问题会在本书中进行讨论。

　　所以，战略管理会计的职能是非常明确的，它不是一个被动的财务经纪人或"会计人员"，它也不仅仅局限于一般意义上的"管理会计"的定义，它的关注点主要是支撑企业内部财务决策。在企业所有者和其他利益相关者对企业进行指挥和控制的过程中所需的财务信息方面，战略管理会计能从它们的角度起到更为积极的支撑作用，在第3章中会详细地讨论这一作用。

分析、计划和控制

　　人们早就知道战略管理的特点是一个分析、计划和控制交互作用的过程，管理会计也可以用这些词语来表述，如图1.4所示。

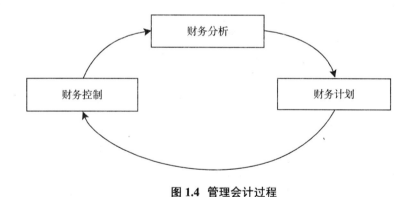

图1.4　管理会计过程

　　如果战略管理会计也能够分解为相类似的三阶段过程会很有助益。它会使战略管理与其财务支撑系统之间的匹配程度尽可能地紧密。尽管在实际操作过程中各个阶段之间的界限会有一些模糊，但像战略管理一样，战略管理会计还是极有可能划分为三个阶段。

　　财务分析用来判定企业的状况并确保战略目标现实可行。因为企业战略在很大程度上关注于外部环境，绝大多数的财务分析都集中在外部问题尤其是竞争对手和顾客方面，而不是那些传统的领域如内部的与去年的业绩对比，或是与本年的预算对比。而且，财务分析也不是从整个公司的角度分析业绩表现，战略财务分析将整个公司按其主要组成部分进行划分并提供相关子群体的信息，如生产获利性分析和客户群体盈利性分析等。这些战略管理会计的内容会在第二部分进行讨论。

战略计划过程指的是设计出能实现公司目标的行动计划。因为许多公司目标是通过财务术语来表示的，所以这些行动计划通常会需要大量的管理会计输入。企业战略必须由企业的管理者来制定并实施，所有组织结构对战略计划的制订和实施方式会有很大的影响。本书第三部分中会讨论不同组织结构之间的关系，但是我们应该记住，如果企业战略受到组织结构的束缚，组织能够而且也应该改变组织结构。许多企业在快速变化的环境下进行经营，所以随着环境的变化最适宜的组织结构也会很快发生变化。不幸的是，许多企业不能快速对其组织结构进行变革，还保持着过时的管理结构，由于该结构不能适应目前的战略，所以这些公司的财务绩效表现就受到了影响。

一旦战略计划制订出来并付诸实施，管理会计的角色就转变为监控财务目标的实现程度并为相关决策制定者提供适当的反馈。这些反馈应该被用来制定修正决策，要么是将计划引回预定的轨道，要么是使计划瞄向相关修订后的目标（可能是提高了，也可能是降低了）。所以，财务监控和报告（即控制）应该被视为一项积极的管理工具，而且也是制定战略规划这一艰巨任务的一个学习过程，而这一学习过程是企业更为需要的。正如第五部分所描述的那样，太多的情况下，人们都将财务控制过程视为分担指责或邀取功绩的工具。还有一点也非常重要，即财务控制方式要适合于特定的企业战略，也就是说财务控制方式必须量身定制。不幸的是，绝大多数企业只是用一种方式（截至目前，大多数企业都采取一些投资回报类的方式）来监控财务绩效，而不管企业当前的发展阶段或战略推进的阶段。第四部分会在第三章的基础上，更详细地讨论挑选适应企业不同发展阶段的另外一种财务控制方式。

决策支撑系统

由于在企业内对信息进行控制会形成权力，所以会存在这样一种危险，即管理会计师以及其他高层财务管理人员认为他们最主要的角色是战略决策制定者。这是他们对角色的滥用，他们是战略管理团队中非常重要的组成部分，但是在绝大多数情况下他们并不是最终的决策者。会计是最常见的商业语言，通过它可以对各种不同的资源以及相互冲突的优先排序进行对比并评价，而财务管理人员的一个主要职责就是充当一名专业的翻译官。作为管理团队的一名全职人员，财务管理人员还应当进一步承担的职能是参与公司目标和战略的制定，但是他们这种对财务信息的控制不应该成为专制、独裁权力的基础。

战略管理会计应该是一套决策支撑系统，包括为适当的战略决策制定者提供相关的信息。这些内容会在本书的第五部分进行讨论，在该部分，会详细讨论战略决策所需的特定信息，但是战略决策对管理会计任何一个部分的基本需求都是相同的。决策支撑系统要求在适当的时间将正确的信息提供给合适的人，这句话听起来非常简单，但是要真正做到这一点，我们还需要进一步解释。

信息需求

"合适的人"很明显指的是战略决策者，但是在许多企业中这一点会引起混淆。人们经常想当然地认为战略决策只能由企业的高层（即企业的最高管理者）做出，所以也只有这些管理者才需要战略管理会计信息。关键决策可能需要由首席执行官甚至由全体董事会成员做出，但是某项特定的公司战略却需要由公司的全体人员来执行。所以，公司战略会包含大量的子战略，这就意味着战略决策需要在公司各个层级上做出，所以说，这就需要将相关的会计分析提供给合适的管理者。而且，由某一个管理者对整体战略计划的实施进行监控也是不可能的，所以需要将这一职责分配给企业中各个层级上的不同管理人员，而这些人需要收到适当形式的监控信息。

大多数战略决策所涉及的范围都非常广，这就意味着它需要大量的财务分析作为支撑，但实际上信息量太多比信息量过少的危害性要大。所有的管理人员所需要提供的是信息，而不是原始的、未经加工的数据。一套好的战略管理会计系统能够通过对历史信息进行分析并对未来决策结果进行预测而为战略决策制定者提供大量的价值。在许多重复性的决策中，通过之前大量决策的结果来开发一套统计上可行的预测系统相对而言是比较容易的。但遗憾的是，大多数的战略问题都是非重复性的、一次性的决策，所以对这类决策的结果进行预测是非常困难的。而且，往往可能的结果范围也是非常广的，所以就需要一些较为复杂的决策模型工具（如线性规划工具和模拟技术）来应对这一复杂性。如果管理会计系统不能对这些信息进行处理并以清晰易懂的格式呈送给决策制定者，那么战略决策很可能会延误甚至根本不会做出决策。造成这种情况的原因可能是管理者不得不亲自对提供的大量信息进行分析，并对那些必然冲突的结果进行协调。或者是某项非常重要的决策在不参考任何信息的情况下做出，因为信息量太大了，决策者根本没有时间去挖掘哪些是相关信息。

所以，"适当的时间"指的不仅是决策的时机，还包括消化这些信息的时间。很明显，如果财务分析的过程很明晰而且信息提供的格式非常概括且根据不同的决策者量身定做，那么这一消化时间就会降到最低。紧接着，战略决策者的精力就能够更有效地集中到挑选最佳的战略决策方案当中去。这是战略管理会计所面临的最大挑战之一，本书第十九章和第二十章会对这点进行详细讨论。

我们还需要在提供财务信息的成本和企业能从制定更佳战略所获得的收益之间进行权衡。随着计算能力性价比的大大提升，这些成本急剧地下降。所以，更快地提供更准确的财务信息变得越来越经济了。这不能简单地理解为更快、更及时地提供更多的报告，虽然从表象上看机会是通过这些形式来把握的。它使得管理会计能对非常重要的关系进行分析并建模，进而对那些对公司战略有重大影响的内外部因素的结果进行预测。这使得管理会计能够对战略管理起到非常积极的贡献，这部分内容会在本书第三章进行讨论，而在本书第二章我们会对战略管理工具进行讨论。

但是，尽可能早地将战略管理会计置于某个企业的特定环境下是非常重要的，所以我们下面将给出一个深思熟虑过的固定格式且比较理想的例子，通过它我们可以看出只有当我们对整体公司战略有了一个比较好的理解之后才能够做出战略财务决策。

鲁道夫和侏儒

鲁道夫开始后悔他管理阶段晋升得太快，去年的这个时候他是公司的首席司机，但是一段时间持续、严重的头痛使得他不得不要求计划管理部为他换一份室内的工作。他一开始的职位是店长助理，但是他的技能和敬业精神使其很快晋升为公司总部生产计划管理部主管（缩写为 HOPSCOTCH）。很明显，他的一项主要职能就是计划公司年度生产需求并招募必要的工人来完成目标产量。很快，他就识别出一个主要的问题，即销售的季节性波动，他建议市场营销部重视降低高峰销量的方法。但是，营销部的人员认为客户会反对变更配送方式，即使按照地理位置来组织配送。他们已经尝试了许多年以创造更多的销售机会来分散销售，但是高峰销量还是没能降低。

由于他们的市场调研变得越来越不可靠，但最终又都被采纳（最早一批从他们的烟囱中落下的信件也都到了 10 月才出现），所以他们确实承认鲁道夫的问题正变得越来越严峻。很明显，可靠性的缺乏以及稍后对某些产品激增的需求不仅仅是由于顾客变得越来越成熟，而且还由于拓宽了的产品范围使得产品生命周期比过去缩短了很多。

因此，近年来他们大量积压了某些产品的无用存货。解决这一问题的一个可行方案就是在年初的时候降低时尚产品的产量并且集中生产该时期内低风险的产品——但是当可以被划分为低风险的产品种类越来越少时这一措施就变得复杂了。由于需求可能会急剧增加，因此这样一个基于季节的生产机制可以使产量与需求的匹配更加紧密，但是这也显著地提高了生产成本。这些增加的成本一方面用于支付加班费，另一方面用来雇用临时劳动力。这意味着要增加短期助理的培训工作。除了培训，鲁道夫还意识到由于临时劳动力和部分固定员工疲劳工作使废料增加，返工成本也明显提高。

当然，鲁道夫不需要再租用大量的仓库，并且他不需要为整年的高存货筹集资金而支付利息费用，这样节省下的资金也弥补了上述的一些成本上升。

季节性匹配和生产都有明显的缺点，鲁道夫想出了一个解决方法。如果他投资于自动生产设备（特别是弹性生产系统），那么当季节性需求增加时他可以通过延长机器的工作时间来加以应对，而不需要再雇用更多的劳动力来解决这些问题。如果他不再需要这么多的产出量，他可以关闭机器，由此连带的劳动力因素就不会消耗大量的资金。这是这个问题的解决办法吗？

问题的讨论

被圣诞老人雇用的鲁道夫有许多不寻常的竞争优势，包括一个极具影响力的品牌名称、一个可以使他的所有顾客在一年中的同一个夜晚接受服务的独特的分销系统，加上另一个非常重要的事实就是他们的产品都是免费赠送的！因此，如果这个问题存在于更加现实的玩具产业中，其他的战略性选择就能够进行很简单的分析。有两个正在使用的现存战略和第三个被提上议案的弹性生产系统。图 1.5 总结了现存可选择战略的优势和劣势，可以清楚地发现一个系统的优势就是另一个系统的主要劣势。

	收支平衡生产	季节性变动生产
系统的优势	最低单位成本	低存货
		生产量与订单相匹配
	有效生产	低融资和存储成本
	• 稳定的劳动力	
	• 低费料率	低存货过期风险
	机器最优化	
系统的劣势	高存货水平	较高的单位成本
	• 实物存储成本	
	• 融资成本	增加了费料和返工成本
	• 存货过期风险	
		机器优化程度低

图 1.5　鲁道夫的最初选择

一眼看上去，弹性生产系统同时拥有两种现行战略的大部分优势，同时又避免了它们的劣势。然而，如果它们在一年之内的某一很短的期间内就可以生产大量产品以供应需求（即在圣诞销售前的时间段内大量生产），那么很明显这些机器在一年中的其他大部分时间都没有达到使用的最优化。鲁道夫论据的一个主要缺点就是"在不需要时关闭这些机器不会浪费许多资金"。一个公司最不愿意做的事就是闲置那些昂贵的工厂和机器，因为这样会快速降低投资报酬率。同时，一个真正达到弹性生产的机器所需的成本要远高于传统单一功能的设备，而且这些弹性生产机器应该在允许的最大期限内连续运营（比如每天 24 小时，每周 7 天）。

为了进行最优的战略选择，每个玩具公司都应该审视自己的企业战略，然后识别该战略的关键成功因素。只有在进行了这些工作之后才能在收支平衡生产制、季节性弹性生产制和额外投资于弹性生产系统之间进行选择。

如果玩具公司的战略是专注于更加稳定的细分市场（比如，0~5 岁儿童的塑料玩具），那么该公司就应理智地实行收支平衡生产制。该细分市场的存货过时风险要低于具有很高时尚性的细分市场，而面对后一种细分市场采用季节性弹性生产制的战略则更加明智。同时，在一个更加稳定的产品组合中，从竞争中获得价格溢价是更加困难的，因此生产的效率就是一个关键成功因素。再一次地，收支平衡生产制提供了最低的单位成品水平，这时这种选择就更具吸引力，然而标有品牌的时尚产品通常能够获得大量的溢价，因此较高的售价可以弥补任何相关成本的低效率。如果一个公司决定实行弹性生产系统，那么它需要扩大产品范围以达到最大化利用投资于复杂工厂和机器的昂贵的新增投资。这一行动可能会带来企业战略的根本变化，玩具只是扩大后产品系列的一部分，企业战略的重点可能会变为生产多种类塑料产品，而不再是专注于做一个玩具公司。

只有在对财务问题进行全面评估后才能进行战略决策，而对财务问题的评估就包括与具体企业战略相匹配的战略管理会计。许多企业在进行财务决策时没有考虑到它们全部的战略后果而仅仅考虑到对盈利能力或成本水平的短期影响，这样一来，投资政策或组织生产方法上的某个变化可能会降低成本，但是它可能会对企业的市场战略带来强烈的反向冲击。在本书中，我们讨论一些技术和观念的目的就是要将管理会计纳入到战略决策所考虑的潜在影响范围中。希望各位读者在读完本书后能够对鲁道夫的问题进行更详尽的分析，并且提出最优的战略方案。

为鲁道夫提供建议的方法——把建议写下来然后用火烧掉它，使它的烟顺着烟囱缓缓升起。

第二章　战略规划

公司战略包括大量的管理问题，而且人们已经研究和开发出许多方法和工具来帮助管理者进行战略实践。的确，公司战略的某些方面已经可以单独成为一些长篇专著的主题。所以，如果你想在一章之内就介绍完所有公司战略方面的概念模型和工具是不现实的，因此我们只介绍那些和战略管理会计密切相关的战略计划方式。一些工具在本章只会非常简明扼要地进行介绍，其他工具则会在第三章与战略管理会计融合到一起介绍。

从第一章引言性的讨论开始，我们就非常明显地看出战略规划过程不是简单地将 5~7 年的年度预算按顺序叠加起来的企业"长期计划"。正像我们在前面谈到的那样，战略管理是一个为了实现企业的长期目标而开展的分析、计划和控制重复性的过程，所以企业应首先确定长期战略目标。紧接着再决定应该在企业的哪个层面上开展这一重复性的战略规划过程。

使命、目标和任务

制订一套有意义的战略计划的首要前提是要确定企业的目标和任务。这些名词已经在第一章中出现过，但是在深刻讨论它的延伸含义以及使用情况之前对它的概念进行界定是非常有必要的。尽管其他企业对"使命、愿景、目标和任务"分别界定了不同的含义，但有时仍会被企业交替使用。遗憾的是，对于它们之间的差异企业间没有一个公认的界定，但至少在本书中，我们会保持前后一致地分别按照它们最原始的含义来使用。

按照这种分类，企业的愿景描述是最笼统且最模糊的，它主要围绕企业想如何影响其环境来展开。也就是说，它往往用来表述由于该公司的存在或其他一些崇高或无私的目标是如何使世界变得更美好的。企业的使命描述更多的是设定该企业的长期的、全面的目标；企业在大体上遵循描述中不精确的时间范围来履行该描述，从现实的角度来讲，该描述是不可能达到的，但它仍然能为企业的不断前进提供目标。

　　许多企业认为愿景描述太笼统了，对企业前进的帮助不大，所以它们采用使命陈述作为其最全面的表述。使命陈述应该反映该企业在长期内计划在社会上所承担的角色，所以它的经营范围就局限于它的使命陈述所暗示的范围之内。使命陈述并不必说明该公司所提供的具体产品或服务，因为产品或服务会随着时间的推移而发生变化（本书所说的"产品"指的是商品和服务）。使命陈述可以确定该公司的目标客户，但随着市场的变化，可能会出现新的分销渠道，那时就需要新的市场营销战略（见图 2.1）。

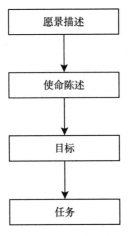

图 2.1 企业目标层级

　　但是，使命陈述应该说明该企业要服务的行业（如快速流通消费品、高价值方便食品、工业产品等），否则它就不可能向利益相关者传达任何信息。这种信息传递可能是使命陈述最大的作用，因为它可以使任何一个与企业打交道的人（如员工、股东、顾客、供应商等）清楚地理解该公司的主要目标是什么（所以，如果碰到一些企业的高层管理者花费大量的精力来制定使命陈述而最后却还是不能向人们传达出来，这就非常奇怪了。其他公司将自己的使命陈述到处进行传递，不但向外部传递还向内部进行传递，有时甚至把它们挂在办公室的墙上）。

　　如果使命陈述最大的作用是来沟通传递，那么企业长期的、关键方面（如质量、服务、价格等）的定位必须非常清楚。企业现在较常见的做法是将"公司价值观"和"公司信条"纳入到使命陈述当中，这些都会说明企业将如何开展业务，这些往往包括对待雇员、工作环境、客户和供应商以及股东的态度。使命陈述中不必非得有一些可以量化的财务目标，因为这些目标会随着时间的推移而发生变化，但如果必须要衡量财务目标，那么使命陈述中应使用这类形容词（如领先、最大、主导、最好等）。"成为洗衣粉行业中最大的企业"说的是销售收入、公司资产、创造利润或生产量方面的目标？或者说明了该公司是全球性的、全国的或只是一家地方性的企业？

正如第一章中所提到的，每一个组织都面临着大量的、各种各样的利益相关者，而且任何一项业务合作中所涉及的利益相关者的目标都是不同的，甚至会相互冲突。使命陈述应该表明该企业是否能提供一个各方都能接受的目标。在这部分，有关公司价值观以及所信奉的商业信条的陈述是非常重要的。例如，一些投资基金只会投资于那些有"伦理"的企业。所以，许多行业和一些市场就会从其潜在投资名录中排除，但是它们能从私人投资者那里吸引大量的资金，这些私人投资者觉得这些企业的"伦理"商业信条更有吸引力。更具体一点儿的例子是"Body Shop"公司，该公司的创始人安尼塔·罗迪克就非常清楚地表明其公司的所有产品都不会在动物身上进行实验；但还是有很多的利益相关者（股东、顾客、员工以及环境保护论者等）认同她的这一商业信条。

所以，最初的使命陈述应该是建立在创始期最主要利益相关者的目的上的，但是一旦企业已经开始运营，此时的使命陈述应该能帮助新的利益相关者去做出是否要跟企业进行合作这一决策。因此，为达到持续性的目的，使命陈述应该能表明一个企业为什么会存在的长期原因。如果一个企业因战略实施和使命陈述不一致而需要不断修正使命陈述，那么要么是它们的战略没有经过深思熟虑，要么是它们从一开始就没有形成一个正确的使命陈述。

或者，另外一种情况是企业的存在没有什么真正的价值，这时企业的存在性就成为了一个重要的问题。许多管理者在制定战略决策时都基于一个基本且固有的假设，即企业会永久地生存下去，而不会去考虑最开始的使命。随着时间的推移，这往往会导致企业进入一些不相关且自身没有竞争优势的领域。有些管理者会争辩说："他们不得不采取一些行动，否则企业会最终垮掉。"企业最初的使命有可能表述得非常清楚且容易让人理解，但该使命有可能已经完成或已经被取代，所以随着环境的不断变化，它也就逐渐淡出人们的视野了。在这种情况下，企业的正当寿命是有限的（正如前面所表述的），如果此时管理者想延伸他们的社会角色而添加或重新修订使命时，他们应先咨询主要利益相关者的意见。这往往是一个管理者想延长甚至巩固他们职业生涯的愿望与他们作为一个代理人去履行股东价值最大化职责之间的矛盾的例子。

如果使命陈述中有关"企业是什么"以及"企业想成为什么"的描述比较概括，那么企业目标应该以更容易理解的词语为不同的利益相关者群体阐释该使命陈述。有可能要单独为顾客、员工、供应商以及股东设定各自的目标。

正是在这个层级上企业所设定的目标有可能会与其他的要求相冲突。所有的利益相关群体有可能都非常满意公司整体的使命陈述，但当为每个群体单独制定各自的目标时他们所强调的重点可能各不相同。举例来讲，如果使命陈述中提到要在某个行业中"开发并营销高质量的产品",股东很自然地就会认为产品的"高质量"会让产品有一个相对较高的销售价格并进而会有一个很好的财务回报。而顾客很可能会把这句话理解为"很好的性价比"并会对企业索要超过平均单价水平的溢价感到恼火。员工有可能会将"高质量"理解为能使企业占据较大的市场份额,并会对员工的职业发展产生积极的影响。企业不得不为各个不同的群体制定与使命陈述相一致的目标,以使这些潜在的内部冲突降至最低,但是如果不对这些问题加以沟通未来会产生更大的麻烦。很明显,管理者会按照他们所判断的利益相关者的相对重要性来权衡自己的决策,但是,利益相关者的相对重要性随着时间的推移会发生很大的变化,所以企业的目标也需要作相应的调整。所以,企业目标制定的时间跨度往往比总括、持续性的使命陈述制定的时间跨度要短,但这些目标一般也是总括性的,而且一般也不量化。

这就意味着战略规划过程还需要另外一套更为量化的目标,而这通常以组织目标(Objective)来表示。它们往往是对组织目标的量化描述,或至少是对一些短期目标的量化描述。战略的定义是为实现一些特定目标而制定的一系列相互替代的、可实施的行动计划,只有所制定的目标清晰量化,企业才能挑选出更适宜的战略。它也能使组织对实施过程进行有意识的、客观的监控,如通过语言来描述财务状况是否好转是比较难的,而通过数字来表示,即利润比上年增长了20%,则能非常清楚地表明这种状况。

但这同时也提出了一个目标设定中的关键问题,即如果目标制定得有意义且能作为执行状况的参照物,那么它必须是切实可行的。在使命陈述中这一点就没有这么重要,因为即使使命陈述中的目标比较理想化一些那也是有价值的,而组织目标的制定更为明确一些,所以它应该更可行一些。为了使目标切实可行,那么目标应该在企业经营所在的实际环境下来制定,而且在制定过程中要充分考虑企业内外环境的限制。稍后我们会讨论如何才能使目标切实可行,但在这之前,我们先来看一下这些目标应该在组织内的哪些层级上来制定。

多层级的战略规划过程

很明显,任何一个组织都应该有一个总括性的愿景或使命陈述,或两者皆有。对于规模较小、经营范围单一的公司而言,这些陈述能进一步描绘成一系列适当的目标。这些目标能以量化的数字表示,这样最适合的行动方案才得以选择并付诸实施。但是,即使对于这些定义非常准确的公司而言这些总括性的目标也不足够,因为企业并不总是作为一个统一的整体行事。为了实现公司目标，管理层需要在一系列市场营销战略、经营方式、不同的人事政策以及创新性的财务手段之间做出战略决策。所以，也需要挑选适宜的职能战略。这就要求将公司的总体目标分解为一系列相互一致的职能目标以避免这些相互分割的职能战略之间产生冲突。例如，当市场营销战略为追求市场份额的统治地位而要求销售量在短期内迅速增长，而整个市场此时也处于快速成长期时，问题就出现了。这一决策对公司长期总体目标而言是比较重要的，但在短期内很有可能会对其他职能部门造成较大的问题，如运营（急剧扩大产能）、人事（招聘并培训大量的新员工）以及财务（为营销及运营活动筹措资金）。此外，这一市场营销战略也可能与其他部门的长期目标（如运营——成为行业内成本最低的生产厂家；人事——营造一个稳定、积极且有效率的工作环境；财务——与长期资本提供方搞好关系以获得低成本的长期投资）相冲突。这一相互依赖的目标层级结构如图 2.2 所示，而且从该图中可以看出，通过这些职能目标和战略可以看出公司的整体目标和战略是否能达到或是否合适。反馈闭环是必需的，以对总体计划作必要的修正。这些后续的修正应该在职能战略和目标方面作相应的更改。

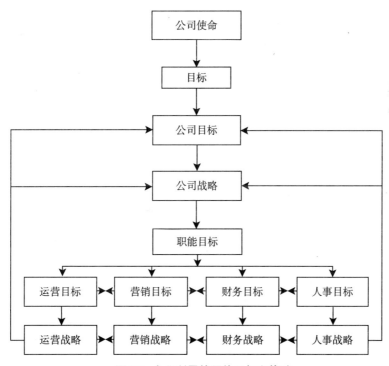

图 2.2　企业所需的职能目标和战略

对那些大型、多元化经营的企业而言，将使命陈述转化为具体目标的难度会更大。对整个组织而言，为企业使命设定相应的目标或任务是可行的，但如果企业是通过一大堆较小的事业单位来运营，那么这项工作就毫无意义了。

大型企业可以通过几种方式来将自身划分为一些较小的、可控的单元。最通常的方式是通过职责或地域来划分，如果是按照地域划分，那么该地域的管理者就承担该区域公司运作的所有职责。另外一种划分方式是对企业自治所需的各项职能进行控制。通常，企业高层管理者只保留一些关键要素的控制权，如资金，这既能防止分部的独立又能让它们保留管理上的自主权。还有一种经常采用的分部创立方式是成立只服务于企业内部的子公司（如信息技术），或是将一系列流程（或制造过程）组合起来以实现规模经济（或生产效率）而其产品只在集团内部销售。这些组织结构会使运营控制力大大加强但对战略规划过程却很可能没有助益。

不足为奇，出于战略规划目的最合乎逻辑且最恰当的分部方式是战略事业单位（SBUs）。一般战略事业单位指的是作为企业子公司的管理者拥有自己的资源，而且在特定的范围内（即 SBUs 的使命陈述和目标）可以自主处置这些资源。的确，一些企业甚至将 SBUs 的使命陈述重新命名，以使该 SBU 的存在目的区别于整个企业。SBUs 往往都有自己的外部客户，而且每个 SBU 往往都服务于某个特定的细分市场或产品群（或最好两者皆有）。某个 SBU 很可能会面对企业内其他 SBUs 都不直接相向的一些特定的竞争对手。

对这种多元化的组织而言，公司战略规划的任务是确定公司整体的价值观以及所要遵循的商业准则，并为各个子事业单位划定界限。另一个任务是根据公司使命和目标中所表明的优先级别为各个事业部分配资源，这一点会在第三章中详细讨论。

公司整体战略规划所承担的其他职能则要取决于企业 SBUs 之间的多元化程度，因为 SBUs 之间不必要的竞争往往产生不了任何收益，所以企业决策层在发挥协同作用时要避免这一情况的发生。集中战略规划所能起到更积极的作用是确保资源投向最需要的地方，这样企业在任何可能的情况下都能实现规模经济并能消除重复投资。而且，通过支撑职能（如研发或信息技术）共享或集群化还能实现成本节约，但这种方式下要确保成本节约大于这些活动效率下降所带来的损失。这一点通过以下这种方式可以很轻松地实现，即将支撑性的资源从面向特定市场经营单位转移到更集中的参谋型单位中，在这一事业单位中，前面所提及的高度聚焦于事业单位的使命和目标就变得模糊甚至一丝不存。如果资源存在于某一个 SBU 但由其他 SBUs 共享，这会滋生一个新的问题，即对于这些共享资源应向兄弟公司索取何种价格以及成本节约所带来的收益应由谁来享用？这一转移价格的问题会在本书第三部分进行讨论。

在多元化的组织中，每个事业单位都需要承担大量的、细化的战略规划职能，因为只有在事业单位这一层面上管理者才能识别企业目标并选择战略以实现这些目标。但是，也有一些人坚持认为事业单位的目标和战略都是有关产品和市场/顾客方面的，即应该决策为哪些市场提供哪些产品。如果一个业务单元又拥有一系列的产品或者细分市场，那么就应该继续进行战略规划流程直至能够为每个组成部分都确定具体目标和战略。战略规划中需要进行的一个主要管理判断就是这些分解要进行到哪一层级，正如我们将会看到的，每一个新的层级都需要大量的分析为其战略决策提供支撑信息（见图 2.3）。

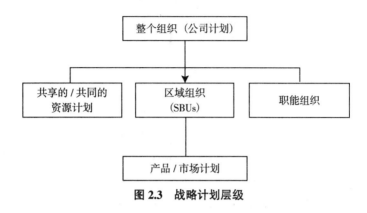

图 2.3 战略计划层级

这个复杂的战略计划层级与正式的组织结构甚至与日常业务运行的方式（如为了运营控制企业会采取地理/区域式的结构，而战略计划却会按照产品分类或市场细分去执行）也很少有共同之处，即使有也非常少。制订计划过程中最重要的一点是要获得相关的分析信息，这些信息要以合适的形式来提供，而在这些信息提供的过程中，战略管理会计会发挥很大的作用，这一点我们会在第三章中进行详细讨论，而设计并实施这些系统所涉及的实际问题我们会在第五部分进行详细讨论。

分析信息的要求

战略计划过程的逻辑起点是在企业内部资源及外部环境两方面来重新评审企业目前的现状。但是，按照前面所讨论的，战略计划需要在许多层级来进行，从这个角度来讲，上面这句简单的话也需要进行澄清。对许多企业而言，它所有的运营分支机构所处的外部环境在很大程度上都具有一致性，所以外部分析能够而且也应该从整个组织的层面上进行。从最高层面上进行外部分析不但能避免重复性的资源耗费，而且能保证企业的所有层级在做出战略决策时所基于的有关外部世界的认识是一致的。尽管这一统一认识有可能是错误的，但它能降低企业不同部门制定相互冲突战略的概率。例如，在一个跨国企业中，让某一国的分公司来预测未来的变化趋势并在该分公司中采取相应的措施是非常正常的。但是，如果每个分公司都做出自己的预测，那么它们各自的经济学家团队很可能会得出完全不同的结论（毕竟，经济学家是"相互争执"的代名词）。对整个公司而言这意味着会出现荒唐的结果：如美国分公司预期美元对德国马克的汇率会走强，那么美国分公司会计划增加从德国的进口。而如果，德国分公司也预计到德国马克对美元的汇率会走弱，那么德国分公司会降低对美国市场的销量。这样，组织内部有关产能计划以及市场战略的冲突所造成的后果是极其可怕的，在很多情况下，会使该企业处于竞争劣势而不论当时外部环境对该企业所产生的真正影响如何。

内部战略分析的执行要放到能真正掌握相关资源的层级上，这样就能制定出真正有效运用资源的决策。一般而言，对于多区域的集团组织来说，这类决策权应该放在不同的层级上，而且战略计划过程必须考虑到分析以及决策制定的复杂性。

现状评审的一个主要目标就是要突出在筹划未来的过程中必须要考虑的机会和制约。所以，此时去做一些过时的分析是毫无价值的。提供的信息必须具有时效性，而且那些在制订计划期间有可能会发生变化的信息会更有价值。但是，历史观点能为未来发展方向的判定提供很好的基础。而且另外一点也很重要，即要在竞争的范畴下进行现状评审，如果只从价值观陈述的角度进行此项工作则毫无助益。例如，如果只描述公司现有的产品有"很高的质量"，但不能表示出该产品的质量相对于竞争对手产品的质量孰优孰劣。在现状评审中如果要体现出相对评级的话，可以通过SWOT分析来轻松实现。S、W、O、T分别代表优势、劣势、机会和威胁，而且通常会以2×2的矩阵来表示，如图2.4所示。优势和劣势是公司内部的资源与竞争对手以及期望的市场地位相比较而得出来的，即公司在哪些方面表现得相对较好或相对较差。对公司现状的分析必须真实公正，自欺欺人是非常愚蠢的且往往会导致致命的错误。现状评审也要依照使命陈述和目标中所设定的任务来进行，这样能体现出哪些领域的优势或劣势在将来会比较重要。这样会突出长期、不变的使命陈述和更明确且切实可行的公司目标之间的差异，而且通过SWOT分析往往会发现公司的一些短期目标需要调整。

图2.4 SWOT分析

SWOT分析尤其适用于分析外部环境，其目的是突出公司外部的威胁（即潜在的限制）和机会。通过该分析，很有可能会发现一些公司之前所设定的目标很明显地实现不了，或者是会识别出一些未来的机会，而公司现在所设定的目标显然是太低了。在分析机会和威胁的时候要考虑所有相关的外部环境要素并要考虑这些外部要素之间的内在关系，这一点是非常重要的。如图2.5中所示，存在着一系列的外部环境要素，而且与此相似，大量的内部特征也能描述出来。在运用SWOT分析的过程中存在着这样一种风险，即企业会毫无管理地列出大量不加权衡的要素，而且所有这些要素看起来都具有同等重要性。如果现状评审要对战略计划有所帮助的话，这些要素必须按照重要性以及优先次序进行排序，只将那些主要的问题在矩阵中罗列出来。而且，SWOT矩阵的均衡性也是非常重要的，该矩阵既要包含优势和劣势，也要包括机会和威胁。当一个公司第一次使用该工具时，第一遍的草稿往往都不能做到非常均衡。如果公司识别出大量的优势而劣势却一条也想不出来的话，骄傲自满就会滋生。与此相反，当劣势一长串而没有任何优势时，矩阵中只会增加谦逊和自卑。

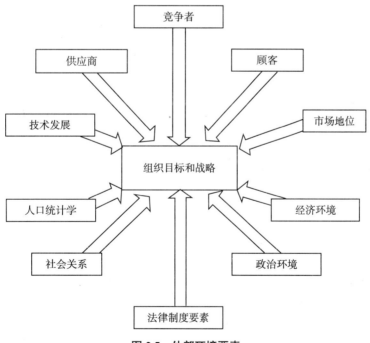

图2.5 外部环境要素

另外一点尤其要加以重视，即当企业在目前的竞争态势下处于较强的优势地位时，至少对新进入者的潜在威胁应加以考虑。如果在分析过程中多加联系往往会得到一个相对较为均衡的SWOT矩阵。

在分析企业当前形势的时候还有其他几种工具可供使用。迈克尔·波特在他的书中运用五要素模型来分析当前的竞争态势。这有助于突出那些会在将来影响企业目标和任务实现的关键因素。图 2.6 描述了该模型中所涉及的要素，而且它还能有效地被运用到后面将会讲到的另外一个工具——"价值链"当中，价值链是对附加价值概念的一个扩展。价值链会在图 2.7 中进行描述，它研究的是整个行业及该行业中某个特定企业所创造的附加价值，接着再把该企业每个基础活动以及支撑活动所创造的价值分离出来。价值链分析的主要目的是要找出企业的哪项活动对附加价值创造所做出的贡献最大，并制定战略来增加或保卫公司在整个行业附加价值中所占据的份额。

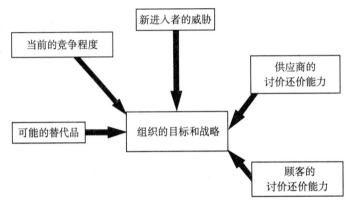

图 2.6   影响当前竞争程度的波特五要素模型

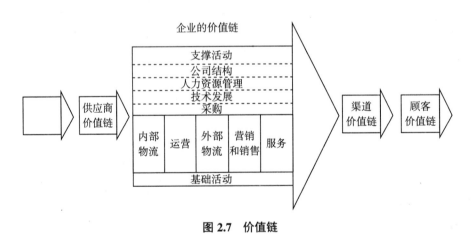

图 2.7   价值链

资料来源：迈克尔·波特：《竞争优势》，言论出版社，1985 年。

形势分析的基本理论讲起来非常容易，但要在实践中真正实施难度会很大。企业所选择的战略要基于且能发展自身的优势，这样才能使外部潜在威胁造成的影响降至最低，而且要善于运用那些识别出来的外部机遇以降低公司劣势所带来的影响，同时企业还要努力改善在这些劣势方面的绩效表现。

如果从这个角度来讲，现状评审应该突出那些对实现企业目标和任务起关键作用的自身表现和环境要素。有效分析以及资源计划应该集中在关键成功要素方面，然后再选择相应的战略。许多企业似乎忘记了它们的竞争地位随着时间的推移会发生剧烈的变化，而且外部环境也是极其不稳定的。所以，关键成功要素也会相应地发生变化，这就要求企业要调整其战略导向和战略定位。

战略计划过程

　　SWOT 分析只是战略计划的一个辅助工具，本身并不是战略计划。这一点也同样适用于本章所提及的所有其他工具，我们要对这些工具善加运用，但同时也要进行大量的管理判断。在考虑企业目标以及总体使命的基础上，现状评审会突出企业所面临的制约和机会，但不会提供企业应该怎么做的具体解决方案，也不能准确提供竞争对手会如何应对企业所实施的方案（前面讲到，对于大型或多元化企业而言，企业内部的不同级别有可能会单独做出现状评审，所以在事业部或职能部门层面要能量身定制自身的战略）。分析过程要允许对之前所设定的目标进行修订或精练，以保证在现有资源状况和外部环境评价的基础上目标仍比较现实、客观。

　　但是，进行分析的主要目的是要确定为实现这些目标和任务而执行活动所需的资源。考虑到关键成功要素的变动性，公司战略也需要作相应的调整，但这些调整必须适应公司的整体结构。

　　齐默曼和特里戈已经制定了一套工具来帮助保持战略和结构之间的适应性，在该工具中他们将企业的主要推动力称做"驱动力"。这被视为是改变组织状态的首要动力，在他们所写的书中分离出了九种"驱动力"，这九种驱动力又分别归类到产品/市场驱动、竞争优势驱动和结果驱动三个子类下。他们认为只要战略能够有效沟通给各级管理层并为其所理解，那么主要的驱动力总会对企业中各个层级的子战略产生重大的影响，而且这些主要驱动力会随着时间的推移发生变化。例如，如果某个公司是产品驱动型的，那么该企业未来的所有增长要么只能依赖推出与现有产品相类似的新产品，要么只能通过对现有产品的功能改进来实现。这就要求公司进行战略调整，为现有产品以及新产品去开发新市场，这对公司的研发战略也有一定的启示。用一个意思相似但较为简短的语句概括，就是要识别公司主要的"战略驱动力"，而且它的识别要根据先前所确定的关键成功要素。哈克斯和马伊鲁夫将战略驱动力定义为"公司在 3~5 年内为了在其所在的关键市场内建立一个健康的、具有竞争力的地位而必须解决的首要事务"。这就意味着它们自动与在现状评审中所确定的关键成功要素紧密相连，同时战略驱动力必须指向该时期内设定要完成的目标。

但是，正如我们先前所讨论的那样，战略计划需要组织不同层级的管理人员以相互合作的态度来制定，这样企业的不同层级很可能会识别出不同的战略驱动力。当实施这些看似矛盾的战略时，要避免这一方法给管理者造成混淆，这一点非常重要。1980 年波特在他的《竞争战略》一书中描述了另外一种一般企业战略模型，如图 2.8 所示，他将成功的战略分为三大类。要想在整个行业内取得成功，企业要么以行业内最低的成本来提供产品，要么通过在消费者心目中实施差异化来索取一个较高的价格溢价。如果企业不能在整个行业内实施以上任何一个战略，那么它应该采取第三类战略，即聚焦于该行业内的某一个细分市场，在该细分市场上企业可以保持竞争优势。当然，在该细分市场上竞争优势的取得要么是通过低成本，要么是通过对产品进行差异化来提高售价。

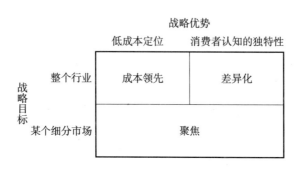

图 2.8 波特的一般战略模型

这些模型都强调公司层面所需的战略计划和市场/产品层面所需的战略计划之间的区别。高度多元化企业的总部所制订的公司计划主要关注于识别关键驱动因素和全公司范围的战略驱动力，在此过程中资源和思想的共享会有助于公司整体目标的实现。而在战略事业部层面，紧密围绕事业部的整体目标，应将注意力高度集中于职能目标的制定上。而且，由于事业部往往只是公司整体投资组合的一部分，所以战略事业部的整体目标不必与公司的整体目标完全一致。而公司各个事业部的目标应该相互补充以使整个集团能达到最优结果（这一点会在第三章中详细讨论）。如果事业部生产的产品种类较多或覆盖多个市场时，该事业部也未必就只制定一个竞争战略。所以，只要合适，竞争战略的制定要在公司内尽可能的层面来进行，而公司的使命陈述只可能由公司的最高层来决定。所以，毫不奇怪，哪个层级来制定目标，那么战略的制定也需要由该级别的管理层来执行（可以复习图 2.3 来确认这一点）。

竞争战略

竞争战略指的是在追求目标的过程中，为某些产品或市场设计一系列的行动以创造持续的竞争优势。所以，在战略计划的过程中，竞争战略的制定要由最恰当的层级来执行，因为他们直接与产品或市场方面的行动相关联，而这些行动的目的是为了实现公司最具体（即最低层级）的目标。非常幸运，为了增强销售以及市场绩效而进行的企业兼并比较少而且也都比较明显（但不幸的是，当企业的主要目标是以财物术语来表述时，可能的提高绩效的方法就没有穷尽了，这一点会在后面进行讨论）。一个企业可以通过向现有顾客销售更多的产品来提高销量（即通过增强渗透来提高市场份额），或者它可以通过寻找新的市场来销售这些产品（市场开发）。此外，企业还可以外购或研发新产品向现有顾客进行销售（产品开发），而安索夫矩阵非常巧妙地将这些可能性都汇集到一个图中，如图2.9所示。

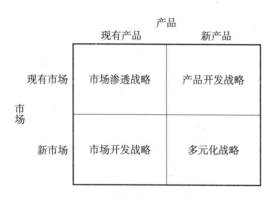

图2.9 安索夫矩阵

该矩阵表明，企业首先从矩阵中选择自己比较喜欢的增长方式象限，进而再决定应该实施哪种战略。该矩阵也给出了第四种途径——为新顾客开发全新的产品。这种战略可以叫做多元化战略或更准确地讲叫可疑战略（笔者往往称这种战略为"玩具盒"），因为这种战略没有任何一项企业的竞争优势作支撑（多元化战略会在第三章中详细讨论）。要在其他三种战略之间作选择的话，首先要对企业的相关优势和劣势进行分析。这些工作应该在公司整体战略驱动力的框架下进行，而且要根据与驱动因素或与公司一般战略的关系进行排序。

由于这三种战略可以直接应用于某一个企业，所以举一个实际的例子你就能很清楚地看出如何在这三种战略之间进行选择。一家全国性的连锁超市企业可以选择市场渗透战略。如果该国市场成熟且增长缓慢，而且主要竞争对手在该行业内的地位也已经确立，那么这种战略对企业的吸引力就较弱。该企业可以将它的零售经验带入新的市场，即国际化经营，但是由于国际市场当中顾客习惯和期望差别非常大，所以企业会发现以前的许多竞争优势很难转移到国际市场当中。更有吸引力的战略应该是企业运用它建立起来的零售业形象和忠诚的客户基础来拓宽产品线，即向现有顾客销售新产品。如果新产品与现有产品系列比较吻合，那么这些新产品可以在现有商店中销售并形成规模经济。或许，建立新店来销售这些新产品会更为理想，但是这会增加另外一种风险，即顾客是否会愿意光顾新店来尝试这些新产品。由于零售商没有销售这些产品的经验，他们可能会认为将这些产品和现有渠道相结合的风险太高而不能接受。这种风险可以通过与有相关产品经验但没有进入现有市场的企业（对它们而言，这种扩张可以视为是为现有产品开拓新市场）成立合资企业的方式来降低。Sainsbury 公司在推出其 DIY 产品时就采取了这种方式，它（75%）与 GB-INNO-BM 公司（25%）合资成立了 Homebase 公司，而 Homebase 公司发展成了比利时最大的 DIY 产品零售商。

高技术企业像批量汽车生产厂商菲亚特对同样的战略选择可能会持完全不一样的看法。如果它还有多余的生产能力，可能会认为最佳的战略选择是向国外扩张，即使其在国内市场当中占有统治地位（历史上菲亚特曾在意大利市场上占据大约 60% 的市场份额）。它会尝试为现有产品寻求新的顾客主要是因为增量销售会带来相当高利润贡献，因为这类自动化生产企业的固定成本非常高且该行业内新产品的研发成本也非常高。菲亚特也可能会认为它的制造技术会为其带来生产复杂、耐用以及高技术产品方面的竞争优势。当然，对那些不赞成开拓国际汽车市场战略的管理者而言，他们会认为公司应该开发并生产这类产品。这的确也是菲亚特以及其他大型跨国集团所采取的方式。

但是，安索夫矩阵中的三种基本战略并不必然是相互排斥的。即使是在事业单位层面，管理者也可能会认为为了实现他们的目标也有必要同时采取该矩阵中的三种战略，甚至有必要同时采取上述四种战略。之所以要将一个组织拆分成多个事业部，一个最主要的原因通常是为了避免管理者要同时实施好几个战略，因为实施多个战略比较容易导致管理者分散注意力、混淆优先级和轻重缓急并最终导致一个或多个战略失败。如果战略事业单元在拆分时定位明确，管理者在同一时间应该只需要关注一种战略驱动（要么是市场要么是产品开发，但决不会同时关注这两个方面）。随着环境的发展（如市场的成熟）关键战略驱动因素也会发生变化，而且公司相关的优势和劣势也会发生变化（如由技术突破所带来的竞争优势）。如果该战略事业单元生产多种产品或服务于多个市场，那么在每个产品或市场上所发生变化的等级程度是不一样的。所以，即使在该战略事业单元刚成立时所有产品的战略优先级都是一样的，但随着时间的推移这些产品的需求程度会各不相同，而且管理者往往会脱离首要的目标。即使此时出于运营控制的目的而不必对组织机构进行调整，但最好的解决办法还是要调整事业单元的结构以形成新的战略集中。

如果部门调整是出于战略规划的目的而不是因为经营控制的问题，那么毫无疑问，随着时间的推移组织会变得越来越复杂，两种结构之间的共同之处也会变得越来越少。一些大的、复杂的集团已经开始认识到创造并保持一个经过严格界定的战略聚焦所带来的好处要大于为相关管理人员制定两套并行的报告体系所产生的复杂性成本，其中一套体系用于报告运营/战术问题而战略决策的报告体系则是另外一种结构（毕竟，在矩阵式结构下，管理者已经花费多年时间来对付直线和职能汇报系统所产生的复杂性）。这些集团现在正尽可能通过最理想的途径来重新对 SBU 进行界定，以保持高度的战略聚焦和战略控制。

许多其他企业出于战略计划和控制的目的维持自身的组织结构不变，以避免复杂的管理层级汇报。这往往意味着一个单独的事业单位需要同时实施几项相互竞争（有时甚至相互冲突）的战略。的确，这种情况下最常采用的一种方式是在战略计划过程中引入安索夫矩阵。引入安索夫矩阵的原因是通过它来计算事业单位目标和公司持续发展下去且分别实施三种合适的战略所能达到目标之间的缺口。大多数情况下，剩余的缺口都会通过第四种战略来补齐，即差异化，"缺口"分析的技术如图 2.10 所示。

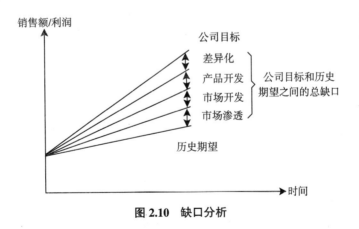

图 2.10 缺口分析

互动且重复的过程

这个工具表明了战略规划的一般进程。现状评审不但能表明企业现在所处的位置，而且能分析出如果企业在保持现有战略不变的情况下可能会发展到什么地步。如果善加运用 SWOT 分析，可以突出企业的关键成功因素并进而能告诉管理者应对战略作何调整以使企业获得最佳效益。所以，战略规划过程中所涉及的管理者应该将注意力集中于选择那些能增加实现企业目标概率的行动计划方面。

此时，需要寻找信息以对这些行动计划的可能结果范围以及每项行动的相关风险进行预测。当然，风险和收益是成正比的，如果风险上升一个层次，那么就需要相应的收益增长作为补偿。但是，当涉及战略决策时两者的相关关系会变得更为复杂，因为在组织内部风险有可能由一个部门承担，而收益却会由另外一个部门来获得。例如，因为经营的需要有可能需要管理者思考增加生产线的自动化程度以降低成本并增加产品质量的稳定性。那么，在这种战略下，生产部门的管理者会承担风险：如增加本部门的固定成本、降低生产的灵活性而且如果需要裁员的话还会引发员工混乱。而公司中销售部门、市场营销部门以及售后服务部门很可能会感受到该战略所带来的好处，所以这些部门的管理者所感受到的风险比生产部门管理者所感受到的要小得多。另外一个比较常见的例子是支撑战略决策所需的额外信息，这一点我们会在第五部分详细讨论。比较常见的情况是，那些需要加班加点以获取这些信息的员工往往享受不到使用这些信息所能带来的任何好处。这样会滋生一种风险，即基础信息不能很好地记录下来，在这种情况下信息被大量遗漏并最终导致战略失误。

在战略规划过程中需要将组织中有关某个战略的、跨部门的、相互冲突的观点全部集合起来，这一点非常重要。只有这样做才能保持规划过程的互动性和民主性，只有这样做才能保证所有的管理者都有机会贡献自己的力量，但是最终的决策要基于对公司风险和收益的客观分析基础之上。这不但要求对公司的目标和任务有非常高效的交流，而且对各事业单位的子目标及任务也要有非常高效的沟通。我们之前已经明确，在组织的各个不同层级都需要进行战略决策。所以，战略规划过程不能只视为一个自上而下的过程。现状评审以及为 SBU 制订替代的战略方案意味着公司的整体目标需要改变，如果战略计划要有意义而且值得公司花大力气去实施的话，公司的整体目标也必须进行改变。

同样，这也并不意味着战略规划是一个自下而上的过程，因为这样很可能导致公司的长期目标不能实现。战略规划是一个互动且重复的过程，其中每一次决策的结果都要与公司的整体目标和任务进行印证。

在众多的战略决策中不可避免会有一些冲突，这可能会导致一些管理者对公司的战略走向感到不悦。公司所有管理者对战略的一致承诺对公司战略的成功起着举足轻重的作用，因为即使只有一少部分管理者反对子战略，那么公司整体战略实现的概率就会大大降低。但是，如果要通过所有管理者的一致同意来达到这种"承诺"几乎是不可能的，这样公司基本上制定不出什么有意义的战略。如果管理者在公司的战略方向上达不到一致，那么唯一可行的妥协办法就是原地不动！公司任何一个层级在做出战略决策之前优先要做的事情是全面沟通和协商，接着要将这一战略决策及其意义做充分的沟通。如果公司真的做到这一步时，它应该期望并要求所有的管理者接受这一即将实施的战略（即使他们有可能不认同这一战略）并努力使这一战略获得成功。

在实践中，这一过程可能会发生的最困难的情况是一开始的少数派后来却被证明是正确的。许多公司浪费太多的时间来执行错误的战略，只因为高层管理者不愿意承认是自己错了，尤其是如果原先争论得越激烈他们越会不愿意承认。

对战略和/或目标的修改是不可避免的，而且修改的框架结构要动态调整而不是一成不变。所以，战略规划不能看成是一种一次性的实践，而应该是一种持续性的管理方式。一系列的计划并不是雕刻在石碑上的碑文，应该是被大家自然而然地执行，而无论内外环境发生了什么变化。管理者应该运用一种战略性的思考方式来对企业进行持续的规划，而不是时不时地抽出空来"规划企业的未来"。

很早之前人们就将战略管理定义为一种综合的管理工具，它主要关注像企业使命、企业的任务和目标等一些长期、根本的决策。这就意味着要持续地关注并参与到战略规划和实施过程中，所以用"战略管理"来描述这一过程比一般的做法，即用"战略规划"来概括这一过程要好一些。

本章所讨论的工具在下一章中会纳入到战略管理框架下继续讨论，而其他一些细节方面会在后面的章节中详细展开。但是，通过先举一个具体企业战略规划过程的例子来体现该过程的复杂性也会对后面的学习很有助益。

许多年前，一家大型保险经纪公司做了一项决策，将其后勤服务部门集中起来，而最后通过公司分拆的形式做到了这一点。这样，该集团就包括一些按照产品划分的分公司（如航空保险、海事保险等）和一些按照客户群体划分的分公司（如英国零售经纪，这类公司往往根据地域进行细分）。这些分公司的行政支撑全部由总部来提供，这些行政支撑包括会计、人事、计算机系统以及建筑服务。为了确保这些运营分部不在集中的行政支撑方面浪费资源，行政方面的成本通过一套价格转移系统分摊到成本享用者身上。

像其他大多数企业一样，该公司的摊销系统引发了运营部门频繁且激烈的抱怨，这些部门认为它们所摊销的成本过高，而且如果由它们自己来经营这些支撑系统，会大大降低成本。这一问题随着它们最近推行的战略规划实践而达到最高点。集团管理层一致认为，该集团目前最关键的战略问题是改善企业的盈利能力。该企业近年来盈利能力波动很大，而且依照目前的盈利水平公司未来就没必要再继续追加投资了，但从非财务角度考虑，追加投资还是比较理想的决策。集中服务部门的高层管理团队就不得不考虑如何依照集团制定的增强盈利性这一战略焦点来计划他们的活动。

该部门的成本支出占据了整个集团销售收入的 20%，所以该部门所能取得的任何一项成本节约对整个集团的盈利性都会产生较大的影响。它们非常容易就找出了许多在未来战略跨度期内能大大降低成本的领域，但这些成本节约对它们所能提供给运营部门的服务水平会产生决定性的影响。例如，计算机系统开发的成本有可能降低，但是众所周知竞争对手已经在这方面投入了更多的资金，而且技术在未来 10 年当中会对公司的经营方式产生重大的影响。或者是，办公室租金可以降低一些，但这可能会对顾客选择哪家保险公司的倾向性方面产生影响。

很明显，如果没有运营部门的配合，制造部门不可能做出切合实际的战略决策，即使它是公司为了实现规模经济或其他原因而专门成立的一个单独公司，也不能脱离运营部门单独决策。所以，它的决策需要其"外部客户"（即运营部门）的紧密配合，既要考虑为实现运营部门的战略目标所需的服务水平，还要考虑服务部门的承受能力。这一可支付成本的问题意味着可以将行政服务分成两类：

1. 保持集团整体形象所需的一个集团标准，即所有运营部门都必须遵从的标准，如整个集团的就业状况。

2. 自由协商决定的服务水平，由每个运营部门和集中的行政部门所协商的标准。

在自由协商领域，如果运营部门觉得某项服务太贵或不需要，它有权做出选择。这样做使得集中行政部门更多地以顾客为中心并进而增加整个集团的价值，而不是仅仅以成本为中心。当然，这一交互式规划过程所带来的结果是，不但增强了运营部门所重视的战略竞争优势领域，而且还能对这些关注点进行重新定位。

第三章　战略管理环境下的管理会计

　　战略管理被描述为一种持续的管理风格，由分析、计划和控制三部分组成，整个流程不断循环往复。它也证明了合理的战略决策需要以各种各样的大量信息为支撑。当组织的各个层级都开始进行战略规划、战略决策开始产生跨部门影响时，这些决策支持系统就变得更为复杂了。同时，战略决策也是一个不可逆转的过程，要求组织对外部环境的动态未知变化做出响应。

　　如果战略会计要对这种战略管理流程有所贡献，就必须能够在有限的时间内为相应层级的战略决策者提供他们所需要的信息。然而，组织所面对的这种战略决策会随着占主导地位的战略推动力或驱动力的不同而有所不同，会随着具体决策所涉及的组织层级的不同而有所变化。战略管理会计系统不得不根据这些具体的要求而进行自身调整以提供适当的财务信息，这样一来当战略随着外部环境的变化而进行调整时，战略管理会计系统就能随之变化了。

　　战略选择也会根据行业和组织多元化程度的不同发展阶段而发生变化。了解该领域管理会计的这一角色及其与战略管理技巧的互动关系，就会明白一个有效的战略管理会计系统应该满足哪些基本要求。

产品生命周期

　　产品的发展过程遵循"生命周期"这一理论已经流传多年。它会对产品当前的销售率产生影响，更重要的是，它会对未来的战略选择产生重大影响。近来，产品生命周期已经成为众多讨论的主题，但是只要运用得当，这一概念仍然对战略决策具有极高价值。

　　该理论将产品的经济周期分为很多阶段（最常见的是四个阶段或五个阶段），如图 3.1 所示。模型产品被开发出来并投入市场，需要一段时间才能获得认可，因此最初的销售成长是缓慢的。很明显，导入期要承担巨大的商业风险，因为该产品很有可能一败涂地。

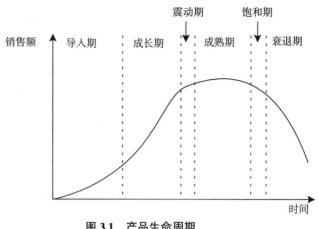

图 3.1 产品生命周期

风险和收益呈正相关，这是一个基本的经济规则，即如果风险增加了，那么潜在的收益也必然增加，以此作为对增加的风险的补偿。这个规则适用于投资决策的任意一个层面：小到个人投资者在资本市场上进行选择，大到企业选择开发哪个项目。在财务术语中，用来形容风险的最贴切的词就是收益的波动性。一个投资者的保证收益相对的是一个低风险的投资，如图 3.2 所示。同时，这个图也显示出，即使是一个无风险的投资（如果真的存在无风险投资的话），投资者仍然要求一个正的收益水平。这种收益是为了补偿投资者没有将这笔资金立即储蓄，也是为了补偿投资者投资于这一项目从而造成了资金的占用（即通常所说的流动性偏好）。

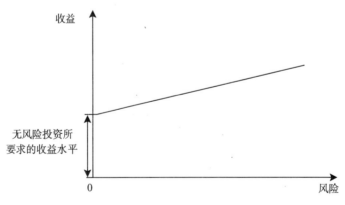

图 3.2 风险与收益的关系

如果产品得到了市场的接受，并达到了一定规模的销售额，就进入了成长期。在此期间，销售额通常成长得很迅速。但是，任何产品的需求都不可能是无穷无尽的，因此当所有潜在顾客都已经进入了这个市场，该产品的正常使用率已经达到之后，销售额增长的速度就会减缓。在产品的成长期间，需求快速膨胀，很明显，随之而来的是投资者可以有机会冒较小的风险取得好的收益，所以常见的一种现象是很多后来企业也会跟进这个市场。

当很多新的公司进入一个行业时，它们会扩大该行业的整个生产能力。如果这些公司希望销售额能够继续快速增加，那么由此扩大的生产能力就可能相当大，尤其是如果市场中现有的企业也希望能够扩张其生产能力以满足预期中未来增加的需求，就更是如此。不幸的是，这种生产能力的剧烈扩张通常仅在市场成长的速度开始减缓之前发生，销售额的增长将变得更为困难。很多参与其中的企业会发现自己的生产能力有大量冗余，此时可能会出现一个短暂而剧烈的震动期，在此期间几个竞争者会离开这一行业或者破产，生产能力会变得更为合理——这一状态可以在图3.3 中看到。一旦销售额需求与现有的生产能力相对平衡，更为稳定的状态建立起来，该行业就进入了产品生命周期的成熟期阶段。任何残留的、多余的生产能力都会影响到行业中的企业所实施的竞争战略，这一点将在第十七章中进行详尽阐述。

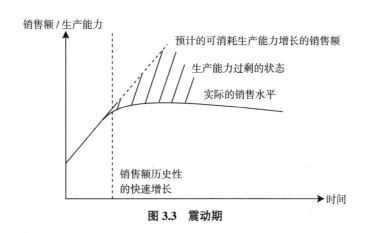

图 3.3　震动期

最后，产品需求开始衰退，这是因为替代产品进入市场或是顾客的口味发生了变化。对于一些长销的产品来说，市场仅仅是变得饱和了，对于替代产品的需求不足以满足初期阶段的需要。尽管这可能要花费很长时间，但一旦产品消失，产品生命周期的衰退期就终止了，这也是产品生命周期概念遭受的主要批评之一。

即使产品生命周期的概念得到了认可，要想准确预测不同阶段的长短也是不可能的，而且有的产品似乎会同时跨越一个或几个阶段。批评者认为如果真是这样的话，产品生命周期作为一种计划手段就毫无价值，因为它缺乏准确性。现在，人们已经认识到，几乎所有的战略计划手段——甚至包括这一过程中最简单的决策——都无法形成准确的预测结果，这也正是战略计划过程存在的理由。另一种批评的声音是，产品生命周期并不适用于所有产品，因为有一些替代产品性质十分相似，它们会突然出现在市场上，这就混淆了阶段与阶段之间的过渡。同样，这种看法缺乏对战略计划所实施的多重层面的了解，产品生命周期应该被应用于行业产品层面而不是个人产品层面。在一些案例中，行业应该按照其满足顾客需要的不同而不是按照产品特征来进行划分，后者不太有用但更容易识别。比如，如果将铁路视为顾客需求的生命周期的一部分来加以考虑，而不是将其视为跑在一截轨道上的一列火车这样的有形产品来对待，那么很多国家的铁路系统将更为合理。如前所述，战略管理手段需要睿智的管理者的判断，这样它们才能在复杂的战略决策领域内发挥最大效用，而产品生命周期就是对这一手段的一个经典阐释。

产品生命周期的各种阶段会带来很多有关战略管理会计投入的重要问题。以收益的增加作为较高风险补偿的需要已经出现，但是仍有可能将风险分摊为各个部分，针对每部分风险选择最恰当的子战略。比如，产品生命周期发展过程中的各个阶段具有各自内在的风险水平，由于总的风险水平是由外部环境决定的，因此企业对于整个风险的基本组成部分的控制能力很小。很明显，在导入期开始发展的时候，一个产品的风险处于最高水平，但是在成长期内风险仍然很高，因为该行业的最终大小仍然是个未知数，企业所能得到和保持的市场份额的水平也不确定。随着市场的成熟和稳定，产品的风险降低了，并集中于该产品在进入其生命周期的衰退期之前还能保有多久的成熟期上。有趣的是，产品生命周期的最终阶段却也是风险最低的阶段，因为这时企业已经知道产品在做垂死挣扎，其战略也要进行相应的调整。

如果把这种产品发展过程中的风险图与企业各种战略选择的财务风险图对照起来看，企业就能更容易地选择适当的投资组合，也就能更容易地识别出企业所无法接受的高风险或低风险战略。图3.4中的矩阵图反映了这一原理，图中以产品/行业风险水平为纵轴，以财务风险水平为横轴。通常，企业会舍弃一个具有高财务风险同时产品/行业风险很高的产品，因为这样的组合是一种无法接受的高风险组合（从数学的角度来讲，这些个体的风险结合在一起并产生了指数增加效应而不是简单的叠加效应，这就形成了这一战略的总风险）。只有那些极度偏好风险的企业才会觉得这些战略具有吸引力。它们要么取得极大的成功，要么一败涂地，在产品在市场上站稳脚跟之前就出局了——风险的基本决定因素是收益的挥发性，对于新产品来说后者往往非常高。

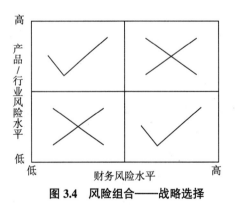

图3.4   风险组合——战略选择

　　但是，正如图 3.4 所示，大多数组织也会舍弃那些低财务风险但产品/行业风险也低的那种不合理的保守产品组合。这一点已经被近些年那些成熟企业的收购大潮所证实了。那些企业的新主人并没有改变企业的风险，但是却由于适当地提高股东回报而提高了财务风险。因此，尽管选择一个适当的风险组合是十分关键的，但同时企业也应了解这对财务风险意味着什么。

财务风险的类型

　　可能财务风险最明显的例子就是企业的资金来源。从使用者的角度来看，所有者权益可能是风险最低的融资类型。借钱（债务）意味着稍高的财务风险。因此，对于一个组织来说，如果决定为一项全新的产品的启动和发展选择债务作为融资手段，那么很明显这意味着为较高的经营风险选择了不必要的高财务风险。在频谱的另一端，有很多企业拥有成熟的产品，需要在已经稳定的行业中占据主要市场份额，但是在这个区域内，企业拥有大量现金，而没有突出的净负债。这些企业已经成为明显的收购目标，因为改变企业的融资方式可以引入合理水平的负债，这能够极大地提高股东回报而不会使总体风险变得不可接受。

　　现在，对这种复合分析的应用越来越复杂，这促使一系列全新的、专用性强的融资产品得到了发展。这些产品使得组织能够使它们希望的财务风险水平与目前和未来的经营风险水平以及组织所偏好的总体风险组合相适应。正如第一章里提到的，这一领域是财务战略的主体，而具体的、不具代表性的财务方案就不在本书的讨论范围之内了。但是，一些具体的例子，如克制战略也会在本篇稍后部分加以讨论。

　　另一个财务风险的基本范例在战略管理会计领域出现得更多，那就是企业的成本结构。将成本分为固定成本和可变成本是内部管理会计的基本原则，但是如果得到了恰当的应用，这一分析将具有非常重要的战略意义。在大多数组织里，生产特定的产品和服务的方法有很多种，每种方法都涉及不同的内部和外部供应（即买进）资源之间的平衡。经典的"制造还是购买"决策往往会改变成本的状态，从以固定成本为主（如内部生产）转变为以可变成本为主（如外部采购），并会相应改变财务风险的状态。即使企业已经决定保持或开始内部采购，如果相对于收益而言风险被认为是不可接受的，企业仍然要做出选择，以避免大量固定成本的产生。从收支平衡图中可以清楚地看出这一现象。图 3.5 和图 3.6 显示出在同一行业中两种截然不同的财务风险战略所产生的成本变化。

　　图 3.5 中，组织决定保持较高水平的固定成本，这可能是由于企业采取了高自

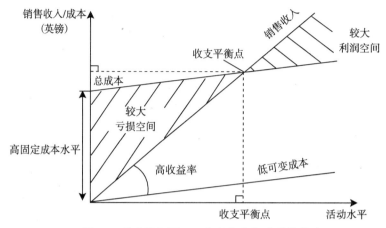

图 3.5　收支平衡图——高固定成本/高收益战略

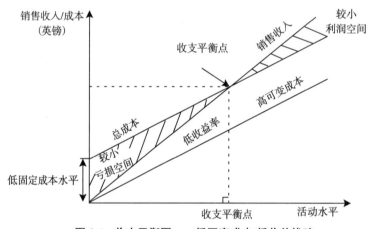

图 3.6　收支平衡图——低固定成本/低收益战略

动化战略（折旧和所有者资产的其他成本通常被视为固定资产）。这可能会带来较高的收益水平，因为在销售价格不变的情况下，可变成本保持不变会带来一小部分销售收入（我们也应该记住关于收支平衡图使用的规则，比如固定成本只是在一定范围内才是固定的，即假设销售收入和可变成本会随着销售活动成比例变化）。任何选择这一财务战略的企业都会在收支平衡点以上的部分获得高利润，但是如果销售活动急剧下降，利润水平也会相应有巨大亏损。换句话说，它们的收益很不稳定，只要销售量有轻微变化收益就会随之变化，因此这被看做是一种高风险战略。

　　如图 3.6 所示，企业有两种选择：是选择使用外部供应商资源满足其生产需求，还是使用内部变动成本满足其生产需要。通过选择适当的战略，企业可以保持相对要低得多的固定成本。在图 3.6 中存在和图 3.5 一样的收支平衡点。但很明显，图 3.6 中的收支平衡点所表示的盈利水平相对较低，或同样的差异损失水平下是较低的销售活动。因此，企业通过将经营机会转到具有很高盈利性的项目，在一定程度上可以降低出现巨大损失的风险。但实际中的情况是，某些需求差异的风险已经转移给造成差异成本的提供者，这些提供者或是企业外部的卖主或是企业内部的员工。根据风险和收益正相关理论，相应地，供应商会因承担了这些高风险而要求对收益进行相应的提高。其总的结果是企业的总成本结构稍微有所增加。有效的是，企业通过增加总成本来降低其总体风险，这相当于以增加成本这种形式为企业的经营支付保险金。由此产生的如下三个结论，对企业很重要。

第一，所涉及的两家公司对企业自身所承担的风险的认识是不同的。因此，供应商所要求的收益增加，可能比购买者愿意支付的额外成本要低。通常的情况是这样的：供应商是某一领域的专家，或除此之外，还有其他几家供应商也是可以销售企业商品的客户群体。在保险业中，这是基本的原理。例如，对很多公司而言，计算机分析和规划技术都非常重要，但对其主要的经营目标而言，这方面具有很强的特殊性。如果企业长期聘用这方面的员工，就相当于将这些技能所花费的成本作为固定成本。结果是在短期内，企业就会因此而失去可以根据经济环境的变化改变其成本水平的灵活性。然而，如果产品销售价格中包含与此相对应的适当的盈利率以弥补可预见的风险，企业可以通过与专业的代理机构签订合同，让专业代理机构根据合同提供给企业所需的适当熟练技术员工。这样对企业而言，这类成本就变为变动成本，而不是固定成本。对于所有特定客户所产生的需求差异风险，代理机构可以通过对产业客户的多元化来分散风险，或者将风险转移给参与其中的个人。也就是说，代理机构与所雇用的员工签订个人雇用协议，但是代理机构不对签约员工提供任何工作保证。近几年，这种风险分析的使用增长很快，其结果是临时雇用代理机构成为近几年内发展最快的产业。这种成本的转化同时也给一些大型公司的发展提供了机会（如 BET 公司）。使很多大公司通过将一系列外围的业务交给其他公司负责，企业就可以集中精力实施关键战略。因此，也可以允许客户管理人员将精力重点放在企业的关键战略目标上。这也使价值链理论在实际应用中很好地发展，因为这说明了公司怎样通过专注于企业具有竞争优势的方面，而提高其收益或降低其成本。

第二，通过将固定成本转为变动成本，无论何时，只要企业的销售达到预期销售水平的顶点，就会导致公司出现惩罚性（Penalty）增长。实际上，如果产品的销售情况超过了预期水平，无论持续多长时间，企业经营的相关绩效在很大程度上都会受到某些不利因素的影响。如果竞争对手采用了相对的高固定成本战略，上述问题会更加突出。因此，选择高固定成本战略成功所依赖的基础是，实际中能够实现预期的产出水平差异。要满足这一要求，就需要掌握关于历史变动率和未来影响需求水平的关键因素等相关影响因素的准确信息。例如，在北美洲，汽车产业受到1980~1982 年较大范围需求低迷的影响很大，由于企业都采用高固定成本战略，由此导致所有的大型公司在此期间遭受了从未有过的巨大损失。尽管在需求恢复后，企业的盈利能力已经恢复，盈利水平达到了前所未有的高水平，但是从1984年开始，大多数公司都通过将某些成本从固定成本转为变动成本，而采用相对较低的风险财务战略。因此19世纪70年代的战略，使得企业的自动化水平增加，相应的固定成本随之增长。但在现在，企业通过检查哪些工作要在企业内部完成，哪些可以转移给外部供应商来完成，来权衡企业所应采取的战略。在经济衰退期，很多员工成为了过剩劳动力，因此公司为解雇他们必须要支付一大笔费用，这些员工费用属于企业经营的固定成本。为避免当实际需求下降时，此类高昂支出的情况再次发生，公司应尽可能多地对员工进行重新雇用（即将这些员工的雇用费用作为变动成本）。重新雇用的员工或者是通过个人签订的劳动合同雇用，或者是通过职业介绍所临时雇用。由于直到19世纪80年代末，市场需求持续强劲。在市场旺盛持续最长的一段时间内，对于这一措施的财务判断越来越引起了争议。然而，上述措施使这些公司降低了其整体风险。同时，当收支平衡点作为企业可用资本的百分比时，企业关注的是如何降低其收支平衡突破点。不幸的是，最终在19世纪90年代汽车行业发生了不可避免的衰退，当其中的一些公司面临这种情况时，尽管已经采用这些措施，依然造成了重大损失。

成本结构战略例子的第三个重要结论是，它说明了怎样将风险从企业内部转移到企业外部去。财务战略更有价值的形式是战略中包含风险的排除，而不是风险的转换。原因是不存在通过分配风险降低所带来的利益竞争性协议。

正如前面所述，成本分析中将成本分为变动成本和固定成本，大多数企业的管理会计系统中包括这种方法。遗憾的是，它们所采用的成本分类方式对战略决策同样没有帮助。判断一项特定成本是固定成本还是变动成本，是一个涉及时间尺度的问题：在非常短的时期内，几乎所有的成本都是固定的；而在非常长的时期内，没有哪项成本可以作为固定成本，因为所有的支出都会改变。大多数公司对成本的分类，是以其操作计划（或预算）时间段为指导的，可能是一年或更少。然而，战略决策的时间尺度显然会更长一些。因此，我们必须认识到，战略管理会计系统不应受到短期成本分类的限制。同时，经过认真考虑后，支出可以根据战略决策的期间恰当地进行分析。认识到这两点是非常重要的。

关于此类分析技术以及其他类型的财务风险指标，将与战略管理会计的特定要求一起，在第二部分进行详细讨论，但其逻辑基本相似。会计方法的使用通常是管理会计和财务管理理念最一般的应用。但是应用的方法却要根据战略决策环境而适当地进行调整。

波士顿矩阵

产品生命周期理论被众多公司和研究机构广泛地加以研究和应用，这使产品生命周期成为了一种普遍的战略规划理念。产品生命周期理论中，由波士顿咨询公司（Boston Consulting Group）提出的波士顿矩阵理论是最广为人知的市场产品生命周期理论。可以说，波士顿矩阵是最早提出的，也是最著名的产品生命周期理论。波士顿矩阵试图将关键战略同产品生命周期的不同阶段联系起来，并通过这种方式说明成功的战略应当怎样同业务变化的需要相联系。基本的波士顿矩阵通常描述为一个二阶矩阵，如图 3.7 所示。此后，McKinsey、General Electric、AD Little、Sell Chemicals（英国）有限责任公司的研究和应用进一步促进了波士顿矩阵理论的发展，使其更加复杂化。在此，要再次提起一个重要的原则：所有的管理方法和技巧都需要在实践中，通过大量在实际管理中的使用来判断和衡量其在实际应用中的价值。由于波士顿矩阵是在实践中不断发展起来的，符合上述标准，因此在本章中就以波士顿矩阵为例进行相关研究。

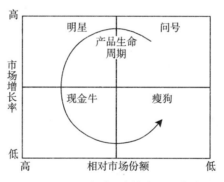

图 3.7　BCG 矩阵（混合的产品生命周期）

在图 3.7 二维矩阵中，纵轴表示产品的市场增长率，横轴表示相对市场份额。波士顿矩阵将产品生命周期的四个阶段用简短的、富有感性的标题进行描述。这使得波士顿理论得到广泛的应用。波士顿理论将市场增长率作为衡量产业吸引力水平的主要指标，这是考虑到大多数公司更希望能够进入快速发展的市场，而不是具有很强竞争性的成熟市场，或是在衰退期的市场。相关的市场份额可以作为公司在特定市场中竞争力的主要指标。这是因为，大量在实践中的经验研究表明，具有市场份额优势的企业能够获得更高的财务报酬。尤其是在市场发展成熟、稳定的情况下，这种优势更加明显。与此相关的证据大多来自于一个被称为 PIMS 的大型数据库。

PIMS 数据库代表了市场战略盈利效应。PIMS 是由战略规划机构创建和管理的，并允许提供捐助的企业可以借助 PIMS 对其企业绩效同类似企业进行比较，从而确定关键的战略。BIMS 数据库偏向于制造企业，这是由于制造企业具有很大的组织结构，并更有可能是处在成熟产业中。这种偏好在一定程度上反映了其最初发展的基础。BIMS 最初是在通用电气企业部门的基础上发展起来的。然而从中得到的主要结果却引起了众多企业的广泛兴趣，同时其结果能对大多数公司的战略规划提供一定的指导。

数据库的分析结果似乎更说明了这样一个问题：在确定企业的相关财务绩效中，主要有三类因素起决定性的影响作用。其中一个主要的影响因素是企业的相对竞争地位，企业的竞争地位可以用相对市场份额表示，在波士顿矩阵中就是相对市场份额所代表的意义。然而，在随后的研究中，人们进一步提高了产品质量这一影响因素对企业财务绩效影响的重要性，将相关产品的质量作为评价企业在多数市场中竞争地位的主要决定因素。第二类影响因素与企业所具有的市场吸引力有关，当然这一影响因素在波士顿矩阵中也有所涉及，在矩阵中用市场占有增长率来表示。第三类因素没有明确地包括在数据库中，只是在产业的投资强度和操作效率（Operational Productivity）中有所描述。通过这一因素可以对企业的操作或生产结构加以控制，并可以通过标准的财务比率分析中的固定资产周转率（资本强度）、利润与收入的百分比确定的利润率等，以及可获得的闲置资本水平作进一步说明。显然，这种比较分析的要求非常明确，其中还包含对市场和产业的相关定义。在 Porter 的三种基本竞争战略理论中，其关键因素之一是通过定义如此严密的战略，可以使企业在其选定的关键市场中达到占主导地位的市场份额。这种高市场份额进一步提高了潜在的融资绩效，这种融资需求会更加分散，但这可能与更具有竞争力的竞争对手有关。进行 PIMS 分析的另一结果是进一步突出了这点：对竞争性战略的发展和监控要在以经营业务单元为基础的水平上（理想上是 SUB）进行，而不是以整个公司为基础。这是由于在大型的实施多元化经营的公司中，从公司整体层面上对市场份额和产业增长率进行比较，可能是毫无意义的。

如果可以确定企业本期的财务状况，在对个别的经营业务单元进行分析时，波士顿矩阵可以作为战略规划的辅助工具。然而，通过前面的分析，我们已经知道，很难将产品生命周期理论作为一种"事前"预测工具加以应用。然而，相对而言，比其对企业进行"事后分析"要容易得多。即使如此，如果能在业务发展的各阶段对一般性战略推动因素加以确认，将有助于管理者选择恰当的企业竞争经营战略。同时，这可以让管理者在一定的财务风险水平上对不同的战略进行比较。在市场的发展和初始阶段，要求管理者关注市场研究和技术更新，从而确定市场中尚未满足的需求有哪些，然后针对那些尚未满足的需求进行生产，解决市场中的这些问题

（也就是说以一个可以接受的质量和价格组合为基础，有针对性地进行生产）。这种企业经营方式其主要管理风格的显著特征是，富有创新和企业家风格，战略的变化比较频繁，这主要是由于商业环境本身就是动态变动的造成的。如果要通过战略管理会计系统的应用增加企业的价值，就必须要与这种管理风格以及环境的多变性相适应。在设计这种系统时，关键的问题是要使其具备一定的灵活性，在系统中不能有官僚主义，不能拘于形式，要具有对一次性事务的快速反应能力。在以后的第三部分、第四部分和第五部分中，我们会对这些问题展开更详细的讨论。在以后的这三章节中，还会分别涉及组织结构的作用，企业经营发展的阶段，财务控制体系的设计和应用等相关理论。此系统还应当提供关于竞争对手行为的信息，这些信息是根据竞争对手研究开发的相关支出，以及新产品的时效情况等有关信息分析总结出来的。此系统还应当能为企业提供更广泛的相关产业和市场的发展趋势、客户偏好等相关信息。在对项目实施监控的过程中，能让现行的和计划中的项目顺利开展并实现，起关键作用的是时间尺度。同时，将项目在实施中包含的实际成本同最初的成本预测进行比较，然后借助于对项目未来成本预测的更新，来保证项目的后续财务支出。

　　在经营业务发展的初始阶段，另一关键的影响因素是经营现金流量的问题。在项目的初始阶段，经营现金流量是负值。这是由于资金的支付是在新产品的研发、测试和推向市场阶段发生的，但在这一阶段，所能达到的销售量很低，相应的销售收入很有限，因此会导致现金流量为负值。即使当销售量稍有提升时，销售收入相对于最初的高操作成本投入而言，也是很有限的。直到销售量不断提高，同成本相比达到了更有效的水平为止（经验曲线的作用和在战略规划中的应用将在以后章节中讨论）。在发展阶段，基本的经营风险通常较高（主要是由于存在较高的产品失败的风险），现金流量也可能是负值。因此，在此阶段将财务风险保持在最低水平是最明智的决策。企业可以通过发行企业股票，并尽可能地通过在经营中使用变动成本来降低财务风险。在图3.8中，以图形的形式说明了这些影响因素的组合。

　　产品能成功地推向市场后，经营者需要根据环境的变动，相应地改变其战略方针，同时改变影响经营成功的关键因素。随着产品市场增长率的快速提高，此时面临的一个至关重要的问题是：经营业务自身的增长规模应当快于市场的增长，只有这样才能提高产品的市场份额。在发展阶段，经营的目标是在市场达到成熟前，产品要相应地占有尽可能大的市场份额。在国内市场份额PIMS研究的基础上，最终能实现更高的财务收益。令人满意的经营管理类型对于实现成功的市场营销以及管理产品市场快速增长这一明确目标而言，至关重要。通常，战略管理会计系统的关键在于分析相关市场营销战略的有效性。PIMS分析还能为企业提供对竞争对手现行市场营销战略的分析，以及其对机构战略变动的反应等相关信息。因此，企业具有

高	明星	问号
	市场营销/增长类型 高经营风险 现金流量中等 财务风险水平低	企业家类型 很高的经营风险 现金流量为负值 财务风险水平很低
市场增长率	现金牛	瘦狗
	管理员类型 中等经营风险 现金流量为正 财务风险中等	成本最小化类型 低经营风险 现金流量中等 财务风险高
低	高 相对市场份额	低

图3.8   波士顿矩阵的发展

一定的模型建立和模拟能力，在决策制定的过程中将会发挥很大的效用，同时使决策结果更具价值。

相对于产品的初始投放阶段，在产品发展阶段，销售收入将明显增长。由于正常成本的降低速度比销售价格的降低要快得多，经营的利润水平也将有所提升。然而，整体经营净现金流量可能仍然不是正的。这是由于在产品市场快速发展的阶段，产品的投资需求仍然很高。但如果市场发展很快（假设增长率达到每年40%），但是企业经营业务的增长更快（假如达到50%），在这种情况下，为提高产品的市场份额，投资者除了将可能获得的现金流再投资于项目外，不可能进行其他的投资操作。因此，在特定的情况下，经营现金净流量可能在正值和负值之间略有变动。但在一定意义上可以说，在产品生命周期的增长阶段，经营现金净流量可以看做具有广泛的均衡性。随着需求的增长，投资主要用来提高产品的生产能力。在一定情况下，有形资产的投资相对于无形资产，如商标等而言，所需要的投资相对要小些。这种情况在服务类行业尤其明显。市场营销支出的目标是在产品市场增长的过程中，发展产品市场和提高市场份额。其最终目标是在产品市场成熟前尽力拓展产品市场，使企业的产品市场潜力达到最高水平，从而使企业产品在充分发展的市场中获得最佳市场份额。"最佳"一词在此处是用来描述达到市场份额的最好和最高水平。同大多数经济关系一样，人们现在已经广泛地接受一条经济规则：市场营销的支出会导致一系列利润的减少，并且超过一定程度地增加市场份额将导致不合理的支出。不幸的是，现在还没有适当的公式来描述这种关系。战略管理会计将尽力确定在特定市场中，随支出增加而出现利润下降的开始点。并通过这种关系确定达到临界状态的最低支出，如图3.9所示。正如第四章和随后的第二部分中所要讨论的，分析的结果可以分解开来，分别应用于在特定市场营销战略中每一单独的目标。战略管理会计面临的最大挑战就是市场营销支出的需求可分为发展行为支出和维持行为支出。

而市场营销投资被视为一种长期投资，并以此作为投资的判断（这将在第四章中介绍）。

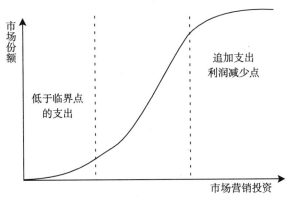

图 3.9　关系营销开支和市场份额

　　市场的最终规模受多种因素的影响，其中包括所有市场参与者的整体市场营销行为。因此，对经营者而言，了解竞争对手的市场营销支出很重要。企业的市场营销支出在相关市场的总体市场营销支出中所占的比例将影响到企业的相对市场份额。实际上，在产品市场成长阶段，如果一个或几个竞争者在市场营销支出中占主导地位，企业所采用的战略将有很大的变化。具体的战略选择将在第十六章中详细讲解。但是这进一步说明，由于外部驱动因素所导致的战略变化，需要应用战略管理会计的方法确定、分析和适应这种战略的变化。

　　最终市场会发展成熟，增长率也将有所下降。企业要再一次针对新的外部环境改变经营战略。在稳定增长的产业中，增长型战略很少能获得成功。这是由于随着产业中竞争对手竞争战略的加剧，进一步提高市场份额相对要困难得多，持续的时间也会更短。在此时期，适当的管理方式可以概括为"控制者"。称其为控制者是由于现在的经营管理以盈利为主要目的。在这里，应当注意的是，在以前的两个阶段中，没有提到获得经营利润的相关问题。这是由于如果在产品推向市场和市场成长阶段，过多地将注意力集中在增加利润上，将导致关键的战略目标难以达到，同时会严重损害对产品发展有利的长期财务能力。当产品建立了稳定的市场后，其继续发展的潜力会很有限，这时将注意力放在盈利上是最明确的选择，也是至关重要的。

　　最后，市场成熟时，经营现金流会变为正值。在此阶段，即使考虑到货币时间价值的影响，累计经营现金流也会很快转变为正值。此时，再投资于产品市场的发展，这一战略是不可取的。市场营销支出的目标变为保持产品的市场份额而不是拓展市场。而对可再投资于业务的资金而言，其中投资于无形资产的相关比例会极大地降低。同样地，投资于有形资产的支出比例也会有所下降。随着销售水平持续稳定，就没有必要扩展产品的生产能力，与生产能力相关的资金需求的增长也会大幅下跌（很多产业中，在市场快速增长阶段，生产能力的增长会占大量的资金，因此在实际中，导致经营失败的一个主要原因就是过度交易造成的）。在很多情况下，大多数投资在现阶段主要是用于现有项目的场地和机器磨损带来的替换。通常情况下，盈利水平在很大程度上不受某些经营活动的影响，其中的折旧支出反映了大部分的这种活动。

　　然而在这段相对稳定的阶段，如果能准确地预测成熟期可能持续的时间，会使经营中的潜在风险有所降低。尤其是对产品销售已经达到高水平的相关市场份额的企业而言，通过降低企业的经营风险，使公司可以在提高其财务风险的同时，不会使企业的整体风险高到企业难以接受的水平。投资于自动化，或通过其他方式增加固定成本，将会在很大程度上降低变动成本的比重。这些情况在此时就要加以考虑，并相应地对其进行财务评估。这种投资方案的潜在经济生命期可以通过预测产品生命周期成熟阶段所持续的时间来确定。但是对经营战略而言，提高经营效率的投资决策要相对重要得多。在此时战略管理会计分析的重点应放在与竞争对手相关成本的比较上，以及考虑如何提高企业先行成本水平上。

　　在企业经营生产整体投资的过程中，财务管理的成功关键在于业务经营能在稳定的现金牛阶段持续尽可能长的时间。这是由于现金牛阶段是唯一的能显著产生正现金流的阶段。很遗憾的是，对于很多具有冒险精神的管理者而言，这种具有非常稳定的现金牛的经营业务，相对于他们所关注的能提高短期回报的经营业务相比，明显不能产生他们所期望的超额收获和刺激。因此，在这一阶段，会出现多元化的经营战略。这些导致成熟业务所产生的正的现金流被再投资于开发和推广新产品上，企业希望通过这些新的产品在未来创造新的明星产品（这种多元化战略的原理及应用将在下面进行讨论）。

　　管理者追求的不仅是超额获利的兴奋和风险刺激，更实际的问题在于，管理者要通过合理的方式，维持和发展他们的管理职业。一旦产生稳定性现金流量的成熟经营期终止，接下来的就是经营状况的下降，甚至是业务的终止。这对现行的管理团队而言是不利的。与经营业务发展的较早阶段不同的是，下降阶段要求特殊的管理类型，其中最适当的是将成本降到临界水平，甚至更低的水平。因此，人们形象地形容这一阶段的管理类型为"职业杀手"、"刽子手"、"殡仪事务承办人"。实际上称其为"外科医生"会更恰当一些。在对人的治疗过程中，医生用富有技巧的手术及时地切除发生病变的部分，这在大多数情况下会成功地延长病人的寿命。类似的也可以应用在经营管理当中。如果某些成本不再是必需的，就应当削减这些支出。这样可以使业务的经营在一定的时期仍然能够持续高效地运作。因此，在这一阶段要再一次改变主要的经营战略方针，战略的重点集中在剔出不能给经营业务带来附加价值的成本上。通常，投资决策是否合理主要取决于经营下降阶段持续时间的长短，以及对销售水平下降情况的预测。对很多经营项目而言，这一阶段属于对业务没有主要再投资的情况，现行的资产应在其可能长的使用时期内，尽其所能地运转。实际上，由于资产的清算价值高于其继续应用于经营所能产生的价值，在这一阶段有些资产可能会变现。经营现金流在这一阶段的整个过程中至少要保持平衡。这是因为将净现金投资于一个将要终结的项目是毫无意义的。因此，一旦现金流变为负值，必须进一步降低成本使其达到更低水平下的收支平衡。如果不能达到收支平衡，结束项目是最明智的选择。

在这种情况下，如图 3.8 中所示，没有必要将高财务风险同高固定成本相联系。因为这种情况会增加清算成本。然而，在投资项目中，股东权益的机会成本高于借入资金的成本。这是由于股东权益的风险高于从投资者或资金提供者借入款项的风险。从此阶段到最终经营业务的结束前期，如果通过减少股本投资这种不必要的方式降低成本，将会恶化投资者的投资情况。用财务管理的术语来说就是，在项目经营的下降阶段，通过借入相当于经营中剩余资产清算价值的资金，而不是用所有者权益资产融资，可以增加持续经营现金流的现值。同时也要注意其前提条件是，可获得和可分配的现金流（在公司中包括股息）比经营下降阶段产生的利润要高。同时，也没有必要为达到盈利水平，对所有贬值的支出进行再投资。因为在现阶段，保持企业的生产能力和财务基础已不再是经营战略的基本组成部分。在这一阶段所有投资决策必须经过严格的财务判断，包括前面提到作为维持的基本支出。当然这也包括维护企业的无形资产，如商标。

对很多企业而言，商标可在产品中进行相互转让。因此，对于企业将商标形象从衰落的产品中转移出来是合情合理的。但是大型联合企业可能会由于商标的转移并应用于更具有成长方向的产品而蒙受一定的损害。但如果商标的转移很及时，并且商标管理良好，可以认为商标同某特定产品的生命周期不一致。这一部分将在第二部分和第四部分进行详细的说明。

适当的财务控制指标

随着产品生命周期不同阶段的发展，经营业务的战略方针也会随之有所变化。随着基本战略的改变，战略管理会计的重点也要随之进行调整，以适应经营战略的变化。财务管理的标准相应地也进行类似的转变。遗憾的是，大多数企业没有建立自己的财务控制系统来应对这种发展阶段的复杂性。正如前面所提到的，投资报酬的整体标准被用来作为最普通的财务控制标准，而不管产品处在怎样的发展阶段。这些特定的标准中存在的主要问题是：这些指标是短期性的，而且是以会计利润为基础的。这些相对于以决策为导向的现金流而言过于主观。

更符合逻辑的系统要求系统能够理解主要战略方针在每一阶段的关键成功因素，并能够制定一些关键的财务指标，使经营者可以通过这些财务指标来描述关键成功因素的实现程度。这一问题将在第四部分单独进行深入的讲解，并通过具体的例子来详细说明。在这里先给出一个简要的说明，如图 3.10 所示。

明星 CSF：市场份额增大 控制措施：— 贴现现金流	问号 CSF：成功开发和推出 新产品 控制措施：— 研究与开发的里程碑
现金牛 CSF：维持市场占有率 保持最低成本水平 控制措施：— 投资回报率	瘦狗 CSF：成本基础最小化 控制措施：— 自由现金流

图 3.10 适当的财务控制指标

在开发阶段，很难建立任何有意义的全面财务控制，甚至对项目进行财务估价。在此阶段，从新产品成功推向市场中所能获得最终的财务报酬这一目标通常会很遥远，而且通过超复杂的系统分析仅可以得出似是而非的结果，具有很强的投机性。在这一阶段，应当用现值计算的现金流量方法来预测未来现金流量，不过以时间的长短来解决这个问题还为时过早。然而，潜在的预测范围非常大，以致在实际控制中，没有经营业务的那一部分可以通过这种复杂的方法加以确认。很明显，对研发支出的最初财务判断，是以能够将产品成功投放市场后所获得的潜在收益或成功的可能性加权平均收益为前提的。我们可以借助于 DCF 方法，估计从一个成功的开发项目获得的延迟收益。如果产品没有成功，实际的财务报酬实质上为零，项目将早早地成为一项财务失败。由于项目完全失败的风险（即可能性）有所增长，与项目的最终成功有关的潜在报酬将会根据风险增加的程度，相应地有所增长。然而，试图通过应用结果的预期价值来对项目实施控制是毫无意义的。实际上很多公司试图这样做。例如，假设这类投资能成功的话，其结果值为 100，不成功情况下其值为 0。如果成功和失败的可能性各为 50%，则投资期望的报酬值为 50。这种方法可以用于决定是否采用某一投资方案。但是这个值不能作为监控实际绩效的指标。此外，项目的成功和失败会使期望值出现极大的分歧，监控过程通常也会因此而变得毫无意义。此外，在项目所有的研究开发资金支出后，对项目经营最终的成功或失败的判断具有很重要的意义。因此，如果应用这种全面的财务控制方法，就不能将项目的成功或失败置于管理者的控制之下。

在使用项目结果的期望值来判断费用支出是否合适的情况下，面临的主要问题仍然是，在不知道最终实际结果的情况下，在新产品发展的早期阶段如何对其财务支出进行有效的控制。战略选择的关键成功因素可能会涉及研究和开发的各个特殊阶段。同时，企业需要伴随着研发的各个阶段开展市场研究活动，来证实或确定最终产品市场需求的可能性。唯一合理的财务控制标准用来控制这些重要的"里程碑"是否实现，并将为实现各阶段的目标而发生的实际成本与这阶段的预测值进行比较。在这种控制过程中，更重要的因素是对最终结果及未来需要继续投入的成本的估计定期进行更新，以此来确定项目持续经营下去在财务上是可行的。

这方面的内容将在第十五章中作进一步的详细说明。但是，对记录人员而言，认识到这种战略财务控制过程与现在大多数公司通常所采用的方法有何区别非常重要。研究和开发通常被作为成本和花费支出的中心，可是这方面的财务控制系统确实非常有限，仅涉及将其实际支出成本同预算水平相比较。在这种环境下，将超过预算的超常支出认为是代表企业的管理绩效不好，而认为低于预算的支出对整个业务经营而言是有益的。因此，在这种不负责任的财务系统中，对于将研发花费支出水平作为代表短期财务绩效提高情况的指标就没什么可奇怪的（通常用此类支出来弥补在前几年中收益的减少）。现在我们只需要一个与此目标一致的典型案例进行说明。经营战略中，首先要确定新产品在经营战略中的作用，同时确定采用适当的监控方法，对这一长期活动进行控制和预测。但这会突出为实现短期目标而对次要战略所进行的改变所造成的潜在危害。如果将财务控制系统视为一个有效的学习过程，而不是一种追究责任的方法，人们自然会更容易接受这种更为合理的方法。

一旦产品成功地推向市场，战略方针就会相应地做出转变，同样财务控制系统也要相应地有所改变。在产品市场发展阶段，关键的成功因素是市场份额的增加和市场自身的完全发展。所进行的投资就是要在这一阶段实现这一阶段的成功因素。通常，市场的增长和市场份额的增加，此类特定目标通常用来作为衡量管理控制绩效的指标。同产品在研究和开发阶段一样，直到产品进入成熟阶段前，在发展阶段的投资通常也不会产生财务报酬。这时，长期财务估价技术（如 DCF）可以用来判断最初的投资战略是否正确。然而在这一阶段，相对于前面的产品投放市场阶段而言，可以更加清楚地预测产品的未来销售所产生的经营现金流量情况。现在，关键的问题是产品成功所能达到的相对程度，以及产品生命周期在此阶段所持续时间的长短，而不是产品是否能被市场所接受的问题。产品是否被市场所接受，这是属于前一阶段所关注的问题。战略管理会计的作用同财务控制系统类似，都是在给定战略执行结果的情况下，来模拟各种可能的结果。但是，所有的这些模型都要估计市场的长期报酬情况。DCF 技术可以用于产品初始阶段的估价，但考虑到不同战略的选择，就需要定期地对估价方法进行更新。在这一阶段，如果还用 DCF 技术作为财务控制技术来估计所采用战略的成功程度，就很不恰当。

财务控制系统应当考虑到现行决策在更长时期内的影响结果。这很重要，也是 DCF 技术的主要侧重点。如果财务监测主要考虑经营的短期结果，人们可以通过降低在市场发展阶段的市场营销支出或降低市场份额的长期发展，达到短期的财务控制目标。但是这两种方法在提高短期效果的同时，会在市场达到成熟阶段，即现金牛阶段后，使经营业务受到极大的损害。令人意想不到的是，很多公司现在仍然在复杂的成熟阶段应用现金流驱动的 DCF 技术来评判企业在初始阶段的投资决策。但是随后就又恢复到使用短期投资所适用的方法，这种方法所使用的是以会计为基础的指标，如投资回收率（ROI）来监控投资的成功与否。这里就不复述短期投资方法用在长期战略中的不利影响。

随着市场进入成熟阶段，经营战略必须以这一阶段的关键成功因素为重点，做出适当的调整。经营业务最终都会将注意力集中在盈利上，并以此补偿在产品发展阶段、投放市场阶段和市场建立阶段的投资先进支出。因此，这些短期收益指标如 ROI，此时在理论上可以加以应用。但是，公司现在仍然要注意在恰当的水平上，通过再投资保持其竞争地位。很多产品（如前面例子中提到的机动车、洗衣机）经历了很长时间后，在销售最终下降和产品消亡前，才能成为成熟的产品。如果企业试图实现短期利润最大化而不是最优化，可以通过损害产品和商标在市场中的地位为代价来实现。但这会极大地降低整个成熟阶段的整体利润和现金流量。

降低在研究和开发阶段上的投资支出会对企业整体利润造成不利的影响。如果缩减在研发上的投资支出，企业就没法通过创造新的产品或产品范围的拓展，来应对竞争对手的主动竞争行为。或者对企业的市场营销活动没有足够的支出，将会导致企业品牌的相对竞争地位有所下降，或在整体产品销售稳定的情况下，产品的市场份额有所下降。如果会计上将这些支出作为期间费用，而在会计上期间费用在发生时就是被用来抵减收益的，在这种情况下，降低支出就可以视为提高了期间收益，这种会计处理方法会进一步加剧上述问题。如果支出具有长期影响和长期收益，这种问题将会更加明显。因此，经营者可以通过降低对长期盈利有影响的相关的广告支出，提高其短期财务绩效。如果对维护客户方面的支出有类似的降低，则会对现阶段的销售水平产生更大的影响。通常对关注于短期投资的企业而言，这种方法不是很可取。

对一个优秀的战略管理会计系统而言，最重要的是系统必须保证影响长期经营战略的关键因素能够实现，即使是在实现短期盈利目标是其主要的战略目标的情况下。本书将在第十七章中对这一问题所涉及的其他问题详细阐述。实际上，这属于在市场成熟阶段重新投资于有形资产的问题。如果市场不再具有明显的增长趋势，就没有必要继续投资于以有形的固定资产为基础的生产能力的拓展方面（正如前面所提到的，企业可以投资于成本节约型的项目，这会增加固定资产净资本支出，但不能提高整体的生产能力）。然而，企业需要对维持资产"真实"生产能力所需要的再投资水平进行预测和控制。在很多产业中，折旧支出是以资产的历史成本为基础计算的。当企业处在产品生命周期的成熟阶段时，折旧支出产生的再投资不足以达到管理战略的目标。因此，在对经营产生的净现金流进行短期预测时，必须考虑到要保持实际资产基础。同样地，在某些产业中，固定资产更新成本是逐步下降的，如电脑等类似资产。此时，企业没有必要将所有的历史折旧支出用于维持资产的生产能力，这样会使企业在短期内所产生的经营活动净现金流比经营利润高。

最终，随着市场的饱和以及替代产品的出现，产品生命周期的成熟阶段将会结束，产品需求随之下降。在这一阶段，以前的经营战略会逐渐终止，经营战略转为自动保持其市场份额，也不再具有重要的财务意义。正如上面所提到的，对经营业务的所有再投资可以严格地在财务上加以判断。这些投资包括以前作为维持项目的基本支出，以及那些由于采用错误的战略而导致完全丧失成熟经营阶段的实质性现金流，而可能没有经过严格估价的支出。由于未来现金流量会有所下降，在这一阶段最重要的是要实现投资最小化和短期现金流量最大化。在产品生命周期的"瘦狗"阶段，由于此时经营获利的自然增长是以经营投资的现行估计价值为基础实现的，因此应用盈利指标可能会误导财务判断。资产负债表通常是随后要关心的概念，但是如果经营是下降的，如前面所提到的病人治疗的例子，投资可能会被非常突然地取消。此时，一项资产当考虑到企业处在清算的经营环境下时，同现行持续经营情况下使用的资产会有完全不同的价值。因此，在不能提供大量现金流量的情况下，以及所提供的现金流量的有效性受外部环境变化影响较大时，也可以估计其经营利润。一个好的战略管理会计系统重点关注的是经营所能产生的自由现金流量水平，并能帮助经营者做出这一阶段的关键性决策，如哪些成本需要降低，何时维持经营以及何时将资产出售或关闭等重要决策。

正如前面所述，战略管理会计系统应当能够随着经营战略的发展变化，其所要解决的问题的侧重点会有所不同。对于某一特定的经营业务而言，只有管理者意识到经营战略需要有所改变，并采取了相应的步骤来改变这些财务控制变量时，才能够实现战略管理会计系统的相应转变。对于多种经营的企业，在发展的不同阶段有不同的经营项目、不同的增长率，这些复杂的问题极大地混合，组成了多种经营企业管理中所要面临的问题。

多元化战略

在 19 世纪 70 年代，随着波士顿矩阵及其相关理论成果的发展，产生了非常流行的经营战略。从图 3.11 所示的矩阵中产生的现金流量，我们可以清楚地看到，在波士顿矩阵中有两部分具有广泛的均衡现金流量，在现金牛阶段有很高的正现金流量，在推向市场阶段是明显的负现金流。因此，我们可以用成熟的现金牛阶段产生的正的现金流量，作为另外推出的新产品在开发和研究阶段所需的资金。正如本章前面所提到的，这种战略对于富有经验的管理者而言，在实质上比较具有吸引力。因为这意味着即使在最初的产品阶段或在成熟的市场中，整个业务经营仍然能够继续发展成长。

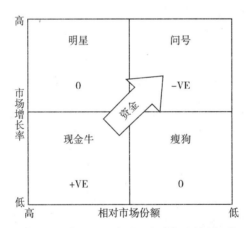

图 3.11   波士顿矩阵（现金流产生的循环）

成熟的产品被称为现金牛，之所以用这个名称形容，是由于这些产品能够自然地产生较高的现金流量。但是，很遗憾的是，现金牛听起来却不如"明星产品"那样让人觉得兴奋。有一些经营者将经营的初始阶段称为"商业冒险"，而有的管理者用"问题儿童"来形容波士顿矩阵中的这一初始阶段。这反映了不同的管理者对业务经营的同一阶段有不同的认识。在很多情况下，这种使用经营现金流量的净流入作为新项目支持资金的方法，通常会导致多元化经营。这是因为随着时间的推移，经营初始阶段的再投资机会将会随着产业的成熟而消失，上述方法的应用将会不可避免地产生多元化经营。

这种不可避免的多元化经营战略，相对于没有多元化经营、注重企业全面的整体经营战略而言，被认为是主要的潜在竞争优势之一。如果仅有再投资于其他经营业务所导致的多元化经营战略，而没有针对企业整体的全面经营战略，也会降低企业的整体价值，而不能提高其价值。如果投资者要求获得的多元化经营收益同专门经营某一领域的公司所获得的收益类似，他们可以购买这些专业经营公司一定比例的股票。通过股票投资，投资者可以获得特定的管理团队，这些管理团队会将管理的重点放在更能显示其专长的特定经营战略上，放在能使企业的经营获得持续竞争优势的领域中。

人们认为，在一个企业通过进入不同的产业，经营不同的业务，可以分散经营风险，从而降低企业的整体风险。然而，正如前面所提到的，投资者可以通过分散投资轻易地实现这一目标。因此，多元化经营不能给股东带来任何的额外价值。同时，由于缺少对特定领域的专注性，以及管理这种多元化经营企业整体成本的持续增加，实际上只会显著降低股东的价值。

在任何复杂的经营管理中，需要具备多重水平上的战略管理。考虑到这一点，多元化经营战略就会面临另一个问题。在任何多元化经营过程中，发展竞争战略是在 SBU 水平上进行的，而不是以企业整体为基础进行的。因此，公司整体战略可能不会增加企业所制定的竞争战略的价值，除非整体战略经过非常全面的考虑，但这基本上不可能。

多元化经营增加企业价值的观点是由波士顿咨询公司提出的。其理论的基础是：一个具有很好的多元化经营的企业，可以将其资源分配到潜在盈利能力最高的领域。换句话说，成熟的现金牛阶段产生现金的比率，可以根据企业整体中各经营项目发展的需要进行管理。当然，其中不包括产生负的现金流量的经营业务。如果增加短期内成熟经营业务的正现金流量，可能会对这一经营业务的长期发展前景产生不良影响。即使在这种情况下，也可以实现上述目标。只要处于发展阶段的经营业务所带来的盈利的增长，使股东获得的价值增加大于处于成熟经营的业务现金流量的支出所带来的股东价值的减少，就可以通过资源的再分配使企业的整体价值有所提高。这种理论有一定的假设前提，即多元化经营通常会使企业获得更多的发展机会，而这些发展机会相对于经营具有专一性的企业很难获得。因此，它的资源或财务不能随着环境的变化而相应地做出调整。如果资本市场是真正有效的，关注于新的经营业务会增加拓展投资机会所需要的资金。进行新的投资后整体盈利前景将会有所提高。相应地，针对盈利前景的提高，投资者会提供更多的资金。多元化经营就可以重新分配其投资资金，而不受资本市场的直接影响。然而，在第一章中讨论的代理理论，使管理者在实际管理中不可能通过多元化经营降低股东价值。但实际中对此问题的相关研究表明，分散化经营只能降低股东的价值，而不是增加其价值。但是，这些研究大多数是以企业直接获得多元化经营的情况为基础进行的，而不是在研究直接投资于新项目的开始阶段的情况下得出的结论。通常企业在获得其他经营业务时，包括为获得其经营业务权所要支付的额外费用，所以这些研究结论不是很恰当。

另一种提倡在现金牛阶段进行分散化经营的观点是：在业务经营的成熟阶段，企业所具有的管理技术还没能充分地加以利用。换句话说，为了使企业能够获得正的现金流量，在经营的开始阶段，公司必须具备将业务成功推向市场并促进其发展的所有管理技能。正如前面所提到的，在波士顿矩阵的每一不同阶段所需要的管理技能完全不同，因此在现金牛阶段，开始阶段的某些管理技术现在可能不能充分地被利用（也就是说只能保留这些技术）。因此，可以说多元化经营能给波士顿矩阵中不同阶段的管理者提供机会，从而保证所有的经营单位在其发展的特定阶段实现最佳战略。从概念上讲，这种观点很具有吸引力。因为这似乎可以使企业获得持续的竞争优势。但是这必然导致随着经营战略及经营成功的关键影响因素的变动，而使管理者在不同项目组中调任。遗憾的是，在实际中，很少会有这种大规模的多元化经营企业，可以根据业务发展的不同阶段，将关键的管理技术非常准确地针对具体经营业务加以应用。如果关键管理技术同经营业务及发展阶段搭配错误，将会对企业造成巨大的损失。

实际中，可以在很多公司看到这种战略概念的应用。这种公司具有明显的多元化经营项目，关键经营战略具有一定的持续性，因此要求其具有广泛的管理技巧和财务控制系统。其中，最好的例子可能是 Hanson 上市公司。这家公司的业务主要以经营处在成熟阶段的业务为主，从而能够在现金牛阶段持续很长时间（它们不是以处在高新技术产业、具有较短的产品生命周期的产品生产为主）。因此，一个规模很小的总公司，可以利用使用 ROI 指标的这类普通的相关的简单财务控制系统，控制包括大量明显多元化经营业务的大型集团公司。用这种经营项目的特定价值技术，可以判定企业是否在经营业务已经成熟时仍然采用成长或明星战略。经营战略的变动，能够极大地增加此类经营项目的价值。在很多情况下，可以在不改变已采用的经营战略的基础上，通过实施更适合现行成熟阶段的财务战略，让企业实现价值的增加。如果企业所要取得的目标本身是多元化经营组合，但这些经营业务仅由单一的财务方法进行控制，则其附加价值会更大一些。通过将多元化经营业务进行分类并对其进行重新定位，就可将产品销售给更集中的购买者。这些购买者能够根据自己所特有的战略标准，更准确地衡量各构成部分的价值。因此，这种战略能极大地降低由最初的购买者保留的成熟现金牛阶段的净成本。

在这种方法中，全面战略可以看做是循环的。一种战略主张建立多元化经营的企业集团，另一种则主张将不同类的业务从多元化经营中分离出来，并再次将财务管理分离出来应用于具体业务。这种循环的观点认为经营业务从实际经验中能学到的战略很少。为反驳这种观点，本章最后讨论一下经验曲线在战略管理会计过程中的作用。波士顿咨询公司也通过应用经验曲线，完善了波士顿矩阵的相关市场份额观点的逻辑推理。

经验曲线

经验曲线的问题还会在第十六章中作进一步的讨论。但此处引入经验曲线，是作为一个例子来说明如何将战略管理会计师结合到经营战略当中，以促进企业价值的增加。

合并到经验曲线中的最简单的概念就是这种观点：很多经营业务都是一种学习的过程，这意味着随着产出的增加，单位成本会降低。在实际中可以通过工人更灵活、更准确地完成既定的目标，并以此降低持续生产的资源消耗水平，从而实现上述情况。另外，管理者可能会意识到这会使企业经营得更好，可以用更经济的方法进行经营，并能够使成本随产量的增加而降低。在有的产业中，如飞机制造业中，这种学习过程受到了广泛的关注。甚至在一些复杂的重复过程，可以通过随着产品的增长所积累的企业所学到的东西预测成本的降低程度。这种关系通常的表示方法是：根据累积产品的两倍对应的相对成本所能到达的降低程度进行描述。因此，70%的经验曲线的含义是，在经验积累期，随着产量的成倍增长，成本在实际中费用已经降低到以前水平的70%。如图3.12中的曲线所示，但是由于经验曲线是用来表示在产品的逐渐增加的过程中所产生的持续的相对变化，更常用的表示方法是对坐标轴的两个方向取对数，这时就可以用一条直线（见图3.13）代替经验曲线。这种曲线的主要影响在于，累计数量从5000增加到10000单位时，实际成本水平会产生同样程度的下降，在100万~200万每单位间变动。

在某些产业中，经验曲线是对这种现象进行广泛研究的结果。同最初的学习过

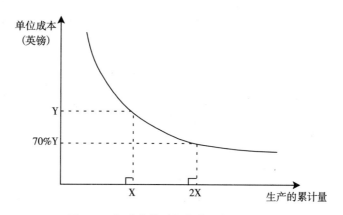

图3.12　经验曲线（包含学习曲线）

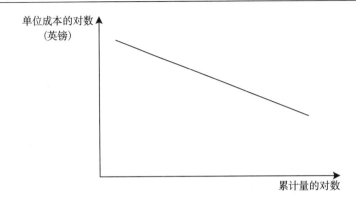

图 3.13   经验曲线（坐标轴取对数）

程一样，确定了其他的影响效果。对经验曲线而言，一个明显的潜在影响因素是规模经济效应，这首先是由于随着累计产量的增加，由生产熟练程度扩展的潜力所引起的。在某些产业中，规模效应会产生可预见的成本节约。包含自动化的产业，规模效应可能会对劳动力学习曲线有所补充或替代劳动力学习曲线。然而，即使没有改变基本的生产过程，也可以通过规模化获得较多的成本优势。这是因为如果产出增加需要增加两倍的设备，所花费的成本通常不是两倍的。经验曲线的第三类要素是由技术更新所引起的变化。某一产业中的技术更新只有当这一产业达到一定的生产容量水平时才会发生。例如，连续处理代替分批操作的产品生产。

上述三类影响因素共同作用，形成了经验曲线所表示的结果。通过经验曲线，经营者可以预测将来某一时点的成本情况。如果企业能够做到这一点，就可以估计企业在竞争中所处的地位，还可以明确地得到企业经营战略的指导方针。在具有高经验曲线的产业中，以 70% 为例，具有最多经验的企业可以获得明显的潜在竞争优势，因此只要企业能够保持其累计生产整体优势，就能够获得可观的成本优势。在产业发展的早期阶段，任何后进入的进攻型竞争者都会试图使产业的累计产出水平达到很高的程度，以致在成本损失对企业的存在产生阻碍作用之前克服这种不利因素。竞争者需要将销售价格设定在企业现行短期成本之下，这样才能够获得一定的市场份额，弥补累计生产的短缺数额。

另外，首先加入到市场中的公司，试图通过迅速使产业进入非常高的累计产出水平，来建立持续的竞争价格优势。这也可以通过将销售价格定在短期经验曲线基本成本之下、长期经验曲线基本成本之上来实现。遗憾的是，对很多建立了这种进入壁垒的公司而言，这种战略的风险是，为获得最大的经验曲线效应，企业常常会将全部的业务投放到某一特定的技术上。在这种情况下，如果竞争对手获得了技术上的突破，他们很可能以非常快的速度从一个相对较低的起点开始沿着新的经验曲线发展，从而留给最初进入市场的公司非常有限的选择权。这方面的例子将在第十六章中通过举出大量的例子进行讨论。

现在我们对战略管理会计的作用应当清楚。如果在某一产业中，经验曲线很重要，企业经营所需要的信息主要是，在过去成本基础是怎样变动的，并预测其对将来有怎样的影响。关于竞争对手这方面的必要信息，主要是就他们现行的成本和累计生产水平而言的。但是企业还需要竞争对手在客户方面的信息，如销售价格，销售价格同成本水平一起能决定企业的长期盈利情况。因此，需要预测产品的价格弹性，以确定随着实际成本的降低，产品需求的潜在增长率。这样可以确立市场的最佳发展率。竞争会计和客户/市场会计的相关内容将在第二部分详细讨论。

本书的第二部分主要讨论的问题是，不同的竞争战略所产生的主要会计观点。竞争战略所关心的基本问题是哪些产品应当提供给哪类顾客。同样地，所考虑的会计观点也反映了这个问题。它通过与分析每个竞争次级分组有关的业务联系起来，从而反映上述问题。在第二章中会提到，战略管理既不是自上向下的，也不是自下而上的。而是一个反复迭代的过程。因此，在确定整体战略前先考虑竞争战略的选择，并不意味着要说明竞争战略在战略决策中资历深，而是因为在更集中的竞争战略范围内，更容易解释某些战略管理会计的概念。

在第三部分，将要研究现有的各种类型经营业务的整体战略，以及这些不同的综合战略在每一种企业组织机构中是怎样影响战略管理会计的重点的。

第四部分回过头来研究战略管理会计发展的不同阶段，以及应当采用的恰当的财务控制指标。尽管所需要的信息已在整个书中有所涉及，但第五部分仍要将这些观点归纳起来，并介绍如何设计、操作战略管理会计信息系统。

第二部分

竞争战略会计

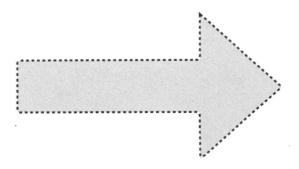

第四章 细分市场盈利——概述

在第一部分中已经说明，在任何大型企业中，战略管理的应用都需要在多个层级水平上来实施。最高层级适用于企业总的战略以及与其相关的管理成本项目。最高层级的问题已在第三部分论述过，第三部分着重讨论了不同的企业组织结构对企业发展的影响。在本书的这一部分中，将对战略管理进行细化，针对其细化标准划分的某一方面——竞争战略进行深入的分析。企业竞争战略的最终目标是针对特定的竞争对手投放到特定市场的特定产品，企业如何制定应对战略。因此，成本竞争战略需具备的信息包括产品的信息、市场的（即顾客）信息和竞争对手的信息。对于大型企业是这样，对于那些多产品导向或多市场导向的小型企业来讲也同样适用，实施战略管理意味着把企业的总体结构组织分解为若干部分，并向各部分提供适当的信息，以确保企业的各个部分能慎重地做出各自的战略决议。

企业为了制定出"量身定制"的竞争战略，理想的分解结构就是运用"战略业务单元"（SBUs）。对其的通常定义是：具有明确的外部顾客以及易确认的竞争对手，并生产和销售特定领域的产品。然而，对某些企业来说，自身进行结构性的分解可能会带来一些问题，如果处理不当，这些问题可能导致内部竞争从而带来很多不必要的损耗。对于单个的企业战略单元来说，其集团公司中的主要创立公司通常会对其施加某些限制措施，以避免这些问题的发生，这个可以用安索夫矩阵的一个修订版本的形式来描述，这在第二章已有清楚的说明。

正如图 4.1 所显示的那样，每个企业单元在其现有经营领域内，以及任何相邻的具有潜在利润增长的领域内，都可以选择自己的竞争战略。因此，SBU 在如何处理企业在当前市场中的生产范围这一问题上，应该具有完全的决定权。这就是图表中的方格 1。通常情况下，SBU 也可以面向当前客户开发与其主营产品相关的产品，但是如果这一举动可能会与另一 SBU 的战略发生冲突，或者可能会使本 SBU 既定目标的管理重心发生偏离，那么本 SBU 在开发经营这类新产品时，应当考虑到上述因素而对这一战略有所限制（即方格 2 是可行的，方格 3 是不允许的）。同样地，SBU 可以通过将目前生产范围内的产品延伸到其目标市场，从而为其相关客户提供服务（例如，那些通过同一销售渠道获得服务的客户）。但是，不要试图将这种市场细分为全新的子市场（即方格 4 是可取的，而方格 7 是不可取的）。因此，具有潜在满意

顾客 \ 产品	目前	延伸领域	全新
目前	1 √	2 √	3 ×
相关	1 √	5 ?	6 ×
全新	7 ×	8 ×	9 ×

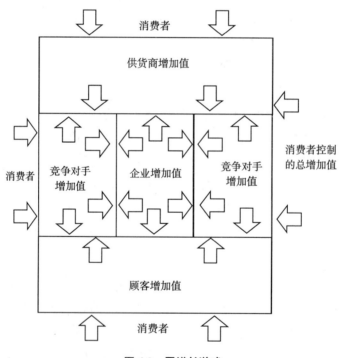

（单个企业单元的竞争战略可能出现的限制）

图 4.1　安索夫矩阵（修订格式）

图 4.2　零增长游戏

的范围是方格 5，与之相联系的是根据相关客户而调整的产品。在集团公司的中心战略中，其一部分功能就是明确划分出计划实施的范围，以避免由于运用 SBU 战略而导致资源混乱以及潜在的分配紊乱。

实际上，许多企业将中心导向功能作为了实施集团公司管理过程中最重要的战略功能之一。如果运用得当，以中心为导向可以给各分区的经理树立理解透彻、认识统一的战略目标（这一战略目标不会被已经限定产品范围和目标的市场突变所左右），而且在这一战略目标的引导下，经营者还可以把精力集中于明确界定的竞争领域。然而，正如在第三章所讨论的，外部竞争环境是非常有活力的。由于新的市场竞争者的进入、新产品的投放，或者顾客购买习惯的变化，应该迅速调整任何目前对 SBU 的片面理解。正如第二章所讨论过的，战略管理是一个连贯迭代的过程，它不是一个"5 年计划"式的计划实践。需要进一步说明的是，一些大型集团公司认为战略管理并不具有协调经营区域之间冲突的功能。它们认为内部分区之间的竞争是健康的，并且使潜在外部竞争对手的生存更加困难。这无疑对任何可能的市场新进入者而言，任何这样的地区都显得不再那么有吸引力了。根据战略管理成本的要求，在分区标准的两个极端标准之间的差异应该很小，但是这种情况反映到集团公司中心所需要的信息中后，会发生剧烈的变化，这将在第三部分论述。

　　无论集团公司执行哪种类型的指导方针和控制手段，在实施多元化经营的大型企业中，经过分割的、量身定做的竞争战略对于企业集团总体战略的成功是至关重要的。许多经理坚信，竞争战略是战略管理的唯一相关标准。这是基于以下理论基础而得出来的：任何经营战略最终的成功只能在市场中得以实现（这种理论不无道理）。

利润是结果而不是引领者

　　在长时间内，任何 SBU 在经济上的成功都是通过实施一系列连续的、适当变化的竞争战略来实现的。因此，我们可以信心十足地强调这样一个结论：利润来自于企业所取得的相对于竞争对手而言的一个稳定的竞争优势，而不是任何其他的原因。对于一个发展成熟的产业，这一点尤其明显。如果一个发展成熟的产业不再成长，那是因为市场的总价值已经有效地被产品的终端客户或一些外部因素所分别决定了。任何单个的企业都可以认为现在自己与其竞争对手、供货商和顾客是处于一个零增长的博弈游戏中。这类企业财务上的成功依赖于其所占有的市场总体可用附加价值的份额，而这种份额可以随竞争环境的变化来获得。这一点已在图 4.2 中说明得很清楚了。

　　战略管理成本中一个主要的问题就是怎样处理相对竞争优势的变化。例如，经常会有这样的情况，一个企业如果提高其竞争优势则将会降低其短期利润，然而提高其竞争优势则能明显地提升其长期的预期市场附加价值的份额。如果企业过分重视短期利润，那么它将既不愿意为提高竞争地位投资，也不愿意为转行而投资，也不会为缩减竞争环境中任何不利变化所带来的影响而投资。从长期看，这将为企业的长期发展带来深远的影响。在一些企业里，所采用的盈利业绩评价指标总是优先考虑短期业绩，而且往往偏重于企业内部的对比，而不是重点关注于与此相对的企业外部情况和企业内部的长期盈利业绩情况。而企业的总目标必须要考虑到即将做出的战略决策的预期时间标准，以防止各分区的经理把经营的重点放在短期业绩上。因为如果企业过分关注短期业绩将会损害其竞争地位在市场中的提升。

由于面向竞争对手，供货商和潜在顾客的相对盈利业绩非常重要，所以战略管理成本必须能反映这种相对的盈利情况。以前的管理成本重点关注于内部费用以及与外部报告相关的功能分析，这不仅是对企业的经营误导，而且对指定的战略决策也只能起到非常有限的参考价值。实际上，在一份最早的关于战略管理成本这一课题的论文中，肯尼茨·西蒙教授就对这一领域进行了定义：战略管理成本就是给企业的发展和维持经营战略提供关于本企业及其竞争对手的管理成本资料，并对这些资料进行分析。尤其是实际成本的相对标准、趋势价格、数量、市场份额、资金流动以及企业总资源之间的需求比例等方面的资料。

在第八章中，总资源在企业不同部门间的分配作为集团公司总战略的一部分，但是这个定义的其他部分将在本书的本部分中进行重点论述。第五章详细论述了竞争对手成本，而关于顾客和产品的分割盈利分析的相关议题将在第六章和第七章分别论述。

关于战略管理成本的定义以及目前所讨论的一个主要影响因素就是相对成本的问题，而不是绝对成本。这也是与以前所说的管理成本侧重点的一个重要区别。经营成功从根本上说是一个相对标准，很明显，可持续性的竞争优势更是通过与其竞争对手的对比得出的。假如竞争对手拥有质量更好、价格更便宜的产品的话，拥有质优价廉的产品不一定是一个优势。尽管如此，大多数管理成本的相关信息仍然是在没有与外部做任何比较的情况下收集的，在许多情况下，仅局限于内部的比较对企业的经营战略并无多大帮助。

信息的表述

如果战略管理成本想要取得成功，为经理提供内部管理成本信息的方式就需要进行巨大调整。目前，在大多数企业内部，实际成本信息是通过与先前制定的年度预算比较得出的，或者可能是通过与去年同期的实际业绩相比较而得出的。对于任何预算来讲，可以肯定地说，这种方法得出的结果是错误的。如果预算是在与本次经营活动有密切联系的那段时期之前就已经出来了，那么其结果肯定是错误的。而在实际中，大部分大型企业都是这样做的。在两个经营期的交叉时期，企业的经营环境可能已经发生了很大的变化，而且将实际的经营业绩与相对于目前已经过时的预算进行比较，很明显，这样做是毫无意义的。为解决这一问题，许多成熟的企业目前运用及时更新预算的方法，从而能够兼顾到这些外部环境的变化，这就是通常所说的弹性预算。理论上讲，将这种弹性预算作为一个比较的基础应该会更加实用。但不幸的是，大部分能够使预算具有一定弹性的方法却带来了更多的问题。因为预算的编制过多地注重于企业内部，而忽略了外部的一些影响因素。例如，如果市场总容量比制定预算时期的市场空间大得多，一般情况下，弹性过程将相应地随增大的总市场而增加预期销售量。然而，形成更大的市场有一些潜在的原因，而且不同的原因会产生大相径庭的战略提示。这种没有预见的增长可能是由于集中的广告宣传，或是由于营销行为，甚至是由于一个或多个竞争对手的销售价格的持续走低造成的。在这种情况下，企业可能会丧失以前相对于竞争对手而占有的市场份额，于是销售量的增长并不随市场份额的增长而增长，这一点是不能被预料的。企业应积极回应新进入竞争对手所施加的威胁，但是在许多企业中，内部管理账目甚至不传达这一问题。实际上，在一个没有弹性预算的企业里，尽管其市场份额已经发生剧烈下降，月季成本报告将可能显示一个超预算的销售业绩。

战略管理成本的一个主要功能就是强调竞争性战略的变化需求，更为可取的是，它确认几个指标参照物，这些指示参照物可以为未来这种变化的需求发出预警。很明显，大部分指标参照物与企业的竞争地位的变化联系紧密，然而极少的企业会有规律地把基于外部的比较并入到其管理成本报告系统。具有能反映这种相对市场份额作用的明显指标参照物，很容易被包括进管理成本报告系统中去。并且对许多企业来讲，它已通过销售和市场信息系统进行单独的报告。然而，对销售收入、利润、资金流动，以及其他在制定战略决策过程中起至关重要作用，同时能起到暗示作用的诸多因素，相对于当前的情况，要对这些因素所发生的变化进行解释，正是通过与外部的比较而进行的。如果信息必须由单个决策者收集，那么管理成本系统作为决策支持系统的功能将大大削弱，并且将不会充分地集中于主要的战略经营项目上。

鉴于前例中提到的能使未预期的市场空间增加的几种原因，关于竞争对手的销售价格、成本、额度以及主要成功因素上的投入费用等的相对比较信息，就成为了常规的财务管理报告的一个更为有效的补充（正如第四、五章中讨论过的，市场不同的发展阶段反映了顾客的不同偏好）。首要的议题是确定财务报告要强调相对数据，而不是相关的绝对价值。如果预算的内部成本增长 5%，那么在本地通货膨胀为 10% 的情况下，把它保持在 5% 的增长率看上去是个不错的业绩，而且侧重于内部的管理报告很可能会有这样的显示结果。然而，如果主要竞争对手的经营领域是在没有通货膨胀的海外市场，而且由于管理效率的提高，竞争对手同期净成本降低了 3%，那么你的相对业绩就不是想象中的那么好。因此，战略分析应当集中于竞争对手和外部环境。有一个从理论上讲很充分的购买力等价模型，这个模型主张汇率会随不同的通货膨胀率而自动调整。如果考虑到目前由于政治干涉所造成的汇率水平，那么依靠这个理论模型来补偿短期内的竞争劣势，这种做法就不是一个令人满意的战略。然而，一个良好的战略管理成本系统可以提前预测到这种潜在的问题，并且能够使一个合适的预防战略运行起来。这正如第五章所解释的那样。而且，它还更加详细地考虑到与竞争对手的相对成本进行对比的问题。

这种类型的对比能够突出强调在制定战略决策过程中的许多复杂情况，这些情况对于战略管理成本系统具有非常重要的意义。首先，当负责对企业整体进行分割的经理执行战略决策时，在企业不同的组织层面上都需要这种类型的信息。在上述举例中，总集团公司可能会同时与几个以海外市场为基地的公司竞争，并且可能在国内的另一经营分区内销售甚至生产其他产品。因此，受同样的零通货膨胀率的支配，这样在成本基础上，潜在地提高了经营效率。因此，其战略自由选择权，尤其是有关战略预防的战略自由选择权将得到实质性的提高。但是，只有当企业各层面组织中拥有了充分的信息，甚至于各零碎的资料能够汇总起来时，这种潜在增长的效率才能被认识到。另一个关于这方面问题的显著例子是，企业通过不同的经营分区来销售类似的产品，因为它们在不同的市场经营或通过不同的供销渠道。例如，电子产品通过批发、零售和直接供货进行全球销售。集团公司将不可避免地由于产品类型（如电视等）需要其全球销售信息和销售利润方面的信息，而不是仅仅由于经营分区和供销渠道，这就要求成本系统在合理设计时要避免大量的附加文书工作，以满足这种要求。

适合这种多标准需求的理想系统是一个内部互相联系的数据库。在这个数据库中，当数据首次进入系统时被完全翻译成密码，所以它只需记录一次。这些紧密联系的密码使这些数据简化成一个多种类的结构布局，以至于能够轻松提供任何个别决策所需要的简洁信息，因此就避免了决策者为得到所需的确切信息而不得不处理大量的数据。这在第十九章中有更为详细的讨论。但是，设计这样一个系统的关键要素是提前确认潜在的数据联合。为了充实密码系统的数据，这些数据联合是必需的。在这方面值得高兴的是，这里有一个成本变化关系，这个关系使更多的企业能够执行优良的战略管理成本系统。随着计算机技术的突飞猛进和成本的降低，处理财务数据的总成本已经成倍地降低了。然而，随着竞争的水平和层次的提高，加上生产技术和顾客喜好的快速变化，不良战略信息和战略信息缺失所带来的机会成本也随之提高了。对许多企业来讲，图 4.3 中所显示的一段时间之前的交叉曲线，和它们提高竞争地位的能力，由于缺乏有效的财务分析（这是它们制定战略决策的基础）而受到了一定的限制。因此，经理们是在基于直觉或是基于对其作为经理所具有的感知力可能产生最佳短期影响的事物来制定战略决策的。

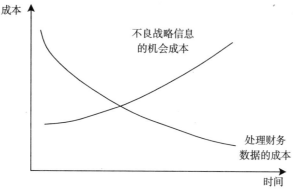

图 4.3 不断变化的成本关系

经济绩效与管理绩效

上述举例中强调的第二个问题就是要把财务业绩的两个不同方面区分开来。逻辑上讲，如果经理控制着财务业绩，那么对经理的评价应该通过他们的财务业绩来进行。对所有的管理层面来讲，这意味着某些影响企业总体经济行为的方面并不在企业的直接控制范围之内（如任何国家的财政和税收系统，但是随时间的变化，企业会减少其对这种特殊经济的依赖）。集团公司的层次越高，那么其可能达到的经营控制水平也越高。然而，在分区这一层次和以下的经营层次上，经常会有许多管理控制不到的领域。这些领域就是在战略计划中涉及的中心领域的层次，这不仅对于根据经营活动领域所作的分区做出限制是至关重要的，而且对于设立分区经营目标也是至关重要的。

如果经营分区开拓新的经营领域的能力受到严密限制的话，分区的管理层会理由充分地声称：经营分区在外部经营环境中遇到不利经营活动时没有自我保护能力。因此，在前述的例子中，如果不允许经理考虑离岸生产产品，并且不能自主地融入国际市场和推出新产品，他们会感到没有能力避免海外竞争对手所带来的不利影响。海外竞争对手享有当地的低通货膨胀率。而经理则会声称他们直接控制的领域，即他们的成本基地已经显示出了相对不错的营业表现，并且降低了真实成本（在 10% 的通货膨胀率下，实际成本增加 5%）。甚至在与海外竞争对手的对比中这也被认为是正确的，而海外竞争对手在降低成本方面做得并不是很好（零通货膨胀率情况下，实际成本降低 3%）。然而，这些费用需要仔细分析，以查明经营业绩的提升是否真正得益于良好的经营控制，或者还是其他未受控制的地区对经营业绩的提升负有责任。例如，主要原材料价格的普遍降低不是相对价格优势，相对价格优势是通过企业良好的谈判取得的。

　　然而，假如相对汇率没有抵消更高的通货膨胀率，那么我们国内似乎具有相对更好潜在经营表现的当地生产者会发现，其海外竞争对手已经缩减了其当地货币销售价格来延续其真实的价格优势。这种汇率在整体上的延误很可能是由于国内政府所采取的高利率政策造成的。高利率政策不仅支持了高汇率，而且增加了以国内为基地的其他公司的费用，加剧了其竞争劣势。分区将不得不决定怎样回应新的自主性竞争，而且它们的决定应该得到其被分配的分区目标的帮助。在过于简单的说法中，企业会决定降价以应对海外竞争对手的降价行为来保卫其市场份额，但是其降价的结果是，企业又不得不接受利润差额将受到不利影响的现实。如果相信汇率近期能够上扬，并将导致竞争对手被迫提高销售价格，那么这在逻辑上也是说得通的。很明显，可能的选择将是：保持销售价格，甚至是提高销售价格以应对内部费用的增长（内部费用的增长小于地方通货膨胀率）；或者冒险丧失市场份额，因为当汇率的稳定性恢复时，在未来赢回丧失的市场份额将付出昂贵的代价。

　　设定分区目标时应参考这个分区在总集团公司中所扮演的角色，即其在公司的投资组合中的位置。因为这将影响企业所选择的战略应对措施。如果这个经营分区被看做未来的一个主要增长点，它可能不允许其市场份额在短期内受到侵蚀，实际上经营分区应该寻求比市场更快的增长来增加市场份额。因此，暂时的利润差额的下降将不得不作为企业长期盈利所进行的必要投资的一部分而被接受。然而，如果经营分区拥有作为主要目标的短期盈利，并且一个用于评估这个目标完成情况的首要财务比率恢复到销售上（即被销售盈利划分的利润），那么管理团队可能会决定保持或者提高价格，因为在他们缩减销售水平的情况下，利润差额将看上去更好。再次，如果市场正在发展，并且这种发展是由于竞争对手的讲价行为所刺激的，那么经营分区可能会仍然报告实际的销售盈利，这是高于去年水平甚至高于今年的预算的，尽管其市场份额已经缩减并且其未来预期可能会减少。

　　在设定分区的经营目标时，集团公司的决策中心应该力求与总目标保持相称。这意味着分区经理们的个人利益来自于 SBU 的最好业绩，并且也有助于实现集团公司的总目标。分区经理们为自己设定的目标就是去实现公司设定的任何目标，他们这样做并不应受到批评。假如这些目标把公司的经营领域引向错误的方向，那么这是设定此目标的人的错误，而不是去实现这一目标的分区经理们的错误。例如，如果销售经理所设定的目标与短期销售盈利水平毫无联系，那么就不要期望他们会全身心关注销售盈利情况，以及关注客户关系的长期发展，甚至在必要情况下，显著客户账目平衡的可收集性。除非任何承担的不良债务降低了他们的销售量。这在经营分区这一层面上也是起作用的。一个非常有实力的跨国公司，会基于经营分区在短期财务目标中所取得的成绩而给分区经理实质性的加薪。这些目标被称做总资产回报率（ROTA），这是作为被总资产分割的利润来计算的，如图 4.4 所示。

$$总资产回报率（ROTA）= \frac{息税折旧前的利润}{总固定资产+总流动资产}$$

注释：（1）固定资产包含于总资产，即折旧前资产，但是折旧不作为损耗被包括在内。
（2）ROTA 每四个星期基于这段时期的利润和实际资产负债表的数字，在会计期间结束计算。

图 4.4 经营分区财务目标

鉴于巨大的个人动机战胜了那些有挑战性的目标，集团公司的管理团队应致力于保持总资产的最小化。首先，所有的固定资产转换成租用资产，于是集团公司不得不改变规则把租用资产囊括为分母的一部分（即通过把租约资本化以增加资产的有效费用）。其次，首要的债务人被因数化，导致从资产负债表上剔除他们，而且集团公司再次改变规则把因数化债务人囊括在分母内。结果是，经营分区向其顾客直接引入了债务清偿折扣，它鼓励顾客提前支付，债务清偿折扣的标准不是根据人们预想的目前利率设定的，而是根据与为 ROTA 设定的分区目标的对比来设定的。这个分区目标往往会更高。有的经营分区甚至采用一个方案，通过它在资产负债表时期前后卖掉其原材料、库存和成品（即在每月第四个星期六，在午夜前两分钟卖出在午夜后两分钟买回），由于经营分区采用透支财务方法，假定资金是从销售中获得的，那么这些资金的使用就降低了资产负债表上的资金稳定性，但是销售清单将把主要资产从资产负债表上的首要业绩部分转移出去，因此就提高了资产回报率。

本示例说明的重要一点就是强调在完成财务目标中，通常会支配多少管理时间和才智。如果树立了劣质的目标，那么在现实中，所有的努力可能不会有助于实现任何有价值的成绩。例如，发展经营业务，提升经营回报等。总均衡不容易实现，除非集团公司明白短期业绩和长期发展之间的均衡发展，并且清楚地在这一平衡中进行信息传达（这也是它要求经营分区努力实现的），否则实现总均衡是不可能的。同时，应该包括一些主要指标参照物（可能是非财务性的），这些指标参照物确保激励经营分区和经理在正确的方向发展。

因此，在设定经营分区财务目标时有两个极其重要的方面：首先，经理应设定与集团公司总目标相一致的经营目标以实现个人、经营分区和集团公司之间的总均衡。其次，经理应当仅对其控制范围之内的，以及在经营分区层次的领域负责。集团公司内部所制定的战略决策的分权程度会对以上情况产生深远的影响。

这并不意味着不受控制的因素是不重要的，并且这些不受控制的因素不应该被包括进决策制定过程中。假如采用了正确的经济决策，那么所有的因素都应并入财务分析之中。然而，经济上证明，合理的决策不一定反映个别公司的相对经营业绩。例如，在近期英国的一个案例中，英国钢铁集团声明关闭一个位于苏格兰的钢铁工厂，因为它可以更加经济地合并其他地点的生产基地，这种合并联合将提升总集团公司的盈利能力，尽管在那个钢铁企业中的管理和劳动力水平在过去的几年中显著地改进了本企业的经营业绩。这些类型的决策分开使用是非常重要的，尽管把经营行为和经济行为分开这一意义重大的行为在该企业的工人身上已不存在了（工厂倒闭导致大量富余的工人）。

假如某一行业正在逐渐萧条，应该有意识地从经济的角度考虑，迅速离开这个行业，或者至少使任何在这一行业的投资最小化，而不管经理有多么优秀。在严酷的经济衰退期，优秀的经理会比相对差一点儿的经理损失少，但是即便这样他们也认为通过在这上面的投资创造有效益的经济回报是不可能的。同样的，在经济繁荣期，世界上最次的经理也会发现创造良好的回报是相对容易的。但是，他们总是比最好的管理团队创造较低的回报。因此，对经营行为业绩的评估应面向一个相对的标准，这个标准能充分显示竞争对手是怎么做的。对经济行为业绩的评估，应面向一个更加是从总体上分析的财务回报实现标准，这个财务回报目标的实现标准是与另一个可供选择的投资（这个投资可能会遇到类似的风险）的投资回报相比得出的。这就提出了一个重要的问题：如何计算这些可选投资项目的收益，而这依赖于其所面对的战略决策类型。

战略决策类型

在这一部分，将集中讨论不同层面上的经济决策制定，另外一些关于合并适当的管理业绩衡量的复杂问题也会有所论及。分部盈利分析通常是一个一维、两维或三维的处理过程，因为被细分的部分可以反映各自的竞争对手、产品和市场，或者其任何合并行为。对战略的自由选择可能会影响产品的整个系列，这些商品面对一系列竞争对手在几个市场上销售。或者可能只影响某个单一市场，这个单一市场上有几种产品销售。分析过程必须能应付处理几种战略选择的复杂性，并且不应由于分析结构中固有的任何偏见而曲解最终决策。

许多公司最初在制定其分部财务分析时只有一个具体的重点，这对它们来说是一个严峻的问题，但是现在它们试图把分割程序应用到其他方面中去。例如，许多公司已开发了某种产品盈利分析来努力证明哪种产品更加有利可图，正如第七章详细论证过的。为此，销售利润和成本就不得不转让到单个产品中，这需要经营者具有相当程度的经营判断能力。当产品和一些销售利润及费用项目直接地、单独地在总体上被分配到单个产品中是很容易的。直接产品费用，比如原材料和直接人工是很好的例子。然而，有许多间接费用不能被分配到单个产品中，其需要被分散或分配到许多产品中去。这些分摊费用包括宽范围的普遍支出，但同时也涵盖了许多公司业务所发生的顾客具体费用（例如，销售人员费用、面对顾客的销售活动费用、销售折扣和现金折扣等，可能会直接分配给单个顾客，但不能具体到任何单个产品）。为了获取一个有意义的产品盈利分析，一些分摊费用确实需要在最合适的基点上进行分配。

在考虑与分摊费用紧密相连的成本问题之前，把那些顾客具体费用分散到个体产品中去的行为，使得运用任何现有的产品盈利分析作为一个合理的顾客账目盈利系统的基础变得困难了。在顾客账目盈利分析中，所有的顾客具体费用应该被直接分配到相关的顾客，并且任何先前从产品角度出发建立的分配方法必须摈弃。类似地，如果顾客群体正在拓展，那么把费用具体地分配给产品并无实际意义。这些直接产品花费将不得不自主地分配到购买个别产品的顾客身上。实际上，这意味着任何形式的分部分析必须单独进行。如果大量的重复性分析工作能够避免，那么前述的内部互相联系的资料库将会对决策制定起到重要作用。

当着手处理分部盈利分析时，经理会掌握大量的成本净余额，这样做是十分危险的。他们经常会不顾一切地制定出一个完全平衡的矩阵（见图4.5），在这个矩阵中，所有的成本都与单个顾客和单个成本联系起来，而且所有个体顾客和所有个体产品的总利润都与公司业务的总利润相等。这种操作看上去很简捷并且无疑提供了一个成本分配的极好的例证，但是作为战略经营业务决策的基本工作，它却是一无是处。因为，在许多情况下，根据所提供的错误信息所制定的决策一旦执行起来对企业往往是致命的。

管理成本技术在经过许多年的发展过程后已达到了精练的高级水准，可以用以处理宽领域内的分配问题。实际上，吸收成本费用的总体基础依赖于会计师在一系列产品中分配间接费用的能力，分配间接费用的目的是得出在生产每一个产品时所承担的费用开支。这是制定对外财务报告所依赖的一个基础性要素。因为公司所持有的库存在成本结算的末期进行估价时，必须低于其总成本和可实现的净值。总成本是用成本吸收法计算出来的，因此它包括需要进行分配的间接费用。这些需要分配的间接费用部分是由于生产个别商品（仍然作为库存）而产生的。这种以前所采用的成本结算操作方法在实效性上没有问题，但是这种费用的分配方法不应作为任何随后做出决策事项的基础。这些决策事项如下：

● 销售库存（当可实现的净价值是相关的时）
● 如果售出就更新库存（当应该考虑更新费用时）
● 提高库存量（当需要蒙受递增费用时）
● 缩减未来的库存量（当可切断费用或可避免费用必须计算在内时）

£000's	个体顾客 XYZ						"Y" 产品总利润
		6					
ABC	6	4	10	5	15	20	60
		5					
单个产品		4					
		16					
		15					
		9					
		11					
"X" 顾客总利润		70					企业总利润

注释：所有成本被分散到每一个具体产品和具体顾客，以致每个顾客的总利润（X 行）被分摊到每一个个体产品中。类似地，每一个产品的总利润（Y 栏）被分散到个体顾客中，这意味着所有顾客的个体利润总和与所有产品的个体利润总和相等，并且都与企业的总利润相等。

评论：非常整齐有序但毫无用处！

图 4.5　最终分部盈利分析

战略管理成本系统因此也具有根本性的重要意义。它可以提供合适的成本信息以支持制定每一潜在类型的战略决策，并且与有历史依据的吸收成本系统相比较，很明显，它需要一个不同的分析系统。战略决策经常会涉及增加或缩减投放到任何市场的个别产品的产量，并且财务投入必须准确地显示受本决策影响的真实成本和利润。

这种战略决策的一个良好实例是：考虑是否继续在内部生产某一特殊产品，还是寻找一个能购买到制成品的外部供货商。对这种"制造或购买"决策的财务评估必须考虑公司业务在决策期的具体形势，并且必须考虑到合理的成本。因此，假如决策中正在考虑引入由外部供货商提供的竞争对手或服务，那么相关成本将与上例中的情况有所区别。公司应投资购买新的机器设备以实现这项功能，然而如果产品被转移到外部，那么现有的设备会变成多余的需求以致被取消。在引进功能时，如果公司仍然供应部分内部需求，或者正在执行一些联系紧密的功能而这里可能带有一些分摊费用，那么相关费用成本将受到影响。公司必须确保采用正确的费用评估，以致其与外部供货商的谈判有同一逻辑基础，这样这种关键的战略决策在财务方面就具有了最有利用价值的理由。

即使这些因素的影响是必要的、预测性的，但它们仍不能被认为是确切的事实。

但是，结合正确应用的财务分析技术和良好的经营决策能为决策者提供最好的信息。

如果要增加产量，那么应当考虑的相关成本仅是附加成本，附加成本是由于产量的增加而导致的。不应感到奇怪，那些成本经常被描述为"递增"成本，因为它们是直接由于产量的递增而导致的。这意味着任何现有的将支持更大总产量的固定成本在计算递增成本中被忽略了，然而任何新的"递增"固定成本却被包括在内了。因此，对于现有产量来说，每个经营单位的成本递增水平可能与先前计算出的每个经营单位的平均费用大不相同。正如图表 4.6 中所描述的，当考虑未来的财务决策时，在应用普通财务决策制定规则时会忽略现有的固定费用。

```
目前产量规模          =          20000 经营单位
目前成本：
  固定成本           =          £50000
  变动成本           =          £50000
计划增加产量          =          10000 经营单位
预期附加成本：
  固定成本           =          –
  变动成本           =          £25000
额外 10000 经营单位的递增费用 = £25000
计算出的每经营单位的平均费用成本：
                        目前的         新提议的        新增的 10000 经营单位
                        20000         30000
总成本                   £100000       £125000        £25000
每个经营单位的平均成本      £5            £4.17          £2.50
```

图 4.6　新增成本示例

假如战略决策涉及缩减产量，甚至完全停止个别产品的销售，那么逻辑上讲同样有效。这种类型的决策也应该仅仅考虑那些由于决策改变而导致的成本。如果个别产品被取消，这些费用将是可以避免的。这些成本将由于继续支持任何其他仍被保留的相关产品导致。因此，"可避免"的费用必须与无法避免的费用区分开来，这些无法避免的费用是被经营转置并且经营分割已经完全关闭的费用（可避免成本经常被描述为可割断成本，而且可以清楚地看出，在相反的战略决策中，它是递增成本的对立面）。

在与转换成本的区分中提出了战略财务决策中一个关键的议题，因为决策中的时间指标将经常被指定涉及的转换成本的规模，并且那种指定成本能被认为是可避免的。在经济学中，有一个非常著名的格言：在长期内，所有的成本都是变动的；而在短期内，所有的费用都是固定的。

战略决策明显具有不同的时间限度，但是经常会有比日常战略性决策（它们在较短期内会发挥影响）长得多的时间指标。这意味着对于战略决策来讲，传统成本结算把成本分成固定成本和变动成本两类可能会产生误导。因为，根据前面讨论过的，传统的管理成本技术往往集中于短期战略决策。战略管理成本系统必须避免任何这种明显的错误分类并且必须确保把成本正确地分为转换成本和非转换成本。这是一种更加明晰的描述方法，而且无须大量的年度时间指标。而年度时间指标往往与传统说法上的固定成本以及变动成本紧密联系着。

为实现任何战略决策的目的，转换成本应该被认为是在没有承受附加成本的个别决策时间指标范围内，在听命于个别企业业务而不得不改变的任何成本。然而，这种成本包括在未来可能会承受的成本。例如，假如一个经营分区租用了一个 21 年租约的专用的大楼，那么在以后 21 年内，它就背负了租约租赁可转换成本，尽管在这段时期，租赁成本是可支付的，并且可支付的数量会根据租约中的租金复检而改变。但如果经营分区考虑制定一个不需租赁这栋大楼的决策，那么在租约剩下的时期内，它仍必须支付租金，因为租约内余下的时期会比决策所影响的时期长。因此，租赁成本不能成为节省成本的一部分，节省成本在财务评估中应被考虑进去。如果这桩租赁的大楼或者其一部分能够转租或者被企业用于一些可选择性的用途，这些租金收入或节省下来的租金就应该被包括进节省成本。在对转换成本的定义下，转换期对于合同来说是一段具体的时间，因此必须在运用和执行战略决策的时期内考虑转置费用，即如果环境改变了，5 年前的一份转换费用现在看来也是可能避免的。

转换成本往往是经济表现评价标准和经营表现标准之间的一个主要区别。因为分区经营经理对这种成本没有任何决断权。如果转换成本是在集团公司这一层面上被转置用以实现总经济目标的，那么这些转换成本不应包括在经营表现的评估项目内，因为它们并不在经营分区经理的控制之下。在一些情况下，目前的经理对前任管理团队做出的长期转换成本没有控制权，且相应的评判应在经营表现标准上进行操作。这种操作应该加倍小心，以确保只有长期历史转换成本的切实影响被排除在外，这是毫无建树的经理常用的用于指责前任的借口。不考虑实现经营业绩的目的，他们制定经济决策必须基于这个简单的问题：经过认真思考的个别决策结果，是否会随着时间发生改变。这个问题对任何分段财务分析都提供了一个清晰的侧重点。

这个侧重点强调了在任何分割分析中，对分摊成本进行分类要采取合适的方法。如果一个决策正考虑从一系列产品中取消某一产品，但继续通过目前的销售渠道面向目前的顾客销售其他系列的产品，那么大部分分摊到产品中的成本将会持续，这点并不认为是可避免的。然而如果经营分区考虑取消整个系列的产品，那么更多的分摊成本将是可避免的。假如其他系列的产品继续销售，但是个别销售渠道关闭，那么成为可避免成本的相关成本将再次不同。因此，为制定剔除产品的决策，服务的分割财务分析必须清楚地显示那些可避免费用的按等级划分的性质。类似地，也必须清楚地显示出当新产品进入本系列产品或显现出新的顾客群体和销售渠道时，递增成本的继任功能性质。

任何分割财务分析的首要目标应是帮助战略决策，并且任何分割财务分析的后果应被看做是次等的。这种战略决策的支持功能并不是得益于过分关注纯成本结算的帮助或者一个过分简单的普通方法。战略决策的支持功能需要一个弹性系统，这个系统使企业可以确认应归属于任何经营分割的真实成本和销售利润。更特别的是，还可以确认应归属于影响经营分割的任何具体决策的真实成本和销售利润。如果这个仅把可归属成本和销售利润包括在内的理念没有导致净成本结算，但是迫使决策的制定以经营分割合理的"捐赠"量而不是以"完全成本结算"的利润为基础，这只会提升战略决策制定的质量。

在每一个战略决策的时间指标上集中关注可归属成本和利润（即实际递增和可避免成本）等概念，使得分摊成本这一议题更加简单了。这在本书的后面各章都有具体讨论。分析应尽量明确作为每个潜在决策的结果，各种各样的成本将会如何改变。并且，历史分割分析往往是识别这种表面关系的最好方法。

规划成本关系

最简单的预测方法就是精心设立一个投入量和产量之间的关系。这是对于任何给定投入量做类型关系策划时经常发生的。生产量可以用相对确定的事物来预测。实际上，应该被生产的产量能够确切地计算出来。任何与预期产量的不同应归咎于生产过程的相对效率，而不是预测性关系的准确性。相反地，对于任何所需的产量，必需的投入量可以用同样的数学关系计算出来。在许多企业中，有一系列的策划型数学关系且绝不受生产环境的限制。然而，它们通常被描述为物理关系（例如，X吨钢条生产 100000 个车身，或者 Y 小时的文书工作处理 100000 件销售订单）。然而，财务政策必须用金钱来表达，如果做出有效的对比，对相对于新设备的投资的直接评估是非常困难的，即那些新机器设备或者提高了的生产效率，或者减少了必需劳动力等。然而，如果所有这些项目都转换成相等的货币价值，那么就可以把所有不同类型的投入和产出进行对比。

不幸的是，在大多数情况下，尽管物理关系是恒定的和可被预测的，但是在投入量的财务价值和相应的产出量的财务价值之间的关系中，没有一个这样确定的事物。不仅相对成本水平由于外部或不可控因素而迅速剧烈变化，而且任何历史模型或关系都不能预测这种变化。经济决策应以仔细考虑的决策导致的可变成本为基础，这一点也是至关重要的。正如前面讨论的，未来仍会蒙受或可避免的成本和在吸收基础上计算出来的历史规模水平将与此对比无关。因此，恒定的、可被预测的物理关系可能需要联合一个最准的猜测成本价格以确定一个经济上可以对比的结果。问题的关键在于企业准确预测这些成本价格的能力，并且要确保每一种不同的决策类型都要保持适当的成本水平。这一点对经济决策（在这里包括对未来成本的预测是至关重要的）和对相对经营表现的考虑（在这里一个主要考虑就是包括那些经理能施加控制且因此负有一定责任的因素）都是正确的。

　　然而，如果我们考虑经理个体真正控制的是什么，很清楚，把广泛波动的成本包括进去可能会完全扭曲我们对他们经营表现的认识。车身的生产就是一个愚蠢的例子。假如钢的价格上扬25%，那么怎样让经理去弥补这个成本的上升？难道通过从生产四门轿车改为生产三门轿车吗？很明显，这个经理对这个成本元素没有直接控制能力，这个总成本的重大变化将导致企业对可采用的战略选择进行复查。这些可能包括：提高销售价格以补偿成本的增加；增加塑料素材以减少生产车身所需要的钢材；或者深入研究新的材料以完全置换钢材。

　　既能突出经济困难，同时又能有效地评估经营业绩，要实现这个双重目标的最好方法就是通过合理运用标准成本技术。这些技术已经存在了很长时间，但是不幸的是，由于许多企业看上去好像忘记了它们的基本目标，这些技术并未被启用。标准成本由两个要素构成：处理要素和价格要素。因此，对劳动力来说，处理要素就是执行个别功能所占用的时间，价格要素就是付给执行一定功能的劳动力等级的工资率。正如图 4.7 显示的，这两个要素相乘，就计算出了一个清楚的货币成本，但是为了使它具有战略价值，对这个关系一定要有一些预测性。因此，运用标准成本的首要问题就是对于处理要素要有一个有效的策划关系，它可以描述为投入的物理单元和产出的预期单元之间的关系链。例如，执行个别重复性任务所用的时间能被估计出来，如果这个标准策划关系能够生成，那么运作经营的物理效率可以通过把与预期单元相关的投入量的实际单元和为实际实现的产出量而进行的标准投入进行对比而进行评估。因此，回到那个生产车身的例子，生产车间经理应对生产线操作效率负责。生产车间的生产效率是通过把投入的实际生产材料和劳动时间与协议的标准水平对比得出的。

每经营单位的 标准劳动力成本	=	以时间为单位的每个经营 单位所允许的标准劳动时间	×	这一等级的劳动力 每小时标准劳动率
例：每个车门的标准生产成本	=	12 分钟（标准时间津贴）	×	20 英镑每小时（直接劳动率标准）
	=	<u>4 英镑</u>		

图 4.7　标准成本结构示例

　　因此，目前还没有提到货币价值。这些关系能够且应该得到控制。而且，仅对生产操作中的个别要素的效率进行了评估，而没有对它们的总效率进行评估。在许多情况下，管理层对所使用的混合资源怎样执行其功能的考虑都比较慎重。例如，通过投资更多的自动化机器设备而使用更少的劳动力。或者通过促使劳动力更细心地工作来减少材料的浪费。财务控制系统的一个目标就是确保选择的资源混合能帮助实现企业的总目标。这是另一个目标均衡的例子。使与每一个这样的可选择性相联系的机会成本能够容易得到对比，那么目标总均衡就很容易实现。实现这个准确的相关成本价格是必需的。如果运用了专断且不准确的标准价格，如每个劳动力每小时成本是 1 英镑，每吨原材料是 100 英镑，那么经理将不一定把正确的重点放到其控制下最重要的地区。例如，在一个玻璃生产企业，沙子每吨的成本价格要远低于硅每吨的成本价格，因此在同样过量使用 10 吨的情况下，后者要比前者重要得多。然而，如果考虑到所有的成本预测，那么标准成本很有可能被证明是错误的，当它们被完全应用到企业中时，这对庞大的复合型企业来讲是正确的。在这种公司里，由于后勤方面的原因，在使用标准成本之前，已经设定了标准。对于这个标准的物理方面来讲，这不会带来无法克服的困难。尽管随后会对关系带来一些变化（如对生产过程带来的变化等）。这又建立了另一个稳定的物理关系。这种变化所产生的冲击可以以准确的数量形式来预测，并且与任何随后的分析分离开来。然而，如果某地区价格水平急剧波动，且没有合乎逻辑的预测关系以对未来价格做出预测，对于任何这样的地区，时间上的滞后将是致命的。尽管在建立标准成本时采取了所有的谨慎措施，当运用这个标准时，真实的成本关系可能已经发生了实质性的变化。

事实上有很多公司在会计分析中包括标准成本，其主要作用仅仅是使产生的实际成本同以标准价格为基础计算的成本具有一致性。这是通过计算价格差异或比率差异完成的，与操作效率指标不同。操作效率指标是通过效率差异表示的。有趣的是，这些效率差异通常是用标准价格计算的，其所持的观点是，在这种计算方法下，管理风格关系不会因相关成本标准的变动而有所扭曲。如果要达到有意义的效率比较结果，从数学角度上说，在标准利用分配和实际利用水平上应用同一价值是非常重要的。然而，为实现上述目的，如果发生过度使用或使用不足，要指出所有的公值（如对所有标准都是每单位 1 英镑）。为了能够反映各种不同物理变量与财务相关的重要性，有必要使用能够准确反映其相关现值的财务价值。为取得上述结果，大多是公司试图通过投入大量精力、资源及成本，用于预测和计算非常详细的标准成本。不幸的是，如果没有可预见的关系，即使投入这么多精力和成本，正常情况下，依然不能使预测的准确性相应地有所提高。

更重要的是，这些公司所进行的相关分析过于复杂，通常对于管理人员而言，这种分析达到了一种毫无必要的复杂程度。因为最容易获得并可用于这一方面的相关成本通常是最近发生的实际成本。这种最近发生的实际成本可能认为是所能取得的，可以用来对未来成本进行估计的最好参数。但是现存的这类相对较好的估计参数代替了最近发生的实际成本，而且还被管理者用于资源的任意分配。如果这些实际成本用于管理绩效估计，就能自动达到目标一致的目的。因为管理者采用相同的成本，作为制定企业战略经营决策的相关因素。传统管理会计中存在的另一问题是，企业使用过时的数据、不正确的标准成本进行管理绩效评估，过多地关注于内部比较。如果存在未知的管理风格，就会要求具有标准水平的使用率，但在实际中这类数据却很少。在这种情况下，唯一适合作为控制机制的就是标准价格。没有这种关系，价格差异的详细分析只能简单地说明企业现在所能达到的预测程度。尽管在战略决策制定中需要应用价格差异进行辅助分析。由此产生的问题可以用以下简单的例子进行说明。

范 例

误用标准成本的问题

基本数据：

X 产品标准成本结构

标准人工成本	= 标准工时 4 小时 × 标准工资率 12.5 英镑每小时	= 50 英镑
标准的材料成本为 Y	= 标准用量 10 × 标准价格 10 英镑每单位	= 100 英镑
	总标准成本	= 150 英镑

在此期间每单位 <u>X</u> 所需要的产出是 <u>1000</u>

实际成本	= 人工工资率 <u>10</u> 英镑每小时
	= 每单位产品的价格 <u>15</u> 英镑
人工工时	= <u>3000</u> 小时
Y 材料的用量	= <u>11000</u>

注释：可以将原材料 Y 的使用降到 8 单位，将每件产品 X 的人工工时增加到 6 小时

传统的差异分析技术

人工差异

工资率差异：

（标准工资率 − 实际工资率）× 实际工时

（12.5 英镑−10 英镑）× 3000 小时   =   +7500 英镑

使用率/效率差异：

（标准工时 − 实际工时）× 标准工资率

(1000 × 4 – 3000) × 12.5 英镑	=	12500 英镑
人工差异总成本		20000 英镑

Y 材料差异：

价格差异：

（标准价格 – 实际价格） × 标准数量

（10 英镑–15 英镑）× 11000	=	–55000 英镑

使用率/效率差异：

（标准数量 – 实际数量） × 标准价格

（10000 – 11000）× 10 英镑	=	–10000 英镑
材料差异总成本		–65000 英镑

差异总合

材料价格差异	–55000 英镑
人工效率差异	+7500 英镑
价格差异净值	–47500 英镑
人工效率差异	+12500 英镑
材料数量差异	–10000 英镑
效率差异净值	+2500 英镑
整体差异	–45000 英镑
1000 单位 X 的标准成本	=150000 英镑
产生的实际成本	=195000 英镑
差异	–45000 英镑

差异分析的重点应放在突出责任上。这既可以估计经营管理绩效，同时为选择经营管理应采用的经济决策提供帮助。上述分析似乎说明，管理者在恰当、有效地应用可获得的各种资源（这是由于效率差异），并在标准成本水平已经给定的条件下，如果实现劳动力和原材料之间的潜在替换，总成本将提高 5000，这样就不能使项目的经营状况更好，如下所示。

标准基	在表准价格的基础上经过替换的修正基
每 1000 单位 X	每 1000 单位 X
劳动力成本 50 英镑 × 1000	劳动力成本 6 小时按 12.5 英镑 × 1000
= 50000 英镑	= 75000 英镑
材料成本 100 英镑 × 1000	材料成本 8 单位按 10 英镑 ×1000
= 100000 英镑	= 80000 英镑
总成本　　　150000 英镑	总成本　　　155000 英镑

然而，如果将项目经营中的实际成本分别与上述两种标准成本预测相比，结果

差异很大。这是受到潜在替换影响的结果。

每 1000 单位 X 的实际成本

标准基	修正基
4 小时按 10 × 1000 英镑 = 40000 英镑	劳动力成本 6 小时按 10 × 1000= 60000 英镑
10 按 15 英镑 × 1000　 = 150000 英镑	材料成本 8 小时按 15 × 1000　= 120000 英镑
总成本　　　　　190000 英镑	总成本　　　　　　　180000 英镑

通过这种更符合实际情况、以事实为基础的分析，可以发现通过采用潜在替换方法能够节约总成本 1000 英镑。这说明管理者没有实现对所有资源的有效利用。如果要达到的目标同评估管理绩效的方法是一致的，就应当让管理者采用这种交替使用的方法。如果是以标准成本作为管理绩效的评价指标，就不应当采用交替使用方法。同样有趣的是，选用标准基计算出来的基本成本的预测值是 190000 英镑，与实际成本 195000 英镑相比，少了 5000 英镑。在已经排除了价格差异影响，而且排除在传统差异分析中所确定的 2500 英镑的有利差异因素的情况下，这 5000 英镑的差异主要是效率差异。差异产生的原因是，随着原材料价格的上涨，使用标准价格会低估原材料过度使用对成本所产生的影响，而且标准价格也不鼓励根据外部环境的实际变化调整经营的管理行为。因此，导致标准成本高于实际成本。显而易见，如果其竞争对手使用更合理的管理会计程序，将会迫使经营管理者调整原来的相对使用率（Relative Usage）水平。管理者将不再使用不久前通过预测所定，但现在已经过时的标准成本，而根据所发生的实际成本调整相对使用率。可以通过对这两种形式的比较分析理解这个问题。

传统的效率差异	现在真实的效率差异
（使用标准价格）	（使用真实价格）
优惠的劳动力效率	有利的劳动力效率
1000 小时按 12.5 英镑 = 12500 英镑	1000 小时按 10 英镑 　= 10000 英镑
不利的材料利用率 （material usage）	不利的材料利用率
100 单位按 10 英镑　 = 10000 英镑	1000 单位按 15 英镑　 = 15000 英镑
净值　　　 2500 英镑	净值　　 5000 英镑

这种分析的修正方法不是为了说明这种观点，即如果管理者不能控制价格的变动，这些实际管理人员就要对价格的变化负责。然而，应用分析修正方法只是要让管理者在经营管理过程中随时考虑到他们所经营的业务目前所面临的实际经济状况，以及他们的管理行为对现实经济的影响，而不仅是停留在对可能发生的情况的理论分析上。

有人认为，如果能对具体竞争战略做出及时的、不断更新的估计，标准成本分析可以作为一种有效的战略分析工具。但是，这需要合理的、以实际情况为基础的相关成本的投入产出关系组合来支持经营所面临的潜在战略决策。但遗憾的是，这种战略财务分析不能使所有的实际成本同最初的预算成本取得很好的一致。然而，如果能提前进行很好的设计也可以实现这一目标。在例子中，标准成本价格和实际成本价格之间的差别已经忽略掉了。新的价格差异可以计算，但是此时是使用标准耗费计算的（Stand Usage Allowance），由于通过这种计算，我们可以发现在制定经营中所使用的标准成本价格过程中可能存在的预测错误。但是不提倡将这种计算包括在管理报告中。这是因为在管理会计体系中，其侧重点仍然放在发展复杂的计算标准成本价格的方法上。可是即使能够正确地采取这种事后分析结果，仍然会损害其在实际中的应用效果。因为很多此类标准成本体系不可避免地会面临成本如何分配的问题。

我们以汽车产业中最近的情况为例，来说明企业在制定标准成本的过程中可能遇到的问题。为建立企业的总体单位时间的标准劳动力成本，我们需要确定是什么原因产生了此类成本，以及这些成本应当归于哪些产品。对于实际上只生产一种产品的情况，直接人工很容易计算。所产生的预计成本可以根据所生产的产品按比例进行分配。但是，现在的生产过程都非常复杂，在这种环境下，上面所说的直接人工在产品的总成本中所占的相对比例通常很小。在总成本中更重要的成本是间接辅助人工成本。间接辅助人工成本包含在企业机器设备、提供支持服务、监督管理以及计划工作分配等此类活动当中。如果将这些成本排除在企业标准成本构成之外，很多企业会受到亏本销售商品的困扰。总成本中，另一个重要构成成本是源于生产过程中的机器设备，包括设备的相关折旧支出和设备的持有成本。如果设备是专门用于生产某一产品的，就可以直接将设备成本分配到产品总成本中。即使这样，仍然要解决这样一个问题：如何根据预测的产出情况，计算出每单位产品应负担的标准成本。如图4.8所示，如果设备用来生产多种产品，则需要将设备成本在相关产品中进行分配，从而能够给产品建立适当的标准成本。

基础数据	A 产品：
	折旧和固定维修费用 = £100000 pa
	A 的标准预测产量 = £10000 units pa
	A 的实际产量 = 25000 units pa
分析	标准折旧费用 = £10 每经营单位
	如果将标准费用应用于实际产量：
	标准成本下的折旧 = £10 × 25000
	= £250000
注释：不同的公司通过标准成本系统对固定成本进行列示的方法不尽相同，这些毫无意义且非必要的多余复杂信息混淆了经济及管理绩效指标。	

图 4.8 标准成本中的混合固定成本

在很多经营领域，所有其他成本的总和可能是直接变动成本的 10 倍。尽管有收益增值率因素的影响，仍然以直接人工为标准，将直接变动成本分配到各个产品的标准成本中。这包括在汽车产业中的一些主导公司。图 4.9 说明了在劳动密集型和资本密集型产品中，标准成本的构成。

标准成本	B 产品	C 产品
	£	£
直接人工成本按£20 每小时	40	5
间接人工和管理费用按直接人工的 1000%	400	50
直接原材料	200	200
直接管理费用：		
——折旧	10	250
——其他变动成本	50	100
总标准成本	£700	£605

注释：
(1) B 产品是劳动密集型产品，直接资本投资水平和企业一般管理费用水平较低。
(2) C 产品是资本密集型产品，相应地，直接折旧费用较高而直接人工成本较低。
(3) 间接人工和管理费用在所有产品上进行分摊，其分摊基准是标准直接人工成本的 1000%。
(4) 除非有更多具体预测，一般地假设在产量达到工厂产能的 70%时，标准成本即可覆盖固定成本。

图 4.9　标准成本的分摊

从图 4.9 中可以发现，对劳动密集型产品而言，直接人工和企业一般管理费用的分配方法对企业的影响很大。能够理解为何直接人工和管理费用水平与劳动密集型产品的总成本相关性高，对于以后的分析很重要。在很多公司中，这种相关性主要是由于自动化水平的提高以及相应的直接人工水平的降低造成的。这种相关性的结果是间接辅助成本绝对水平的提高，以及与此相对应所分配的直接人工成本水平的下降。因此，相对回收率就有所提高。其结果是，一方面，继续以剩余直接人工为基础分配这些成本显然不现实；另一方面，相关性的增加会造成失真效应的积累混合。就个别产品的发展前景而言，似乎可以发现，对自动化程度较高的 C 产品继续追加投资，将会降低它的标准成本。如果包括间接分配的成本，直接成本降低是 55 英镑而不是 5 英镑。但在实际中，显然不可能通过这种决策避免这类间接成本。实际上，为支持对自动化的厂房和设备所追加的投资，可能会导致间接成本的增加。在大多数标准成本系统中，这类持续的间接成本会在剩余期间内进行简单的再分配，但这会降低直接人工的基础。这会增加其他产品的回收率（Recovery Rate），因此 B 产品的成本依然很高，但具有提高价格的潜在要求。因此，即使这种产品的成本毫无变化，也应当修正其盈利水平。通过面的分析，可以看出上述情况是毫无意义的。但是，如果一个成本系统能够进行这种潜在分析，将会是非常危险的。如果直接固定成本排除在标准成本系统之外，企业一般管理费用分离（Recovery）的相关影响会更引人注意。如在上述例子中，排除固定成本，重新规定产品 C 的成本，结果如图

4.10 所示。

	C产品		
	悲观假设利用60%	基准假设利用70%	乐观假设利用80%
标准成本			
直接人工	5	5	5
间接人工（所有假设的变动成本）	50	50	50
直接原材料	200	200	200
直接变动管理费用	100	100	100
标准产品成本－固定成本	355	355	355
固定折旧	292	250	219
总标准成本	£647	£605	£574

图4.10　标准成本的基准假设的变动

很遗憾的是，包括固定成本的情况再导入的潜在分配问题在图4.8中进行了说明。如果我们简单地调整一下C产品的标准成本，来反映折旧利用率假设在60%~80%变动时的情况。也就是说，基本假设没有太大的变动，如图4.10所示。

将这种根据对产品标准成本的预测而可能存在的变化应用于销售战略当中很重要。这同标准成本的变化会导致价格战略和营销支持的产出水平变动等观点一样。与一项经营业务相关的问题，是要完全理解这种在量上的可能性变化会对其产品的成本结构产生怎样的影响，以及相对于对其竞争对手的影响有什么区别。关于企业内部本、量、利关系问题，企业的管理会计师必须具备这方面非常详细的知识。但是遗憾的是，会计师却常常没有将本量利分析的相关知识应用于企业外部，如应用于对竞争对手的分析，正如在第五章中所提到的，此类技术如果能够切合实际地加以应用，可以提高战略决策制定效果，而不会由于提供了误导的管理信息而给高级管理人员造成麻烦，这将在第六章和第七章中提到。很多现行分部财务信息，尤其是那些包括标准固定成本的信息，只有加上这样一条注意事项后才可以应用：使用这些信息可能会严重地损害企业的"健康"经营。作为选择，如果要满足在如此广泛的范围内提供财务信息的要求，将会导致无关联的财务信息系统的过剩，其结果必然使得成本计算倍加复杂。而高级管理人员常常会碰到自相矛盾的财务分析结果，使得他们更加困惑。有一家大型公司，整天忙于处理公司的五套毫不相关的管理会计信息系统，以至于不能够提供所需的有效资源，使企业可以用这些资源设计并使用某种形式的一体化财务数据库。这种一体化财务系统在企业经营过程中，无论在何时出现意外的问题或投资机会时，都能够不用进行在现行水平上的一次性分析，就能够在适当的时间，给需要信息的管理者提供他们所需要的信息。这方面的问题将在第五部分进行更详细的论述。

营销投资分析

在开始回顾标准成本战略的使用前，我们说过，管理风格关系不是局限于经营管理的某一产品领域的。管理风格关系存在于任何领域。在企业经营中包括很多办公室或行政管理部分，执行过程中有很多重复过程等，在这类经营中也是适用的。但是即使其特定的自然关系没能完全理解，仍然可以将其作为一种很好的财务估价方法。这在一些关键性决策领域尤其明显。例如，有很多处于其他领域的公司，经过多年的发展具有复杂的经营管理机制，但某些关键性决策在公司整体中获得的财务估价非常有限，这种决策的典型代表就是销售投资分析。

现在处在竞争市场中的大多数公司都一致认为，企业的全面成功在很大程度上与企业销售战略的成功有密切的联系。因此，市场营销的支出水平通常很关键，而且严格的财务估价远不及以其他较小规模水平上的财务投资作为指标更容易使用。几乎没有成熟的公司会不经过全面的财务分析就考虑进行一项重大的新投资。如果投资项目具有较长的经济生命周期，财务分析通常还要包括对经营现金流量现值的估计。然而，当类似的公司对市场营销支出投入相似甚至投入的资金额更多时，在这些类似的公司中，没有哪家公司进行同样程度的财务分析。更令人惊奇的是，在很长一段时间内，不同类型的投资支出会计处理程序也不一样。资本支出作为企业的资产，其支出成本遍布企业的整个经济周期；而维修费仅在其发生的当期耗费。对这两种不同的投资支出，其会计处理程序有所区别。很多这种公司坚持认为，如果经营项目不能生产出成功的产品，或者顾客不愿意购买它们的产品，那么这些有形固定资产的价值比起其报废时的金属废料价值要少得多。这些观点非常重要，因此在很多管理会计体系中，价值很高的无形资产不是同等量地按其实际价值加以考虑的。在企业经营管理中，大量地应用了这种潜在战略。这种观点没有涉及很多的理论，这种毫无结果的争论，其最终结果是将企业所拥有的商标作为一项资产，在企业公布的资产负债表中列示。

更重要的是在企业经营决策的制定过程中，管理会计对无形资产的处理方法将会产生怎样的影响。在投资于任何有形资产的情况下，企业可以自动地估计投资与该项资产将会在其整个经济生命期中能够获得的收益情况，所采用的会计处理方法也将有助于避免决策受到短期内不利影响的驱动。这些不利影响是由于企业以提高收益率为目的的支出在短期内所产生的。对很多公司而言，在存在市场营销支出的情况下，上述观点都不正确。由于企业将所有的此类支出都视为是短期的，而且实际支出与这阶段的利润有关。因此，如果存在提高短期财务绩效的压力，企业可以通过缩减销售计划或削减在研究和开发活动上的支出，来提高企业的短期财物绩效。但是上述两决策都会对企业的长期经营结果造成极大的损害。然而大多数公司没有财务控制系统，这会更充分地突出其对未来的影响。

正如前面所述，对于有形资产而言，增加固定资产价值的发展费用支出，与仅能使资产可以正常持续使用的维修费用支出，其会计处理方法明显不同。此外，如果维持费用支出不恰当，管理会计能够通过降低固定资产的残值来反映其影响结果。这种情况，不光是对于极其复杂或独特的固定资产，只要是固定资产都适用，而不论固定资产是由企业自身经营产生的固定资产，还是从外部供应商处采购的。实际上，公司甚至估计一部分购置成本的价值。这些购置成本本来应当作为实收资本，对企业而言构成这类支出的资产没有未来价值（如设备安装和试运行造成的超常支出）。企业可以根据资产的潜在经济生命期进行决策。如果采用适当的折旧方法，资产的经济生命期通常会对建立适当的产品和客户资产有一定的关联，甚至可以预测在估计的资产经济生命周期结束时资产的剩余价值。

如果对固定资产采用谨慎的会计方法，上述结论在实践中和理论上似乎都是可行的。但这对于属于无形资产的商标和顾客资产而言，上述情况根本就不可能存在。这些无形资产都是以所有的涉及有形固定资产的管理判断为基础的，并认为上述观点的判断完全缺乏一致性（当然，一致性是四个基本会计准则之一）。这似乎说明要实现绝对正确是根本不可能的。书中已经多次提到过，所有的管理决策是建立在对未来的预测基础上的。而对未来的预测可能不可避免地是完全错误的，也可能是支持战略决策的可获得的最好基础。不可避免会出现这两种完全不同的情况。如果企业不能够保持其现有的市场销售资产，或者在某一产业的成长阶段发展新的市场销售资产，将永远也不可能在这一经营领域内实现财务利润的最大化。为了估计企业做得是否恰当，战略管理会计系统必须恰当地确定其应当关注和分析的重点。

同战略管理会计的所有组成部分一样，第一阶段可以将会计系统同企业的战略目标紧密联系起来。在这种情况下，意味着为每一种产品指定了特定的市场销售目标、适当的顾客群体或分销渠道。现在，大多数以市场为导向的公司发展的质量都很好，甚至是这一领域的领先者。一种产品所要达到的目标可以根据其销售所获得的平均收益水平详细地加以说明。公司也许会很擅长具体说明如何根据将要进行的销售行为实现这些目标，很多现行的产品具有复杂的市场销售计划，这些计划又针对每一特定的市场销售行为分出了详细的二级目标，以此来估计销售成功或失败同目标的相关性。同时，通过应用复杂的跟踪研究可以完成监控过程。跟踪研究不仅以客户对特定产品的认知情况为基础，还包括相对于竞争对手提供的产品，客户对本企业产品的态度。

这种战略销售目标通常会加以明确界定。但是对大多数公司而言，现在的问题在于怎样才能通过任何形式的财务估计、监控和反馈过程，同管理会计系统相联系。详细的市场销售目标表示，为提高新产品的消费者认知度，企业将会花费 200 万英镑用于电视广告投放，要达到的目标水平是，广告竞争结束时，在新产品对应的特定的人口指标范围内，客户的自发意识水平达到 25%，尽管与特定目标相关的很少几个企业，会通过进行财务上的调整，以说明现阶段的广告支出水平是否合适。当然会有更少的企业试图通过财务模型，来说明将产品以这种方式推向市场，200 万英镑是否是所能采用的广告支出的最佳水平。尽管企业可能在过去的几年中采用过几次类似的产品推广方式，但是取得的数据可以是其他公司所做的产品推广，其中包括竞争对手的数据。会有更少的企业估计其他的混合市场营销方式是否比仅用电视广告的形式进行推广更有效。

在有些公司中，管理会计师好像不知道从何处开始这种估计。而在其他的公司中，管理会计师好像不愿意显示市场营销的"黑色艺术"所受到的妨碍（会计师已经热衷于近距离地涉及生产和管理的所有方面，可能是因为它们比较确切、精确。但是管理会计师好像总是不愿意大量地参与比较难以确定的领域内的财务估计，如市场销售和人力资源会计）。市场营销支出的财务评估依靠所有的普通的财务估价方法，并强调实际情况：大多数市场营销关系难以量化。同所有的其他资产一样，市场销售资产的一个基本原则是，除非资产维护得很好，否则其价值都会逐渐降低。因此，涉及财务的事情其财务估计最好的开始点是：为保持资产的现行价值，需要考虑何种水平的支出是必需的。此后，当能够更加清楚地界定和理解这些关系时，这种估计将会导致市场预测的增加。财务管理人员就可以避免被认为是市场销售团队的对手。如果这个过程能实实在在地增加企业价值，排除市场销售团队对财务管理者的这种抵触就很重要。同战略管理会计在所有领域的应用一样，财务分析过程也属于决策支持的范围，其自身的财务判断是通过这些支持财务战略决策的提高来进行的，如在市场营销中的投资。因此，发展市场营销活动财务分析的团队方法非常重要，这需要财务管理人员为市场销售做出积极的贡献，而不是作为事后审核员、压缩预算的人或追究责任的人。

为了估计维持资产所需要的支出，对于市场营销管理而言，能够准确地描述资产当前的属性很重要。而且这必须在可测量的条件下进行。因此，应当对这些性质的变化实施有效的监控，通过这种方法，就不再包括一些不明确的成分、模糊的概念上的资产，迫使企业考虑事实上构成市场营销资产的是什么。如果自己不能对其进行准确的描述或测量，当然会说这些因素不存在或对企业的应用毫无价值。那么，就没有必要花费支出来维持这些因素。有趣的是，这种精确应用方法，会增加判断以前建立的产品投入的现行水平的难度。通常这是因为对支出的现行水平的判断是建立在支出的历史水平基础上的，它包括了对通货膨胀的补贴，以及为抵消竞争行为的加剧而存在的一小部分可能的附加补贴。在过去，公司所设计的营销支持是为了发展品牌，因此并不是所有的这类费用都应该归为维护费用中。因此，人们错误地认为现存的销售支持水平已经达到了一个很高的水平，这个水平倾向于吸收一个高比例的、通常被认为是全面的固定预算。几乎没有企业存在这样的争论：因为它们已经在维护现在的设备上花了很多钱，所以不愿意在新的车间上投资。实际上，这个争论通常是相反的，但是这是营销活动被视为与财务弱相关的另一种方式。

这类特征，比方说消费者关于品牌名称和产品特色的意识，相对于其竞争产品来说消费者更倾向于购买此类产品，有规律的重复购买和通过不同的销售渠道获得产品的实用性，通常被认为是一种营销资产。在一段时间内随着各种不同关系的变化，这种模型能够得到检验和更新，并且能够被企业和竞争对手视为特定营销措施的结果。这样一个标准的物理关系，正以这样一个条件假设，然而它和公司及可预言的关于真正的工程关系是不一样的，比赞成一个增长的财政预算要好得多，因为可以证明它是正当的，销售额也会有较大的增长。一旦一个最初的模型形成，在任何一个特征上的改变的预期影响都能够根据对销售和因此增加的利润以及流动资金的影响加以估计，这样为管理会计系统提供了链接。同样，需要创立和避免的在给定特性中的一个变化，那些有前景的投资同样可以被预测，这样一来附加的关系随着时间发展并且通过实践观察得到了精练。

这种营销模式和开发新的营销资产的计划的成效一样，并能够用来消除在最初时期的营销上被提及的投资。随着所有商业模型的出现，很有必要做出一些假设，包括对这些新的营销举措的竞争性的回应。这种类型分析的一个主要好处就是可以迫使企业明确地表述那些正在制定的假设。以前，很多这类假设都是不言明的，因此会变得没有挑战性，但是一旦清楚地表述并受到质疑，那么那些不同假设的潜在影响就能被估计出来。

很明显，战略会计管理这个领域代表了未来许多公司面临的挑战，但是一些拥有领先优势的公司正运用财务技术在此领域获得很大的收益。那些在财务上对营销活动进行估价最熟练的公司同时也是那些在各自产业内最成功的营销领先的公司，这或许不只是巧合。被这样一个公司研究的一个非常简单的例子将是结束这一章的一个最有益的方式。

对这么大群体的分类有一个大的成熟的商标，这个品牌在它的消费者市场中有一个占优势的市场份额并且这个品牌是这个分类的主要现金制造者。对总产品类别的销售只是边缘增长。在近期，这个品牌的细分市场（在总产品销售的中心部分）通过竞争者的特殊产品的投产已经开始缓慢下降，这些竞争者包括一些新进入这个市场的生产者。企业不得不决定是否对这些新的能够被证明是短期的和引导潮流的威胁做出回应。如果是这样，如何做出回应。现存的品牌在消费者意识上，品牌忠诚度和零售商销售有很强的力量。尽管新产品主要瞄准的是年轻消费者的市场，这些年轻消费者对竞争的产品变得忠心，然而企业的消费者主要是那些老龄人群。企业决定投产一系列有竞争性的产品，但是这是在同样的品牌作为现存的占支配地位的品牌的庇护下来完成的。投产将通过电视广告和商家赠券来鼓励那些目标消费者来尝试使用这些新产品。因为在其现存的市场影响力之下，企业可以从广告支出中获得巨大的规模经济效益，该数额与从现有预算中转移到主要品牌上的支出相等。这种节约的理由是与发起广告运动的特别目标相反的。一个基本目标很明显就是创建品牌意识，但是大部分消费者已经知道这个现存的品牌名和所有的系列，那剩下要做的就是传递新产品的系列和它的特征。通过联结这个系列，可以感到现存品牌的有些固定的形象可以得到改进，并且更多的年轻用户或许会和使用新系列产品一样使用这些产品。因为现有的中心产品的市场份额和市场上不同的消费者分类，直接的联系好像不能使销售增加。公司也会在一个地区的基础上考虑到活动的分量和相对适时的电视广告和购物券，利用不同的营销组合手段进行促销。 这能使得投放市场变成一个学习锻炼，当一个更重要的主打新产品投放市场九个月后，在制订计划时这尤为有用。给出来自现存的产品市场假定的销售额和需要营销支持的正发生的标准的预测，财务评估过程关注建立企业为新产品系列达到不同水平的市场份额时的财务影响。确立能完成的目标，建立起信息系统来监控它们相对的业绩并能够使不同的营销战略相比较。财务估算模型也考虑可以完成同样全面销售水平的可替代的方式，比如说接受更低的消费者意识但是在有效销售上达到了更高的水平。实际上，公司在投产阶段没有尝试检测这些可替代的战略。随后，当更迟更大级别的用不同的没有检测的营销手段完成投放市场时，这个机会被证明是昂贵的，大家赞同这是一个错失的学习机会。

第五章　竞争者会计

　　战略管理会计与传统意义上的管理会计的一个主要不同点就是，其主体对提供与其他企业相比较的财务信息的重视程度。其主要的兴趣点显然是竞争者的情况，但是本章也会简略提及价值链上的其他各方，比如供应商和直接消费者，因为了解他们的可选竞争战略对一个企业选择自己的战略会有很大的帮助。

　　传统意义上的管理会计注重对组织内部成本结构的分析及对其今后变化的规划以制订长期计划和短期预算。然后在年末，将实际成本与这一预算进行比较。很多先进的企业，其原始预算是灵活的，考虑了外部环境的重大变化，从而更有意义。

传统体系的优点

　　这种传统的管理会计体系对组织主要有两大益处：

　　第一，其分析和规划过程为计划期内所提出的企业战略提供了预测的财务结果。这使得管理者能够知道这一结果是否乐观。如果不能接受这一结果，可以修改计划直到获得最好的结果。还有，如果分析过程中能明确决定成功与否的关键因素，就可以在财务计划中对这些关键因素进行敏感性分析，管理者就可以识别关键的风险与机会。这样一来，又使得计划可以在实施之前得到纠正，或是企业通过采取一些适当的对策来降低特定的关键风险。

　　第二，计划实施后，控制过程可以提供实际绩效与计划绩效相比较的方法。这一比较又可以使计划根据最初战略决策的实际结果做出必要的改变。通常，后续决策应该基于可获得的最新信息，即计划应该根据环境的变化做出更新；因此，现在许多企业利用滚动预测体系作为绩效比较的基础。

　　这种管理会计体系的优点毋庸置疑，但是这一体系在企业制定竞争战略时不能解决企业所面临的一些主要问题。竞争战略已经被当做创造在特定产品或市场上追求特定目标的持续竞争优势的行动指南。"特定产品"和"特定市场"的问题将在下面几章讨论，本章只考虑创造"持续竞争优势"的问题。

竞争优势只有通过与竞争者相比较才可以得出，这种比较应该准确而清晰。因此，在多数完善的传统管理会计体系中，这一竞争性比较隐含在计划期内可获得的对所增市场份额与定价的关键预测中。然而，如果这些竞争性假设不清晰明了，在监管与控制时就很难从预测结果识别变化的真实原因。这一中心的转变见图5.1。举例来说，如果预测价格会增长，但由于竞争对手未提价而使这一预测结果落空，那么企业原计划的盈利能力就会受到严重的影响。这种情况下，组织管理者判断竞争者是否在自身成本大幅增加对其盈利不利的状况下，仍以压价为短期市场策略以增加市场份额非常重要。如果是这样，竞争对手需要在短期内提高售价恢复盈利，而不论市场份额增长与否。还有一种更严重的情况是，竞争对手拥有相对的成本优势使其将在长期内保持低价。显然，应对不同原因造成的相同市场情形的竞争对策有明显的不同，但是能否做出正确的对策取决于对竞争对手进行财务分析的质量。

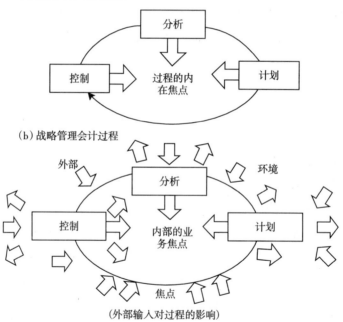

图5.1 （a）传统的管理会计过程；（b）战略管理会计过程

相对成本，而非绝对成本

在任何一个有关竞争者的会计分析中，与绝对成本相比，相对成本和价格显得更为重要。在同一时期内，针对竞争对手成本的相似变化，要重新确定自己成本水平的变化。否则，提议的竞争战略可能会建立在错误的假设之上，而这些错误的假设可能会带来严重后果。这对于许多美国和欧洲的基础性生产公司来说，是一个主要问题。在许多产业领域，这些公司花了很长时间才意识到日本竞争者的确拥有持续的成本优势，这种优势可以使他们在目前非常低的价格水平上继续出售产品。先前，人们一直猜测，日本生产商为了占据市场主导地位和驱逐区域竞争者以低于实际成本的水平定价，随后他们需要提高售价以重新获得利润。如果一个出口商在出口市场上出售的商品的价格低于同样商品在国内市场的售价，欧盟将其行为定义为倾销。但欧盟有关倾销的定义在这一领域不大起作用。这引起了对实际售价测量的重大问题，但更重要的是，这可以使当地生产者对于由国外竞争所形成的相对价格水平的注意力发生转移。一般情况下，关税障碍只有在某一特殊区域内作为产业重组时期的暂时贸易保护政策时才会发生作用。如果作为长期或永久措施的话，就会导致当地市场效率的降低、总成本的增加和对顾客售价的提高，甚至给整个经济带来弊端。最重要的问题是，竞争者是否会以无法在长期内持续的水平定价，这一点将在本章的以后部分加以考虑。如果通过参考经验曲线，他们正在使用关于其长期成本水平的知识的话，将乐意损失短期利益，以获得一种长期的可持续的竞争优势。

如果国外竞争者已经比当地生产者更进一步下移成本曲线，并将价格定于目前成本水平之上的话，他们的处境将会更糟糕。在这种情况下，没有高度的利润压力驱使出口商提高他们的售价，尤其是当他们用长远的目光看待在市场中的地位时。很明显，在很多产业中，当公司开始访问日本，对他们竞争对手的成本着手进行更加深入的评估时，都会出现诸如此类的例子。遵循这种启示，许多西方公司引入了显著的成本削减计划，试图将成本降低到竞争者的水平并重塑竞争性均衡。在很多产业中，任何诸如此类的成本均衡将会为国内市场生产者建立一种非常显著的竞争优势，这是因为日本公司在欧洲或北美销售产品时将会增加运输和进口成本。

然而，在基于瞄准竞争所在的动态环境中，制定竞争策略在本质上是有缺陷的。而且，许多公司发现尽管它们进行了显著的价格削减，但它们面临着一个比过去更为严峻的成本劣势。很明显，这是由效率更高的竞争者所引起的，他们以比起初所达到的更高的速度提高效率。或者说，这是由最初的竞争者所引起，他们被外国竞争者所逼迫，丧失了低成本地位。而这些外国竞争者一开始就以更低的价格获取关键要素，如劳动力或者是领悟了技术重大突破后而来公司的人。而这些技术突破正如第三章所讨论的那样，能改变现有的经验曲线。当一个现有的凶猛的竞争者将其产品定位于一个低得多的价格水平时，这两种因素的结合将会是一个真实而又可怕的威胁。

因此，有效的竞争者会计取决于一系列因素，这些因素将被依次考虑。为了定义和集中相对分析，一定要识别现有的和潜在的竞争。对每一个竞争者来说，可能的替换性竞争策略要重新确定，他们对某一特定的产品或市场领域的承诺也要考虑。与竞争者战略紧密相连的是相对成本和投资的比较及持续的价格战略，对这些成本比较的关键是对未来相对水平的预测，而不是历史成本的测量。对许多公司来说，测量竞争者的历史成本水平是非常困难的。尤其是当竞争者是多元化经营的大公司时，这些公司只是提供总的财务成果，而且发布对特殊经营决策几乎没有意义的信息，要考虑识别竞争者和创始公司之间不同的多种方法。同时，对市场发展阶段的重要性要加以强调，因为这极大地影响了相对分析的关键领域。

界定竞争

界定竞争者是谁的第一步，应当成为企业确立使命陈述或分配原则的一部分。就像前面讨论的那样，竞争战略的制定要建立在使企业能够在明确的市场上进行销售和遏制可识别的竞争对手的水平上。因此，个体企业单位的定义和它们来自于或有关系于使命陈述和企业目标的定量目标应该强调现有的竞争。如果能轻易地识别竞争对手来自于哪个领域，这表明企业单位自身没有被很好地界定。这是战略业务单位概念的有用之处，因为每一个战略业务单位有将特定的产品卖到界定市场的特定目的。产品和市场的这种结合能够将一个战略业务单位和组织内其他业务单位相区别。在一些情形中，有时候实际产品没有其经济竞争者，因为顾客可能购买大量属性或利益而不是具体的产品。真正的竞争对手将是其他那些能提供使顾客感知相似利益的产品公司，尽管这些产品的物理属性看起来不同，如电影院为公众提供影片，将和其他影院进行直接竞争。然而，录像租赁店同样能使公众看到新发行的影片，电视、电影卫星频道同样如此。因此，这些仅仅使用不同分销渠道的公司也是其竞争对手。电影院很好地断定这些公司不是它们唯一的竞争对手，因为顾客会选择其他的替代方式来打发他们的休闲时间。所以竞争对手应包括实地演出，有大量顾客参与的体育盛事和其他的娱乐形式。

识别竞争者包括发现向同一市场提供不同产品的公司。尽管这些公司可能使用诸如不同的分销渠道等战略。例如，在大不列颠，以每天向最终顾客提供牛奶为基础的乳制品零售店与竞争对手相比，已经建立起了凶猛的营销战略。这种竞争是建立在服务水平之上的，但是不包括由于牛奶营销委员会实施的价格控制而导致全行业统一的价格水平。因此，一些企业强调其运送时间，而其他的企业则扩展了由牛奶运输员运输的产品的范围。不幸的是，随着其他零售服务市场的迅速成熟，提供服务的成本也增加了。结果是一种新类型的竞争者出现了。他们使用一种完全不同的方式来满足最终消费者，那就是使消费者能够在家里按其所需获得牛奶。大型超市、连锁店进入了市场，它们将多种竞争优势集为一体，包括大规模购买力和能延长产品货架摆放时间的科技。它们还得益于包装技术的进步，这使得大容量塑料容器得以使用，从而使商品不会腐烂。此外，其顾客私用轿车的增多也可以使他们驱车到城外更大的超市去购买更大规模的商品，而这在以前乘坐公共交通工具购物回家是非常困难的。诸多因素集合起来，使得超市给仅仅具有价格优势的商店以沉重打击。超市的竞争优势不仅仅是以任何水平的服务为基础的，还得益于现有顾客。如果价格具有吸引力的话，顾客愿意在同一时间内购买其他的商品。就像在第三章讨论的那样，超市基于价格优势，可以卖更多的商品给现有的顾客。如果最初建立的竞争优势在消费者的感知价值中已经减少的话，这几个优势的潜力是有非常大的影响的。

对于现存的乳制品零售店来说，这创造了一种新层次的竞争压力，这种压力会引起各种各样的战略反应。一种类型的反应是尽力使其顾客相信提供的服务价值与增加的成本相比是值得的。一种替代方式是通过削减最昂贵的元素来减少服务，试图获得更大的成本竞争优势。在这个例子中，减少成本而不给新的竞争者一个直接获得更大市场份额的机会是可能的。这在一些地区通过减少周日运送可以获得，而该事项不能直接进行会计计量，因为按照法律，许多零售竞争者不得不在星期天打烊。

通过考察大不列颠储蓄和信贷机构对于结算行在工作时间问题上对顾客的傲慢态度上，可以获得另一个相似的例子。看起来，每一个主要银行在考虑它们的竞争战略时只看到了其他的银行。因此，只要它们在同一时间段内开放，甚至时间缩短，它们就能减少成本和保持相对的竞争地位。然而，针对这些，储蓄和信贷机构可以在工作日内和星期六上午开放更长的时间。它们对待成本问题的态度是投巨资于前沿的办公室计算机系统，以及通过扩展产品附加部分（支票簿、常规性直接付款、核对目前账户付息）为其业务增加该方面的价值。结算行不得不增加开放时间以对此做出反应，其做法包括：在星期六上午重新开放一些分支银行和加快自动存储机器的开发。这可以看做两个主体试图占领同一市场的较大份额而进行面对面竞争时采取的两套竞争战略的一个经典案例。开始的利基或聚焦战略最终发展成为一个产业范围时，会带来很多的竞争对手。也就是说，银行与储蓄和信贷机构都将自己视为能提供个体所需的所有金融服务的单位。

如果直接的、明显的和现存的竞争者能创造一种新的分销方式，其能获得持续的竞争优势，那么建立在相对效率基础之上的竞争分析可能有些太简单化了，甚至可能吸引新的竞争者进入市场。借助于第三章提及的波特模型，关于竞争分析的范围可以做以下总结，如图5.2所示，在形式上与以前有所不同。

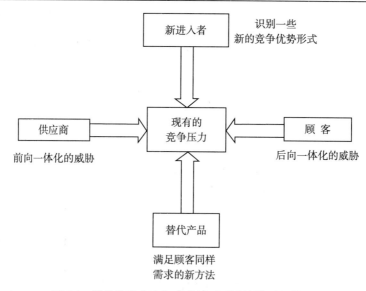

图 5.2 当前和潜在竞争者分析（以波特模型为基础）

由于外部法律或者是环境因素的影响，竞争者的意义有可能会突然改变。企业私有化就是诸如此类的一个非常明显的因素。但是，对于任何一个竞争企业来说，好消息是指这种因素能提前预告，因此对竞争战略的改变至少不应当感到非常诧异。在所有权方面的其他变化，如一个管理者购买了一个多元化公司的一个部门的股份，会给竞争战略带来相似的显著的影响，从而可以更迅速地做出相应的改变。然而，更敏锐的变化同样会有多方面的影响。就拿零售服务业来说，在过去的几年里，在英国的一些汽油零售服务部门已经发生了重大的变化。起初，公路服务站不得不为它们创造的销售收入支付一定的税款，而这部分税款通常会转嫁到零售价格中去。结果是，公路服务站在价格方面通常是没有优势的。它们纯粹是将销售建立在便利性基础上，就像它们坐落于公路边一样。因此，对于需要燃料来完成剩余旅程的长途汽车司机来说，其替代选择是离开公路服务站去寻找便宜的加油站。包含在寻找过程中的真正的机会成本通常会超过最终购买的节省部分。在此期间，这些服务站的管理者同样被要求提供一系列的汽油品牌，因此他们在与供应商的交易过程中不能发挥其大规模购买的巨大潜力。随着被要求销售多个品牌，这种付款的方式被突然改变了。管理者能够进行有效的购买，也能够从基于规范容量和被大多数服务站管理者使用的价格利益联系的贡献中挽回管理成本。油泵价格的下降，与其他的竞争性汽油源头更加接近。因此，消除了对于那些行驶于公路上且使其汽油购买成本最小化的汽车司机的先前的较高的诱因。

用战略管理会计的术语来说，在过去销售税金被看做是递增的可变成本，因此被以较高的卖价的形式转嫁到消费者身上。一旦这种价格被转换为一种看似固定的成分，或者是反映在为获得某个场所不动产的买价中或者被看做是总租金的一部分的话，企业就会感觉到它们在选择竞争战略时拥有大得多的灵活性。结果是，企业能够对已经具有价格敏感的项目制定竞争性的价格，并且能对这些价格公开地做广告。这给公路服务站管理者带来了挽回成本的机会，服务站管理者或是通过大量增加容量或是通过对价格不敏感的顾客群增加贡献来挽回成本。当任何一个企业为它们的一系列产品选择合适的战略时，这些类型的选择都是可行的。企业应该自己决定如何从战略的角度来考虑决定性成本，而不是接受传统的基础性管理会计视角。

该市场中，另一个竞争变化是由于拥有与现存竞争者极其不同的战略的新竞争者加入引起的。随着以大型超市为中心的大型城外购物中心的迅速增长，这些老练的超市零售商迅速地发现了一种吸引顾客来其零售店购物的新方式。折扣定价的加油站基于顾客不得不开车去远离中心的加油站加油的逻辑推理，在这些地方开店。同时，基于顾客忠诚度的减弱，零售商也可以销售自己的品牌汽油。当缺少其他的诸如交易积分的可以创造顾客忠诚的营销手段时，汽油的购买通常是建立在价格和便利性基础上的。对像汽油这种成熟的商品类型来说，以上做法加强了其竞争优势。然而，关键的因素是零售商还有另外的目标，而不仅仅是简单地在一个很小的利润空间内销售汽油；他们想吸引更多的顾客光顾他们的新商店。事实上，一些零售商，通过赠送优惠券的方式以避免顾客转向竞争对手，这种关系非常直接，非常明显。

在这个案例中，最初的以汽油为其核心生意的汽油零售商现在正面临着竞争，这种竞争并不仅仅是由于销售主流产品造成的财务回报而驱动形成的。但是，我们应该记得，多年以来，大多数汽油公司试图通过增加在大型零售店销售的产品范围来提高这些大型店的财务回报。而这些店是基于以上的假设而选址建立的。这种竞争战略可以用 Ansoff 矩阵描述为扩展产品系列以出售给现有顾客。替代性的，从金融术语的角度考虑，该战略被认为是增加了总贡献，其产生于假定的高水平的固定成本，如出售汽油和石油所需要的场所和人员成本。在很多案例中，新的战略倾向于压倒最初的基础性生意，从长期的战略眼光来看，这种成本不会被认为是固定的。在增加新产品或开发新市场时，这些看似非常小的进步可以带来生意上的繁荣和阻止新的竞争者。而这些新的竞争者进行全方位的猛烈进攻，并将其作为自己的进攻方式以消除不受欢迎的侵犯。大家应该记得，许多主要的石油公司仅仅是以最初的石油开采与提炼业务的垂直整合方式进入汽油和石油的零售领域的。这将在第十章中加以考虑，但是这会引起与专业从事零售的公司的直接竞争，结果是这些公司会拥有以顾客为中心的集中战略。

这些新的大型超市同样使用一些新的竞争战略去克服在一些潜在的消费者眼里的最明显的甚至看起来非常持久的一个劣势：它们的店址远离市中心。对于许多没有汽车或交通工具的顾客来说，距离和公交工具的便利性使得这些新的远离城市的购物广场可望而不可及。而且这些大型超市的固定成本比较高，不管它们经常是顾客盈门还是门可罗雀。很多工作族顾客去购物的机会非常有限，因此许多大型的零售连锁店延长了其营业时间（至少是早上8：00~晚上8：00），以满足这部分市场。当然，这意味着在相当长的工作时间里有一部分时间里（例如星期二上午的中间段），商店里几乎是没有顾客的。很多的大型郊区超市在购买低峰期提供免费的接送服务。这样，它们不仅可以吸引新的顾客，还能从被零售商视为最便利的时间里将顾客带到超市里。事实上，在合适的区位上，它们会设立一个雷达系统从一个地方收集信息（如商场的南方）。

很明显，这提供了拥有一个完全新的竞争者的较小的区域商店，改变了影响成功的一个关键因素：店址。对本店的一些顾客来说，如果本店店址不理想的话，把顾客运输到商店看起来是一个解决方案。经济可行性判断是非常简单的：如果增量销售额所带来的贡献远远大于运输工程带来的成本增长的话，新的竞争战略就会带来利润的增加。然而，如果顾客用自己的交通工具去商店的话，经济可行性就会降低。给顾客一个诱因诱使其在本店生意不景气的时间段购买，会有可能增加总的销售额，因此会产生总体效应。这可以通过两种方式产生：首先，顾客可能会购买更多的东西，这是因为他们可以在一个放松和舒适的环境里选购，此外他们也没有自己把所购之物运回家的烦恼。其次，由于购物高峰期非常拥挤，其他的购买机会极其有限的顾客会推迟购买。通过减少部分拥挤，这部分购买者可能会被诱惑增加使用量进而增加了潜在利润。通过给顾客提供一个直接诱因，使其在特定的时间来购买的方式，可以非常有效地获得这种特殊的结果。诸如赠送双倍累计券的方式或者是在一周某一特殊时间段将某种项目卖价降低的促销方式，同样被应用以达到这种目的。

在英格兰和威尔士，主要竞争对手于近期已经形成的另一个服务产业是地产代理商。地产代理商负责处理家庭用和商务用财产销售的大部分工作。该产业最初以无组织的方式发展，小型的区域性公司占据主导地位，很多企业是以合作形式组织管理的。逐渐地，这些企业的一部分进行了合并，或者是被要求组建更大的区域集团，与其他地域的企业发展了比较松散的关系，因此它们可以提供某些全国性服务。然而，主要的行业动乱是由进入该行业的全新组织引起的，它们只是对实际的房屋销售有着外围兴趣。在20世纪80年代，随着金融服务产业的迅速发展，该行业的一些公司发现，在最合适的时机获得接近顾客机会的能力是将来的一个主要竞争优势。对人寿保险公司来说，随着许多人获得捐赠基金将人寿保险政策作为偿还抵押贷款的手段，最适合的"时机"应该和房屋购买联系在一起。因此，一些保险公司和银行，通过一系列大规模的可获得物，开始建立全国连锁的地产代理商，这在使它们获得机会接近大量稳定的潜在客户方面是经得起考验的。一些建筑团体——实际抵押贷款的最大提供者，同样进入了这个产业。其他的银行和建筑团体通过与保险公司建立联系发展了一个不同的、更直接的战略。这些金融公司自己不想提供实际的抵押贷款，但想把人寿保险卖给新房的购买者。

1989 年，随着房地产市场交易活动的剧减和利率的迅速上升，以获得为基础的战略在短期内被认为是代价很高的。然而，任何一种诸如此类的新竞争战略是一项长期的策略，原则上是被用来为私人金融服务产业的成熟阶段定位的。因此，多家新创立的全国连锁的地产代理机构通过关闭分支结构和裁减大量雇员的方式，采取短期行动以减少管理成本。确实，一些企业主已经能够回收全部或部分的最初的业务，这些业务是两年或四年前以相当大的折扣出售的。

所有的这些例子说明，企业有仔细考虑谁是其现有的或潜在的竞争对手的必要性。有关所有的现有竞争者和所有潜在竞争者方面的竞争分析应该进行常规的思考，应该进行监督，以至于他们所作的战略改变对企业来说不会是令人不舒服的惊讶。企业应该尽可能地调整自己的竞争战略以阻止潜在的、强劲的竞争者进入市场。地产代理机构的事例说明了对企业来说不进行仔细的思考长期战略而试图对新的竞争策略快速反应的潜在危险。

现有和将来的竞争者

如果一个最好的竞争战略是阻止新的竞争者出现，那么对企业来说分析设置什么类型的进入障碍是非常重要的。对于一个想进入一个特殊市场，或者是想发展或开发一种竞争性产品的新企业来说，进入障碍提供了一种显著的经济抑制因素，这在图 5.3 中可以看出。因此，它可以增加涉及其中的感知风险或者是减少对投资预期的财务回报。因此，一些进入障碍是非常明显的，而其他的则是更加敏感和有效的。进行可行性经营所需要的投资的绝对比例对于新的进入者来说可能是一个非常大的壁垒，这种情况经常发生在高科技产业领域，因为该领域中产品生命周期的跨度是非常不确定的。例如，建立一个硅片生产企业所需要的固定成本是非常高的。很明显，风险是像它们过去做的那样，注入大量的新资本的话，销售价格就会大幅度下降。这强调了避免潜在竞争者进入的必要性。因为，如果他们确实要投资的话，这种大的进入壁垒作为一项抑制措施不会再有一点儿价值。同样，如果像硅片产业那样产业的成本结构是以固定成本占主导地位，实际的变动成本只是很小的一部分的话，只要快速增长的生产能力超过需求，这些新的竞争者就会为了更多的市场份额进行激烈的争夺。这会使降低销售价格的问题更加恶化，甚至会造成一场严重的价格战。在很多例子中，强迫任何一个新进入者退出市场是非常困难的，因为尽管最初投资非常高，但是他们可能有非常低的剩余价值。结果是，继续留在该产业的财务机会成本是很低的。退出壁垒的应用和相关性将会在本章的下一部分加以探讨。

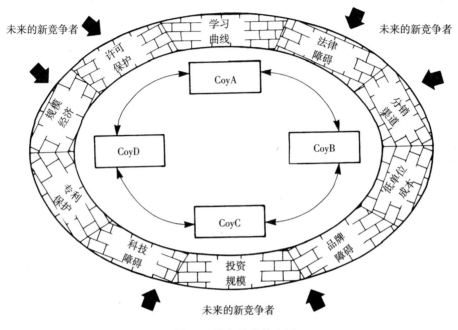

图 5.3 进入壁垒的应用

阻止潜在的新竞争者进入的一种可能的方式是将早期的销售需求最大化，进而使产业在最短的可行时间里尽可能地沿着经验曲线下降。如果在该产业中，经验曲线会产生显著影响的话，这会改变现存的和新的有希望的生产者的相对成本水平。这种战略是增加生产的积累量以便于能够相应地减少最初进入该产业的企业的单位成本。因此，任何一个新的竞争者当他们开始新的业务时，会面临经营成本非常高的劣势。所以，除了最初的巨额投资以外，他们在其经营的第一年还会遭受经营损失。这是假定市场销售价格至少降到实际成本水平，同时正是实际价格的降低刺激了需求水平的增加。

要使这种先发制人的竞争战略取得完全成功，最初成立的企业不得不将销售价格降低到目前的成本水平以下，从而大规模地增加销售量。这很有可能是正确的。所以，就像在本章的开始部分提到的那样，企业通过故意蒙受损失在其细分市场范围内进行财务投资，直到其成本水平（如通过提高效率）低于由市场决定下降的售价为止。通常，这被认为是实行渗透价格策略，但是进入该产业的新的竞争者盈利能力下降这一根本优势，通常会被忽略。

在很多案例中，市场中的第一个公司仅仅是看到短期的机遇，从而利用这种主导优势将价格定在一个合适的水平，在该水平上，公司能够表现出一种很好的利润空间。这种撇脂定价策略在短期里看起来很有吸引力，但是由于售价较高，会减少总的销售量。较低的销售量会减少使企业建立在任何一个未来竞争者之上的成本优势，因为积累总量较少，而正是积累的总量使得经验曲线的主要利润上升。同时，早期的高利润空间很快会吸引新的竞争者加入。如果产业的成本结构是由高固定成本和低变动成本组成，一旦新的能力准备就绪的话，定价战略的变化会由于以上原因而失败。如果有可能的话，新的竞争者就会被迫退出市场。

一些产业里，企业可以通过专利权或产品许可证的手段保护自己，但是最多在规定的期限内提供保护。企业可以利用保护期限进行自我定位，以获得在自由市场阶段的最佳的竞争战略。在主要产业里，竞争战略的范围是至关重要的，因为开发新产品的企业有一个有限的专利保护期限，在此期间公司可以收回在开发、实验、上市方面的巨大投资。一旦专利期满，市场就会被好几种该类型的产品所充斥，这些产品有效地复制了最初产品的属性成分。最初创发的公司或者是成为现代形商品的低成本、高效率的生产者（由于累计生产水平这是可以实现的），或者是努力发现一种不同的竞争战略。一种替代方式是在专利期限内大力发展该产品品牌，以获得产品经常被模仿的地位。本书将在下面对其进行讨论。但是对制药行业来说，这取决于药品销售的分销渠道，因为与普通大众相比，医药专家更有可能就产品的属性而不是依据品牌力量做出购买决定。

但是，对于很多企业来说，不管有没有最初的常规保护，为了保护其在该产业中最初的主导地位，规模经济的潜在应用和影响消费曲线的其他因素是有限的和欠缺的。这些企业需要创造替代性进入壁垒以阻止潜在的新竞争者进入。

一个通常建立的进入壁垒使用大量的营销投资来建设品牌，试图培养顾客对现有产品的忠诚。如果成功的话，这将使新进入者大量投资于广告和促销活动，以便能建立一个替代品牌。当他们试图获得市场份额时，非常明显地增加了失败的风险，而且加剧了随之而来的财务损失。一个新的竞争者应该试图在市场上确立不同的定位，同时把产品的售价降到比现有的品牌更低的水平。这种非品牌的低价战略对于一种更加成熟的产品来说似乎更有可能成功，所谓更成熟的产品是指其属性被使用者所了解，而且与品牌产品差异化的能力受到更大的限制的产品。然而，对于市场中的最初企业来说，在任何价格水平上阻止所有的新进入者是非常重要的。这些新进入者可能自动地影响到未来的利润水平，而这种利润是在该产业中可以获得的，尤其是在一个不再显示出强力增长速度的市场上。

一些公司通过在产业的某一方面占据主导地位，已经取得了这样的成效，因此使得新进入的企业要想获得这样的成就就困难多了。在一些变化迅速的消费品产业里，通过发展过剩的独立品牌，可以获得这种成效，尽管多品牌不会扩大总市场容量。这种论据可以被用于洗衣粉产业，在该产业里保洁公司和联合利华公司占据主导地位。很难证明多种洗衣粉品牌会增加市场容量的假设是正确的。当人们的衣服脏了，他们才会洗衣服。同样，每一个相关的企业会使用对消费者来说同样的价值宣传进行相似的品牌扩展。同样品牌得到顾客个人审慎的支持而与企业没有直接关系，所以不会在顾客中建立真正的群体形象。因此，在传达给最终顾客的营销信息中几乎没有规模经济。然而，大量的品牌意味着零售商不愿意储存由新进入者提供的新产品，同时这类新的潜在竞争者很难获得分销渠道。没有强大的零售分销渠道，其他的任何一项营销支出都会被浪费掉，因为尽管消费者通过媒介广告或直接赠券的方式知晓新产品，但他们却不会购买。然而，尽管新企业不会获得分销渠道，这种竞争性营销战略仍然会非常有效。当消费者市场成熟的时候，有很多的研究支持这种观点：许多消费者已经对一种特殊品牌产生了高水平的忠诚，对品牌转换没有兴趣。其他的消费者愿意尝试其他的产品，将会从提供的新产品中进行随意地选择性购买。因此，如果在现有的市场上，两三个品牌占有主导地位，任何一种新建立的品牌将会有机会选择 1/4~1/3 的顾客。如果，已经有二三十种现有品牌的话，新开发的产品将很难获得有效的市场份额。这些可以在图 5.4 中得到清晰的阐述。

假设：50%的消费者忠诚于某一品牌		
50%的消费者将发生转变，尝试另一品牌		
现有品牌的数目	<u>2</u>	<u>2</u>
潜在转换的消费者	<u>50%</u>	<u>50%</u>
进行随机决策并尝试新产品的转换顾客的份额	<u>25%</u>	<u>2.5%</u>
[很明显，新进入者通过大量投资于新产品的营销能增加预期份额，但是潜在的财务回报已经大量减少，成功的可能性也较低！]		

图 5.4　品牌数目增加的影响

同样，大量的现有品牌可以使目前的企业进行不同的品牌定位，以便覆盖可以被新进入的企业所用的所有可能的营销诉求。因此，同一企业可以向市场提供明显独立的品牌，在消费者眼里这些品牌定位是非常不同的。例如，高质高价的品牌，物美价廉的中等产品和极低价格的产品。在这个案例中，对于新进入者来说，他们为自己提供的产品进行单一的销售陈述从而吸引顾客转移对现有产品的注意力是相当困难的。如果市场中不止一个企业，同时目前每一个竞争者都持有相似的一系列品牌从而可以为顾客提供大范围选择的情况下（以上所述尤为真实），事实上，尽管新进入者发现了一项技术上或营销上的重大突破，仍然不能保证在一个业已稳定的市场上获得成功。在洗衣粉市场上，这种突破已经取得了成效，如冷水用洗衣粉，以及最近的对环境无污染的洗衣粉。然而，对主要公司来说，获得技术性突破的新产品是相对比较容易的。如果主要企业发现严重的竞争威胁的话，它们会在新进入者有机会建立分销基础和获得可观的市场份额之前开发自己的新品牌。因此，在一个格局完善的市场中，一个新进入者面对已经进入者和现存的竞争激烈的企业，想增加成功的机会的话，需要将注意力集中于为其产品发现新的分销渠道。

从战略管理会计角度来说，应当明确，每一种先入为主的竞争战略在实施之前都要先进行财务评估。这是相当不容易的，因为这涉及阻止可能的新竞争者时，对前期大量投资和潜在利益的比较。

这种比较通常需要好几年的时间，因为这是潜在的市场份额丢失所积累的影响，这些将证明先发制人的投资战略的正确性。在较长时期内最好的财务决策分析方法是贴现现金流（DCF），因此应该使用DCF分析模式比较替代效应。基于项目现金流进行复杂的分析方法成了主要问题，这是建立在一些非常宽泛的假设之上的。

最有争议的假设是与未来的潜在市场容量和不管有没有竞争者都可以获得的相对市场份额以及在不同的竞争形势下可以获得的利润空间有关的。建立在每一组假设基础上的现金流现值的异同，将证明试图阻止新的竞争者进入市场而进行的最大额度的投资是值得的。因为是利息而不是绝对价值的折现值不同，进行预测所涉及的问题更有可能是可控的。应该使用最有可能的市场容量和市场份额来实施敏感性分析，当然，不包括竞争者。可以进行重新推测，从而明确新竞争者和减少的市场份额以及利润空间等。如果预料到另一个进入者会增加产品的总消费量的话，有必要增加所有市场的预期容量。很明显，与成熟市场或完全发展的市场相比，这更有可能发生在一个处于发展阶段的市场上。因为在成熟市场或充分发展的市场上，新进入者成功与否取决于能否从现有市场的竞争者身上夺取市场份额，就像洗衣粉产品的例子。通过使用这些预测结果，可以对现有企业的一项预期成本加以评估。预计的财务损失的现值可以看做是最大限度的目前投资，在财务上这将会被证明是正确的。在战略财务决策中，进行逆向工作以试图评估获得某物或避免某些事项发生的支出是有价值的做法通常是非常有帮助的。许多企业发现这样做是非常困难的，然而在财务决策中，这种逆向分析实际上使用得非常频繁。例如，一个企业为了避免其工厂或办公楼被烧掉而造成的财务损失的风险不得不决定购买保险是否是值得的。保险公司可能会引进适用于其要负责的大量保险合同的统计技术。因此，公司基于整个市场将要发生的损失的预测，可以很精确地计算出保险金额。对于业主公司来说这种统计评估没有实际相关性。公司不得不决定相对于获得保险合同的成本来说，业务损失对财务的影响。相对于承保的相应风险来说，一些保险额度水平将会象征着一种不可接受的成本。此时，公司会自保而不是将风险转嫁到专业保险公司。因为这种财务分析的使用，许多公司现在仅仅为集团外的重大灾难发生进行投保，否则的话，这些重大灾难将会使整个企业陷入困境。

这种财务分析的作用是非常有效的；企业把对潜在事项进行预测的财务现值和阻止该事项所需的投资或支出的成本加以比较。不幸的是，不像较简单的保险费用问题那样，确定企业为确保阻止竞争者而不得不支出的费用的精确数额是不可能的。

这些潜在成本估计的不同取决于考虑的投资类型，但是不确定性仍然不能抵消实施该分析模型的价值。

先入为主需要的投资可能会采取各种各样的形式，只要这些形式对创造所需的进入壁垒适合，那么它们就是相当有效的。因此，如果进入壁垒的设立是想尽可能地加快企业沿着经验曲线下降的话，固定资产的支出可能会增加。为了在竞争者进入市场之前迅速地扩大需求，实施这种特殊的进入壁垒战略所需的投资，作为一种选择可以将销售价格定于短期价格水平之下。在这种情况下，企业将会遭受损失，就像以前提到的那样，这种损失实际上是对长期竞争战略的投资。作为一种选择，应该发展一系列重点支持的品牌，所以所有的增量投资适用于无形资产，但是用于投资的物质资料与企业无关，这在第四章中已经讨论过了。

竞争定位的战略价值是我们所关心的，应该通过发展一种独有的分销渠道创造一种强大的无形资产。在英国，这已经被汽车生产商成功地实施过了，他们通过指定代理商创造了独有的销售代理机构来销售汽车。这些经授权的销售商在某一地区内，被授予某一特定生产商的唯一销售权。因此，该销售商可以集中精力与同一地区内销售其他公司汽车的其他代理商进行竞争。任何一个潜在的进入该市场的竞争者不得不找到一种接近顾客的方式，这意味着他们或是发展自己的分销网络或是寻找新的分销渠道。尤为有趣的是很多较大型销售商在不同地区都有具有竞争力的分支机构。此外，主要的汽车生产商不会有这种问题。因此，很明显，这不是公司对一个关键生产商的全部贡献。然而，维系独有的区域销售商需要在顾客营销和提供的服务水平上给予更加严格的控制，这一切对最终顾客如何评价全部产品是至关重要的。为了挫败这种独有的安排，销售商已经进行了一些特殊的努力，主要是试图在一个购物商场销售一系列不同品牌的汽车，这样顾客可以进行快速的、直接的比较，但到目前为止还没有取得成功。

这种基于进入壁垒的分销渠道，在阻止国际竞争者时尤为有效。国际竞争者的竞争劣势在于地方市场的知识方面，而不是在于产品技术或生产成本方面。

每一个竞争者的替代性战略

一旦现存的和潜在的竞争者已经被确定，竞争者分析的下一步就是考虑每一个竞争者将采取什么主要的战略来进入市场。大多数公司认为这是从事竞争者分析的基本部分，但是竞争性战略分析中真正重要的、更进一步的因素是确定那些可能被不同的竞争者实施的可替代性战略和设计对每一个潜在的严重威胁的反应。

这要求企业了解关于竞争者的很多方面并且这些方面很清楚地包括相对成本结构和现存的和计划的投资水平。然而，在详细地考虑这些之前，还有其他重要的问题，这些问题将决定被竞争者所考虑的可替代性战略。首先是先前的章节讨论过的与进入障碍相反的一端，即常常被描述为退出障碍。

一个退出障碍，作为任何增加公司离开这个行业的可察觉成本和任何会影响企业是否退出或留在产业中的战略决定，都能够被确定。很明显，退出障碍越大竞争者越有可能维持不动，这应该在制定竞争战略的时候就考虑到。同样重要的是，要注意竞争者对于离开相关的成本的理解并且这可能是建立在错误的假设上的。一个极端的例子会使这点变得更清楚。在采矿行业里，如果开采出来的矿石的出售价格在短期内下降，那么退出这个行业并不容易或便宜。如果煤矿即将被关掉，那将会涉及给工人多余的支付、保证矿区安全和重新美化周围区域等巨大的成本，而同时出售工厂和设备产生的资金将是最小的。很明显，销售收入的使用（如净实现价值）而非投资的原始成本（可能是巨大的），是任何财务决定的关键因素。在财务评估中，它依照忽略任何沉没成本和仅仅包括不断增加的未来现金流的经济逻辑而定。所以，如果退出决定已经做出，那么初始投资成本和现实的投资价值的差异在产生一个退出障碍时是非常重要的。差异越大，竞争者继续留在行业中的可能性就越大。这是在前面章节使用硅片的例子中所达成的共识。然而，在大多数情况下，从行业中退出的行为仅仅是意识到了这种损失而不是产生损失。所以，把包含账面价值和资产的可实现价值间的总差异作为一种退出成本是一个错误的假设。关键的因素是保留在行业内相关的机会成本较低。

在现在的煤炭开采的例子中，只要总亏损的现值少于关掉煤矿所涉及的损失，即使发生了亏损，煤矿仍旧运营，从经济的理解上是很有可能的。很清楚，如果亏损预计将在长期持续，从财务的理解来看应该是关掉。但是一旦关掉，重新启动生产设备肯定会产生巨大的成本。随后，即使出售价格在直接变动成本上边际上升，为再次开动所需的投资资金也是不值得的。可是如果煤矿持续营运，它现在就对其固定成本产生贡献。在这类行业里，由于管理者对需求和销售价格暂时下降的期望而趋向于保持生产设备的运作。对在环境和公司战略中任何给定的变化，潜在的竞争性的反应特别重要。同样在这种类型的例子中，无论何时，可能的潜在新进入者被强烈地劝阻不要进行初始投资：一旦进入这个行业，他们将很难避免。

还有一些其他的退出障碍，这些因素在图 5.5 中以图表的形式展示出来。这些因素中很多同样是与煤炭开采的例子相关的，在这个例子中，为了一个高的可变现的价值而出售现有资产的能力取决于替代性的、可以被派上用场的资产。一项独特的高技术因素将有更少的替代性的使用，因此它可能比一个能很容易被调整为很多工业和商业用途甚至被改变为室内网球场的标准钢框架建筑有更低的可实现价值。

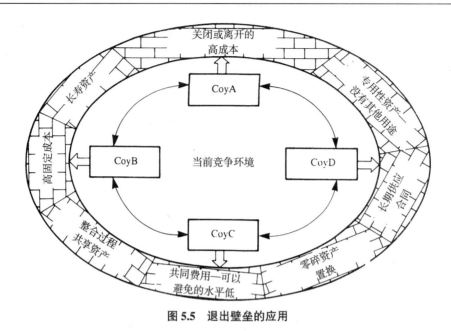

图 5.5 退出壁垒的应用

　　如果用于商业的资产在它们需要被替代前有很长的经济寿命，那么另一个有效的退出障碍便出现了。公司常常待在它们的行业中直到它们面对一个主要的再投资决定，这个决定强迫它们评估财务回报，而财务回报正通过使用资产的替代成本而不是依靠历史投资的可实现净价值而实现。因此，如果资产在很长的时间里被逐一地替代而不是资产投资的一次性囤积，那么依靠替代成本的资产回报的再评估是完全有可能的，即使认为这并非严格的经济上的评价，公司仍将待在行业里。记住这正是竞争者相关的感觉。

　　行业的成本结构同样非常重要，因为高水平的固定成本将促使公司留在行业里，前提是只要出售价格能够弥补变动成本。事实上，这个决定应该取决于销售价格持续低迷的预期时间相比而言，成本是相对固定的：从长期来看，所有的成本都是可变的。因此，当与长期的委托成本例如长期的财产或工厂和设备租借协议有关联时，高的固定成本基础变得更加重要，这对那些在成功的年限里，全部购买它的方法的租借人或者购买最小担保数量的原材料的协议来说太贵了（例如，长期的能源供应合同通过保证在今后 10 年里每年的使用量从而获得现有市场价格的折扣）。另一个变化就是处理任何相关技术的授权合同（如计算机软件），在这些合同中，条款详述了每年最小的版权支付费用和提前终止的惩罚性罚款。这种长期委托类型的效果不仅把可变成本向相对固定成本转变，而且明显地扩大了成本仍旧作为商业中一个固定委托关系的期限。很明显，提前终止的大量支付额降低了离开行业的吸引力，并且一个公司知道如果它的竞争者暴露在如此长的合同中也是很重要的。

　　当竞争者从事大量的相关商业以至于他的一些成本被很多行业分担时，另一个潜在的重要的退出障碍出现了。这可能由于在商业中纵向整合的水平，例如在石油行业中，在精炼的过程中不可避免地产生了一系列产品，这些产品被卖到不同的市场中。在这种整合商业中，对竞争者来说不放弃其在全部领域的所有利益但离开行业的一个细分市场是完全有可能的。石油精炼过程把原油分裂为一系列不同等级的石油产品，如汽油，这些副产品中的每一个都有一个重要的潜在销售价值。石油精炼的竞争者会发现，如果他的精炼过程自动产生某种比例的原油等级，即使航空原料这个特殊市场正显示出无法令人满意的回报率，那么仅从这种市场中退出将是很难的。在这些情况下，退出决定可能取决于在石油冶炼和它完整的一系列产出中获得的回报（然而，石油公司可能会改变冶炼厂产品的组合或决定减少它对一个特殊的没有吸引力的细分市场的义务。例如，成批量地出售它的产出而不是在一个品牌保护下对它进行营销）。

同样的，在这些行业中可能有普通成本发生，这些成本可能发生在生产、销售、营销、分销，甚至是商业支持的领域。影响潜在退出决定的普通成本的这个方面是第四章讨论过的可回避成本应用的典型例子。如果管理和命令过程是公司的一个显著成本，那么它有可能设置一个很复杂的、自动的系统来有效地处理其全部商业领域，从而从已获得的规模经济中获得全部利益。在把这些全部成本分摊到每一个商业领域的基础上，某个独特的行业会出现亏损，所以公司可能会考虑关闭这个行业的运作。然而，作为财务评估的一部分，它仅仅包括做出这样一个决定被挽救的成本。如果共享系统的主要成本仍旧发生，挽救的可避免成本可能会很小；在极端的例子中，它可能只是一些纸质票据。所以，根据集中化/分散化和纵向整合的水平，组织竞争的方式会对离开一个独特行业的战略决定产生一个显著的影响。

这可以被视为增加了竞争者对特殊产品、市场或合并的义务，但是一个竞争对手义务水平在描述可能被考虑到的可替换的战略时起着重要的作用。分析公司对每一个竞争对手的了解是非常重要的，正如第三章表述，特定的行业适合于他们全部的商业投资组合。即使这些全部投资组合中一些其他因素并不是直接的竞争者，一个基本的对他们市场定位的检查也是很有用的。这个检查应该尝试揭示在其他商业上会有什么样的压力，因为这能够对在直接竞争中可获得的竞争战略有一个显著的影响。例如，假设有一个大的竞争者商业涉及非常多元化的范围，对分析者来说，这就不是他们自己直接的竞争对手。如果直接竞争的行业处于快速的增长阶段，它可能会要求在未来几年以内大量的资本投资水平来匹配这种增长，如果公司计划增加市场份额，甚至将要有更大水平的投资。在这个增长阶段，能够比市场增长得更快是相当重要的，这样可以在市场成熟时获得一个占统治地位的市场份额。竞争者对这种初始反应的能力是由它所处商业相对位置来决定的。如果这个竞争者有很多相对老的、成熟的和很成功的商业，这些商业都是很强的净现金制造者，并且这个增长行业代表了组织唯一重大的增长前景，他将有可能有很重的义务来维护它的市场份额。同样，获得必要的资金来匹配甚至更多的资金在营销投资上是没有问题的，这个营销投资是创始公司计划好的。然而，要在竞争者拥有的包含很多成长商业的投资列表中进行选择，因为所有这些都要求在短期内大量投资。如果竞争者的单一主要的、成熟的现金制造业务，同样面对着来自新的海外进入者的严酷的价格竞争，这些新进入者大幅降低销售价格并快速获得了显著的市场份额，那么竞争者会发现他没有能力对这种进攻性的营销战略做出反应。

对其他的商业压力的理解也会影响竞争者的反应，竞争者分析也应该依据对竞争者整个业务的重要性排列出特殊的竞争业务。如果竞争者完全集中于单一业务领域内的竞争，并没有显示出任何多元化的意图，或者更糟的，在过去尝试过多元化而以失败告终，很清楚，这块业务对他们的未来很重要。因此，竞争性的反应有可能是快速的和富有进攻性的。这同样很真实，特殊的业务是集团投资组合的最大因素，因为在竞争地位上任何相反的变化将对所有的集团行为产生严重的影响。然而，快速激烈的竞争性的反应也会与来自大组织的相对小的、不重要的部分不期而遇。事实上常常是这样的结果，如果这个分裂是团队的起源或是商业的一部分，在这个商业中，现有集团的主要执行人度过了一个成功事业的早期几年。换句话说，竞争者在他们对任何特殊商业部门的义务水平上并不总是完全客观的和理性经济的。然而，一个完美的财务分析能够指出最有可能的竞争反应。

供不应求的市场模型

对潜在竞争者战略评估的理想结果就是确定有限的关键竞争者的数量，包括现存的和潜在的。对每一个来说，分析应该强调部门的重要程度和在它们的投资组合中其他业务的相对力量。在大多数行业中，市场是被支配的并且被相对少的公司领导着，这就使得构建一个市场和这些主要玩家的模拟模型成为可能。通过使用计算机建模技术，现在能很实际地预测出对战略优先的可替代性反应（如降低销售价格、增加产能、增加消费者广告的水平等），并且允许模型来预测每一个相关商业的全部产出。

给定它们现有的全部商业定位，使用这种模型应该能够使一个公司重视首创权，这些首创权是那些关键竞争对手很难应对的。如果竞争者以某种方式回应，应该看出某些创始权将使创始者暴露在严重的下降风险中。这使得公司要么去避免特殊的战略，要么同时去形成一个合适的风险降低战略。很清楚，因为利用所有的预测技术，这种市场模型唯一的确定性就是它是错误的，因为它将不能精确预测所有的反应和随后的结果，这使得任何在供不应求的建模中的努力被当做一个学习过程变得非常重要。以至于模型的检查和更新是由于每一个新的竞争性的反应而被接受。我们必须明白，虽然被模型化的关系不是静止和不变的，但是由于环境变更和每一个竞争者全部商业定位的变化，这种关系更容易发生活跃的变化。更进一步，正如已经在本书中强调的，战略的决定被人而非被公司所接受。因此，由于决策者的变化，他们公司的竞争性反应也可能是变化的。

模型中非常有用而且在决策者中也能对变化很敏感的一个领域就是风险降低战略的争论。一个普通的财务例子是关于规避战略的，或依据国外通货、商品或依据利率等。任何风险降低战略的基本经济理论就是通过仅仅降低回报来降低可察觉风险。这种理由，正如第三章讨论的，依赖于特定资产的风险/回报的关系，更具体地说，是依赖于相关的关键决策者。一个极端的例子就是考虑是否决策者准备"为公司下注"，例如在战略的初始就把整个商业未来置于风险中。如果决策者是公司创始人的第三代家族成员，这个公司仍旧被冠以家族名字并且已经有超过100年成功的、持续的成长，答案可能就是否定的；如果公司的关键决策者是年轻的、富有进攻性的并且富有雄心的，虽然与集团没有历史或家族的联系也没有投入资产，但是非常热情地在行业的顶端建立一个位置，答案是肯定的。如果这个商业失败了，充满活力的、年轻的执行官就会到另外一个商业中去尝试。

所以，对于个人决策者，风险/回报图表会有不同的轮廓，如图5.6所示，有一系列可接受的风险，在这一系列风险上，一个可察觉风险的增长需要在回报上同比线性增长。在可接受的范围之外，没有在可察觉风险的变化和需求回报的变化间的逻辑性的确定关系。好的竞争者分析应该在竞争者中建立关键决策者风险框架，应该同样监督在这些关键决策者或他们明显的风险框架上的变化。这些风险框架可能由于年龄或由于决策者的累积财产而变化，因为他们可能不愿意冒丢掉现有的一切的风险。

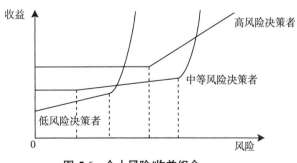

图5.6　个人风险/收益组合

这些规避战略实际上如何起作用的说明是有帮助的，参照任何自动获得展示其国外通货行动的多国集团都可以找到一个很普通的例子。汽车行业就是这个现象的一个很好的例子。特别是 Jaguar 公司，其在英国制造汽车，但是产出的很大一部分在北美销售，随后由于成本中的大部分被英镑所统治而它的收入则是美元，便产生了一个通货的错误匹配。如果美元兑英镑的比价增加，假设其他每个因素都保持不变，公司将显示出增加的英镑利润（作为英国公司的基础通货）。收到的美元将最终会转变为比期望的更多的英镑。这在图 5.7 上得以说明。然而，如果美元兑英镑的比价下降，公司的利润会明显下降，即使它已经实现了计划的销售水平，公司也可能会表现出潜在的损失。

基础信息（每辆车）			
生产成本（基于英国货币）	£ 25000		
美国出售价格	$ 50000		
初始预测交易比率	$1.50:£1		
战略计划时期的潜在范围			
：强势英镑	$2:£1		
：强势美元	$1:£1		
单位的预期利润：		£	
销售价格£（$5000÷15）		33333.33	
生产成本		25000.00	
利润水平		8333.33	
边界利润：25%			
范围极端的可能利润水平：		强势英镑	强势美元
销售价格（英镑）		£ 25000	£ 50000
生产成本		£ 25000	£ 25000
利润水平		—	£ 25000
边界利润		—	50%

图 5.7　汇率变动的影响（简化的例子）

管理层会希望通过确定未来的美元转变为英镑的兑换比率来降低实现不能被接受的低利润甚至是亏损的风险。这可以通过签订一个相关两种通货的预期合同来实现，合同中，公司在某些具体的未来日期里出售美元购进英镑。对于未来交易将有一个协定的交易比率（正如图 5.8 显示的，汇率根据每种通货利率之间的净差异，依现有点利率而变化），公司将会收到出售美元而得到的已知数量的英镑。然而，通过降低下降的风险，公司也已经放弃了潜在的利润提升，如果通货向相反的方向移动，利润的提升本可以已经发生了（再一次的，关于未来通货利率运动的唯一确定的事情就是没有人知道它们将向哪个方向运动。的确，如果任何制造商，比如 Jaguar，相信它们能够预测未来的汇率，那就不禁要问，既然它们能够通过在国外交易市场获得大量的金钱，那么为什么它们还在辛苦地生产汽车）。

即期汇率$1.50：£1

利息率：	美元	5%每年
	英镑	25%每年

1 年远期汇率应为 　　　　　　　　　　　$1.26：£1

原因：汇率远期利率将运行关闭任何套利获利的机会，所以：

　　–套利可以借 1.5 亿美元，每年 5%利息率

　　–他们便可以交换这些资金为 1 亿英镑，并按 25%利息率存款 1 年

他们可以出售他们的英镑近 1 年，并收到美元的担保金额

除非该远期汇率是$1.26：$1，他们可以得到保证的交易收益如下：

初始投资	$150.0 百万
借贷成本按 5%	$7.5 百万
总成本	$157.5 百万
盈利：	
偿还存款	$100.0 百万
利息按 25%	$25.0 百万
总回报	$125.0 百万

远期利率$1.26：£1，总收益转换成美元 = $157.5 百万

注释：比例忽略了微分借款和存款利率，并有效地假设没有交易成本

图 5.8　汇率和远期利率

基本信息

公司本月以 50000 美元每辆车的价格销售了 1000 辆车

现金将在 3 个月收回

现货汇率是$1.50：£1

3 个月远期汇率是$1.75：£1

3 个月内潜在的汇率是$1.25：£1~$2：£1

分析

公司的销售收入是$50000000

这笔款将在 3 个月内收回，它价值 2500 万~4000 万英镑（根据即期汇率 3 个月前的预期范围）

注释：今天的现场转换值为 3330 万英镑。

为了限制在此范围内，从而减少其波动所带来的公司销售在市场报价的$1.75：£1 的汇率，从而在 3 个月内，将接收 28.57 亿美元的保证金

图 5.9　利用远期合约减小风险（只是间单说明）

　　分析的这部分在图 5.9 中得以说明，但是这个说明仅仅显示了一旦汽车被完全卖出，已知美元销售过程的出售预期。相对于公司由于向海外市场的扩张而面对的整体风险，搜集延误的时期常常是相对短的。结果，许多公司希望规避它们的未来出口销售并提前一年在预期市场中详细考察。因为公司正在用国外通货来预测其未来销售量和未来销售价格，这就引入了不同层次的风险。通常的，公司不会 100%地保留它的预期销售收入，但是基于时间期限也会出售较大比例的未来收益。然而，如果汇率在这段时期里发现变动，公司会面对着一个正在变化的外部市场，它需要根据本地通货来改变它的销售价格或者发现它的市场份额正被严重地影响。换句话说，有一个初始的假设，假设每一个因素保持不变，这在竞争性的市场中可能不是这样的。竞争者分析的一个重要的问题就是理解竞争是如何受交换利率影响的，因

为它们的反应很难被相应地结构化。

　　如果公司正在美国市场与本地的生产商竞争，它们就不可能很明显地受到美元兑英镑汇率的任何变化的影响。因为，它们的成本和收入是以相同的通货来匹配的。因此，出口商避免由于国外通货比率的变动被迫提高它的销售价格是很重要的。相对于出口商竞争者提高的价格可能在价格敏感的市场中损失很大的市场份额。然而，如果汇率向着有利于出口商的方向运动，那么出口商就可以在降低出售价格和尝试增加市场份额或保持价格稳定而获得更大的边界利润之间进行选择。在这样的竞争环境中对通货风险的规避降低了比率上升和下降的风险，所以被认为是一种风险降低战略。

　　不幸的是，如果一些并非来自相同国家的竞争者也向特定的市场出口他们的产品，那么问题就更复杂了。例如，在 Jaguar 的例子中，在美国它与戴姆勒－奔驰、宝马和保时捷竞争，它们都使得生产成本主要以德国马克来计量，它们的利润率和定价战略并非直接受美元和英镑兑换比率的影响。因此，Jaguar 可以保证预期销售收入，但却发现它们的德国竞争者能够在美国降低销售价格，这主要是因为美元要比德国马克坚挺，而且它们还没有加入先前的流通协议。

　　同样地，这里最关键的是根据竞争者的战略来掌握可能的有效信息（例如，它们能实现预期的销售收入吗？如果能，那么能持续多久？），然后模拟出各种不同的情况下有可能产生的结果。在这种复杂的环境下，不可能再直接地说防御就是一种冒险的降价战略，因为如果一个公司决定进行防御，而其他的竞争者并不响应，那么一旦市场对此也没有反应，该公司就会面临严峻的竞争形势。

　　对于所有有关的公司，这些方面还可能产生更深层次的结果，因为在欧洲的汽车工业中，另一个主要的角色就是美国的福特汽车公司。福特拥有更加复杂的外币管理机制，在德国，福特汽车往往产大于销（即德国马克的成本大于收益，从而使德国成为净出口国），而在美国却是销量大于产量（这样就成了一个净进口国，收入会远远大于成本）。美国股东希望获得美元股息和资本收益，因此出于会计核算的目的，所有的海外交易都要重新转换成美元，这样给壁垒战略提供了主要的机会。又或者，正如图 5.10 所展示的，它使得获取 Jagua 的多数股权成为了一个很有吸引力的建议，因为这将会预防主要的通货膨胀（很明显，之所以会如此，可能还有其他的战略原因，但是像这样的防御战略的价值就是可以使那些投标者以高出竞争者的价格参与竞标，而这些竞争者并没有这些优势）。

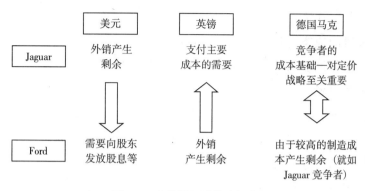

图 5.10 自然的回避战略机会

相对成本和投资

甚至当企业承认在它们准备或者执行自己的商业计划时，需要考虑竞争者的战略、利润水平和成本，可结果往往是它们无法取得需要的信息。在多数情况下，企业似乎都天真地以为这里会有一个现成的关于它们当前或潜在竞争者的财务比较和战略信息的来源。

有些管理人员似乎偏好依靠这种单一的资料来源同时获取供应商和客户的信息，然而也是这些管理人员通常会很谨慎地确保他们所有的商业计划和有竞争力的财务信息的绝对保密。无疑地，要获取竞争者好的、可信的、有意义的和有用的信息，这种方式会出现很多问题，但是最关键的是要记住真正需要的是相关的财务数据信息，而非纯粹的数字。

这意味着"与某人自己的企业有关"，并且在企业内部需要有一定数量的财务专家，他们还要完全懂得销售量、价格和成本之间相互作用的关系。管理会计通常非常熟悉本企业内部的成本变动情况，但是却常常不把他们大量的分析技能用于对外事务中，如分析竞争者、供应商和消费者等。实际上，这种技能的转移不会太难，因为某些差异可以很快地被识别出来，而他们对财务方面的影响也可以很快地被估算出来。例如，竞争者中垂直管理的不同级别可能要求在公开市场购买半成品，因此完全可以根据监控这些公开市场的产品价格来估算相对成本差异。又或者，如果存在提供特定产品的海外企业集团，那么它们就可能通过任何有关汇率的变动情况来对相对成本差异做出一定程度的估算。制造工厂或销售部门就是很好的用于计算到市场重要区域的物流成本的重要资料来源。

企业总的目标是要针对每一个重要的竞争者建立一个全面的数据库，要清楚是未来相对成本的变动情况推动企业采取主动的、有竞争性的反应，而不是基于历史数据得出的过时的成本差异。因此，保证时时更新数据库是至关重要的，自从竞争战略会随着产业的发展而发展后，这点变得更加突出了。去年认为不重要的成本差异或许现在是竞争者很重要的潜在的竞争优势。同样的，尽管大部分需要搜集的信息都是财务方面的，但是对竞争者的分析也不能视为只是管理会计范围的职责。有关差异方面的详细信息可以通过生意往来传递，当然也可以通过外部传播。管理会计的角色就是把他们自身的财务分析技能运用到分析主要竞争者上，在这个过程中，他们主要是通过对已经察觉到的自然形成的或者人为的差异分析来估算竞争者的相对财务状况。因此，和平常一样，管理会计一方面要扮演协调者，另一方面还要做支持战略决策的信息提供者，这些信息往往通过一般的行情表现出来。

如果有人承担这样的角色，那么信息的潜在来源就会很多，而且是各种各样的，如图 5.11 所示，无论如何都不至于采用商业间谍式的不道德或违法的方式完成。例如，关于固定资产的投资水平，企业可以通过直接监察、从行业媒体或行业工会发布的信息、供应商发布的信息中分析出来，当然也可以通过它们对外公布的财务报表来判断，从而针对每一个竞争者做一个包括相对规模、生产能力、寿命和成本在内的一个清晰的描述。这些资产的运作方式可以通过调查、同供应商和消费者讨论或者咨询竞争者当前或以前的雇员来加以确定。对于很多公司来说，雇用一部分曾经为主要的竞争对手工作过的员工已经成为建立一个真正全面的竞争者数据库的重要组成部分。

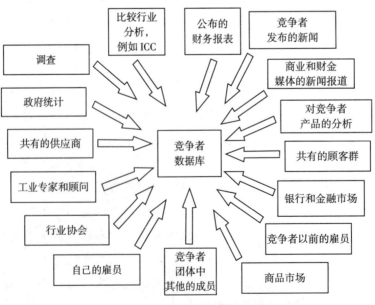

图 5.11　竞争者信息的来源

这种以小时制和轮班制运作其资产的方法，应该能够使内部的人事管理和生产组织管理结合起来，从而大致地计算出劳动力成本的相对差异。事实上，在这种情况下，可以建立一个相当精确的关于他们劳动力成本的模型。这样可以相当容易地发现任何竞争团体中大多数层级的工资水平和其他的工作条件。国家协议、国家及地方的招聘媒体广告、同业公会和工会以及招聘顾问可以提供一些基本的信息，而雇员在一个行业内的流入和流出情况可以更详尽地透析出整个劳动力的供给状况。企业利用总的雇员成本，再加上对竞争者根据工作的需要在各个领域安排多少个员工进行深入的专业分析，就可以对竞争者的劳动力成本情况有很清晰的了解。为了使有经验的经理相信这种相对差异是正常的，绝对水平可以通过对比内部劳动力成本差异来加以检测。类似地，潜在的信息来源可以用来为竞争者成本中其他的重要部分建立一个成本模型，这样会使主要的差异更加突出。尽管如此，相对成本差异的分析只是对竞争者全面的财务审查中的一个部分，它可以表明战略上的机会和威胁。

需要强调的一个主要的差异就是竞争者成本的类型和他们的相对水平。如果因为竞争者雇用了大量的临时员工而使得劳动力成本相对较低和较稳定，那么如果迅速地解雇这些员工就会造成劳动力需求上的突然低迷。同样地，在劳动力市场紧缩，而对销售人员的需求不断增加时，企业就必须快速、切实地提高它的工资水平来吸引新的员工，并同时维持现有的临时劳动力（第三章讨论过的 1980 年市场低迷后，北美汽车产业雇用成本结构的变化就是这样一个在约束成本层次上发生变化的例子，它反映了企业试图改变其战略成本基础的方式）。竞争对手的招聘方式和雇用合同类型应该会使其建立约束成本的法定性质相对容易，但是经常还会有一些其他更重要的影响必须考虑在内。如果存在一个强大的联盟代表，那么竞争者就不希望他的劳动力成本在短期内经常变动，同样地迫于压力，他还会考虑这个公司是不是一个很大的当地企业或者是一个特别灵敏、地位很高的国有企业。

尽管如此，竞争者通过在内部只生产他们总需求的一部分，在短期内还是可以增加他们的成本水平的变动性的。判断经常地还是间断地使用外部的成员供应商，需要很清晰的信息，而这些也可以通过内部得来。这样的举动不仅可以潜移默化、出其不意地改变竞争者的成本基础，更重要的是，如果需求水平发生快速、重大的变化，它还可以增加他们的战略选择。如果可能的话，有必要拿到任何包括这三个部分的契约合同的详细资料。并且，还需要检查他们的所有权，用来判断是否存在内部锁定的股权，如果是的话就很明显地标志着这是一个长期的合作关系。在日本，特定的主要供应商在大公司里拥有少数股权是很正常的。这样可以说是能使彼此取得某种程度上的信任，并且双方都可以制订更长期的战略计划，而无须拘泥于形式上的长期合同。这能使得较大的公司在短期内变得很灵活，而且当面对市场波动时，它可以有很大的战略选择余地。通过将需求多样性的最初风险转移给外部，当然是指相关的供应商，固定成本就可能再次变成短期的变动成本。在更长的一段时期内，竞争者就有责任极力地支持这个供应商，保证从他那里进行充足的采购，或者是对其进行资金投入来确保它的生存。但是这种商业上的约定，相对于战略决策过程来说是有所不同的，而且比较不受约束。

产品和服务内部供应相对程度的整体状况在对竞争对手的分析过程中至关重要，尤其是在现在行业差异化越来越大的情况下。在某些行业，大部分公司会增加它们的外部资源来源比重，从而用以把重点集中在附加价值最大的领域，或者用来减少内部的固定成本基础。而其他的一些行业似乎致力于一个完全垂直的一体化组织，希望所有的一切都由内部供应。尽管如此，但是在两种情况下，一个或两个竞争者往往会针对行业主流实施一个完全相反的战略。无论何时发现这种明显相反的战略，都必须更加仔细周密地分析那个竞争者，从而尽量找出在这个行业中，是什么可能性的计划假设或者是成本结构的差异，使得它们做出与其他竞争者完全不同的决策。另一个类似这样的例子是，当大多数公司都大量地投入高科技产业的时候，有一个竞争者却继续坚持甚至扩大其劳动密集型产业。在这种情况下，一个模型化的体系就显得非常有价值，因为利用这一分析得到的比较成本数据，可以很容易地确定外部环境的差异，还可以预测出有异常的竞争者的相对成功。如果模拟分析表明存在某种潜在的形势，而在这种形势下，竞争者由于异常的决策而取得重要的竞争优势，那么公司就应该确定合适的防御战略来加以应对，至少是把可能造成的损失减少到最小。这种仿真模拟的基本原理就是针对竞争者任何可能性的举动制定出可供选择的战略，但是只有对竞争者的成本结构有了很好的了解，才有可能预测出他们潜在的举动并且估算出可能产生的影响。

由于竞争者分析全面性和及时性的需要，有一点需要搞清楚，即我们要收集所有可利用的信息资源，并且这种相对成本信息收集过程必须是经常性和系统性的。在某些产业，这种比较分析中有些部分惊人地直接。每一种竞争者的新产品被定期购买，然后系统地分解，这样就能辨别出产品的各个组成部分以及它们是怎样组合在一起的。然后该产业各方面的专家分别评级每一组成部分的成本，从而得出竞争者产品的整体价格。其中要特别重视相对成本的差异，并将其与消费者价值中可觉察到的差异进行比较。

这就导致对竞争者分析中其他重要因素的考虑——相对销售价格和消费者价值。一味过分强调相对成本比较而忽略销售价格和市场觉察，会得出非常具有误导性的结论。在相对成本比较上，高价名牌产品竞争者看起来似乎占劣势，但是如果它在市场上收取的高价能够弥补成本差异，表面上的劣势实际上是一种持久的竞争优势。消费品类的高保真音响、劳斯莱斯汽车和劳力士手表都是很好的例子；只要能够在市场中获得足够的溢价，这些企业无一需要制定比竞争者更低的成本基础。

　　因此，相对成本比较必须从了解竞争者目前想要达到的战略产品定位开始做起。其目的之一是这种配置在将来是否具有持续性，以及找出在给定相对成本框架后哪种可供选择的战略有可能获得成功。因为竞争者分析对相对收益尤其重要，或者说得更精确一点儿，贡献水平、成本比较必须与相对销售价格分析一起使用。如上所示，这些竞争性销售价格直接与战略产品定位相关，但是即使这种比较分析也并不一定是直截了当的。企业必须确定分析中使用真实有效的销售价格，而不是印刷目录表中的价格，因它们可能并未反映消费者发生的真实成本。

　　所有折扣和退税都要包括，做到这点有时很困难。例如，在美国的证券业，银行家向大客户提供免费分析建议甚至是电脑硬件或软件，这种回扣形式已成为惯例。比较这种行业向客户支付的名义上的回扣率可能并不能得出实用而有意义的结论。另外一种回扣可能将企业引入两难的境地——为促使消费者尽快付款，很多企业提供现金折扣。这就转移了对供应商资助未解决的应收平衡的需要，因此现金折扣的水平应该依据普遍的财务成本来设定（例如：依靠供应商来为额外的债务人平衡融资而引发的借入成本），如图 5.12 所示。

　　一个公司 X，想要刺激它的消费者尽可能快地付款。如果它的统一的销售术语宣称"在发票日期后 30 天内付款"，那么它就能给那些在 7 天内或更早付款的消费者提供折扣。如果现存的税后借入成本是 12%，那么公司应该为那些 7 日内的付款者提供 0.75% 的现金折扣。考虑到更快地收回钱可以降低不付款的风险，公司可能会把这一比率增加到 1%。

计算如下：

假设消费者的欠款是 ￡100000

没有任何现金折扣，在 30 内收到欠款。

现金折扣意味着欠款在 7 天内收到。

节省了 23 天。

因此，X 公司节约了的借入成本是（￡100000，12% 的利率，23 天）￡756.16

这代表的是 0.75% 的折扣比率。

然而，公司会认为，它的顾客平均要用 45 天来为它们的商品和服务买单，所以使用现金折扣节省下的时间增加了。

结果，1.25% 的现金折扣证明是可行的。

图 5.12　现金折扣的例子

　　但是有些企业将其现金折扣率定得很高，有些甚至允许其大客户减低折扣，即使他们并没有在预先规定的期限内付款。事实上，这种折扣并非现金结算奖励，而只是将价格降到所列价格单以下的另外一种方式。竞争者分析需要清除所有这些微妙的营销奖励产生的真正原因以便制定有效的销售价格。英国的一大零售商将这种高价责任转给其供应商的方式并不微妙。当他发现某竞争者正在以低于自己的价格销售某种特定商品时，他会认为供应商给竞争者以较低的价格，所以会直接与供应商联系。于是供应商负有举证责任，他要证明自己并未低价供货，还要证明大客户的竞争者在这种产品中获得的边际利润较低；如果不能自我澄清就会被判有罪。很明显，如果被判有罪将受到极其严厉的惩罚，如禁卖商店中的所有商品。

　　这表明这种分析不但能够直接应用到竞争者身上，而且还能应用到主要供应商和大客户身上。类似但不那么综合性的分析会经常性地应用到企业价值链的另一方。关键目的是要通过理解价值链在成本水平和利润率方面的起始点以期获得可商议的优势，但更重要的是了解当外部环境或潜在战略规划发生变化时，企业将受到什么样的影响。这就需要评价其关键战略目标，其中最重要的因素通常是企业发展要求的经济利润。

　　许多企业在这方面采取了过分简便的方法，它们假设供应商和消费者与企业自己相同，即都要求同等水平的资金回报率（如 25% 投资回报率）。如前论证，回报必须与企业相关风险呈正相关，因此处于企业价值链各个不同阶段的资金回报率可能大相径庭。确实，即使在产业内相同行业中，做出所有企业的目标资金回报率是相同的这种假设也很危险。整体性竞争者分析应当包括对每个主要竞争对手期望回报率的评价。不仅回报率水平有可能不同，而且某竞争者有可能将着重某一特定资金回报率，比如说着重现金流量而不是利润，着重销售返回而不是投资回报等。由于有些企业强调短期目标，另外一些企业强调长期目标，即希望企业获得长期增长趋势，因此不同企业对回报率的时间期限要求也不同。除非这种分析能够综合这种竞争者的特定目标，否则任何被大肆强调的有明显重大差别的特定目标有可能是完全脱离实际的，因为竞争者有可能并未对该项回报率感到不满意或者认为该项回报率根本不重要。

　　如上所述，市场发展阶段对竞争战略演变和怎样获得持续竞争优势有很大影响。因此，市场发展水平也将表明企业做竞争者分析时应将重点放在何处。任何产业处于起步阶段时，竞争优势通常来源于产品创新，因此竞争者分析应着重研发活动的相对水平。衡量此类相关活动一个明显措施是比较研发支出，但是即使通过贸易协会、贸易新闻报道、对外公告的财务报表、政府统计数据和以前的雇员，这种直接信息可能仍然不易获得。但是，进行研发的科学家和技术员数目还是可以收集到的，如果必要，可通过确定研发领域间接估量从事该项开发的人数。根据这些基础信息和各级别员工的总体支出水平这类内部基础信息，就可以比较相关支出水平。查清在财务和管理方面怎样控制这些研发部门的指标和预算也很重要。我们将在第十五章中继续深入探讨。分析应当尽力估算长期研究和短期研究活动的支出比例，预测竞争者是否能够实现某重要技术突破，然后找出消除该威胁的对策。

　　产业进入快速成长期后，关键成功因素在于市场份额的增长。这通常是通过提高营销支持水平来实现的。因此，竞争者分析应着重营销的相对支出，以及由于特定营销活动导致的市场份额的变化。考虑到媒介支出，该新系统通常能够从公开渠道获得；但并不是直接通过货币价值比较，而是通过相等的单位，比如基于电视收看率的比较性分析获得。也可识别其他营销支持项目，如消费者或贸易促销，并根据内部营销专家的专门知识算出活动成本。竞争者营销支出通常用销售额百分比衡量，通过贸易出版物和其他外部发表评论关于竞争者营销支出的比率，可以使增长的营销支出合法化。如有可能，这项营销支出不仅应该分摊给在第四章末讨论的发展和维持活动，而且应该在产品市场份额和整个市场的开发之间分摊。在产业快速增长阶段，市场尽可能增长至成熟期规模对市场所有参与者都是有利的。因此，公司投入更多营销费用用于促进整个市场增长，比如推出一般性产品的一般属性而不是专门推出某个品牌，这种策略是理智的。这种以普遍增长为目的的营销并不是为建立相对于竞争者的竞争优势，因此分析中应将其单独列出予以讨论。像通常一样，战略管理会计分析的实施必须是决策性的而非机械性的。

即使在增长阶段，很可能不止一个竞争者选择某一战略，比如走低成本生产路线而不是通过密集营销活动建立品牌。正如前面提到的，这种与众不同的竞争者需要仔细分析，这样企业才能够完全了解竞争者的真实成本策略，以及其在现在，尤其是在产业成熟后夺取市场份额的能力。其他需要在这一阶段特别注意的有现有竞争者、新进入者和潜在竞争者，他们是该产业的后进入者，由于他们在学习经验曲线上位置过高，因此最终在成本方面没有竞争力。对这种企业来说，超出一般成长期的新产品研发支出，大量投资于研发以求扭转经验曲线带来的负面影响是一种可能的竞争战略。若竞争者在技术方面取得突破，在原经验曲线之下就有可能出现一条全新的经验曲线，位于新曲线上的竞争者相对于其他竞争者成本更低，使得其他早进入者受到过时技术的困扰。第十六章从数量上对该战略做出了阐述。在所有这些案例中，竞争者似乎都在实施可替代战略，分析过程的部分作用在于通过辨明企业中是否存在成功因素来显示其成功的可能性。始终应该牢记的是，由于竞争者可能认为产品处于不同的发展阶段，他们可能选择完全不同的战略。基于事后的认识确定某产品所处生命周期阶段相对容易，但是历史性分析在战略管理会计中的作用非常有限。如果竞争者分析要战略决策作出贡献的话，通常要着重于未来。相对于去年竞争者成本结构进行详细成本对比是浪费时间，除非该分析能够表明自从去年以来这些相对成本差异如何变化，以及在假定外部和竞争环境发生变化时其变动情况。

一旦产业进入成熟期，通常情况下，竞争基础主要建立在销售价格上，因为目前来说产品通常已成为熟悉商品。因此，关键成功要素是获得相对价格优势，这是本阶段竞争者优势分析应当注重的。分析应该强调相对成本，在价格竞争激烈的市场中，非常小的成本差异也是很重要的。如波特所论证的，企业很可能采取价格驱动战略以期获得持续竞争优势，但是这就要求整个企业，而不只是某一个领域或某一管理层，都要重视降低相对成本。为使得公司上下都重视实现并保持相对成本优势，需要经理层大范围的参与并保持这种参与。通常情况下，公司将采取相对竞争者成本分析作为唯一可采取的行动。这可能着重于相对成本劣势，从而导致通常作为短期应急措施的集中精力削减成本产生，但是这类成本削减行为可能会被限制在直接操作领域。并且，由于大幅度的成本削减不可能保持下来，而短期成本节约通常只是"成本延期"，因为成本会逐渐回升甚至超过先前不能接受的水平。

利用竞争者相对的竞争者会计说明的一种更为合理的方式是要经常性、有规律地进行这种分析，因此是相关竞争优势的趋势，而非强调某一时刻的状态。考虑到在评价竞争者状况时运用的不可避免的判断和近似程度，这一点非常重要。只要保持经常性规律的分析，由此引发的趋势的信息能够对相关竞争型定位提供有用的指导。尽管如此，该行动需要大范围的经理层参与，这一强调始终贯穿本章，其对处于任何发展阶段的公司都是成立的。作为实现该目标的正面激励，相关竞争者数据应包括在阶段性管理会计报告中。

当然，这些并非在公司流通使用，而是被用作高级管理者的决策支持。因此，该结论不仅强调了相关竞争者分析的重要性（这就保证适当管理者的不间断参与），还有助于将所有管理者的注意力集中在竞争战略重要的外部变化方面。因此，通过包括这些战略上更重要的针对竞争者相关行为的外部对比，使得司空见惯的管理会计对内部财务比较的过分强调得以平衡。

很明显，这些经常性的内部报告应该重视对公司当前竞争地位进行关键的对比分析。因此，内部报告取决于产品的发展阶段和产品实行的战略。这将有助于将注意力集中于企业适当领域的绩效，而减少与之比较企业中的直接操作领域的过分重视。正如第十一章将要论述的，这将在需要时用财务控制系统的联合大企业式的公司内导致严重的并发症，在这种大公司很多产品线处于不同的产品生命周期。由此引发的企业控制的复杂性可能导致过度集中成本，或导致整体应用非常简化的财务指标体系。这套简化的系统可能意味着很多企业应用着不适合的指标体系，这有可能通过给部门经理施加压力使得他们实施不合适的竞争战略，因此减少其所在部门获得长期成功的可能性。

总　结

通过本章讨论可以很清楚地得出，只有投入可观的资源，竞争者分析才能顺利完成，但是尽管已经是尽可能好地完成，得到的比较分析仍将是大致的结果，并且需要认真地进行管理评估和论证。但是，经常有规律地进行这种分析的潜在增加价值是巨大的，因为它指明了企业竞争性战略的重大威胁和主要机会。

　　从竞争者会计中获得这些好处的关键要求在于，高层管理者和整个企业大范围的经理层都要密切参与。高管层的参与能够帮助描绘现有的和将来的竞争战略，这是界定哪些主要竞争者应纳入分析框架的基础，也是强调分析重要性的基础。非财务经理可能提供大量关于主要竞争者的信息（关于竞争者战略、成本和投资），可由财务小组成员将这些信息做成相对财务分析。因此，不能完全将竞争者会计看做相关成本比较行为，每年最多由管理会计执行一次，这一点是非常重要的。很明显，更经常性、有规律的成本对比属于竞争者会计的一部分，但是一旦基本对比分析已经完成，对现实和潜在竞争者战略的对比和财务评估则更具潜在价值。

第六章　顾客的盈利性

概　述

如果向所有公司介绍任何层级的战略管理会计，那么最直接的影响就是使所有关于"同级别利润来自顾客"的幻想彻底破灭。顾客或者销售渠道中存在的明显的特征差异体现在所购买的产品组合的有效售价及其购买方式上，然而这些远不及那些不同档次的客户服务重要，这些服务面对各种类型的客户和细分市场。

事实上，对市场中某个目标群有一个较低的售价要强于向目标客户节省成本，这些成本来自为顾客服务而收取的费用。因此，这些客户事实上可能会比那些有较高售价，而由销售过程中所发生的成本抵消的地区的人们更加有利可图。如果企业为了达到自己的公司利润目标，而能够在未来将有限的资源进行最有效的分配，那么它将能获得有关哪种潜在客户群最有利可图，以及哪些领域的企业可能会发生亏损等方面的可靠信息。

因此，在最近的研究调查中，[①] 公司将顾客账户的盈利性分析作为一个主要研究领域，这一点并不奇怪，在该领域中管理会计能对这些公司未来的经营成果做出巨大的贡献。可以将该调查中的一家公司作为例子。像许多其他公司一样，这家公司可以面对其他行业的公司和小型制造商大批量地生产并销售自己的产品，这些公司和制造商又将产品销往终端客户；这家公司也可以直接向终端客户进行小批量的生产和销售。高级管理人员需要合适的金融信息，以帮助他们对自己在不同目标市场的行为进行有效性分析，并在销售和资源及新产品专利的营销两者之间的分配上做出英明的决策。很明显，该金融分析必须超越过于简单地对各目标市场上获得的相对毛利进行对比。然而，同样地，将公司当前的总体利润在这些不同地区之间进行巧妙分离会对未来的战略性决策提供一个很差的基础。我们发现，适当的分析和报

---

① 营销会计研究中心，英国克兰菲尔德管理学院（1987、1988）。

告系统的建立，非常有力地支持了战略性决策的建立和计划的进行。

更加令人惊奇的是，虽然关于目标群获利能力这一领域早在 25 年之前就引起了学术界的兴趣，但是直到最近，许多公司才开始进行配合，现在甚至不仅仅是感兴趣了。也许，这是由于这些公司在日益激烈的竞争环境下加强了对顾客的战略性重点。现在很多公司明确地将顾客称做"企业拥有的最重要的资产"，它们甚至不以已公布的资产负债表上公布的资产作为特征。也许不仅在企业的战略规划中会涉及"顾客集中度"，而且在公司任务书和相关的企业计划中都会涉及。另外一个有关的重要的原因是，毫无疑问，集中于企业的细分市场水平越高，顾客对价格、分配、销售支持、专业包装等的要求也就越高。不实施专业的金融分析技术，企业通常不能确定将普通客户迅速培养成高级客户所需要的成本。因此，本章的目的在于将以顾客为导向的细分市场的盈利能力分析中所有不同的元素都集中于顾客账户盈利性的简单描述中，简称为 CAP。

CAP 的界定

CAP 可以定义为"从一个或一组客户获取的销售收入的总和减去为这位客户或这一组客户提供服务而产生的成本"，在这一章中将详细讨论对客户每一个部分的分析。然而，CAP 的基本特性可以用一个市场导向型公司的哲学来阐述，这样的公司强调其利润的主要来源不是自己的产品而是其客户（自己拥有的并不是盈利性产品，而是可获利的客户）。这样的逻辑值得探讨，正如在第四章讲到的那样。它的基本原理是，生产产品的过程发生成本，利润实现在销售过程中，然而为了销售这些产品公司必须拥有客户。在竞争日趋激烈的市场上，公司保持并发展更多的客户资源被认为是取得成功的重要条件。事实上，许多经营策略的粗略分析都说明主要的策略方针是向现有客户销售更多种类的产品，正如如图 6.1 所表示的那样。相比于那种为现有产品扩大客户群体的经营策略，这种策略基本上被证实是对资源的更有效的利用；产业的发展阶段和经营的竞争力应该成为决定采用哪种经营策略最有效的关键性因素，本章稍后将对此详细讨论。然而，这种关注客户的策略仍然基于这样的假设，即增加对现有客户的销售能够提高公司的长期盈利性。如果某些客户群体需要的服务带来的服务成本很高，导致成本增量高于销售收入增加值，结果将会怎样？

CAP 本质的特征是集中关注从客户获得的利润，并不是简单地将销售收入增加等同于利润增长。但是 CAP 的主要缺陷也同时随之产生。因为并不是所有的成本都是由个人客户或客户群产生的，除了使用复杂的成本分摊体系之外，如何分析客户盈利性？如果由客户产生的成本不能全部被包括进来，利用前面对 CAP 的定义，如何准确衡量客户带来的绝对利润率？在第四章已经探讨了一些成本分摊的问题，更多相关类型的财务分析取决于进行分析的原因，利润率的绝对衡量或相对比较哪一个相关性更强。所以，作为详细了解 CAP 的最重要的出发点，应该了解运用 CAP 所带来的优势，然后进一步了解为什么现在各个公司都对管理会计这一个领域产生了浓厚的兴趣。

CAP 的优点

CAP 的主要优点集中在战略计划和战略制定方面。这是因为不同的用户群的相关盈利方面的知识能使一家公司能够决定将它的资源集中于哪个领域，是能产生最佳盈利增长的领域，还是不能产生令人满意的回报的领域。它应该能够使公司鉴别不同客户群之间的利润率的意外差别和导致这些差别的原因。而且，当面对特别客户的积极谈判时，公司要能够衡量客户提出的变动对公司造成的财务影响，然后站在一个相对有力的立场进行讨论，至少了解这些变动将要花费的成本。

这些优点清楚地表明，财务分析的重点应该是相对利润率差别和由策略和战略决策引起的利润率的变动。这也说明，利用过度复杂的成本分摊体系将公司整体利润率分解为所有个体客户利润之和并不重要。如果信息对于需要信息的决策制定者有用，在第四章中阐述的关于避免过分会计清洁性的观点就非常重要。

CAP 的这些优点所突出的其他非常重要的因素是，CAP 的主要功能不只限于作为销售与营销效率的财务控制手段。分别为每个客户群设定利润率，然后仅以达到目标的程度监督经营成果，这样应用这项技术不符合逻辑并且成效不明显。第四章中已阐明，竞争环境可能已经完全改变，因而对于任何一支管理团队都不可能达到先前制定的目标。公司会努力使经营管理人员为其无力控制的事实负责，客户账户盈利率是这一问题非常好的例子。全部主要客户群贡献的利润水平对于公司经济上的成功至关重要，虽然这一点很清楚，但是由哪一个管理人员承担获取满意的利润水平的责任却并不清楚。在某些经营中，用户被认为对销售区域负有最直接的责任，销售经理或品牌经理监督产品或品牌。然而在现实情况中，这两个领域之间的相互作用范围很广泛。营销策略和目标不应该限定于单一产品或产品组上，而应该根据市场情况、分销渠道、客户群等因素来制定。与某些公司中使用的一样，定义这两个领域的责任是更实际的。营销的意义通常是，发现用户的需求并找出满足这些需求的途径，而销售的任务是将库存中和生产线上的货物卖出去。至少，这个看起来缺乏吸引力的对销售的定义，基本在时间上强调了销售与营销的不同之处；突出强调了，如果用户被视为公司的主要资产，他们不应该在一个领域承担责任却受到相对短期的关注。从长期来看，向主要客户强制销售现有的但已过时的产品将不能成为成功的战略。一个更有用的定义经常把销售合并为营销的一部分，营销也同样是参照满足客户需求定义的。

客户保留

　　实际上在全部销售策略中，最重要的因素是制定目标客户保留水平，同时为目标客户的增量制定更多普通目标。通常情况下，通过吸引更多的新客户或者向现有客户销售更多产品，都能够提高市场占有率。在市场增长时期容易获得更高的市场占有率，这一点非常值得重视。市场份额的扩大可以从市场增长中获得，至少可以部分获得，而不必与竞争对手争夺销售市场。

　　因此，在一个稳定的或者萎缩的市场上，尤其在竞争者非常积极的市场上，如果利润率能够维持或者增加，保留现有客户就显得尤其重要。对于多数公司来说，吸引更多新客户是非常昂贵的过程，销售、营销和支持成本方面都会增加。这种持续的投资随着时间的流逝不断从随后的销售收入中得以收回；很明显，客户被保留的时间越长，收回以上必要成本的机会就越大。而且，如果主要的战略目标是扩大向现有客户销售的产品范围，保留客户的优势更强，如图 6.1 所示。随着时间的流逝，现有客户会从供应商那里获得更大的信心，从而更有可能购买更多品种的产品，进而潜在地为公司增加其整体利润率。例如，一个拥有不确定的、临时客户基础的、新成立的零售商，可能会发现成功地销售一系列完全不相关的新产品非常困难，即使销售对象是现有的客户。然而对于 Marks & Spencer，它们已经树立的优秀的质量形象和忠实的客户基础成为了其最近销售新产品取得成功的关键性因素，新产品脱离了它们的传统的食品和服装行业。在保持以前已经证明了销售所有标有自己标志的产品的策略的同时，St. Michael 以前销售的产品都印有自己的标志，这种战略已被证实是成功的。在保持这种战略的同时，St. Michael 又转向了家居、家具行业，甚至通过发行其信用卡而介入金融领域，这种信用卡提供个人贷款和信托投资。前面已经提到，这样战略转变的财务合理性，依赖于产生增长的可选择的战略的相关成本效率而定。如果因进入全新的细分市场而产生的成本可能相当大，但是这一细分市场中现有投资能够支持产品范围的扩大，那么由于向现有客户销售的产品的范围的扩大而带来的整体利润率的增加将相当大。这一点可能特别正确，现有投资包

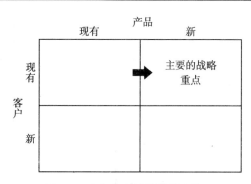

图 6.1 现有客户的价值最大化

含了强有力的承诺，通过将产品的质量和服务保持在一个稳定的水平来发展现有客户的忠诚度，因而也发展了客户预期和高额固定成本和长期成本。对于像 Marks & Spencer 这样的零售商来说这一切都是真实的。

换句话说，如果在细分市场的承诺投资相当多，而且较高的固定成本带来额外的较高的产生和发展公司的盈利能力，那么向现有客户销售更多种类的新产品带来的额外收益能够对公司的整体利润率产生巨大的影响。以现有忠诚的、信任感强的客户为代表的公司的无形资产将会得到充分利用（例如，其资产的周转率会提高），同时其他的控制成本也会得到高效使用（例如，净利润会增加）。这样的战略要取得成功，新产品对现有的忠诚的、信任感强的无形资产必须有吸引力，这一点非常重要。有一点可以合理确认的是，进行战略性回顾不仅仅凸显客户群的忠实为公司带来的关键的竞争优势，而且也说明现有产品范围以及创造这样的战略优势的公司整体发行所作出的特殊贡献。在 Marks & Spencer 的例子中，这样的回顾可能揭示，顾客认为公司的产品质量稳定，价格水平合理，公司著名的"没有诡辩，保证退货"的诺言成为了用户对公司保持忠实的非常重要的因素。所以，如果要使任何产品范围的扩展能够被现有用户欣然接受，那么它必须符合用户的期望。

一个可选择的战略是引进更高档、更昂贵的现有产品，例如服装，但是这些新产品被证明是更加成功的战略，这并不惊奇。那些与现有产品标有同样商标的高档相关产品与现有用户的期望不匹配，并且也与目前单个品牌的定位不匹配，公司的整体形象能够吸引更多的、合适的顾客走进商店购买这些新产品。

很清楚地看到，Marks & Spencer 现在把它忠实的客户看做其经营活动的关键资产。当前这一战略通过利用他们对这个品牌的信赖和强烈的信念，努力将他们的购买能力发挥到最大，而不去发展其他的可选择的品牌，以取得与自己的原有市场（例如，食品和服装）不同的细分市场（将采取这种战略的英国最大服装零售商与第二大零售商 Burton 集团做一个有趣的比较，Burton 在零售市场上拥有 10 个不同的品牌，这使得它囊括了社会上各年龄段和各社会阶层，但是公司没有注重发展例如公司整体形象之类的其他方面。事实上很多用户可能并不知道自己选择的服装零售商是 Burton 集团的成员，而且大部分用户都不能说出这个集团经营的其他品牌。但是，与 Marks & Spencer 转向其他产品领域的战略形成对比，Burton 集团最近宣布出售其金融服务部门和房地产开发部门，公开表明自己将集中主要精力于服装零售业）。

对许多零售商和其他服务提供商来说，扩大现有客户的销售这一战略性问题对于提高它们的整体利润率极其重要。不幸的是，许多高级零售商实施这一战略非常困难，因为他们并不知道谁是他们的客户，顾客只是走进他们的商店，购买商品后就消失踪迹了。因此，在把用户看做一项忠实的财产之前，他们必须要做大量的市场调查以确定常规购买的程度、什么因素能建立忠诚。在许多情况下，这些关键因素与现有的产品范围的相关性很小；如果这样的话，向现有客户销售其他类似定位产品的战略行动取得成功的可能性更大一些。

但是，这种以现有客户作为主要资产的战略方针并不是无风险的。任何时候，向同样的现有客户销售的产品范围扩大的同时，惹恼或完全失去其中部分客户的风险也随之增加。在那些现有客户的忠实的理由已经被明确定义的领域（通常在这些领域客户资产的价值也最大），这个规律尤其正确，因为用户先前从这家公司购买的产品已经为他们建立了预期，用户会与这种预期比较来评估新产品的价值。如果新产品被证明不被接受，那么就会产生用户推迟购买现有产品的危险。因此，像 Mars 那样的集团，它向最终用户销售大范围的糖果产品（如 Mars、Milky Way、Twix、Bounty、Snickers 等），多年来都没有使用过这些独立品牌产品的关联营销。它甚至很少将其宠物食品业务或者人类便利食品业务和它们独立的品牌，与它们著名的糖果品牌形象相联系。现在它们所有的主要品牌都被认为具有很高的价值，同时其他品牌也有相似的价值。可以强调，如果 Marks & Spencer 信托基金的价值下跌到低于其发行价格，那么投资者能会要求实践公司在以前销售产品时的"没有诡辩，保证退货"的诺言。如果公司不能履行这一承诺，很可能削减用户已对公司建立的忠诚度，同时可能造成不利的公众影响。在选择新产品领域时，需要考虑这些类型风险，而且看起来 Marks & Spencer 已经这样做了，因为它的信托投资基金已经被定位于低风险投资工具，这样的投资工具不会为新投资者带来巨大的资金损失。

在扩大向现有客户销售的产品的范围的战略中，重要的因素是保持现有客户。实际上无论在任何可能的情况下，设计新产品的目的都是提高客户对公司的忠诚度。许多公司和机构都对这一领域进行了验证研究。它们的结论并不令人吃惊，仅仅加强了前面的观点。吸引新客户是一个昂贵的过程，但通过保留住这些客户，可以在长期内收回初始成本。随着顾客对供应商信心的日益增长，他们倾向于增加自己的购买水平。但是，这里有一个很重要的问题，由于为老用户服务花费了较少的成本，他们的盈利性也应该更高一些。这可能因为，老用户产生的疑问少于他们刚开始了解供应商的预定处理系统时的疑问，还可能是因为经一个新用户的信息输入现代计算机系统时产生的建立成本（包括获取信用参考等成本）是固定的。正是因为商业活动的不断重复才增加了客户账户利润率。在许多情况下，增加购买频率的确能够增强客户忠实程度。因此，如果通过向现有产品范围增加适合的新产品能够将这两点结合起来，那么将会为 CAP 的提高带来极大的潜力。

这类分析已经不断导致很多战略性行动，20 世纪 80 年代在服务业已经出现了这些战略的高涨。所以几个金融机构已努力成为其客户所需求的金融服务的供应商，但是只取得了非常有限的成功。最著名的广告代理商 Saatchi & Saatchi 试图依据"创造性顾问"服务为客户提供一种"一站式购齐"服务，但也没能够取得持久的成功。在某些例子中，获得额外的新产品的成本太高，随后会对 CAP 产生不利的影响却不是像预期的那样提高 CAP。在其他一些例子中，这些新产品不能适合现有用户的预期，因此这一战略不仅没能增强反而削减了客户的忠诚度。在另一组例子中，则坚持强调对于新产品的销售来说可转移的客户忠诚度是十分有限的。前面已经提到，任何商业在考虑把其客户创造成资产这一战略方针之前，必须对关键性因素进行分析。如果主要客户是成熟的购买者，他们就只购买现有产品范围中的一部分产品，因为他们认为这些产品是最适合自身特殊需要的产品。除非新产品也能够满足他们的苛刻要求，否则这些客户不可能扩大他们的购买范围。我们也可以从金融服务中找到一个很好的例子。活期存款交易银行业正在向个人客户交叉销售投资产品；在英国，这一战略同时被银行和建筑业所采用。但是在投资业和商贸业，采用这样的战略可能性很小，因为顾客通常都更加成熟。投资银行通常在兼并与收购方面为公司客户提供意见。如果投资银行努力向一个公司客户推销其现金管理服务，除非它能够向客户提供极具吸引力的现金管理服务，否则不大可能取得成功。然而，即使在那些客户很成熟的领域，大部分取得长期成功的投资银行都在使用一种昂贵的关系管理系统，设计这个系统的目的是培养客户的忠实，提高保留客户的长期利润率。这些将在本章最后再进行详细讨论。

这种基于客户的战略方针引起了另外一个重要问题，随着时间的推移，公司经营面临的主要竞争对手可能会改变。如果拥有相同客户群基础的其他公司也试图扩大产品范围以从现有客户中获得更大的盈利能力，那么上面的观点尤其准确。通过预测我们可以假定在将来的 5~10 年，这可能会怎样影响像 Marks & Spencer 这样的公司。前面已经讨论过，Marks & Spencer 已经扩大了不同于其传统的产品范围。不过，在食品、家具用品和服装的传统领域，公司也扩大了产品范围。实际上，它最近开业了第一家"仅限食品"商店。

可以看到，持续使用这样的战略会导致公司成为高档超市连锁店的竞争对手；事实上，这种情况在高利润的方便食品行业已经出现了。与此同时，英国最大的食品零售商 Sanisbury's 同样采取了类似的战略，扩大产品范围并将产品出售给类似忠诚的客户群。直到最近，Sanisbury's 才避免进入服装业，但是它已经从 Sava Ceptre 公司购进自己的共同风险投资商 BhS（Storehouse 的子公司）。结果可以料想，Sanisbury's 在今后 5 年内将介入服装零售业（Sava Ceptre 经营着许多在超市间分配商品的大型商店，由 Sanisbury's 供货；同时，它经营的服装业由 BhS 供货。收购协议规定，Sanisbury's 能够在 5 年内继续从 BhS 的服装业务中获取货源）。这两个英国最主要的零售商所采取的战略行动，可能使它们成为直接相互竞争的对手，因为它们都继续努力争取同样客户群中更多的客户。

理解目前和采取提议的战略性行动后两种情况下不同的客户群的盈利性，对制定长期决策具有显而易见的关键性。第五章中已经讨论过，CAP 分析必须被设计成能在这一过程中起到协助作用，而且能突出潜在竞争对手的变化，还要能够为随后的决策提供财务分析。

适当的客户群体

如果向那些存在极好机会的领域分配资源时 CAP 能起到辅助作用，那么需要仔细考虑如何将客户分组。前面已经讲到，某些行业可能强调每一个客户都是独一无二的，因而需要一个个单独分析。对于少数主要客户来说，的确需要这样做；但当客户的数量很大时，这样做就很不实际了，并且一定的集中度对于高效地完成任务很关键。而且，随着客户群规模的缩小、更多的客户个性的出现，成本的分摊问题变得更困难，而且可能使得最终的分析毫无意义，除非经理能够做出明智的判断。

甚至从一个极端方面看，在那些把个人大客户视为最终利润的来源的行业中，同样需要把这些只表现出很少相似特点的大客户进行分组。从另一极端方面看，在那些拥有大量小客户的行业中（如零售业），CAP 的优势在前面已经说明。特别的，通过高级 CAP 分析可以将补充产品与满足现有客户额外需求很好地匹配起来。然而，大部分机构既拥有一定数量的大客户，又拥有更多的小客户。正是这些机构才能够从分组战略中获得收益，这种战略把客户群重新组合成有意义的集合，把营销工作分离出去以增强公司的盈利能力。很不幸，这并不是公司将客户分组的唯一途径。

由于这种分析的主要目标是支持战略决策，客户分组应该被选择来适应正在实施或被考虑的商业战略。这可能需要一个与过去客户分组完全不同的重点，这是因为这样的战略可能受外部环境的驱动，而不是受传统管理会计的内部侧重点的驱动。

因此，许多公司都把客户按照地理区域进行分类和编号，如图 6.2 所示，因为它是组织销售团队的主要依据，因此公司内部的个体销售人员、地区销售经理和区域销售经理都需要销售信息，从而能够实行财务控制。在许多情况下，这样的客户起初都被限制用来收集销售收入的相关信息，但是随后许多公司认识到仅仅以增加销售收入为基础分配销售力量资源不能够令人满意。于是，这样的客户分组通常被用来准备一些基于地理位置的 CAP，从这样的 CAP 可以得到关于销售力量分配的合理度。多数情况下这样已经足够了，不过不幸的是，很多公司使用完全相同的分析信息来比较销售人员的相关表现，即使销售人员对某些被分析的因素只有很少或根本没有控制能力。一些公司现在已经把更多的用以区分特殊类型用户的层段分析合并到一起，不再考虑客户的地理位置。这些经常包括许多分隔，它们由分销渠道（批发、零售和工业销售）、规模（如按照销售收入分类的账户）、销售方式（如直销、第三方销售、电话销售、邮件订购）或者上述因素的混合形式决定，如图 6.3 所示。

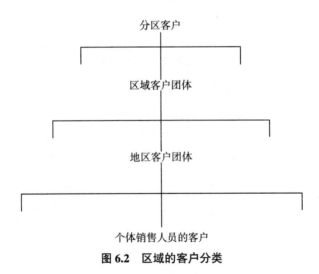

图 6.2　区域的客户分类

分销渠道

	零售	分销渠道批发	企业销售	地区总计
地区 1				
地区 2				
地区 3				
地区 4				
地区 5				
地区 6				
总渠道				

图 6.3　客户分组矩阵形式

这些分析中没有一个是必然错误的，假如它们只包括相关成本，由于每一项分析可能与资源分配中的特别问题相联系，但是很平等，它们都不直接集中在公司的核心战略方针下。许多情况下，这些客户的分组更多基于灵活和方便，而不是基于应用上的有用性。如果一项主要的战略目标是对顾客进行定性区分，那么 CAP 分析不能仅仅因为这种客户分组带来更难的分析问题就将其忽视。现在许多商业战略都强调发现并保留高质量客户的必要性，但是这个战略没有被转化为一个有意义的各种因素的集合，这些因素能够使一种相关部分成本分析得以进行。这个例子中，需要能够代表各种潜在类型高质量客户的特征的特点鉴别。

对一些公司来说，如何定义"高质量"客户非常困难，但这可能表明它还没有能够发展一个清晰的以客户为中心的战略。这可能只是意味着一个客户感激供应商提供的特别的竞争优势，并且只要能保持着这种优势，客户就会因而保持对供应商的忠诚。因此，这能把那些非常注重成本的购买者也包括到这一范围内，对于那些强调自己的产品成本很低的公司来说，这些客户可能成为高质量客户。相反地，生产高质量产品的制造商会发现这样的客户不适合自己，这些制造商应该把注意力集中在那些愿意花更多钱以取得更高质量产品的客户上。这并不意味着慎重的"高质量"的客户必然需要高质量、高成本售后服务，这是另外一种区分对公司有吸引力的用户的途径。

举一个现实生活中的实例，这些不同类别的高质量用户包括对价格不敏感的用户、忠实用户、低服务成本用户和要求高水平服务并愿意为这种高水平服务支付更多费用的用户。在这个特殊的例子中，公司设法重新进行市场定位，所以它会保护自己免受一轮又一轮的价格战，这种价格战会一次次地摧毁这一企业。它的初始战略计划是关注"高质量"客户，这样的客户钟爱于一贯的服务水平而不会因为短期价格优势而转换供应商。这就意味着要重建它的客户基础。不幸的是，根本没有关于这些不同类型客户的初始财务信息可供利用，因为先前没有这样的分类。这样的战略转变的重要财务意义因而不可能预测，直到能够表示"高质量"用户的大概数目和保持必要服务水平所需成本的基础数据可供利用时，才能进行预测。

一旦这些"质量"特征的相关集合被接受，那么就可以适当地确定客户特性，也可以设计出一个能够进行战略重要性分组的编码系统。具有相似特征的个体客户的集合使得公司能够进行两种不同的重要分析。这样就可以比较两个划分好的用户群的相关盈利性。例如，在不同的分销渠道上，批发的客户群的盈利性可以与零售的用户群的盈利性进行比较。并且，一个集合群中的任何单个客户或者客户子群都可以与这个用户群的平均盈利性进行对比，不用过于担心这种对比的正确性，因为每一部分使用了相同的成本分摊方法。这再一次反映了相对盈利比较的重要性，它是减少来自成本分摊方法产生的问题的影响的有效方法。

只要同样的成本分摊方法一直用于每一个客户群，相关盈利性对比就有效，即使这种 CAP 分析不能反映出任何一个市场部分的整体盈利能力。关于这些更绝对的决策的适当的成本分摊方法在第四章已经讨论过，并将在本章下一节进一步详细阐述。

从上面的讨论中可以清楚地看到，为了进行 CAP 分析，单一企业可能需要许多不同的基础数据，但是利用现代计算机处理系统的强大功能，这不会有大问题。最重要的因素在于原始客户编码参考体系的设计方面。因为，如果它们能够被用作不同分离的分析基础，那么将可能避免花费更多时间、昂贵的书面分析、重复存储原始销售数据。为了达到这样的目的，在设计管理会计系统之前识别可能的战略决策变得非常重要，这一点将在第十九章和第二十章进行更详细的讨论。如果通过适当的构思和实施上述战略，公司能够分析它广阔范围的客户群的客户盈利性，这些客户与它必须制定的决策相关联，例如在特殊细分市场应该提高还是降低营销作业水平。

盈利性分析问题

通过使用一个合适的编码系统，获得把客户分成许多不同的相互不排斥的客户群的能力相对比较容易。但是如果想要获取一个有意义的盈利性测量方法，那么这种多样性为销售收入分析和成本分析增加了相当大的复杂性。所有分部成本能够在最大水平上分摊到客户身上，但是只能向个体客户直接分摊最小水平的相关成本。如果需要计算个体消费者的净利润，成本直接分摊法必须与一种综合的成本方法结合使用，如图 6.4 所示。同样，如果 CAP 分析只包括成本的直接分摊，那么它就只不过是一种表面总利润比较，许多公司仍然在此水平上就结束了客户盈利性回顾。

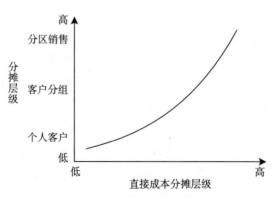

图 6.4 直接成本分摊的不同层级

然而，如果 CAP 被适当地应用于支持战略性财务决策，那么就不用过度提高对分摊成本的依赖，那些决策应该以可由决策而引起的变化的可归属成本为基础。可归属成本这一概念由 Shillinglaw 于 1963 年提出，"正常来看，如果不改变组织机构的结构、产品或职能（如提供给客户的服务）就要完全终止，从而产生每一单位可避免的成本"。基本逻辑依然保持着正确性，即使它的应用已经发展到部分而不是全部停止，而且现在它也被用于成本节省和可避免成本，也用于衡量由决策引起的增量成本（如增量成本）的增量。第四章已经讨论过，最关键的因素是要包含因这样的决策引致的可变成本和固定成本中的可归属成本，如果它们能够随活动水平的改变而改变。所以可避免成本和增量成本从承诺成本中分离出来，但不是被分解成固定成本和可变成本。由此，有一点变得更加清楚，这些可归属成本水平也随着分摊层级的提高而增加。那些任何客户群都要共同分摊的成本（比如经理的工资）不可避免，除非每个客户都不再继续。因此，CAP 分析的任何一部分都不应该包括这样的成本。同样，另一种成本只有在整个分销渠道堵塞时才能避免。例如在零售领域，当全部销售都终止时才能节省这些成本；反之，如果销售人员认为某个特殊客户是相对较小的客户而将其忽视，即使他的账户规模很大，那么这部分成本也会被节省下来。

为了获得最相关的财务分析，公司应用的编码系统变得尤其重要。在这样的环境中，成本应该被编制到能让它们产生变化的客户群的最低水平，比如达到能够避免的层级。如果某些特别的成本不能分摊到对应层级的客户，那么它就应该被排除在这一层级的 CAP 分析考虑范围之外，而应该被包含在适当的更高层次的分析之中。因此，全部 CAP 分析变得以决策支持为导向，而并不要试图将这一方面的成本分摊到所有现有客户身上。某些成本（例如发展新客户）根本不能向现有客户分摊，而且大部分这样的成本在公司采取的战略方向发生改变时也随之变化。因为相关决策者是利用 CAP 分析提供的财务信息做出的决策，所以，如果 CAP 分析包含这些成本的话，就会使决策失真。前面已经提到，如果经理们果真使用了提供给他们的财务信息，公司不应该觉得奇怪。通过一个更详细的例子可以更清楚地了解这一点。一些公司主要通过零售分销渠道销售自己的大部分产品，这些公司都很重视 CAP 分析。最近几年中，大零售商已经成为成熟的谈判者；同时客户对售后服务也产生了特殊要求，并且对商家提供的商品和服务的销售价格也产生了特殊要求。

在 CAP 分析中，大型零售连锁店（比如英国超市业的 Sainsbury 和 Tesco）应该被看做是个体客户，同时也应该被适当分组以便进行相关盈利性对比。使用通常的会计流程可以容易地将销售收入分摊到个体客户，但许多成本都不可以这样分摊。零售客户通常会购买各种单件产品的组合，因此可以根据这种以进行或可预测的混合型销售来分摊相关直接成本（记住，CAP 的主要优势是作为计划和制定决策的工具，历史盈利性分析只有在它能为将来提供相关辅助作用时才有价值）。然而，如第四章所讨论的那样，在选择将要使用的适当的产品成本水平时要更加小心。如果全部产品成本包括了很高的分销成本——这些分配成本可能已经以一种非常合适的方法分摊到了单个产品，那样很可能歪曲随后对用户的盈利性分析。例如，分销成本可能很重要，但是如果一次运输过程中同时运输了各种产品，这样的成本不能直接分摊到单件产品上。为了计算利润率，这些分销成本应该根据货物的重量在各种产品上分摊，假如分销成本正是那样产生的，那么这个方法看起来完全合理。

这要考虑个人用户的销售组合，但不能顾及那些零售商所要求的完全不同的分销方法。一组零售商可能要求每周送一次货或者更加频繁地送货，要求货物运送到全国各地的分店，这些分店中的商品价格统一，与商店地理位置无关。另一组零售商可能要求将货物运送到总部或地区仓库，他们再将货物分配到自己的分店。很明显，这样为其供应商减少了很多分销成本，给自己增加了额外成本，通常这些零售商会通过谈判为自己争取合适的售价折扣或者其他补偿性折扣。对供应商来说问题就是究竟应该折扣多少？一个简单的解决办法是无论零售商想要多少就给他们多少，但这样就不能使长期利润率最大化。

现在又出现了第三种零售商——也许只有一个，他要求供应商将货物运送到自己离供应商生产工厂最近的集中仓库。这个零售商也准备下订单，而且订单量合理，只包括所有个人产品且这些产品占满了整个货车。很明显，不仅仅货运成本、存货成本，而且货物存储成本也可以得到更多的节省，存储成本通常主要包括为了运输而将货箱拆散而引起的成本。这里再次出现了问题：成本能够节约多少？节约的成本中有多少要分给特别零售商？如果能够找到解决这个分析问题的合理方法，供应商就会主动为其他零售客户提供具有吸引力的折扣，以鼓励他们转向这种订货方式。如果供应商没有足够的 CAP 分析系统，那么零售商就有很强的谈判能力，下一章将要讨论，这些零售商投资大量资金于直接产品利润率分析系统。虽然分销成本需要在所有产品范围内分散，但是这些成本对每类客户来说都有直接成本而且必须相应分摊，并且可能反映他们不同的服务需求。这意味着适当水平的产品成本不应该包括任何分配成本，从客户盈利性角度处理那些分摊成本会更合适。这应该包括特殊客户对包装和大小的要求，甚至对产品样式的变化的要求，只有少数客户或特别客户有这种要求。

成本只可能直接分摊到一组客户身上，关于在单个客户层次上如何处理成本的问题，经理必须做出合理的判断。例如，许多小零售商已经团结起来成立了自助购买团，以增加他们的整体购买力并能够从供应商处获得更好的买进价格。一些这样的团体甚至制定了他们自己的专用品牌产品，这些产品只能出售给购买集团的成员。任何由这些额外产品带来的附加成本只能在这些购买团水平上直接分摊，从而可以给予个体用户更多的消费折扣；因为无论任何一个体客户终止交易，私有品牌成本仍然会产生。实际上，如果高效的谈判者是这些团体而且战略决策是在这个水平上制定的，那么分析这些购买集团中的单个成员的利润贡献也无济于事。这个事例中CAP的主要目的是突出各个自助购买团的相关盈利性，并在他们之间进行相关盈利性对比，同时也与其他主要零售客户对比。因此，商业经营方法的所有重要区别都应该在成本会计中表现出来。

零售商们的分销要求不同，他们还可能在销售支持活动方面提出不断变化的要求。某些零售商可能要求区域销售人员经常地、有规律地给自己所有的商店打电话，而且还要求他们不要仅仅向商店经理推荐订货水平，也要发挥一些管理和运营作用。它包括指导经理如何在店内陈列本公司的产品，检查库存量水平，通过发行信用证解决有关运输或损坏的突出问题，直接与店员商榷店内促销或特价优惠。另一种情况是，零售商可能加强对所有商店的集中控制，甚至不允许销售人员给单个商店打电话，只要求广泛地谈判销售价格、存货水平、促销活动等。这两种零售商之间再一次存在着非常重要的成本差异，同时可能存在着由客户要求而引起的中等差异，这些用户可能要求提高或者降低销售人员给其打电话的频率。

CAP分析必须反映出这些成本差异才能够比较两种可选择方案，即包含可避免成本合适还是包含边际成本合适。因此，如果一个客户现在正在利用地区销售人员并且与其商谈终止这样做所能够提供的折扣水平，那么相关成本就是可节省、可避免成本。另外，如果一个客户目前正在将货物运送到自己的中央仓库并且商谈向单个商店分配货物，那么就需要计算即将产生的边际成本并作为微小价格调整的基础。需要记住的是，无论CAP系统多么好，获得这样的价格调整或者仅放弃可避免成本折扣都是不能得到保证的，因为最终结果要根据谈判双方的相对能力而确定。但是，在谈判中信息是力量的重要来源。

这需要包括适当形式的可归属成本（如可避免成本或边际成本），显示了提供CAP信息复杂性会进一步显著增加。大多数情况下，由于某个事件没有发生而产生的成本节约不等于因类似事件发生而产生的边际成本。在前面的例子中，那些由于一个顾客不再利用地区销售人员而发生的可避免成本不等于由另一个客户开始利用地区销售人员而产生的边际成本，除非通过巧妙的设计使这两件事情同时发生，并且销售人力资源可以直接从一个客户重新分配到另外一个客户身上。每个决策对经营产生的整体成本的特别影响将会导致这些成本水平的重要差异。这种可变性使得提供对经理有意义的规律性CAP分析变得很困难。

然而，如果进行CAP分析的基本原因被很好记住，那么以上问题就不应该被视为不可克服的问题。当CAP分析被用做决策支持系统时可以获得它的主要优势，这样的分析也必须适应正在考虑之中的决策。因此，如果高级经理人员终止与某个客户的业务，那么很重要的一点是CAP信息必须以可变成本为基础。反之，如果战略目标是进入新的市场部分，CAP 预测分析必须包括实施这种战略将产生的边际成本。无论如何，不同客户战略的相对区别都应该突出反映在 CAP 体系中，而且进行相互比较，任何战略决策过程都需要这样做。

信息收集问题

上述示例已明显强调在收集 CAP 综合系统所需的信息时会遇到的问题。依据其变化方式，成本必须按照用户群的不同级别来分摊，但更重要的是，它可能与成本的实际历史水平毫无关联。如同上面对于要求通过谈判停止地域团队销售，以及要求将货物直接配送至各个店铺而不是送至一个中心仓库的客户说明一样，要求的成本可能同样是假定的。不过，这里的关键在于使用一个优秀的 CAP 系统，这使得对于相关的成本收益的比较成为可能。这样，如果一些客户没有使用地域团队销售，而另一些类似的客户使用了，它们在团队销售方面的相关成本水平的差异就应该可能被清晰地显示出来，并且由此可以估计出当停止使用它时可避免成本的一个近似值。类似地，如果一些客户已经收到了个体商店的货物，它导致的相关的成本增量就可以被估计出来。为了通过相关成本水平的对比获取正确的答案，有两点很重要，即对于每个客户的分析应该在一致的基础上加以计算，以及不要试图扩展客户在任何领域的总费用。如果以这种分摊方式进行，差别将消失从而使可归属成本的适当形式得以显现。

一些企业可能希望包括一些已分配成本的要素，特别是如果这些要素很可能会对客户利润贡献的相关水平有实质性的影响。然而很明显，这些成本的平均分配对 CAP 的相关水平没有任何这样的实质性影响。因此，如果差别很大的成本水平被分配到不同的客户群中，这些均分的成本仅需要在 CAP 分析时合并起来。例如，高级管理人员成本（如首席执行官团体等）经常被排除在任何部门分析之外，被作为企业的一般管理费用。这些企业一般管理费用不应该被遗忘，而且必须在所有客户的总贡献之外支付。然而，按照单一的整体分摊基础将这些类别的企业一般管理费用分摊给具体的客户只是将伪造的精确度引进了部门收益率，并没有改变部门与部门间的相对运作。因此，像很多企业部门那样，将总的高级管理人员成本按照相对销货收入水平的比例分配给各个客户群没有任何益处，还可能导致做出基于这种错误的财务分析的有损害性决定。证明这点的一个普遍观点是为了在需要的地方做出改变，交易需要突出一些没有充分为部门或企业的一般管理费用作出贡献的领域。这个最终陈述使得这些过分简化的分配变得很危险；如果进行改变，取代这些明显在

"制造亏损"的客户，那么他们以前的那些一般企业管理费用如何处理？在这样的"逻辑系统"里，这些一般的费用通常被加之于剩下的客户身上，当然这就使得更多的客户看起来毫无作为，即将被抛弃。很快所有的客户将一个接一个地被划作无盈利价值的人，整个公司也将在一个可能（当然，也仅仅是可能）节省正在分摊的实际成本的阶段倒闭。这些滥用成本分摊的例子是很有趣的，如果它们给企业经营不会带来惨痛后果的话。

如果高级管理人员实际上为一个或更多个特殊客户群花费了过多的时间，涉及为这些客户群服务的额外费用应包含在 CAP 分析中。对这些客户进行商品交易的方法进行一种有利的改变可以节约商业成本。但是，即使是这样的一种变化也不太可能，因为在这个客户群相关盈利上所体现出的随之而来的负面影响应该成为高级管理的过多介入而产生的实际成本的提示物，并阻碍任何其他客户采用这种操作方法。当然，除非其他因素产生的优势足够给予补偿，这应该在 CAP 分析中体现出来。在交易的另一端，两个用在客户群订单处理上的花费可能有显著的差别。一类客户会寄来大量的正规订单，包含厂商的产品参考号和能够导致最少的质问、返回和抱怨的准确的交付指示。另一类客户只是在产品脱销的时候提供少量的不规则的订单，要求立即交付，但通常他们的交付指令是含糊不清的、不可能的或根本是错误的。这就导致大量的质问、返回和抱怨，并使厂商办公室内的订单处理人员极度沮丧。这再一次表明，不同种类客户服务花费的真正差别应该被加入 CAP 分析中，以便对相关盈利进行更公正的比较。将总的订单处理费用在客户群中进行任何过分简化的一般的分摊将毫无用处。

管理会计师应该分析在订单处理部门所产生的费用的性质，以便理解它如何随地区执行功能的不同而变化。对于任何订单，无论大小，大多数生意都有固定的费用水平，然后增量成本用来处理更多的产品和额外的特别的交付指令（额外的时间要求输入预定的 100000 件而非 100 件是最小的）大部分费用花费在解决客户的质问和处理客户的抱怨上，而不是用在常规的文件处理上。对这些具体费用进行合理的分析使得组织混乱的客户群相对于高效客户群所产生的增量成本能够得到很好的估计。这非常不公平，这是作为一个非常不健全的长期策略，而不是试图反映出与高效客户交易所取得的金融收益。在客户以特定的方式运作以提高相互商业平台的总体盈利能力的地方是真实的，但是如果客户由于这种特殊的运作方法也同样产生额外的成本，这就尤其重要。

这个问题的一个越来越重要的例子是特殊客户群的相关支付记录。客户的延迟支付会使公司产生额外的融资成本。更重要的是，在英国，它在许多中小型企业的金融危机事件中作为主要的因素被多个近期商务报告所引用。因此，与这些应收账款相关的融资成本应加入到 CAP 系统中重要的地方。不过，这是另一种情况，一般水平的分摊是没有真正的好处的，因为不同的支付记录的影响应该被强调。这非常重要，因为客户的适时支付驱动了他们之间的相互费用或相互益处。如果他们的支付记录被改进，精于世故的客户将以结算折扣等形式期望得到一些财务补偿。遗憾的是，即使是有 CAP 系统的公司，财务分析的水平经常包括即时付款给予折扣，但是忽略在投资那些不利用任何即时付款折扣的客户的债务余额方面所要承担的费用的相应要素。因此相关的盈利对比再一次被歪曲。

缺乏适当的财务分析和随后的相关对比可以帮助解释为什么大多数公司都缺乏对结算折扣的战略性应用。结算折扣的主要目标是避免公司为未偿还债务融资。换句话说，公司正在为它的客户提供资金去更快地解决他们未偿还的债务问题，并且因而就应该通过参考公司的投资成本确定其提供的折扣水平，它将被用来为增加的未付款项提供资金（运用机会成本逻辑）。从而，提供的折扣率应该在一个年度化的基础上随利率的升降而波动；但是大多数公司从未改变它们结算折扣的百分比。更值得注意的是，特别是在英国，情况更怪异。如果一家公司比它的客户有更高的机会成本，对于那家公司来说，支付未偿还债务相关的成本是完全不合逻辑和不经济的。因此，经济力量强的大客户应该谈判获得一个高于他们资金的机会成本、低于那些比他们经济实力弱小的供应者的机会成本的结算折扣值，使得双方经济状况变得更好。根据上述报告，这些大公司的延迟支付是使较小的供应商流失的主要原因。这种现象在其他国家并不常见，特别是德国，更普遍的做法是在到期日前直接将账款支付给供应商。但是，英国的一些非常成功的公司，如 Marks & Spencer、Mars 都已经有意识地避免了这种不确定的、低效的创新实践。

结算折扣可以被认为要达到其他目标，这些目标将使公司能够提供高于只按照财务节约计算的折扣水平的折扣。最显而易见的是，如果用户迅速付款，承担坏账的风险就会降低，一些公司可能把这看得很重要。但是，多数情况下，这种节约很模糊，因为如果用户陷入财务危机，通常他们在公司实际停止交易之前就已停止利用结算折扣。因此，最重要的因素是改变结算战略，这是从一个由以前迅速付款用户转变成的延迟付款用户而得出的结论；这样的转变需要迅速全面的调查。通过实施一些鼓励尽快还款的奖励措施可以获得更可观的潜在成本效益，减少在催收应收账款时浪费的管理时间。这些不必要的成本是由供应商和客户共同产生的，因此有可能进行一种相互有利的改进。供应商能制定增加交易双方盈利性的改良交易方式，但是用来实践它的动机和基础信息依赖于适当设计的 CAP 体系。

营运资本管理的另一个方面也已经变得非常显著，主要在于它对相关客户的盈利性水平的影响。很多公司已经实施了保留最少存货的策略；"实时存货"是这些策略的最常见描述。很明显，财务合理性主要以缺乏投资而产生的节约为基础，但是对在这样的一个严格政体下可获得的改进的运转效率有很多其他的主张。JIT 哲学的成功操作开始于日本，它使得客户和供应者间有了紧密的工作关联。因此，获得 JIT 的最大经济效益的一个基本要素是客户基于它的即将到来的生产进度表，从这些供应者评价它的要求。然后供应者按要求生产组成部分、附属组件等，与客户要求的用法一致。因此，两家公司都不持有不必要的股票！这只有通过复杂材料需求计划软件实现，这个软件能够根据要求的交付时间，将成品生产进度表细化到零部件要素。这项复杂的计算机技术已在很多西方企业中使用，但在许多方面，取得的收益比理论低得多。

　　很多西方公司实施 JIT 战略的实际效果是将过多级别的原材料存货清单所有权转移给了供应者。为了应付这些过渡时间，供应者不得不持有实际交付给客户的产品形态的缓冲存货，并通过实际的生产补充缓冲存货。最终结果是，在很多产业，JIT 并没有导致股票持有水平的全面降低，仅仅是所有权发生了改变。在很多具体实例中，尽管所有权发生了改变，存货地点甚至都没有变化，因为客户战略的改变意味着他们不再需要巨大的原材料存储仓库邻近他们的工厂，这些大仓库现在被供应者用来存储缓冲存货以满足"更高效"客户新的、短交的需求（如果供应者的工厂距离客户有六小时路程，通过其他任何途径来满足客户四小时交付的要求都是非常困难的）。

　　由于这个和很多其他战略原因，很多供应商发现其现在不得不为个人用户保留越来越多的库存。这些库存所产生的成本应该包含在其 CAP 分析中，因为这是影响不同顾客相对盈利水平的另一种方式。

分析的相关水平

　　这些例子强调了 CAP 分析的相关水平。一个好的 CAP 体系应该有助于提高企业的总体盈利，实现它的一个主要途径是指出客户实际的和潜在的战略改变的财务影响。这不仅对某些看起来有利的战略改变会带来的危害和成本提出预先警告，而且更加肯定的是，它还应该指出，为了改善所有客户盈利水平，公司应该积极采纳的好的战略选择。

　　因此，CAP 分析应该发展到能够大幅度降低公司的成本及公司将要面临的特殊决策所需的相关的成本。这将只包括根据客户群的不同而变化的成本，因为很多决策将首先以利益的相关暗示为基础。但是，对于主要的停业决策，将需要这个分析突出受决策影响的可避免成本的所有级别。遗憾的是，这就意味着要建立很多不同形式和级别的 CAP 分析来支持经营所需采取的不同的战略决策。因此，很多公司建立的常规的 CAP 分析明显不适合用来作为重大决策的支持系统。事实上在很多情况下，由于包含错误的信息，它可能产生重大的错误指示。图 6.5 指出了某公司的一个潜在客户账户盈利分析体系，此公司有本章的本部分和前面部分所讨论的一些问题。无论如何，到现在应该清楚的是，所有这样的 CAP 体系都应该面向公司的具体需要和公司正面临的战略决议。

			£000s
	产品结构的实际销售收入		428
减	直接变动成本		278
		(35%)	150
减	具体变动成本		
	一配送	30	
	一客户回扣	12	
	一客户的基础广告促销	13	55
			95
减	其他费用分担		
	一现场销售力	15	
	一客户服务	10	
	一高级管理人员	3	28
			67
减	融资成本		
	一未偿还应收款项	10	
	一可归属的库存水平	6	16
	客户的贡献	(11.9%)	51

注释：只对客户收取成本，而不是为了收回总成本，因此，客户的具体费用只是在可以避免的基础上计算。

图 6.5　客户盈利能力分析表（基于过去一个月信息）

分解 CAP 报告的一个实质性优势是对于前面所提及的问题中定义的"高品质"客户来说，它是一个巨大的优势。最初的 CAP 分析应该突出不同客户类别间相对成本差异的主要范围，以及某个客户类别内的变化性。进一步分析这些差异以确定最初表明的可以提高盈利的时机是正确的，并且不会被没有包含在 CAP 分析中的其他成本因素所影响而偏移。一旦分析确立，就可以对公司可利用的战略选择进行评价，它还应该包括对拥有相关竞争优势、代表公司良好战略装备的客户的鉴定。这种相互关联或客户协调的方法应该形成公司销售和市场开发的重点，它是鉴定"高品质客户"的最佳方法。

这可以通过被称做定向政策矩阵的销售计划技术来实现，将在下一部分举例说明。但是，如果要对两个差别很大的战略的财务贡献的对比进行评价，这种详细比较分析类型也是极其重要的。这可以通过饮料业的一个大公司来证明，这个公司正试图对两个可供选择的销售方法的相对价值进行评价。它的主要销售是直接出售给零售商人、批发商和目标客户，如饭店、旅馆等。但是，与绝大多数竞争对手不同的是，这个公司没有自己的酒吧来销售它的酒、饮料和调酒饮料。并且，它与批发商客户的协议意味着酒吧应该从批发商处购买各种饮料，而不是直接从公司购买。这里要关注的是酒吧老板，他们不会很麻烦地去购买这些产品，因为绝大多数情况下，他们可以从其主要供应商处直接购买到另外一种品牌的产品。因此，这个公司雇用了相当多的销售人员去鼓励酒吧在它当地的批发商处购买饮料。

开始时，这种间接的销售方式被认为是一种很好的方法，但是在遭遇到成本压力后，高级管理人员希望对这种方法的开销和收益做出更正式的评估。有趣的是，在这个 CAP 例子中，鉴定间接销售引起的成本比鉴定任何相关的毛利都容易。如果在新的销售力量投放市场前已经进行评估，它可能已经监控了投放后来源于任何力量增强的销售级别的毛利。然而，这个公司并没有进行这个评估，同时它也不想试着将销售人员撤回一段时间，即使是地域性地撤回销售人员并对各销售级别上随之而来的下跌的影响进行评估。

进行一个有意义的财务分析仍然是可能的，这个分析不仅可以评价现有的活动水平，还有助于对应该用于此活动领域的资源的最适宜水平进行估计。这个分析的重要基础是公司要开发出一个模型来显示这种间接销售方式如何影响酒吧老板的选择，他们会购买哪种产品储存在他们的酒吧中。因此，这个销售过程第一阶段的成果将成为间接客户对产品的试验。随后对产品的购买主要取决于它的消费者的购买情况及这些销售使酒吧老板获得的相对利润的大小。此外，公司需要考虑间接销售人员在哪里以何种方式与这些间接客户进行持续的买卖。这个部分的总体表现可以通过比较不同产品在不同市场板块中的相关市场份额，以及这些间接部分与公司直接控制部分的对比来进行评估。但是，任何低于或超过预期的表现不必单独归因于间接销售，因为批发商——酒吧获得货物的真正来源——的动机和效率将对总的经营成绩产生十分重大的影响。

这就是为什么对于任何这样的分割分析，都应该清楚地识别出行动的目标，这样才能将实际的成果与这些目标进行比较。在这个示例中，间接销售的几个关键目标可以被识别出来，并被用来评价财务业绩。事实上，还可以通过评价这些主要目标的相对差别来比较不同级别的资源对财务的影响，所有这一切都在间接销售的控制下进行。

进一步发展

CAP 分析可应用于几乎所有的商业领域，在这些地方，主要的财务决策必须做出。但是在非常多的情况下，它被当成了一种常规的、例行公事的财务分析的一部分。这极大地限制了应用 CAP 分析所带来的益处。随着更便宜、功能更强大的计算机被用来完成种类繁多的分析，越来越多的公司将开始意识到远见卓识地使用 CAP 分析方法可以带来更多、更大的收益。

因此，如贯穿全章所讨论的，CAP 分析可以、也应该成为战略计划编制过程的一个主要因素。它能够突出指明新的交易战略重点的潜力，或可以突出被开发的新的销售渠道的潜能。作为一种战略计划编制工具，突出指明这种潜能的一个好方法是使用不同的定向政策矩阵，如图 6.6 所示。水平轴代表了不同客户群的相关客户的一致性因素。它应该通过客户的看法来进行评估，即当准备购买某种产品时（包括货物和服务）客户主要考虑的那些因素。

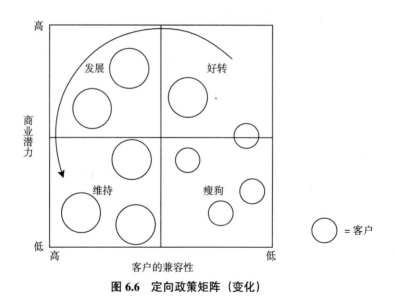

图 6.6 定向政策矩阵（变化）

这些因素将公司与它的竞争者进行了客观比较。关键问题在于公司的相对实力强度（如它主要的竞争优势）是否与它的特殊客户群相关。因此，如果一个公司已经建立了高大的品牌形象，并在产品质量和高级服务上拥有良好的口碑，那些正在寻求低价位、适量产品的潜在客户就是与之不一致的客户。

纵轴一般代表客户的交易潜力。这是公司目前还未获得的那部分交易份额，也就是公司必须去开发的交易潜力。圆圈代表个体客户，圆的大小代表客户的大小。将现有客户与目标客户按这个方法分类，公司就可以将它的资源按照战略计划编制目标进行分配。这也就可以确保资源被正确地分配给了每个类别的客户，客户的使用情况也可以得到适当的评估。

这很容易通过跟随一个客户的生命周期来说明，如图6.6所示。一个新客户应该具有高的交易潜力，但由于可察觉客户适应性，一开始的交易可能比较低（如右上角的盒子）。对这样的客户，最初的战略应该是通过将重点放在客户能看到的最薄弱的环节来改变这种适应性。这就解释了为什么对适应性的评价是至关重要的，要尽可能地从客户的角度客观地评价。否则评价结果是没用的，客户的战略重点也可能集中在完全错误的地方。这样做的目标是实现客户对公司看法上的"转变"，使之觉得公司是一个潜在的供应者。但是，如同前面第三章关于产品生命周期的讨论，一个客户的最初发展阶段应该被视做投资的一段时期。因此，通过对它与更成熟发展阶段客户的相关盈利贡献的比较，商家不应该控制这些客户的分类。应该通过评估在这个客户整个生命周期内可期望获得的总利润来做出最初的发展决策。在很多情况下，对客户的评价比对产品的评价更准确，因为公司可能已经拥有了交易了很多年的类似的客户。最相关的财务控制技术显然是现金流量分析，但是像前面所讨论的那样，这个技术不能被有意义地使用，除非可以在潜在交易关系发展时为客户建立实际的现金流量预测。

因此，对于这样的潜在新客户阶段，公司没有经验可循，因此不太可能建立任何这样有意义的现金流转预测。所以，评估结果变得更有决断性，但同时商家应该记住这也增大了此客户阶段的风险，因此利润必须要增加。

客户生活周期的下一个阶段是适应性很高（如客户相信这个公司是个很有吸引力的供应者），交易潜力也很高的阶段。高交易潜力意味着尽管具有高级别的适应性，客户与此公司的交易份额在其总需求中所占的比例并不十分大。因此，这个阶段的客户战略很明显应该是改善这个比例，通过这样做将剩余的交易潜力水平降低。换句话说，对所有客户采取较长期客户战略是将客户放进了一个高适应性、低交易潜力的盒子，在那里公司应该将客户盈利最大化。然而客户还具有发展和成长的潜力，财务目标不应该是最大化短期盈利，因为这可能会损害客户的较长期盈利。因此，适当的财务控制措施仍应该是按现值计算的现金流量，尽管现在适应性的改善可能意味着不再需要在客户身上进行新的净投资，并可能获取一定水平的CAP利润。这个阶段另外的对于市场表现的好的测度方法如同产品分析的方法一样，如份额的增加（这个例子是在客户总交易中所占的份额）。

综上所述，主要的客户策略是使目标客户与财务分析结果相一致（因为这应该建立一种竞争优势），然后去增加在他们总的潜在交易中所占的份额。这完成后，剩下的策略是维持现有的优势地位，获取实在的利益。在这个阶段，将客户的账户盈利作为主要的目标很明显是正确的，但是即使是现在，这也不应该被作为判断客户账户管理水平的唯一标准。关键的利润问题仍是用户关系的长期盈利最大化问题。客户能够将获得的财务收益维持多久，这个问题必须要考虑。

尽管毫无疑问，对任何产品的需求最终都会下降，但对任何个体用户或用户群来说，这个需求不一定会下降。客户的需求可能会随时间而改变，但公司可以调整它的产品以满足这些变化了的需求并维持它的客户优势地位。事实上，对于一些变化迅速的产业，这种灵活性和适应性可能是挑剔的客户在相容性层次方面考虑的问题。因此，客户由于适应性的降低而进入"基金"盒子不是必然的，但是具有竞争性的形势可能导致另一个轴上戏剧化的变化。对于"维持"盒子里的任何客户，公司应该非常认真地考虑它的竞争者将会如何制定它们的客户策略。其中的一些竞争者几乎将这种客户看做"发展"源泉，如客户被认为具有很高的一致性，但由于本公司的优势地位，竞争者只拥有客户总交易量的很少一部分份额。因此，它们的策略应该是努力去增大它们的交易份额，为此它们很可能不会考虑短期盈利所带来的暗示。如果本公司也同时在努力提高这个客户的盈利，整个客户账户就会处于危险之中。因此，即使是在客户需求没有改变和影响客户生命周期的地方，竞争环境的动态变化性也非常可能造成这样的改变。

在环境发生调整性改变的地方这些变化会非常明显，如正面临着工业私有化过程。通常政府希望将竞争因素引入私有化产业以保护消费者权益免受垄断企业的侵害。比如，对于电力产业，英国政府将发电划分给了两个公司。但是，可以通过改变立法来允许其他公司建立发电站（从而终止供电垄断），以及通过使大客户与生产者直接商定供应协议（而不是被迫从当地的销售公司购买）引进更重要的竞争要素。为了能更有效地在这个新环境中竞争，所有的供应公司都需要对它主要的现有和潜在用户的盈利进行非常好的财务分析。

源于私有化的一个类似的例子是英国电信（BT）被放置于一个更有竞争力的环境后正面临的问题。BT 公司在本地客户的电话服务业仍具有有力的垄断地位，但在全球服务业和长途电话业上正面临着越来越大的竞争。在 BT 私有化过程中所建立的规则下，BT 只被允许在低于通货膨胀率的情况下将其平均售价提高 3%。这里的问题与"平均"有关，因为 BT 公司正试图通过客户账户盈利分析证明它给予不同客户不同服务的价格是不合理的，因此一些价格应该下跌而另一些应该大幅上涨。毫无疑问，它的分析表明在面临竞争的地区销售价格应该下跌，而在其垄断领域产生的成本要求销售价格大幅上涨。结果，随着客户数量增加速度超过通货膨胀速度，交易费用趋于降低。现在，在客服部门内，BT 赞成租金成本的增加与相应的花费降低一致（特别是国内长途电话和国际电话）。这是一个正被战略性应用的部门盈利分析方面的清楚而强有力的例子，关于现有成本总体分摊给某个特殊部门的报告表明了这种操作方法的一些基础缺陷。

CAP 在应用了吗？

在考虑了 CAP 对大型垄断型公司的影响之后，通过考虑一下增长快速的小型公司中 CAP 的影响以结束本章，这可能很有意义。D&M 食品有限公司位于 Nottingham，是一家专业化销售和分销蛋糕的私有制公司。它最初成功是因为集中精力于较小的零售商（例如个体商店和小型连锁店，这些店有所有者直接管理），利用专业化产品给用户增加了相当多的价值。它通过发展自己的区域性品牌（Country Style 就是这样的品牌）获取了更多价值，正是这些品牌帮助公司培养了客户的忠诚，实际上它们都来源于本地面包店。这家公司的所有者和总经理 Mike Ato 在分辨和制定能取得成功的产品方面有相当多的技巧，不断扩大的产品范围是公司取得盈利性增长的关键因素。这个阶段公司在银行中存有现金，因为向供货商付款之前公司已经从用户那里取得了现金，并且这一时期公司的必要投资水平相对较低。这意味着公司的财务风险较低，但是经营风险相对较高。所有的产品都被 D&M 打上 Country Style 商标，那么任何单个产品质量上的问题都会对全部产品带来不利影响。其最主要的风险存在于公司与客户的关系，客户非常依赖 D&M 的专业知识和公司的送货人员，他们据此决定自己购买产品的种类和数量。当考虑到产品的季节性和保存期限时，这一点尤其正确。由于这些产品的自然特性决定了它们会给 D&M 公司带来存储变质的风险，实际上 D&M 租用零售商店内空间，并根据获得的销售收入付给零售商可变租金。

这是真实的，因为 D&M 有效地控制了零售商的库存水平，并且 D&M 高效分销系统决定了产品运送到零售商时能够保持它的保质期。此外，D&M 的品牌支持和定价策略影响了销售率，但是如果在产品的最迟销售日之前产品还没有售出的话，为了使自己利益最大化 D&M 应该增加存货以避免对品牌形象的潜在损害。因此，D&M 实际上在与它的客户进行一种剩货保退的交易，而且由于 D&M 有很多供货商，它就不能完全控制产品的制造过程。D&M 规模较小而且缺乏财务实力，因此它没有像 Marks & Spencer 那样的谈判能力，Marks & Spencer 可以将更多类似的经营风险转移给它的供货商。

然而，公司早期增长迅速而且很成功，因为足够的利润额补偿了高水平经营风险，较低的财务成本（低可变成本且没有债务融资）部分抵消了经营风险。Mike 雄心勃勃且渴望增长。他发现了对一种高品质蛋糕系列的需求，Danish 面包店正面临着这样的需求，他马上建立供应线将这种蛋糕引进英国，蛋糕经过调整与自己的专业知识相适应。Mike 的成功令人惊讶，同时这些新产品吸引了英国主要大型超市连锁店的注意力。当进行关于进入这一新市场部分谈判时，D&M 很快清楚地发现这些全国性零售商对 D&M 发展并支持的区域性品牌毫无兴趣。他们想要的是将这些产品标注他们自己的品牌进行销售，攫取 D&M 打品牌所产生的附加价值。他们还需要 D&M 的高效率配送能力，某些情况下要求货物分配到他们零售商店，或要求配送到地区仓库。由于客户不再依赖 D&M 产品和营销方面的专业知识，消费者更加成熟，从而引起了客户关系方面的另一种变化。事实上，他们认为 D&M 的销售人员只不过是运货员，因为他们相信自己拥有核心的专业知识来应对各种产品需求方面的变化。

D&M 承认这种新的分销渠道需要经营战略的巨大转变，而且自己会对这种挑战做出积极反应。产量的大幅增加要求更多的仓储空间和更加复杂的存货控制流程，为这些新客户的大型商店分配货物对于现有的小型货车运输队来说不太实际，这些货车是被设计用来进行日常小量运货的。因此必须采购新货车，因为对于这些新客户来说运输队作用特殊；公司引进了更先进的后勤管理系统和现场车库来改善运输设备的可用性。管理体系也需要改变，因为向商店配送货物要按照地区或全国总公司接收的订单进行。这意味着要向商店提供配货单据，同时要把相应的发票传送给总公司。但是，这些新客户需要月度性综合报告，包括每个月向各个商店配货的发票。一旦这个建议被接受，那么这种报告就会被用做付款的基础依据。过去，货车销售人员运送货物同时就会开具发票（他们控制着运送的货物，这种情况在预先订货系统中不会出现），而且大多数情况下他们可以马上收到现金。

不值得惊讶的是，这种新系统需要在计算机方面投入相当多的资金，而且存货控制系统和后勤计划方面也需要大量投资，虽然会计系统很发达，但是不可避免的内部时滞和附加复杂性极大地影响了来自客户的相关现金流量。不断的核账问题进一步推迟了接收时间，因为交易量导致供应商要求更快结算。结果公司同时变得非常依赖银行融资，因为它的固定成本基数已经增加。提高的财务风险和联合成本将会反映在部门利润率分析中，如果准备了这样的分析的话。这样的分析也可能突出，客户强大的讨价还价能力已经减少了经营利润，他们通过谈判获得了大量折扣。理论上讲，许多营销成本已经被消除，原来标有品牌的产品服务的市场上的营销成本已经减少，这些已经补偿了营销利润的降低。然而，这些新客户希望公司对配货反应迅速，为了达到这样的目的公司需要保持较高的存货水平，这也应该置于考虑范围内，还有技术方面增加的成本。

不幸的是，D&M 过分依靠综合财务数据，即使它在快速增长的关键时期非常表面化，而且日常经营中会变化。销售收入的增长等同于利润率的提高，但考虑到高速增长，公司现金方面的缩减是不可接受的。管理会计信息由回顾而产生，但是由于管理公司运营中的巨大变化产生的问题，这些阶段性财务报告在几个月内都不会编制，直到新的业务稳定下来、先进的电子计算机化会计系统被投入运用。

公司的确考虑了经营战略转变引起的综合风险，但最后得到一个结论，经营分析的降低补偿了财务风险的升高。这样的结论基于这样的事实，新的经营方式极大地降低了产品风险，因为公司不再以"剩货保退"的承诺为基础进行交易了。新的、成熟的客户不会在与以前同样程度上依赖 D&M 公司推荐存货水平，而且他们销售的产品都印有自己的商标，而不再是 D&M 的商标。因此，主要产品风险明显被转移给了零售商；结果，D&M 可以满足于较低的利润水平，或者可以通过提高财务风险以保持利润率。如 CAP 分析显示的那样，尽管有相当高的财务风险，D&M 的利润水平实际在不断降低。事实上某些主要账户正在亏损。

经理需要认识到的重要一点是，迄今为止使得 D&M 公司取得成功的关键性竞争优势与公司新进介入的市场部分毫不相关。D&M 最初的优势在于它能够发现并获取新蛋糕的能力，通过给这些产品标注商标将价值增加到客户身上，利用销售人员的专业知识帮助那些客户销售这些产品的小零售商降低综合风险。这种战略的基础使高附加值在主要关注市场中能够被清楚地区分出来。D&M 以前不是，而且也不必是，效率最高、成本最低的分销公司，分销本身是一个达到目的的方法。然而，在它最近介入的竞争环境中，D&M 对客户的贡献是发现产品并将其运送给客户的商店。所以，一个高效的分销系统对于新战略的成功非常重要，为了成为高效率分销商，D&M 投入了相当多的资金。

在短期内，这几乎肯定会导致利润率下降，因为在新系统引进、安装和使用之前，将产生分销成本和其他运营成本。这就产生了一个主要问题，公司增加对外部银行融资的依赖造成公司承担的融资风险不断增加，这些资金（例如银行透支、票据贴现、运输设备和计算机租赁）都具有期限相对较短的性质，如果银行觉得有必要收回这些资金，那么就会通知马上收回。D&M 必须保护自己剩余的竞争优势，即发现和获取产品的能力。很不幸的是，公司注意到 Danish 进口的只有一个供货商的产品，这样能够在产业中其他领域发生巨变时，使管理成本和运营问题最小化。

新客户数量的增加全部集中于这个进口新产品的领域，Danish 供应商认为它的业务对 D&M 的依赖显著增加。当 D&M 的银行采取关于供应商结算的可疑行动时，Danish 顺理成章地变得很谨慎。这一情况发生在 D&M 公开自己的销售收入显著增加但却缺乏盈利能力的情况下。回顾性管理会计说明，这种损失主要来自于小公司快速增长和变化产生的问题。不幸的是，公司不能立刻通过财务分析来说明大部分损失都是由一次性不可重复项目引起的，新业务会迅速进入持续盈利状态。

结果，在继续为公司提供支持之前，银行坚持要求公司改善安全措施；Danish供货商同意延长信用期限，因为它不愿意让 D&M 衰落。但是，Danish 的所有者因此要求更多地介入 D&M 在英国的经营活动。Mike 马上同意了这个要求。这种介入包括会见英国主要新客户，而且在 3 个月内 Danish 已经同意直接给主要零售商供货，完全绕过 D&M。这样 D&M 食品有限公司不可避免地走向了清算破产，因为它保留的业务不可能支撑新细分市场内产生的固定成本。

很明显，许多原因导致了这家公司破产，如果认为一个好的 CAP 分析能够阻止这些事情发生，这种说法过于简单化。但是其中一个主要原因是缺乏及时的相关财务信息，确定这个战略行动之前没有对潜在后果和风险做出正确合理的财务评估。当然，当战略目标包括进入新细分市场的行动时，应该为决策制定者提供关于新细分市场的财务影响的预测。突出这些隐含指标的最简单办法就是利用各自的利润率分析。这说明，如第四章讨论过的，本章关于 CAP 的大部分内容也都适合下一章的主题，比如产品利润分析。以不同主题重复讨论这些问题没有意义，所以下一章适当时候将就关于客户方面进行讨论。

第七章　产品盈利性分析

导　言

正如本书涉及竞争策略部分的前几章里所讨论的那样，商业经理们对分部盈利的兴趣近年来显著增加。最显而易见的就是在产品收益性分析领域。"产品成本计算"多年来已经成为成本会计和管理会计的一个支柱，而且许多公司已经形成了非常成熟的成本费用分配系统。然而，即使对于许多这样的财务上成熟的商业活动而言，应用一项基于决定的分析法来分析相关产品利润的观念，仍然是一种新的困难并将证明是许多经理们所要面临的难题。

财务分析技术用于这种基于决定的相关产品利润分析并不新鲜，然而令人感到奇怪的是，它最近才被引入大量的商业活动中，最近才开始形成和落实。这种现象的一种可能的原因或许是：在过去"并不激烈的竞争"中，利润总额足够高，每一种所售出产品的利润足以涵盖商业活动的其他方面的成本，并还余下一个可以令人满意的利润率。然而，这是极不可能的。因此，缺乏足够的财务分析将会导致一些高利润产品来补贴总产品范围内那些不成功的或者成本更高的项目。正如在本章稍后将要谈论到的那样，这种交叉补助可能是一种非常成功的长期战略，但它应该是有意识的管理决定的结果，而并不是预先设定发生的。

然而，在许多市场导向型公司里，事实是经理们仍然专注于利润/销量关系，并把这种关系看做是他们主要产品生产线在财务上成功的一项关键性决定因素。这种简单的关系如图 7.1 所示，强调了销量和利润之间的直接关系。当然，这是基于一系列完整的限定假设，包括要求每单位产品的出售价格保持不变以及有一种稳定的产品组合。最大的假设在于，如图所包含的销量范围内，固定成本保持不变，可变成本的变化直接与产量的变化一致。因此，所有的成本必须被分为两部分——固定成本和可变成本。虽然这绝不是不可能的，但是在利用这一技术时还需要另一个限制条件。很多成本性质的变化取决于所涉及的时间段，随着时间的增加，更多的成本变为可变成本。这就意味着必须根据恰当的时间表对所有的成本进行分类，这一时间表正是针对所考虑到的特定的决定而制定的。正如本书中已经多次提到的，财务资讯必须适应它所支持的具体决定的特殊需要。此外，商业活动不应该按照这样的利润/销量图表进行，但是这种关系应该具体地表现为不同决定有着不同的时间表。

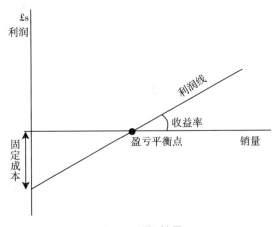

图 7.1　利润/销量

缺乏详尽的产品利润分析带来了另一个问题，即对特定市场战略决定的财务效果评估。如果认为经理们并不需要关于他们所提出的行销决定的财务效果的详尽资讯，而这些资讯涉及重新设置品牌、改变行销组合甚至发行新产品或者取消现有产品，这样的假设合理吗？这些基于销量与利润的假定线性关系的各种决定，对任何商业而言都会导致悲惨的结局。

因此，对这种市场导向型的公司而言，传统的观点认为只要销量维持在一个适当的水平，产生的收益将自动涵盖固定成本，并产生一个令人满意的利润率。这种观点将不再被认为是一项可接受的、正确的长期行销战略。公司所需要的财务资讯既要有产品组合变化带来的影响方面的资讯，还要有如果推出新产品或撤销现有产品，会给总成本带来怎样改变方面的资讯。此外，选择性的传统产品成本计算应用也被证明需要在当今的竞争环境中做相当大的修改。一些公司已经是，并且仍将是更多地以科技和产品为导向而不被市场战略所驱动。在这一类型的公司中，产品售价通常是根据成本核算而设定的。这通常需要通过应用一套成本计算体系确立直接成本，然后增加对管理费用、出售行销、分配及利润等追加一个津贴。

从历史上看，许多长期合同都趋向于以这样一个成本计算为基础而签订，但是很明显，这并不是客户们最感兴趣的。不仅客户承受着与计划成本超支联系在一起的所有风险，而且如果利润成分只作为直接成本或者总成本的一个百分比被包含在内，一旦计划成本确实超支，供应商则会获得更大的利润。几乎没有一种巨大的刺激能够使得计划成本保持一个最小值，在某些情况下，当所有管理费用，连同利润都被当成直接成本的一部分时，这一问题会恶化。在大多数行业里，客户们已经意识到这些关联在一起的问题，并已经开始调整这类合同签订的基础。

在许多行业，成本加利润计价法不完全也在很大程度上已被固定价格合约所取代，当然后者完全将超支风险转回给了订约者。计算机产业就是这样，供应商将许多已建成即可交付使用的项目以固定价格确定下来，尽管协议指定计算机系统要有一些严格的甚至尚未达到的性能参数，这显然改变了投标这类协议的那些软件和硬件公司的商业环境，协议人不再是简单地按项目咨询数向顾客收取费用而把硬件花销单独开账，他们现在需要一个很成熟的项目预报系统来辅助建立投标价格，该系统必须准许对于关键条款的灵敏性分析，必须包含一个承受风险的利润杠杆，该杠杆将根据相关风险的估计水平具体到每一个项目中。成功投标的实施期间，财务控制系统也是公司盈利的一个关键问题，在此造价协议环境中，缺乏财务控制，正如前述许多先前成功的软件公司所经历的那样，对于公司的长久生存具有灾难性影响。这也例证了管理会计系统要调整应对商业环境的巨大变化，而不管这种变化的产生是由于公司、竞争对手、供应商或客户的竞争策略的改变，还是由于其他外部影响。

这一变化很显著的另一领域是国防合同，尤其是英国政府。历史上，这种工作的完成大多以成本为基础，但到20世纪80年代，一位新防务上任以后，这种状况得到了改变。许多防务合同变成以固定价格为基础，而那些保留变动价格的合同大多数要受更多严格的条件限制，包括对于管理费用的可接受水平进行控制，该费用从项目中收取，甚至可以扩展到指定合同所用劳务的薪酬，结果消费者与供应商间的商务关系变得更像大多其他行业那样了。然而，这种变化造成了一些大型军火商的剧变，在以后的几年里，他们必须要引进最新的管理会计预测和控制系统，并提高其管理技能以恰当运用这些系统。

所以当前很少有领域应用成本定价系统不冒遭受客户或竞争者快速而严重制裁的风险，事实上可以说今天只有一家真正垄断型的供应商可以考虑这种价格策略。

即使对于一家垄断供应商，这种迟钝的价格策略也可能是灾难性的，因为这种成本基础的出售价格会极大地影响不同产品的售出数量，从而对总体盈利产生影响。产品或技术战略本身不是问题，问题在于这种战略需要市场上的认真操作，简单回顾一下Ansoff矩阵，如图7.1所示其可称之为市场开发战略，为使之获得成功，企业应具备提升竞争力的特定技术，或者控制某种产品特征，比如包括于某品牌之中，这得把现有的产品和新的相关产品推广给新的客户对企业更有利，而非试图向现有客户推出完全不同的产品概念，这种战略显然与前一章所讨论的客户战略相反，这就表明了决定分割客户还是集中客户的首要原则，甚至公司的战略动力基于产品，CAP分析仍然有助于对商品出售的不同市场部分进行资源分配规划，但战略规划的主要方面将在于关键产品及其相关竞争优势的未来发展上。应记住，影响这些两者择一的分割决定不能基于相同财务分析，因为与一个客户群直接相关的东西也许并不与卖给客户的每一件产品直接相关；反之，亦然。

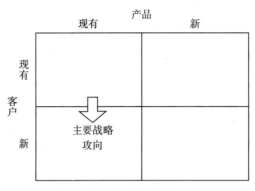

图 7.2 现有产品价值的最大化

直接产品盈利能力（DPP）

影响成熟产品盈利分析发展的背后主要动力，毫无疑问地来自那些产品主导型企业，它们要求把这种分析作为一种主要的营销工具来扩大它们的客户基础。Procter & Gamble（P&G）公司，一家总部在美国，拥有大批知名品牌产品的消费生产型企业，通常被誉为第一家将产品盈利分析从内部的历史考查转为一种集中于外部的前瞻性战略营销工具的公司。该战略的基础是对于市场和外部商业环境变化的清楚了解，P&G 公司的产品主要通过零售商卖出，而此时，美国的零售业正经历一场给予主要零售商更大谈判权的运动，消费品和普通消费品种类和系列的快速增长也给零售空间即商品发布渠道的获取带来了巨大压力。

显然，作为一家快速消费品生产厂商，如果顾客在购物时不能找到其产品，则厂商花费大量金钱做广告以使人们形成对其产品的认识和需求就是毫无价值的了。对于这样的公司而言，主要零售商那里的有效分发是其一个关键的成功因素，但大型零售商正变得越来越强大和老练。P&G 公司正是利用这种老练同零销商争论购买、存贮、陈列它的产品而非其他供应商产品的好处，这样做的效果可用洗衣粉为例来说明，这种产品的市场在全球范围内由 PS 公司和 Vnilever 通过它的子公司 Lever Bros 来主导。

对于一个零售商来说，洗衣粉或许被看做是一种可怕而必要的东西，它们必须被存贮起来，因为它们是消费者的必需品，但它们占用大量空间且产生相对较低的收入，因为其单件产品售价低（如果拿体积小、售价高的剃须刀与洗衣粉相比较这一点就显得尤为确切）。结果，像 P&G 这样的公司就存在这样的风险，即零售商可能会试图把留给洗衣粉的货架和仓库空间减到最小，这将导致存有更少品牌或货架上陈列更少产品或两者兼有，这对一家市场型公司是灾难性的。因为有效的零售渠道的缩减会降低其他营销努力所创造的价值，P&G 公司的对策是对其自己的和竞争对手的产品进行细致的相对产品盈利分析，但这种分析不是从其自身角度，而是从零售商角度做出的。其目标在于证明其产品是零售商的主要利润贡献者，从而使零售商不再以为其产品无吸引力。

为达此目的，这种分析必须将盈利性与零售商的一个关键成功要素联系起来，而这将意味着零售商有限的柜台空间，所以要计算出每件产品的销售收入与成本，并将其表现为产品所占用每平方米货架的贡献，现在这种分析已变得更加复杂精细，因为盈利贡献与产品所占用立体空间联系了起来，如果产品较小，则零售商可以增加陈列架上的柜架数。在这种分析下，产品销售收入，正如直接的产品购入成本便会是很容易得到的东西。

即使这种比较分析限于产品总贡献，它仍然是有价值的，把每种产品的总贡献水平与其所占用货架空间联系起来，会突出各种不同商品销售量的差异。这样，像洗衣粉这样的产品，单件产品贡献小，却具有相对较高的销售量，其每平方米架位的贡献水平也相对较好。当然，如要得到许多不同领域产品的对比结果（不但要考虑其他成本所属问题，还要记住的是，这种分割分析集中于系列产品的相对盈利性，所以它会注重那些在不同产品间变化的成本方面，包括产品订购、运输、存贮、陈列、零售商付款方式，以及制造商营销、促销价格）。

如图 7.3 所示，如果一种产品的销售率和处理简易性证明其所占用单位空间产生的总贡献大于另一种高价却难销售的竞争产品，则相对比较可以很好地凸出一种低差价项目。第一次引入时，产品盈利分析具有重大影响，很自然地零售商自己会采取这种分析，并结合其更详尽的对于成本差异性的内部知识将这种分析应用到他们所有的主产品系列中去，很多咨询机构也采取这种分析。之后用到其他制造商身上，它也被广泛用做一种有效的营销工具，通过中间商渠道出售商品的各企业都这样用，而中间商十分关注其自身的总体可盈利性，突出自己产品的相对利润贡献优势有助于引导中间客户关注其诱人的竞争优势，这种技能现已得到很好的展示，并可以通过裁制软件包得到应用，这种软件包可以从该领域的咨询人员那里获取。由于明显的理由，人们认识到这种方法就是直接产品盈利即 DPP。

许多企业现在结合其 CAP 分析使用 DPP，以告诉消费者购买它们整个系列的产品比只选择顶尖的几个品牌更有优势。如果客户购入包括新发布产品在内的整套产品，则适当地给予额外打折，会使这种策略得到加强。这是基于一段指定时期产生

零售商分析	产品 A	产品 B
单件售价	200p	100P
购入成本	<u>106p</u>	<u>90p</u>
总贡献	<u>40p</u>（20%）	<u>10p</u>（10%）
单件产品所占架位	20 sq cm	100 sq cm
所以，售出单件产品单位空间贡献	2p/sq cm	0.1p/sq cm
但将其他相关因素包括进相关分析会，改变这种情形		
比如零售商所投其他直接成本		
每件产品	10p	1p
单件产品修正后的贡献	<u>30p</u>	<u>9p</u>
每条产品线的总架位	1000 sq cm	2500 sq cm
每周的售出量	50	500
所以，修正后的每周单位架位贡献	$\dfrac{30p \times 50}{1000}$	$\dfrac{9p \times 500}{2500}$
	≡1.5p	≡1.8p

图 7.3 相关产品盈利性比较

的销售收入而给予打折的逻辑变化形式，它也应当被仔细评估。问题是打折往往是针对于一个客户的民用工业交易，而不仅是增加的交易结果，如若系列内产品净贡献差异相当大，则产品集合意义就大了，对于全部库存实行额外打折通常有利于创新型企业。企业总是定期开发新产品或现有产品的辅件，打折可用来保证产品发放后马上就有关键的大批量分销，这样发布广告才不会因为缺少有效的分销而浪费，如果只给主流客户打折，而这些客户很可能影响剩余潜在客户的购买决定，则其成本效益就更好了。从这些意见形成者那里及时获得新产品的发布渠道几乎可以保证一大批其他人的初次订购，显然如果新产品并不接着通过这些发布渠道卖出则许多重复的订购就不大可能。

产品盈利性分析，尤其 DPP 的外部应用有力地证明了其战略价值，而这种技术应用于企业内部同样具有巨大价值，然而它的内部应用会引发一些有关产品本质，尤其产品与品牌差异性的有趣问题。

产品和品牌

市场营销领域有一条十分著名的格言："产品有其生命周期，而品牌之树却能常青。"它阐明了经营得很好的品牌能将其独具一格的特征形象从处于衰退期的产品转移到新的产品中来，从而大大超越了原来的产品链并延伸了产品的生命周期。至于这些单个产品能否无限地延伸生命周期，我们将在第十四章中提到。但是这个格言仍然为所有需要在其战略计划和决策中严格区分产品和品牌形象的企业提出了一个重要的问题。对于那些战略推进被集中于运用现存的产品和技术来进行市场发展的企业来说，主要的竞争优势是来源于某种特定产品和它的功能属性，或者是来源于产品群树立起来的品牌形象，这将给它们的战略执行带来明显的区别。这些对企业商业战略推进的暗示将会毫不令人吃惊地给企业最优战略管理会计系统的设计和执行带来重要的影响。而这个系统必须把焦点放在企业的首要驱动力是来源于产品还是来源于品牌上。

一个清晰地说明这种区别的例子是品牌的名字和企业的名字是一样的，从而顾客自然而然地把两者联系起来。在一些案例中，这种做法通常是为了最大限度地延伸企业在一个单一品牌定位下所经营的产品范围（正如在前面章节中提到的 Marks & Spencer 案例）。结果，只要单个产品从属于主要品牌的特性，其对于整个企业战略的重要性就会越来越小。但在大多数的案例中，事实上主要的竞争战略都是为了充分利用良好经营的客户基础，去最大限度拓宽所售产品的范围。

在这些战略的起始阶段，新产品通常和现有的产品群是紧密相关的，这样一来品牌和产品之间的联系在消费者心目中就会被辨认得很清楚。随着品牌形象更好地建立起来并变得强大的时候，就可以在现有的消费者能够辨别的产品群基础上扩展产品范围，这样利用品牌形象识别的持续力量就使得顾客保持对新产品的忠诚度成为可能。这一举措被一些大的零售商有效地运用了，它们投入大量的资金来对品牌形象做广告宣传，而不是对某种特定的产品做广告。结果，消费者就会购买在零售商的"品牌"名称之下的一系列范围的产品，因为他们对这个品牌形象寄予了质量价值等方面的持续期望。在所有的竞争战略中，有效的财务评估是至关重要的。这些企业品牌形象的战略性高级决策往往需要在财务上进行评估；评估的主要对象是顾客忠诚度的提高带来了多大程度的附加价值，或是顾客购买量的提升程度（主要通过原有产品群及新增加群两方面来实现）使利润率将得到提高，这点在第五和第六章已讨论过了，因为品牌形象战略的结果使得零售商有了更强的议价谈判能力，使得供应商降低身份仅成为原产品生产者的角色。这样的企业品牌形象定位战略在高科技及时尚消费品领域有巨大的价值，因为这些领域单个产品的生命周期很短，从而在新产品问世期间为获得消费者的注意力和有效地进行分销而进行大规模的营销投入并不是最经济的做法。

那种以顾客为导向的战略普遍地存在于正在利用企业品牌形象的企业，它还可以适用于电子领域的公司，例如索尼，仅仅基于一个单独的品牌定位，却经营着产品线十分宽广的消费电子产品。这种战略甚至还可以适用于品牌名称和企业名称紧密联系的汽车产业，如宝马和福特已经超越了单个的产品而成为独具内涵的品牌。随着消费者的成熟和经济状况的好转，它们应该会考虑从 Fiesta、Escort、Sierra 到

Scorpio 等档次较高的品牌了。不幸的是,这个涵盖全面的品牌也有自身的局限性。因为它限制了公司投放与原来人们普遍接受的牌子不相符的产品。这点可以解释某些战略的收益,如作为新产品推陈出新最快的(尽管不是最便宜的)福特的高档次的美洲豹销售就被看好。这样的战略收益的金融评估明显具有相当高的重要性。特别是对那些待价而沽而又模糊的主要资产,如品牌,更是这样。如果后期的收益不能预见,那这样的一种无形资产的可实现价值可能会比原来的购买价低很多。如果比起所付的,这桩买卖对买者意味着更多,那记住收益仅仅是经济上的评断也是相当重要的,大多数品牌收益中,附加值会要么因低于已有品牌价格出售的系列产品,要么因该品牌的市场扩张而产生。明显的,购买者要能意识到潜在的附加值就要求该产品或其市场具有一定的竞争优势。在福特美洲豹身上,潜在的附加价值是通过两条路实现的,即靠投放一种小型车来延伸美洲豹系列使福特在增强引擎、扩大容量的生产专业化变得可能,它的全球市场影响和金融增强可能使得福特扩大现有美洲豹车型的销售量。尽管这样,其中的每一步骤也因为福特花了大笔钱且可能改变现有美洲豹的地位而具有高风险,因此这方面的争论不断。高风险就需要相应的高回报,这在金融评估中也是适用的。

因此,公司必须考虑与发展现有品牌以外的产品相关的风险,尤其在现有品牌十分强大且易于识别的情况下。如果美洲豹潜在的顾客察觉到一些车就是"真正的福特",他们是不愿意继续付出当前商品价格以外的费用的。如果 Ferrari 的顾客察觉到他们正在购买非常昂贵的 Fiat,那影响将更具戏剧性。相反,这个争论在梅赛德斯-奔驰上也有体现,作为一款尺寸稍小的豪华车,它的 190 系列投放应该已经受到关注,应该对它同系列更大、更贵的车型产生相反的影响,但实际上却没有。

这种重要的财务分析是一个明显的阶段盈利的战略作用的例子,但它使公司对这样一个战略步骤的财务影响的评价能力转移到了它现有品牌的价值评判上来了。对许多因不能掌握足够有关自己品牌当前价值的信息而言,这是较困难的。其结果就是对评价它的战略主动性的财务影响十分困难。在英国会计行业,准确地说,是在会计行业公司和为大市场主导型公司工作的财务经理之间,关于品牌资产及其价值的问题最近成了热门话题。但不幸的是,这个集中在品牌资产是否应该算在这些公司报表的问题已经完全偏离了战略管理这个重点。无论品牌资产是否包括在外部财务报告中,管理者都有必要考虑这些重要财产相关的内部财务效应,这样营销资产的评估就不应被视为一种完全为了外部消费的活动,而必须是内部战略规划程序的有机部分。这种评估的实施可使用常规的财务技术,比如未来现金流折现法。笔者已经在一本专门讨论品牌价值的书中全面探讨过种技术。

许多会计人员表达了其对于企业是否有能力区别品牌利润与现金流的担忧。换句话讲,拥有品牌产品,挣取回报,才形成"品牌"价值,而不是使用相同固定资产程序下产生的非品牌产品所形成，显然这种评估是复杂的，它需要相当多的管理判断，因为品牌增加企业回报的方式有很多种，这样便可以获将溢价，而不丢失市场份额，或价格相同且有更高的销售量，不会有碍品牌忠诚的形成。然而，许多其他战略管理会计问题也很复杂，且所有会影响未来状况的决定都需要相当的管理判断，所以必须要解决这个关键的问题。

事实上，评估战略决策对于品牌的财务效应有助于弄清品牌的定位及其增加的真实价值。

品牌创造高价值是因为它通过广告、促销等用来开发支持品牌的活动建立起一系列具体的属性特征，第四章讨论了区别发展营销与品牌维持的概念，后者只需保持品牌的现有属性。但这些变化的品牌特征已被学术界和主流营销公司开发得更为深入了。这样，许多公司的营销战略将会具体到要提高品牌的某些特征，如客户意识或有效发布途径。不幸的是，大多情况下，对于这些具体而易监测的营销目标的财务评估并不存在，营销支出的效用简单地用短期内利润和现金流的总变化来测量，因此当然可能与这些具体的长期营销活动毫不相关。

Chernatony 详细地分析了品牌资产的各种类型，指明了应该用于品牌营销战略规划的五个关键因素，相似地，这些因素也可用于评估营销决策的财务影响。如果一家公司不能确定什么品牌属性有助于提高其创造"超额价值"的能力，则事实上这种品牌就不可能创造这种超额价值。同样完全肯定的是，它不会增加价值，因为公司不知道需要什么营销手段来维护或开发现有的品牌属性。在早期与 Cil McWillian 共同进行的一项研究中，Chernatony 把品牌特征分为两大类——功能型的和象征型的，一个纯功能型的品牌由其产品的物理属性和实际使用性能主导，而完全象征型品牌可以认为人们买下它是为了表达他们的生活风格或自我形象，而不是为了任何特别高的实用价值，这些品牌特征可用表格清楚地描述，如图 7.4 表示。

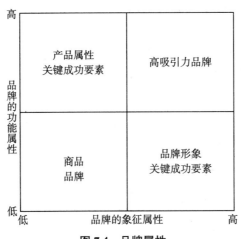

图 7.4 品牌属性

该模型表明一些高吸引力的品牌既是高功能型的，又是高象征型的（Rolls Royce 汽车符合这一种类），这些品牌的合理营销策略是要通过加强产品质量和高端市场的独特形象来建立或维护品牌。品牌实力所支撑的高回报定价，不仅仅能够完全补偿产品生产和确定地位所投入的超额成本，某些市场部门里的许多成功品牌，其品牌象征特征比产品实际功用性更为重要（其功用可能不比市场上现有的其他产品好），这种分析可运用于许多奢侈品品牌，比如香水、酒和其他饮料，个人装饰品等，这些产品的营销策略是通过仔细定位品牌形象来维护和加强其象征性特征。

如果有助于加强品牌象征性，或许会有必要限制对这种产品的接受购买程序，当然也有可能使用一种品牌策略既基于其象征性特征，又准许批量销售。一个典型的例子也许是印有某著名俱乐部、国家队或优秀运动员同意的照片的运动服，这种品牌售价高、销售量大，这不是由于其功能属性，却是因为它象征着穿衣者对其特定代表队或英雄人物的认同。

这种大量消费的象征型品牌可以通过规则地改变产品外表，不断产生新增价值。比如，一个优秀足球队至少每 3 年要换一下其服装的设计样式，这将导致其支持者产生对于这种新象征形象的大量需求，产品的功能属性变得次要了，而在许多运动休闲装的情形里，人们却不是在其最初设计的背景下使用该产品（比如人们在普通场合里穿着运动衫和运动鞋，却不是在激烈的运动项目里）。

从财务上看，强象征型品牌通常要有大量初始投资来建立品牌形象（比如公司要付给体育巨星一大笔费用，请他认可公司的产品），最初的投资可通过高价销售形成的高额利润而得到恢复。如果形象不成功，高额的原始投入就会丢失，而象征型品牌在其发布之时，就可以为是高风险的策略。同样，由于主要投资于品牌的象征性联系，公司最好常规则地改变产品，以便那些带头的先锋派总能分享到新的样式。当前几家主要品牌鞋公司（Reebok、Nike、Adidas 等）的运动鞋产品就是这样，但是产品营销和快速更替的联合成本已经严重威胁了该市场上许多公司的可盈利性，这种情形不因产品售价很高且不断上升而改变，针对该产品生命周期短问题的一个关键财务评估技术在于产品革新增加投资（包括营销发动的支出）的回转期。许多情况下，该回转期长于先前进入市场的几种产品的生命期。

强象征性品牌的另一个策略是通过扩大产品系列来对付最初营销支持的巨额成本，如前所述。这看上去很合理，因为现在具体的产品属性对于品牌的持续成功已变得次要了。然而，每次用品牌形象去支持新产品或一种替代性产品（最初产品已到其生命周期的尽头），产品形象就有被破坏的危险，而这会降低其价值。第十四章又一次讨论了这一问题，但这种风险在扩展强象征型品牌时小于在扩展强功能性品牌时，加入到功能型品牌的所有产品应与最初产品组合的现有产品属性相符（比如具有较高金钱价值），这会限制产品可扩展的程度，但仍有一些成功的象征型品牌与其最初产品毫不相关，或最初产品不存在（奢侈品品牌，Dunhill 属于这一类，它最初是一种上流香烟品牌），不足为奇的是，强象征型品牌多为消费品。

模型中的问题是有些产品象征性低而又没有较强的功能特征，这完全是一种商品型产品，很难说多大的营销支出对这样的品牌是财务合算的，不可能从其投资中获得丰富的回报，重要的是企业要经常从这种属性角度审视其品牌，因为考虑到已为该品牌建立的具体营销目标，它既突出了营销战略的类型，又突出了所需要的营销支出水平。

目前为止，具有高功能性特征、低象征属性的品牌，还未被详细论述，这些品牌的成功取决于其品牌形象下产品所产生的"使用价值"，所以任一种拥有许多产品系列的雨伞品牌若要成功，就必须使组合在一起的所有产品具有相似的一系列功能特征，这使得我们能够将品牌种类与品牌产品放在一起进行战略管理会计的考虑。

产品属性

为商品设计局部收益分析时，首先要明确的问题是产品的组成成分。例如，很多公司可能会把相同的基础产品包装成不同型号，然后以不同的品牌出售，而每一品牌均为其客户提供了明确的价值定位。这时管理层需要做出决策，即收益分析是对构成产品的所有元素进行归类分析还是作为独立产品分别加以分析。

大多数情况下，如果管理层能回到产品收益分析的最初原因上来，这一难题就很容易得到解决，而对原因的分析有助于战略计划和资源分配决策的制定。这些原因表明，产品的定义是由以产品为基础的各种决策决定的，而决策的制定是企业当前和未来都需要考虑的事情。这样就将产品归入一个层级结构中，每一层级对财务信息的要求也不尽相同。举一个详细的例子来说明这一点。

消费品公司的一个分部生产多种食品，它们通过多种分销渠道进行销售，例如通过零售、批发、餐饮类或工业企业进行分销。在它们生产的产品中有一大类叫做脱水速溶土豆泥浆（IMP）。这种产品是定位为两种品牌，然后通过零售商完成销售的，但也可以将其供给某一主零售商，然后包装成零售商自己的品牌进行出售。对于所有不同的终极衍生产品来说，最开始的生产过程很大程度上是相似的。这一过程由下列步骤组成：先对未经过加工的土豆分类，然后让其通过蒸汽削皮器和一个持续运作的炊具及磨碎机，之后进入晒干和脱水程序，最后剩下低湿度的土豆粉。在这一步骤中激光处理的分级度取决于产品的最终形式，所以不同的附加物就被混合进入特定的产品并且会有个质量分级的过程。这种高价位品牌通过一个凝练喷射过程形成小片的干土豆，对消费者更具吸引力。很明显，一旦程序不同，即使在执行分离程序前基础产品有共同的储存器，产品也需要分开储存。因为面粉需要保持在氮充足的环境中，因此这种大型筒仓存储就相对昂贵；脱水的土豆会从空气中吸收湿气，无须惊讶。

产品的包装也进行了细分，但不是针对附加物的类型或者产品的类型来进行，而是包装的型号和分销渠道限定了包装的形式化和使用的程序。因此，如图 7.5 所示，不同散装产品要经过一系列的包装过程，这些过程会包含在产成品目录中。通过这一系列的包装过程会生产出各种产品，即经过相同的基础程序的各种脱水速溶土豆泥浆。然而，这些产品会进入不同分部来完成不同的程序，这些分部的具体功能是不同的（例如营销和分配功能），但是程序的不同是由不同的分销渠道来决定的，产品通过分销渠道传送或者定位为特定的产品直接进行出售。一些产品群，例如零售商自己的品牌，仅通过一个分销渠道甚至可能只是渠道的一小部分（例如分销商的商店）进行销售。其他特定产品，例如经济规模价值品牌，通过两个不同的分销渠道出售。某些情况下，规模上相同的产品可以采用不同的包装来满足不同分销渠道的特定需要。

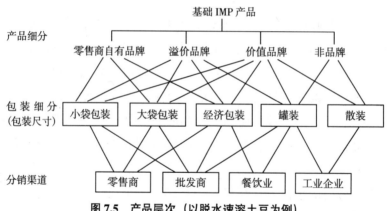

图 7.5 产品层次（以脱水速溶土豆为例）

对于多种共享资源来说，产品收益分析设计的有效性和结构性显得尤为重要。如果做不到这一点，管理层通过分析产成品贡献报表，可能会做出错误的决定或是停止某一产品的生产或是增加分配到其他生产线上的资源。某些商业决定的采纳不仅影响到品牌资源的分配，甚至会影响到品牌的包装大小。例如，是继续生产三种包装大小不同的产品较为经济，还是放弃小包装的产品？另外，别的决策还会影响到混合产品的包装模式，例如市场上保持两种独立的品牌定位是否值得，如果合二为一又会对公司的财务状况产生怎样的影响？而这些决定可能会关系到生产 IMP 或者存储不同的产成品和半成品的能力。为了对所有这些决策提供财务支持，部分产品收益分析必须在相关的水平上执行。但是，随着上述过程的具体化，归集到产品上的成本越来越少。例如，在整个 IMP 产品水平上，大多数的生产成本被细分到产品组上，但是很多生产成本是按照产品的包装大小进行归集的。如果产品成本相关部分没有含在产品收益分析里，那么很显然，从产品的销售中就可以看出一个错误的归集。成本分配的某些形式需要把原材料和其他非直接但是多样化的生产成本分配到产成品上。第一步是把生产成本分配到各不相同的基础过程中，之后是从企业的生产和包装地中划分出来。需要明确的是，这样一个分析的步骤需要管理层做出很多判断，因为企业的成本不会恰好归入图表中的各个小方块。

　　如果将全部成本归集到产品上，就需要为成本选择合理的分配基础。之所以要这么做，其目的是需要明确的，不仅仅是为了账务处理得漂亮和干净。其目的是帮助稀有资源分配到各种可行用途上。举一个典型的例子，即机会成本概念的应用。这个概念意味着分配的基础要反映出对稀有资源的合理使用并且需要明确有限的因子要运用到这些关键的资源上来。所谓限制因素，当然，首先是制造这些稀有资源的要素。因此，把这个逻辑放到 IMP 这个例子中来，基本的生产过程就局限在能够生产多少以吨位来计算的脱水土豆上来。如果以吨位计量是关键的限制条件，那么基本的生产成本就应当全部以吨位来进行计算，这么做就可以一致以吨位来计量 IMP 产品的成本。根据有限因子的概念，成本进一步得到了推广，随着后续特定生产过程的进行，成本进一步得到分配，基本生产成本也在这个过程中得到了累加。

　　在这个例子中，生产成本开始是以重量为单位进行计量的，因为关键的限制因素是生产的产量，并且出售的产成品也是以相关的单位来计量的。但是，不同成品的生产过程会生产出不同产量的产品，这时吨位就不再是一个合理的分配基础，而是一个动态的计量标准。这种情况是可能出现的，如果不同的 IMP 产品有不同的潮湿度，那么干燥过程的时间是由留在面粉的期望湿度水平来控制的。造纸业也是这样，即在给定的造纸机器上生产面巾纸或厨房毛巾（在重量谱相反的末端处），这两种方式会生产出的产品重量完全不同。具体讲解见第十章转移定价内容。我们需要一种新的、不同以往的成本分配方法，其出现至关重要，否则那些质量大的产品的很大一部分将归入到间接成本中，而这种归集并非合理。就像在第十章中解释的那样，对于这些不停转动的变数输出机器而言，通常是根据生产不同产品的必要时间来分配间接成本。

　　返回到 IMP 这个例子中来，基于限制因素原理的成本分配仍不能为潜在决策提供合理的资金投入。不论计算时使用的是真实的历史数据还是预测计划信息，根据吨位化的生产来分配全部的生产成本不可避免地会出现每吨位平均成本这个计量标准。因此，平均成本并非是相关成本，应将其归入决策分析中。例如，如果因为干旱，市场上待再加工的本地土豆的供应越来越少的话，当地原料的价格就可能大幅上涨，这种情况很常见。结果，这家企业就需要具体的财务信息来应对这一重要和潜在的成本压力，而这种情况之前是没有料到的。

一种方法是从别国进口 IMP 散装产品，这种方式的可行性要进行资产评估，其通过比较出口产品的运输成本和选择在本土生产需要增加的成本来进行。但如果 IMP 大量从国外进口，当地的企业就可能会暂时关闭或者采取短时工作的方式。这一点我们应纳入考虑范围，同时只有通过减少当地生产这种节约成本的方法，才包含在我们所说的比较中。因此，如果劳动者签了合同，即使他们被解雇，通过这份协议也可以保证在他们的工作周领到薪水，而全部的工资成本应在决策时被看做是固定成本。就像之前提到过的，固定和变动成本的分类是根据讨论问题的具体时间尺度来确定的。

另外，企业可能会把增加成本后对不同产成品的相关影响考虑进去。为原材料选用最新预算成本重新计算产品分配很容易证明这一点。一些低档新增价值的产品（例如产业销售）对当前出售价格起到反面贡献的作用，而高价值的品牌产品可能对更高预测成本贡献不大，但它仍起到了积极的作用。这项财务评估表明，在产品短缺阶段，短期内重新分配高价产品是可行的，但这项战略决策要考虑到短期决策的长期影响。拿一些产业合同而言，企业可能负有长期的合同责任，因此企业不能简单地做出停止供应这类的决策。而顾客可能会很直接地意识到购买替代品所增加的成本（例如自己做饭用的土豆），因此就容易重新商讨出售价格，使大家对原材料成本的增加达成一致。作为企业品牌管理者，他们可能会非常关心持续性、增长性以及在土豆短缺阶段其品牌产品的供应情况。如果替代品价格高，新顾客尝试使用本产品的比例很可能会提高，同时已知的顾客群使用量也在加大，这种情况很常见。这时当短缺情况结束时，品牌的定位随之提高，同时高水平的持续销售和顾客渗透也随即出现。因此，商家应该评估发展市场战略的长期意义，而只在原料短缺时增加售价的短期成本，甚至去买那些很贵的原料，而这些原料本可以薄利出售。

需要再次强调的是，企业的产品获利分析要能够使全面的财务信息支持企业的决策。用一个很好的例子证明这种过程是如何运用到企业的分配领域中的。在绝大多数企业，分配成本（如运输和储存）从短期来看，部分是固定的，部分是可变的。两者的权衡取决于这些重要商务技术支持功能的内、外部条款的水平。如果企业拥有并可以管理自己的运输车辆，也可以管理自己的仓库设施，分配成本的大部分就可能是固定的，而不是在一个可变的基础上（例如在一个固定期间没有签订一个保证合同）寻找外部供应商来购买这些产品。但是，因为企业的全部成本依赖于数量或是发货产品的重量，分配成本应包括在产品收益分析中，而多种产品间成本分配不同，这种现象是很常见的。

在 IMP 企业，为了提高产品的保质期，零售包装常常填充氮气，这种方法极其普遍。所以产品看起来体积很大，但是以重量来计量运输量的，同以容积计量相比，这么做并不是很划算。每个毛毡上 25 公斤的包装袋装有 40 个产品，这种形式看起来更加有效，因为利用了运输便利性这一点。同样的情况也出现在食品包装业，产品用箱子来进行打包，每个箱子中装有 6 个罐子，而每罐含有 5 公斤的 IMP。为了分配方便，每个毛毡上堆了 40 个这样的箱子。

　　同体积相比，这种以重量来计量的固有差别意味着以吨位为基础的产品运输预算的分配并不是没有缺陷。这一过程对质量较大但是包装更有效的产品而言将会产生负面效应。而且，通过毛毡和时间存储的结合将仓储成本简单地归集到产品上也是不可能的，即使这是存储花销导致的结果。因为某些操作的原因，公司有时将产品包装成罐装形式来缓解散装存储的压力，而散装存储同具体的盘货或者某种产品的顺序定位无关。密封在充满氮气的罐子中使产品有一个较长的保存期并且这样以毛毡包裹的产品更易存储在仓库内。这些毛毡层层堆积，但是其他类 IMP 产品的很大一部分必须用毛毡存储并且产品寿命较短。结果食品的盘存与其销售体积相比就要大上很多，同时在一种简单的成本分配系统下，其利润可能也会缩水。事实上产品的性能降低了增加散装存储投资的必要性。产品利润分析系统帮助企业将注意力集中在产品的关键要素上，这是至关重要的一环。为了达到这个目的，要建立一个灵活有效的会计系统，使特定的财务信息支持不同水平或不同种类的决策。

交叉补贴产品的问题

　　设计管理会计系统是为了满足企业特定的需求，但其重要性不能被过分强调，这是第五章详细讲解的内容。当处理同客户联系的产品，而非上述讨论的内部共享资源产品时，这个问题也很重要。如果管理会计能将管理重点放在企业内部，那么它将能更好地处理由内部共享资源引发的问题，而不是外部资源导致的困难，这里所说的外部资源是建立在利润基础之上的。

　　就像先前提到的，对于一个企业，亏本出售商品的目的是为了向客户卖出利润更大的产品，这是一项具有竞争性的战略。这个过程，使产品收益分析变得更为复杂化，同时这项具有竞争性的战略需要经过资产评估和控制，这是非常重要的。显而易见，如果绝大多数的顾客仅仅购买亏本出售的商品，即使销售收入稳定增长，企业也不会获利。包含竞争力回应的外部环境不容忽视，因为目前具有竞争力的定价可能会使交叉补助战略在未来失去效能。举一个计算机行业交叉补助的例子来说明这一点。

　　刚开始时，大部分计算机制造商生产并出售硬件盒，它可以向客户提供大规模数据处理功能。硬件盒的大小由客户要求的数据处理容量决定，而保证这一工具安装的前提恰巧是客户需要软件来操作并提供技术支持，所以在某些情况下这些因素要包含在管理会计系统的全面定价中。随着更多软件的运用，计算机处理容量增大了，这时客户就需要更多的硬件来维持。因此，企业会在既定的硬件中添加和购置具有记忆功能和中心处理功能的软件。这一阶段为早期的计算机供应商提出了定价策略的首要问题。如果一家公司能为其客户提供所有计算机方面的支持（包括硬件方面、软件方面和维护方面），客户就很可能只关心全套产品的定价，所以商家只要遵循同样的竞争战略，唯一具有现实意义的收益分析只需对卖给顾客的全套产品来进行。

然而，一旦新兴的竞争者带着不同以往、更集中化的战略进入这个行业，全套产品各组成元素的相对定价就更为关键。如果硬件定价相对高，软件和维护只维持在成本这个水平，那么新的硬件开发商进入行业的潜力就显而易见。特别是如果他们对外围设备（例如打印机、磁盘驱动器等）有专门研究的话，很快就能在经济行业内领先并且拥有质量优良的产品。这些新进入的竞争者若能够减少他们持有的高回报原始股，就能够影响一些主要的计算机公司。这样随之而来的结果是，原来的计算机公司可能改变产品的相对价格策略。例如，降低优良产品的售价，提高软件和维护的价格。这样就降低了人们开发硬件的吸引力，而增加一些独立的软件制造商和第三方维护企业。如图 7.6 所示，交叉补助这种方式不可避免地使竞争者将注意力放在能够带来高额回报的产品上，而忽视了补贴产品。所以，相对价格策略建立在仔细考察潜在的竞争结果之后，而各种关系的平衡造就了这种竞争关系。

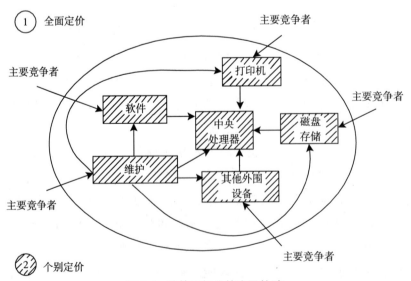

图 7.6　计算机行业的交叉补贴

这一分析的关键一步是对各种产品存在的不同进入壁垒进行评估。很明显，提高产品售价对占据垄断地位且对竞争者而言进入壁垒很高的公司，很容易维持其市场份额并增加利润。最终，这些高利润的行业就很可能吸引新的公司打破垄断地位，最终的结果是，最初的竞争战略就失去了其存在的意义。就像在第五章讨论的，关注竞争对手会计系统，应首先建立一个早期的预警系统，此系统能通过改变相对产品定价和产品获利能力减少其负面影响。在计算机行业，这些差别导致企业过度关注计算机用户需求的限制因素，还有提供客户全面需求的大型公司数量的减少。

创造竞争优势

相对产品价格策略的提出，关键是为了创造一个稳定的竞争优势来和已知的或潜在的竞争者抗衡。因此，价格策略要么不鼓励进入者，要么则很难被市场内已知的竞争者遵循。这就要求竞争者根据成本结构建立信息库比较能及时进行战略转移，但对竞争者而言，战略转移的遵循要付出昂贵的代价。

举一个简单的例子，一家公司有许多制造和服务批发商，它们能够很好地渗透到销售领域，而其主要竞争者的供货渠道较为单一。大多数顾客认为售价中理应包括送货费用，对于服务行业来说，定价中还应包含集合和遣送人员的费用，这些对于这家公司的竞争者而言都需要投入较高的成本，但这些服务本身却能够给客户带来许多方便。

再举一个综合性强的例子，它常被日本汽车制造商和耐用消费品公司用做典型案例，目的是为了向消费者传达产品的质量信息。通常人们认为质量好的产品其修理成本也较为低廉，因为产品很少发生损坏，而由于毁损带来的修理就更不常见。当顾客做出购买决定时，不需要充分考虑维修成本，但他们能意识到发生修理成本的可能性。因此，如果制造商能够在同行业平均水平之上提供一个较长时间的保障期限（例如免费维修期），这样就能降低风险和所有者成本，而且能证明其质保信用。所以，一些汽车公司现在提供 3 年或者无限期质保，一些电视机制造商还提供包含修理成本的 5 年保证期，例如既有零件也包含劳动力。

这一战略的关键点在于创新的成本并不高。例如，顾客会关注质量优良的产品，而不会因为品牌形象好产品就可以获得品牌溢价。但是做出一项战略性的决策对竞争者而言成本是非常高的，如果他们不能很快地将产品质量提高到领先水平的话，企业将会遭受重创。这种质量的提高往往可能花费很高并且消耗时间较长，同时也可能是不充分的。在汽车行业产品质量是通过在某个所有权期间（通常是前 12 个月）运用术语"错误时间"（TGW）来衡量的。因为欧洲制造商在其产品质量上投入很多，因此降低了 TGW 发生的概率。他们已经发现了主要的竞争对手与其存在的差距，而这种差距甚至越拉越大。换言之，领先者正在以一个更快的速度提高其质量，同时也在拉大差距！

很明显，竞争战略上的重要因素对管理会计系统提出了更高的要求，要求产品建立在收集全面信息的基础之上，同时外部比较非常重要。如果比较财务分析能分析出企业在某一方面的竞争优势，那么就有可能建立起一套基于这些优势的具有竞争性的战略，并且最大化它们对企业的价值。

即使对完全联合产品来说，产品收益分析也不容忽视。一个新产品开发公司，虽说最后没有能够坚持发展公司的理念，但在它建立之初开发了一种买卖邮票的新方法。假日邮票就是这种想法——公司只对零售商出售它们的纪念邮票，然后代为保管这些邮票，通过这种方式建立顾客忠诚度。顾客将他们收集的邮票粘贴在纪念册上，然后用它们来购买假日旅游。虽然单一产品的理念很清晰，但是公司却获得了四种来源的收入。首先收到的是零售商支付的邮票款，但在邮票重新赎回前有一段时间，这些资金就可以存入银行赚取利息收入作为第二收入来源。第三来源于旅游业，因为旅游的订票业务可以收取订票费。最后一个来源是在纪念册上出售广告，它能引起相关零售商和旅游公司的兴趣。

但是，为了出售这些广告空间，纪念册的设计需要逐步提高，来让这些光鲜亮丽的广告看起来与纪念册搭配。这时就需要做一个资金的比较，也就是将提高纪念册质量的附加成本与出售广告空间赚取的额外收入做一个比较。而这样的一个系统也是需要不断改进的，因为某些收入和成本的相对平衡有时是会变化的，开始的财务判断可能到后来并不合理。

产品吸引力矩阵

随着内外部环境的改变，产品竞争战略要素的财务判断显得非常关键。但是大部分产品的分析是从关键属性和竞争战略的设计入手的。这一分析对未来要进行的产品投资水平和种类都具有重要意义。所以，在管理会计系统中，将产品单独成块进行分析。

在图 7.7 中用了一种简单的方式罗列了产品吸引力要素的属性分析。从这张简图可以看出，同竞争产品相比较，图中分析了其相对优势，其中横向表示产品区分度，纵向表示成本优势。合适的竞争战略和吸引力水平能够从产品最终所处的位置得出。但是如果将这种战略分析同产品收益分析结合，那么产品竞争战略的合适与否就能被评估出来。例如，具有成本优势的产品应该将其优势确切定位在产品收益分析上。也就是说，竞争成本优势不应该以获得内部利润作为代价，其内部成本优势应该能以较低的相对售价来完成。类似地，为了保证竞争定位所需的市场支持，区分度高的产品应完成实现内部毛利的任务。

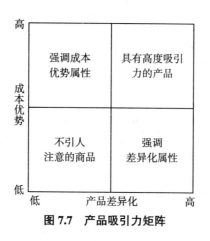

图7.7　产品吸引力矩阵

　　战略计划过程明确了产品目标，所以要给予高度重视。因为战略管理会计系统能够保证在企业需要资金时大量资金投入的可行性，同时还要保证不建立相互矛盾的产品目标。例如，如果战略计划表明产品应在市场上增加区分度，而资金计划显示要在短期内提高产品收益水平，这时要做出恰当的财务分析，也就是要实现最重要的目标，然后恰当地调整其他目标。

　　另外一个普遍存在但又很重要的财务问题需要考虑到，那就是产品收益分析的背景。所有企业都会对产品净收益感兴趣，也就是从产品的战略定位来看，产品的贡献水平能否被接受。但这并不是说，全部的净利都要归集到某种商品上来，以此来补贴企业，这一问题已在这一部分探讨过。但是，从经济角度看，为了达到所要求的贡献标准，一定会伴随着大量成本的耗费，而负责产品的管理者并不能控制贡献标准的选定。经营管理业绩的判断是根据管理者能够实施控制的元素来进行的。因此，为了达到产品的经济贡献，管理绩效应该以可控制的贡献水平来衡量。

管理控制的实施

　　管理水平与产品控制相关，通过之前的讨论可知，产品收益分析系统要分析得出有用的财务信息，这些信息是关于产品可控贡献水平的。需要重申的是，会计分析在此过程中是用来处理综合信息的，它服务于企业的管理，并非只是约束企业的各种行为。

管理层提供的资金支持很重要，但在许多国家这一领域的发展尚不成熟。一部分原因在于市场部的"品牌"经理管理这一块业务，而他们是重要决策的制定者。因此，他们会更重视品牌的管理；而对于类似企业，其财务信息是关于商品本身的，而不仅是品牌。品牌经理人常被看做是品牌的管理者，他们对品牌绩效负全责。但这种情况并不常见，一项完美的决策，必然需要有用的信息，类似的问题已在以前章节中探讨过，销售经理总是不能获得产品、品牌和顾客的详细的资金分析。而对有效的产品管理来说，这是必要的。

组织结构问题

显而易见，组织的管理方法将对组织能否有效运行产生深远的影响，而且有效的管理方法可以使我们获得有用的财务信息。这一部分，将检验竞争战略的会计处理合理与否，就如第一部分所讲，竞争战略要与组织的全方位战略相关。外界环境的变化可能会带来竞争战略的改变，如果组织结构对公司战略主体不再适用，对于会计系统来说，就很难生成适合于组织决策水平的相关财务信息。

这就是个体经营者和企业常常会宣布 UDI，同时为了获得有效的资金支持来运行自己的会计系统的原因。第三部分考虑的是不同公司战略遇到的会计问题，第四部分将讨论不同发展阶段的企业应采取的竞争战略和公司战略。

第三部分

公司战略——战略管理会计的作用

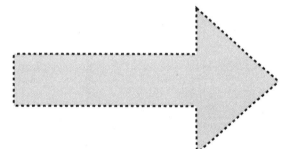

第八章　组织结构的相关性

概　述

目前资金投入过程可以分为两个阶段。投资者（如大股东，还包括其他的资金投入者，如银行）将资金投入企业以期在未来能够获得回报，但在这个过程中某些企业却面临一些可洞察的风险。如图8.1所示，企业希望拿到既定的资金回报，然后再用这些可行性资金去投资别的项目。这些项目可能与不同市场上出售的非相关产品有关。确实，现代化大型组织的综合性和规模性可以有效地使其从某些可能的直接性投资中抽身而出，甚至进一步对竞争战略进行详细评估，而这些战略均是为相关投资项目的产品/市场进行精心设计的。

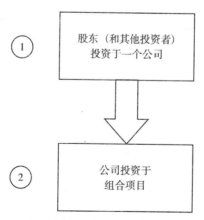

图8.1　投资过程的两个阶段

因此，如果被投资企业的公司战略有可能获得全面成功，这些投资者就会据此做出对其进行投资的决策。然而，这种中介机构的介入不可避免地增加了投资过程的成本。所以，为了证明这种高成本投入是正确的，应体现在投资者的最终回报有了更大幅度的提高。

应该牢记的是，股东价值的建立体现在给予股东更大的回报上，而不是对相关风险的要求。即使在完全有效的资本市场，在可持续的基础上，对相关风险的要求也不可能实现；这一点在第十六章数值例子中予以说明。因此，在市场上，股东价值的创造需要一些不完备和低效率的风险。这些将在投资过程的两个阶段的其中之一体现出来。正如第二部分所详细讨论的，通过实施竞争战略创造股东价值有很多重大机遇，竞争战略可以利用投资过程中位于产品/市场阶段的"缺陷和低效率"来创造和保持竞争优势。

然而，一个公司的整体战略是否能在投资的最初阶段给股东"增加价值"，这一点并不是那么显而易见；但是如果这些大规模的、多样的现代组织的持续存在从财务角度证明是正当的话，这些战略就能实现。增加价值的方式有两种，或是建立在相对没有增加预期风险的基础上，增加已获回报；或是通过在不减少收益的情况下，降低相关风险。这些替代关系如图8.2所示，一个大型的组织机构可能会开发一个低风险的投资组合项目，因为部分个体企业风险能通过反周期行为避免。在这种情况下，因为设计的原因，实施和后续的投资组合项目的管理会有成本发生，收获的回报就自然会减少，但是由于较低的风险预期，投资者所要求的回报也相应会大大减少（第三章讨论过，一个很有说服力的观点就是，明智的投资者与公司相比，能够在较低的成本下设计和监督他们自己的平衡投资组合）。

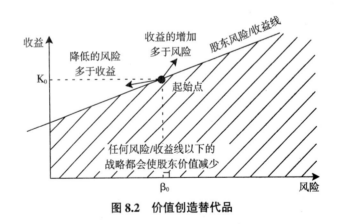

图8.2   价值创造替代品

企业总体风险预测的减少也会以另一种方式促进大型交易的完成。资金提供者和大多知名银行都对风险/回报关系感兴趣。因此，如果从贷方的角度看，虽然组合项目的风险降低，但是更高水平的低成本债务资金可能更适用于全方位发展的公司，而不适用于专业的企业组织。任何成本上的削减都会反映在公司股东回报的增加上；用这种削减成本的方法来组合反周期现金流能够实现企业目标，这一点在图8.3中注明。

与大型企业财务提升相关的细节问题已超出本书的论述范围，属于财务管理范畴。但在这一部分，我们会考虑这些问题，因为公司的整体战略是运用这些方法来提高股东价值。它重点强调了几个战略会计问题，我们在不同类型的组织结构背景下对其进行讨论和说明。

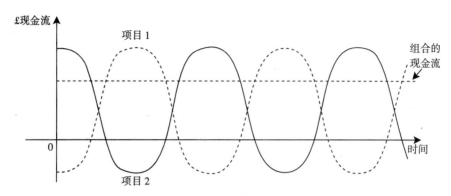

图 8.3　组合反周期现金流

注释：来自项目组合的更稳定的现金流能将债务融资应用到两个项目。但是，如果两个项目都执行的话，这种做法并不明智。

导　言

第二章主要介绍特殊竞争策略下的管理会计需求，这些战略能被任何具体的业务部门所采用。这部分考虑到不同公司策略的隐性会计成本，这些策略可能作为总体被公司挑选出来实施。那么作为本书的开头，这样就是符合逻辑的：思考为什么公司总体的组合战略和组成公司的企业单位的个体竞争策略之间会有差距。很明显，如果在组合战略和竞争战略之间没有明显差别，也就没有明确的理由来获取不同的财务信息，而这些信息是必需的（为了简化讨论，假设组织中每个独立的运作单位例如每个战略业务单元，有一个明显或单一的竞争战略。除去这个简化的假设，从任何角度讲，不会影响本书在这部分讨论的观点；在第二章所讨论的实践中，战略管理是一个多层次的过程，这个过程中的每个层次都会发生竞争战略和组合战略的相互影响）。

公司组织存在的原因应该写进远景和使命陈述中，而且应在公司目标中特别定义，这一点我们在第二章中讨论过。应该为整个组织草拟这些陈述中，并把所有股东的利益考虑进去，而不能把焦点分别集中在股东或者经理的愿望上。对于很多规模较小的、密集型的所有者控制的企业能够直接转换成具体的竞争战略，这些战略不仅指出公司应该生产什么种类的产品、公司应该进入哪个市场，而且还要指出如何去完成这些事情。然而，在大型组织中，这种直接的联系是不切实际的。

　　这可能是由于产品或者整个组织所服务市场的多样化，也可能仅仅因为公司的运作范围需要中间职能和分步竞争战略服务于企业的各个领域。人们通常认为规模很大的多样化的企业从来不亲自与其他企业竞争，因此他们不需要，也确实不可能会有富有意义的整体竞争战略。大型企业的分部或战略业务单元都有直接的竞争者，所以它们需要特定的竞争战略。如果这样的情况出现，意味着这种财务信息是这些大型的、复杂的组织中心所必需的。对于本书的前面所提到的详细的财务竞争，顾客和产品分析是否应该被提供给组织中心？或者可获得的信息是否应限制在分部实际和计划的财务活动范围内？

　　通常，大型组织中心的财务信息需求是由当地管理层执行的特定角色决定的。对于很多大型的、复杂的企业组织要明确的是，管理整个集团的经理如果收到与提供给部门经理相同的财务信息的话，一些综合性业务就不能有效执行。至少，信息要总结出来以便使收到的数据容易管理，但是这些总结没有去除或者减少提供的信息。而大型集团受控制的方法很多，其包含的会计含义将会在以下的章节中详细阐述。要注意的是，在为集团中心设计一个会计信息系统时，基本的、可选择的组织结构要在进一步考虑普遍的可控问题之前进行检查。

职能型结构，事业部结构和矩阵结构

　　大型组织以前通常以职能型或者事业部结构构建。职能型结构组织同事务部所有特殊的职能技术融合到一个领域，并最终接受一线经理（例如销售主管对所有的产品和品牌经理有直接控制权）的监管。这种类型的组织如图 8.4 所示。之所以选择这种结构，其原因主要是可以在一个企业领域集中类似的资源，规模经济的最大可能的水平将有可能实现。因此，当企业特定领域需要大规模的投资时，这些根据职能设计的管理结构就会有很大价值，而且这种规模的投资只有在集团范围内才能被证明行之有效。有一些领域包括生产和研发过程、信息技术、财务和会计的大多方面都是很好的例子，其中规模经济的潜在收益是很显著的。

　　但是，一个完全职能型组织的风险会大幅降低。这是因为规模经济可能会产生于企业特定的领域，而且会招聘更好的以技术为基础的管理者，还会控制这些大型职能领域；但是集团可能缺乏一个密切的市场焦点，特别是当它处于一个多元化集团的市场同一系列商品交易时。

　　如前所述，要将管理的注意力集中到特定市场和产品，最好的途径是将业务分别下放到适当固定的经营部门（例如战略业务单元），如图 8.5 所示。地区经理对其

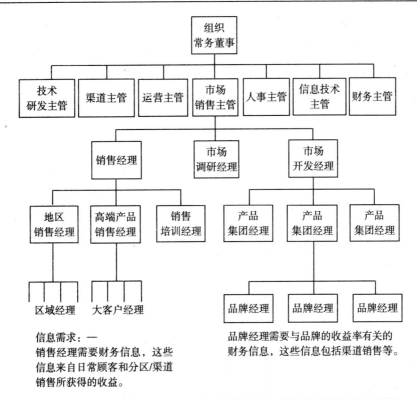

信息需求: —
销售经理需要财务信息, 这些
信息来自日常顾客和分区/渠道
销售所获得的收益。

品牌经理需要与品牌的收益率有关的
财务信息, 这些信息包括渠道销售等。

图8.4 职能型组织结构 (以单一要素的销售和市场职能为例说明组织结构)

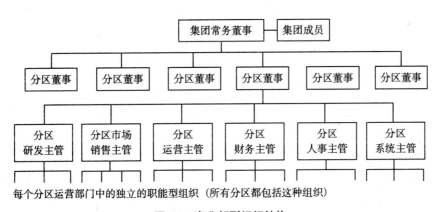

每个分区运营部门中的独立的职能型组织 (所有分区都包括这种组织)

图8.5 事业部型组织结构

部门生产的特定产品的特定市场运营负有直接责任。这种结构的主要优点是将管理的注意力集中到整个集团业务的一小部分。需要注意的是, 要确保开发具有明确定义的竞争战略并要在各个区域实施。如果能够做到这一点, 一系列存在区别、可持续的竞争优势就能被开发出来。

管理市场的水平很难在一个纯粹的职能型组织中完成, 即使每个部门能够完成独立的、自给自足的业务时, 完全的事业部结构也不可能达到与规模经济相同的程度。因此, 混合型组织结构被开发出来就不足为奇了, 这种结构试图保留两种传统结构的优势。图 8.6 注明了这种混合型结构的常见形式，在这种结构中，单独的运营部门会专注于该部门现有的产品和市场。然而，集中化的组织提供了全面支持职能，这样就可以从规模经济中获得很大收益。只有在组织作为一个整体执行这些职能时，规模经济才能实现。

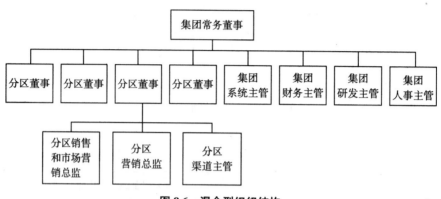

图 8.6　混合型组织结构

糟糕的是，这种合并后的组织产生的问题与解决的问题几乎一样多。尽管全集团的职能化组织结构能够实现很好的规模经济，但是这些结构也存在着失去市场焦点的风险。其实通过在运营区域内部设置效率较低的小部门就可以获得市场焦点。如果职能区域的注意力不总是集中在给部门带来最大收益的领域，当然这些领域应该受到扶持，那么组织虽然提高了效率但却失去了影响力。

为了解决这个问题，很多方法已经尝试过，包括建立转移定价系统。在这个系统中，集中化支持领域（例如信息技术部门）将其服务以内部价格出售给运营部门。这样的设计是为了确保运营部门能够获得新的计算机系统以及其他一些它们迫切需要的系统，当然它们要为这些系统付费。然而，内部转移定价系统又会产生一系列新的控制方面的问题，这一点我们将在第十章和第十一章阐述。如何达到潜在的规模经济，另一个解决方法日益普遍，那就是建立矩阵型组织结构。这种模式涵盖了大多数区域，在这些区域，业务需要上报给两个对部门负有不同责任的经理。因此，一个区域将会有一个职能经理和一个分区生产线经理。这种结构已经在图 8.7 中清楚地予以说明。那些参与并受矩阵型组织影响的管理者已经对管理报告中很多复杂的问题进行了明确定义并对其有着深刻的理解，而这些问题需要区分管理者角色。

职能型经理的主要角色是确保对现有资源的有效利用，以及为将来开发更多的技能，以便服务于组织整体的战略需求；相反，事业部结构经理应该更关心他们控制的资源的有效使用，或者如何使他们所在部门获得这些资源以利于精心挑选出的竞争策略能够成功实施。如果记住这些重要的目标，定义管理报告中产生的问题就变得容易多了，而且会针对每个大型组织进行单独定义。所有矩阵型组织中两个以上的交叉点可以使用这种特定的方法管理。如果要想避免混乱的局面、代价高昂的错误或者员工积极性的下降，对这一问题的明晰程度是很必要的。

职能组织结构

部门号	销售与营销	运营	研发	财务	系统	按部门汇总
1						
2			●			
3						
4						
5						
按功能汇总						

● 研发单位属于部门2，但在功能上，它也被看成是集团总体研发活动的一部分。

图8.7 组织结构矩阵

这种矩阵型结构仍在进一步发展，发展该结构的一种途径是允许像管理一系列项目那样管理部分组织，而这些项目管理需要按要求配备资源和人力。这种方法经常被公司人员使用。这些人员和公司包括：大型公司的会计、投资银行、广告代理机构和其他服务型组织，这些组织往往需要为特定的项目把来自多个学科的小组召集到一起。因此，组织可能会依据一种职能，长期地将各类技能组合起来。在这种职能下，经理要为员工发展和资源水平负责。当组织需要特殊的项目团队时，接受任命的项目经理要知道员工应具备的技能和项目所要求的职业背景，还要指定项目所需的其他所有资源，这些资源由资源控制职能部门的经理提供。一旦满足了项目的需求，由合适的资源经理来重新分配特定的人员或者其他资源到接下来的任务中去。因此，这些项目确实是对组织临时进行了一系列的细分。这样细分能够使项目经理专注于项目的特定需求，使管理的焦点更明确。然而，从长远看，职能型组织的资源控制经理也要考虑员工的发展和组织的资源需求。这种先进的管理结构已经被很多软件公司开发出来；因为这些公司的业务是一系列的大项目，公司有专业人员作为项目的关键资源，对于公司长远的成功，这种结构会发挥重要作用。

组织结构发展的结果是，很多大型集团现在都有一些组合形式，这些组合包括职能型结构和事业部型结构。这就使得为集团中心设计的战略管理会计系统变得更加复杂了，但是一些普遍的问题还会存在。

团体控制的普遍问题

一些业务的日常控制委派给分区经理，他们一定程度上对其业务进行负责；如果不这样做的话，集团将无法形成独立的运营部门。而分散责任的不同方法将会在本章的后半部分讨论，但应明确的是，大型集团中心的主要作用应该是战略性的，而不是战术的或者运营的。在大型集团进行交易时，不可避免地发生核心成本，这时应该说明作为整体企业所产生的协同力量，也就是说集团整体的价值比单独部门的价值总和还要大。大量的有关公司突击搜查和中止合并关系（或者"分类计价"）的提议都是针对大型的、有影响力的企业。在 20 世纪 80 年代，这样的提议是对大多数公司的规则提出挑战。这就使得很多集团的高管对两个方面提出了质疑，即集团的整体战略以及在集团的持续发展中，这些战略是否使集团价值增加。20 世纪90 年代早期，一些调查表明，大型集团更多地专注于它们的"核心"业务，而不是像 80 年代早期那样，为了实现多样化而向其他领域发展。

适当强调集团中心的战略问题对获取管理层要求的财务信息而言具有重要意义，它们利用这些财务信息来指导、评估和控制战略业务部门制定的各种竞争战略。通过这种方法的运用来增加构成集团合并企业的价值。也就是说，尽管不同的运营部门不必要实施相同的竞争战略，但它们的战略要相互补充，并且不能发生冲突。这意味着集团中心需要来自各个业务部门的财务信息应该有所删减。这种删减不仅针对企业各部门实施的特殊的竞争战略，而且针对整个集团中的战略，这种战略地位在企业运营的某一领域得以发挥。

所以在许多集团中，受到关注的是那些实际提供给中心的与这些业务单元具体经营业绩相关的财务信息。因此，它并没有依据战略管理的作用来向中心提供有效的财务支援，而战略管理的作用应成为核心集团人事的主要强调部分。集团中心对于财务信息还有另外一个毫无疑问的需求，那就是用其来支援总体企业战略的监管和更新。对于许多公司来说，这会促使它们寻找新领域，在这些领域中它们现有的技术能够使其发挥一定的竞争优势。正如第四章中所说，就性质而言，战略业务单元往往只限于其管理区域，因此很少有部门会为整个集团评价这些一般的商业机会。如果这种战略规划中的差距需要有效的核心管理团队来弥补，则要能很好地对潜在利益进行外部分析，以及良好的内部知识，这些不仅关系到现有的内部技术和能力，而且关系到集团内部所有运营部门的未来发展。

因此，几个潜在的差距可能出现在中央主导的企业战略及相互协调的分区竞争策略之间。消除这种差距需要为总部提供良好的财务信息，但这些支持信息的具体形式和来源取决于各团体采用的不同组织结构。

组织结构的不同战略类型

多年来，不同的组织结构的战略类型已经被使用，并且取得了不同程度的成功。这表明组织怎样构成并无对错之分，一个企业能否取得成功与所选择的组织结构如何实行，实行后如何管理以及起初选择怎样的结构关系更加密切。然而，这也说明特定类型的组织结构更适合企业在不同时期特定类型的发展状况。由于企业本身是动态发展的，它要适应随时间发生的重大变化，这意味着组织结构本身也要根据不断变化的经营需求而改变。显然，这会对以组织为中心提供财务信息的管理会计系统产生巨大的影响。

当然，组织结构本身可能以不同的方式进行归类。从讨论的目的出发，各组织要考虑其战略经营结构，这些结构也将在以下几章中作详细阐述。而比较传统的、有组织的职能型、事业部和矩阵结构已经被陈述过，各方案对不同战略经营结构的适用性将在以下相应各章中进行讨论。

最简单的战略机构可以被描述为一个单独的经营个体，它不足以大到作为一个单位被有效控制。这个单一的焦点集团将在第九章中详细阐述。但是它们的组织结构可以以多种方式发展，这由其集团共同的"单一焦点"决定。许多这些经营焦点的战略目标是单一的产品或者被限制范围的产品。只要产品所出售的市场是相对受到限制的，这种组织能够继续以一个经营整体的形式运用明确的竞争战略控制。随着产品在最初市场的成功，集团往往会将产品销往新的市场以进行扩张。这种产品导向的战略不仅需要组织内部更加复杂的管理结构，也需要在这些不同的市场中实施不同的竞争策略。

在原始市场中，公司建立了市场领导地位，当然现在市场已经变得日益成熟。事实上，这是因为原始市场中缺乏增长机会，而正是因为这种缺乏导致了公司期望向其他市场进行扩展。对于这些公司来说，寻找没有被完全开发且无支配地位产品的新的潜在市场是合理的，也相当于为国内市场的成功贡献其现实资源。在现存市场中，当明确提出现实经营这一焦点时，经营决策的一项责任就是寻找出具有吸引力的新的市场机会。这会为许多公司提供未来发展的机会，而这些机会在它们现存的经营领域中正逐步消失，需要注入用于扩展市场产品的财务投资，只有这样才能从当前的运作中获得成功。这样一来，即使经营范围狭小，经营决策的目的也已转变为制定能增加企业整体收益的市场投资组合，其中的每一个元素都被赋予了特定的含义，而与个体相适应的竞争策略由其在投资组合中的角色决定。

另外，在如此基础的单一的产品条件下和市场下，增长的战略突破可能来自于公司以现存客户为基础的潜在优势。如果存在这种可以拓展商品领域的机会，以市场为主导的战略就需要对投资组合管理结构进行全景规划。这样就可以确保只有合适的新产品才能被投放到市场中，并且对这些新产品要实行互补性的价格策略，否则，原有的竞争优势也会因为扩展市场而遭到破坏。组织结构仍然要小心地设计以确保达到与客户群的紧密结合。很多情况下，要达到这个目的，需建立独立的运作组织专门负责与客户的联络，而产品的生产则要由其他独立的操作部门来完成。将外部的销售及营销职能从经营、生产中的角色中分离出来，无疑会产生一些重要的问题，这些问题来自于跨区域的财务信息。例如，如果生产部门要将其产品转移至销售和营销部门，就需要内部的转移定价制度。

两种不同类型的战略都是在给出目标的情况下，将目标一致性运用于全局经营战略中的很好的例子，同时在这个过程中关注到了个体部门的竞争战略。因为需要在团体的背景下做更详细的讨论，经营策略中也许需要特殊的经营组织和使这种经营组织获得预期效果的竞争策略。然而，如果这样能够促进公司整体的财务业绩提升，就有理由将这些个体经营部门结合为一个独立的组织。

另一个明显的独立经营的类型需要一种集团结构，这种结构伴随着经营及竞争的复杂化，其中全局的经营也被高度纵向一体化。这样，第十章提到的石油和纺织品行业的公司会有一个焦点性的且相对局限的终极产品领域，但是摆在管理者面前的关键战略性问题产生于生产、分配及营销的不同阶段。因此，对于财务信息的要求也有很大不同，例如，在明确界定的市场中，负责新的海面石油探测的管理人员及负责销售的管理人员，他们对财务信息的需求就不一样（汽油通过汽车间销售给最终消费者）。在价值链中，集团的管理者在平均分配资源与指导部门各独立经营战略过程中扮演着重要的角色。全局战略决策所需要的很多信息都不能从现存的运营个体中获得，因为这些个体并不是面对同一种经营策略。例如，根据最近的供给短缺，一家大型的"全球"公司也许想要作为一个集团在油的提炼和某些特殊类型初级产品的供给上达到自给自足。那么这个集团又多了一项未来约束，就是关于减小重要资源在地理上对地域的依赖（如中东）。这种全局性的事件应当在集团的水平上解决，这样，地区的、个体的管理者才不会对决议不满，即使所有支持决议所需要的财务信息也许是现存的、内部的、个体的会计系统所提供的。

也许经营战略中占重要地位的最普通的组织结构类型是联合团体，它将完全不同的经营组织结合起来。这样的团体通常以其个体结构运行，即使是这样简单的选择也会产生问题。正如上文所说，在这类集团中最初经营战略扮演的角色是懂得集团聚合的原因，如增加组织的价值或协同作用。而有一点却常被遗忘，即这种联合团体的利益可从多方面获得，这些利益源于多样性的经营管理。因此，中央战略管理会计系统应该关注整体优势产生的原因，这样才能使其优势得到保持和加强。

原来认为联合公司如同经营一项平衡的投资组合的观点仍有道理，但是"平稳"的界定在许多集团中都有所不同。投资组合也许在经营的现金流方面是平稳的，所以发展部门可以获得财务上成熟的集团现金流的支持。在这种情况下，最重要的任务是根据现有内部及外部的资金来源统筹资金流，规划集团及控制现金流为负的个体规模。如果团体的经营范围完全不相关，那么也许联合以后会获得许多利益。当然，在有效资本市场中，因此产生的价值都是微不足道的。

另一种关于平稳投资组合的观点认为，不同团体的各部门间存在相反的关系，部门与反向循环经营周期的结合可使团体的整体风险降低。这种对于风险与投资者期望回报之间积极关系的观点已经进行了详细讨论，此观点对于增加这种联合公司战略的价值是关键的。对于经营个体来说，高投资回报的竞争策略就意味着高风险。然而，如果这种高风险的经营能够汇聚在一起，同时个体经营有补偿风险的投资组合，整个组织的联合风险就会降低，如图8.3所示（显然，如果错误的经营结合在一起，整体的风险会有实质性的增加），风险却减小了，投资者期望的回报就增加了，从而联合的团体的价值也就大于各经营个体的价值总和。然而，如第三章中所论及第十一章的阐述，有判断力的投资者可以直接获得这种通过创造平稳投资组合产生的潜在价值，那就是选择平稳的公司去购买股份。因此，投资者不需要团体的多样来降低风险，所以也不存在价值的增加。实际上，实施这样的战略以及管理一个大型联合公司必然会给组织增加成本，并减少投资价值，而不是增加价值。

在19世纪70年代~80年代初期，联合公司发展的推动力是高级管理人员减少整体经营风险的期望，还是股东的期望，关于这个问题曾有过激烈的争论。显然，高级管理者可以建立相对稳定性较好的投资组合，而股东通过合理投资多样化也可以做到，如图8.8所示。这一争论被第一章中代理理论推翻，即资本市场不允许管理者的行为背离股东的利益。但这种推翻却被认为是暂时的，因为最近联合公司的拆分、解散的趋势被认为是股东对采取不恰当经营战略而减少总体价值现象的反应。

建立联合公司的更合理的理由是，它们通过某些方法增长了股东以及其他投资者的投资价值，而不单单依靠风险的多样化。这种多种经营联合的公司可能来自不同的行业，但是其中却存在共性因素，使这些经营者合并成为一个整体组织从而创造价值。一个明晰的例子是因经营规模扩大而得到的经济节约，在这些行业的共性支持区域中可以完成；这些经济节约在采用个体结构时很难实现。这样，研究和发展资源在充分利用共性技术和方法时结合在一起，如同电子行业的合并，服务于完全不同的市场，贯穿不同领域的终极产品。因经营规模扩大而得到的经济节约带来

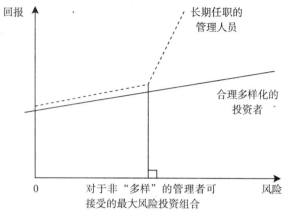

图8.8 对于风险和回报的相关性理解

的影响会在第十一章中做细化讨论，但是这种利益的背后的另一方面显得更有价值，但却很难从这类大型联合公司的表面发觉。我们已经讨论并在第四部分中详细讲述过，在公司发展的不同阶段需要不同的管理技能。联合企业有一个潜在的优势，是它集中关注一个特定的阶段或者具有特殊管理优势的业务类型。因此，运营业务单元的个别竞争战略应给予非常恰当的细化，同时也应给予很好的执行。更大集团的潜在优势常常被误导为只是规模带来的利益，如一个更大的集团提供更多的职业机会，并因此能够留住更好的管理人才。一个更相关的途径是，一个集团能够吸引并留住合适的管理者，因为它能非常好地为这些人提供合适的职业机会。

一个特定的集团可以集中关注一种业务，当"工艺工程"是其他成功集团的常规属性时，这种业务的一个关键要素就是"品牌营销"。将这两者结合起来并使该集团更集中是可能的。Mars 公司就是一个非常成功的例子。它集中关注品牌消费品，凭借一条生产线，生产出大批量的产品。因此，中心和各运营部门的管理者们都能很好地理解公司的任务和目标，从而减少了在将总体公司战略转化为具体部门竞争战略时引起混乱的风险。在这样一个集团中心中，财务信息需求也应是相当直接的，因为这些信息将集中关注该集团战略的关键要素及其实现程度。例如，如果该集团集中关注品牌营销，那么财务信息应包含与市场相对市场份额以及影响主品牌未来业绩的其他关键问题相关的详细信息，如品牌关注度、竞争营销活动的相对水平。

联合企业这种聚焦的另外一种形式是，集中关注发展的某一特定阶段，因为在该阶段其管理技能很可能可以给它带来最大限度的竞争优势。这种聚焦常常由特定的财务控制系统所驱使，这些系统已在刚出现的联合企业其最初的核心业务中形成。如果管理者们在一个特定的环境中已经经历了很长一段时期，那么他们往往就会变得接受和反映这些来自一系列特定财务指示器的信号。毋庸置疑的是，这种条件反射会使得这些经理们当处在一个新的环境中时会寻找相似的信号。当新的环境完全不同时，这些财务信号可能是不相关的，或者需要相反的反映，这就大大降低了这些管理者们先前经历的价值。甚至在一些非常成熟的企业中，许多管理者都有这样的状况发生，当进入到一个新的环境中时，他们努力采用其先前成功的方案，而不幸运的是，最终结果却是灾难性的。

一个非常简单的例子就是，如果集团拥有一个非常成功、成熟的核心业务，它可能会决定并购或投资于一个更令人兴奋的成长型行业。这个成熟的核心业务可能可以通过采用一些投资回报率标准的形式来给予恰当的财务控制，并且中心管理层也期望投资回报率能一年比一年高。该集团可能通过采用折现的收益计算值或检查新投资在其运营第三年的期望投资回报率来评价资本投资。对于目前大部分这种投资，通常为置换设备或者改进运营效益来说，这些措施可能既简单又相当有效。然而，如果这些财务控制程序被简单地用于一个高成长的环境中，那么在中期结果肯定是可怕的。运用这样一系列不恰当的财务控制措施肯定会导致恰当的长期投资项目严重缺乏。

如果集团认定某种财务管理方法适用于现有的业务，那么可以将这种管理模式应用于新的业务中，当然前提是新业务同样适用于这套管理方法；除非团队高层准备处理不同业务部门使用不同的财务管理方法带来的不必要的麻烦。因此，案例中成功的团队会发现将精力集中于成熟的业务是很明智的，而简单的财务管理方法在这类业务中非常使用。当然，假如这些新的业务已经在先前使用了一套更复杂的、但不适用的财务管理方法，通过对这套管理方法更精简的改进，整个集团将会获得很大的额外效益。

在大型集团中心中，对于管理会计来说，关键战略角色的频繁更换（如并购）会在该集团内引起另外一个重要的控制方面；在巨型集团中，中心控制的不同水平和形式会带来什么样的影响？

分权的等级

在大集团中，战略决策过程十分分散，同时集团中心在业务部门中扮演着不可替代的股东和银行家的角色。甚至不同的集团对集团中心的干预有着显著的不同。分权的等级可以这样来描述：业务部门开始实施未来 3 年、5 年甚至 7 年的既定策略，假如能得到集团中心管理高层的认可，相关业务部门的计划就会被搁置以便执行一致的竞争策略，同时周期性的进展报告会反馈给高层。显然，在这样的集团中心里的高层需要的每一个业务部门的财务信息是相对局限的，同时这些信息应由各部门经理所需的详细财务报告来提供，然后为其所用。同样，如果各部门的业务大多因自主业务而受到搁置，就会出现集团结构不能创造价值这样的风险。但通过对这些独立单位的整合，我们可以采用两种方式来大大地增加利润。

第一种方式已在创造一种理想的业务组合模式促进其相互增值这一章节中进行了讨论。如果这是集团的核心策略，那么一旦集团高层在这种组合中的位置得到认可，他们脱离对各具体业务的管理就十分符合逻辑了。在很多这样的集团中，核心策略强调高层要致力于管理这种组合并保证其处于正确的平衡中，可能会继承获得和剥离的资产（如上文所述）；实际的绩效和现有业务的发展不可避免地会改变他们在组合中的位置，并会潜在地创造一个不平衡的混合体。因此按照前文所说，高层所需要的财务信息的重点应是现有业务之间的相互影响情况和对整体中适宜的新的组成部分的认可。

第二种方式是通过对不同业务进行协同来进行的，最后使一个典型的分权集团达到相互增值的目的，高层在业务部门中扮演银行家和资金筹集人的角色。有很多通过资金的增长达成规模经济的例子，一个大的集团可以进入金融市场，而小企业是不可能实现的。这对那些需要长期资金支持的集团来说是真实的，特别是对那些在业务波动期间实行反周期的运作商业团体。这样的团队参与短期的财务管理可以很大程度地提高效率，但是高层的分权决策过程的切实干预会产生戏剧性的结果。在考虑更有力的干预会带来哪些影响时，有一个问题尚待解决，即团队的"核心银行家"应怎样给各业务部门分配资源。

一个好的起点是确保战略（工业工程发展）筹资决策从运行（工业工程维护）筹资决策中分离出来，原因在于高层对运营部门维护资金的抑制所产生的影响一般都是快速有效的。每一个部门资金分配的多少应与各部门制定的战略计划需求相符，但这并不表明所需的资金量应当即刻有效而不需要经过进一步的检查和审批。理想状况下战略计划需要阐明一个时期的需要，并且说明对应的成功指标。这是由于计划会被实施，并且它会作为下一笔资金投入前的先导。这些资金周期的制定要针对竞争策略所承担的风险大小，同时还要针对这个分权管理团队成功达成战略目的的预期评估。

在一些集团中资金分配过程考虑到了整体中的每一个战略业务单元，鉴于战略业务单元内的每一项工程的资金筹集都独立于高层，因此高层在分区规划和决策过程中有着更大和更连续的参与能力。集团高层需要什么样的对应信息和整合材料是显而易见的，这受提供给高层什么样的财务信息这一需求的影响。但是，团队高层在实际操作中，对于由流动资本和国外货币流动引起的管理波动中进行的财务管理的干预所造成的影响就大大增加了。

在一个营运部门中，剩余的短期现金可以被高层重新分配给在团队中需要流动资金的业务；这样就避免了使用外部金融市场进行交易的成本。大的跨国集团能够利用类似的网络生产者去管理它们的国外货币交易，这样做集团节省的开销是十分显著的。因此，如果一个商业单元从英国向美国输出商品而另一个商业单元从美国向英国进口商品，由集团的中央"银行"协调运营可以"网隔掉"大部分令人生厌的外币平衡工作，集团只需买进或卖出剩余数额的美元。

这样的运营资金的角色对高层来说需要从各个营运部门得到未来详细的资金流（包括特殊的适用外币流）的情况，以便所有活动都能得到积极管理和适当协调。在许多拥有类似职能的财务部门集团中，一个主要的难点是集团实际增长的经济利益被参与进来的运营单位分割。一些集团已经建立起作为利润中心的中央财政职能部门（关于责任中心的内容将在本章的最后予以考虑）。如果这样的财务部门开始把它们的角色看做是为集团管理财务而不是为其他业务部门提供成本效益的财务支持，它们制造的问题会比解决的问题更多。已经有很多大集团（如 Allied-Lyons）由于它们的财务部门开始在股市利率和外币涨落中进行豪赌，特别是那些没有直接用于优先业务的实际贸易活动的套期保值的金融交易，导致了灾难性的后果，失去了大笔资金（比如，超过 1.5 亿英镑）。显然，在这些案例中，可以看到集团中心的财务经理对全局的合作战略和个别的竞争战略协调和控制上的失败。

在其他的团队中，核心管理集团在各业务部门之间扮演着更加积极的参与者的角色而非自恃股东或银行家。这种积极参与决策的做法需要充分的财务信息的支持。这就是为什么高层的参与必须要让所有相关部门确切地理解，以及为什么这种做法要持之以恒。如果集团核心的管理者轻易地参与或忽视部门的决策过程，就很可能产生混乱。首先，部门经理永远不会知道他们的职责和权利是什么；部门经理会频繁地自动放弃决策人的角色而等待团队管理层告诉他们应怎样去做。产生这种状况的原因是，处于这一层次的经理在许多场合都受到了高层经理的质疑，并且比起自己重新做出决定，他们更倾向于保持沉默。显而易见，高效的集团组织结构的附加成本并没有为企业贡献出应有的价值。

下面所诉的这种类型的高层管理角色的典型之处在于，团队组建一定数量的高级"职员"经理。这些职员经理不能对部门经理直接行使权利，他们按部就班地在集团内履行与自己相关部分的职责，凭借着自身对业务的经验和深厚的知识提出建议。然而，现实中，由于他们的优势地位和实际所属的各部门有实际权利的高层管理集团（如首席执行官团队），这些职员经理的建议经常被当做直接的指示。很不幸，这样就赋予了职员经理权力，而责任仍由那些本应自己做出决策的部门经理去承担，尤其是在决策失误的时候。采用这些"职员"需要附加可观的投入，而后进行的财务评估需要慎之又慎，并且要参考改善后的集团的整体财务绩效。

最关键的要求是，对高层所需要承担的角色要进行明确的定义，之后由高层经理们贯彻执行。高层一个近乎通用的角色就是管理高级别的企业计划，要明晰如第二章所讨论的核心驱动力，并且找出所有公司的广泛战略动力。换句话说，高层必须放眼所有集团问题，而这些问题与部门经理所集中精力解决的问题是没有直接关系的。因此，这个角色职责的一部分一般包括为各部门梳理计划活动相关领域的内容安排；以便明确工作重点。也包括从全局出发为团队消除职能的隔阂和重叠，并通过这些举措来避免集团内部各部门间的竞争；高效地分配专有产品和市场界面给各部门。

然而，在其他集团中，高层拒绝采用上述方式来限制部门自由。一些成功的公司，管理层暗中甚至是明确地鼓励公司进行内部竞争。之所以这样源于这样的信条：所有的竞争，甚至是公司内部的竞争，都会促进效率的提高，并且从长远来看，效率的提高只会促使整个集团作为一个整体使财务水平得到提高。其他的适用于大型集团财务控制的方法中，并没有管理复杂动态业务的完全正确或错误的方法。但是，最终采用的方法都与未来集团高层所需要的特定种类的财务信息有着明显的联系。特别是如果集团经理需要规律性地扮演仲裁者的角色去裁定哪些部门从事业务的能力。没有任何财务管理系统可以提高各部门的"游戏水平"，这一点至关重要。那么，为何部门经理要按照他们自己理解的标准去提高业绩，甚至不惜以牺牲整个集团的业绩为代价？同样的，高层所需要的信息不应为营运部门增添不必要的负担，这是因为提高不必要支出会降低整个团队的财务业绩。一个简单的测试方法很有用：高层所需的所有信息都需要由各部门来提供吗？如果这样，就表明此类信息对部门经理管理他们自己的部门没有帮助。因此，问题应当这样来问：为什么集团的运作需要这些信息？可能会有答案来依据，但在许多案例中找不到一个很好的答案来回答这一系列问题。

其他章节将继续探讨典型集团的组织类型，在此之前，我们先来简单复习一下大型组织所应用的责任中心的不同分类。这里归纳和演绎出不同的组织形式，这些组织形式已经在本书中提及或将在后续的章节中提及。

责任中心

责任中心可以定义为承担一定经济责任，并享有一定权利的企业内部责任单位，管理责任可以与某个特定的管理者或者管理者团体联系在一起。因此，正如本章所讨论的那样，责任中心可以分为两个主要方面：

1. 从管理责任的种类上做出功能划分。
2. 从产品、市场要素等方面做出部门划分。

一个部门因此可以作为一个集团的责任中心。因为一个部门可以很容易地估算其输出。但在一个职能组织中要想建立一种可估量的输出是十分困难的（如在研究和发展职能中）。每一个责任中心都有非财务目标和财务目标，这一点在建立财务控制系统时必须牢记。确实，这些非财务目标（如一个研发和投放新产品的新的业务部门的实际进度），在很难确定一个恰当的评价财务的业绩方法时就显得更加重要。正如本书前文所讲，管理业绩只能由经理们实际操控的元素来评价。这也意味着责任中心需要根据对财务问题的实际操作水平来进行分类。

成本中心（或费用中心）

如果责任中心没有产生可以估量的财务输出（如销售收入），那么现实的财务管理手段就是参照相关的支出水平。假如一个有意义的计划已经制订完毕，并且环境没有发生显著改变，那么实际支出就可以和计划支出来做出比较，但这是一个低效的财务管理方法。一个新产品的研究与开发经常可以当做一个成本中心来操作，这是因为缺少可估算的财务输出。计划中的支出水平应当反映出发展新产品，或者提高现有产品的战略重要性。因此，实际支出低于计划但是没有得到预期效果的新产品会给公司未来的发展带来很所多问题，财务管理系统应当强调这一点。这个目的可以通过紧密联系实际的或者其他非财务的目标与监管过程的方式来实现，所以没能达成既定目标的失利不会给一个好的财务业绩平添阴影。正如第四章中讨论的标准成本和差异分析，问题是由经理们的占主导地位的心理优势造成的。这种观点认为节约支出（工业工程显示出人们心理倾向的支出的变化情况）代表着好的管理业绩，而忽略了它带来的潜在问题。

没有任何一个成本中心期望经理们只是简单地执行预算。他们被要求明智地去使用资源以便能够达成精确规划并得到批准的目标。这就要求应用业绩控制方法来评估他们的支出所取得的效果和效率。

收入中心

集团中的一些部门可以被认为是用来控制销售收入水平的，而不是用来控制创造的利润或在日常活动中消耗的成本。销售部门因此经常在财务上受到销售收入目标的控制，而它们的内部成本单独由成本中心来控制。显然这种过渡类型的财务管理系统造成的麻烦比它所能解决的麻烦更多，因为它给负责的经理发出了更多令人困扰的信号。

对销售部门来讲，集团展望的关键目标是能够进行创利产品的销售而不是不考虑销售和市场成本的销售收入。当然，集团目标本身取决于某一部门的发展程度和它在团队组合中的位置。因此，除了简单的整体财务收入目标，这些范围内的业务也需要适当的诸如市场份额、销售结构等非财务目标。

利润和贡献中心

如果企业的附属部门同时控制着销售收入和相关成本，显然可以被认为它控制着自身的利润水平且可以作为一种财务控制的手段。部门不能控制所有成本的区域，如总部的成本，但它可以作为贡献中心，其财务业绩可以根据可控贡献水平来评价。

利润中心的应用十分广泛，这是因为集团的首要目标是获得令人满意的利润，这被看做达成团队和其各运营部门共同目标的相对简单的方法。确实，许多大的集团已经确立了内部的应用于服务和支持领域的价格转移机制原则，所以这些企业的职能部门也可以作为利润中心在财务上受到控制。如先前所讲，价格转移机制如果被用做管理控制的目的会出现混乱，这是因为其首要目标是保证在集团内有效地分配资源。

将注意力放在利润中心本身的使用是危险的，除非用来评比的部门目标业绩在集团业务组合的背景下经过了仔细的评估。因此，无论如何，所有部门都不应试图在短期内最大化它们的利润，这对许多专门建立的、有内部支持功能的利润中心（如先前提及的中央财务部门）来说也是正确的。如果经理们被授予了不恰当的业绩评估方法，集团也不应该为它们在自己所属的业务内狭隘地达成各自的目标（从长期来看这不会使团队达到最大收益）而感到吃惊。

投资中心

评价商业业绩的最常用的方法是使用一部分投资背景下产生的利润，例如投资回收率（ROI）。为了在部门级别使用这个概念，部门要不仅学会对销售收入和相关的成本的控制，还有对该业务领域内投资的控制。投资中心因此只适用在大的团体内（如分散经营的联合企业的各营运部门）作为相对独立的单元。但即使这样，其申请书也要留意是否会出现在利润中心的背景下所提到的组合管理问题。

通过定义可知，大型集团的部门并不是完全独立的，主导地位的中央管理层往往更加接近资金。作为集团，其明智的做法是将可用的资金分配给那些能够创造最佳风险调整报酬率的部门。这样在一定程度上，对竞争投资机会可以通过投资返还（ROI）方法的预测进行评估，尽管采用这种在十七章中详细阐明的评估方法还会产生一系列问题。其中一种典型的问题就是 ROI 是一种以百分比计量的方法，因此经理们可能尝试通过降低投资水平而不是增加利润来提高比率。毕竟，在零投资的情况下一英镑的利润用百分率来表示便意味着无穷大；同样，在用百分率进行比较时，考虑到团队中不同部门承担的风险，做出正确的评价也是十分困难的。

因此，许多集团现在使用一种叫做剩余收益（RI）的概念，这样一来对于各部门的资金使用，团队就可以制定名义上的利益职责。利益职责的大小可以根据部门所承担的经过认真评定的风险大小和其拥有的相关资源的多少而变化，但利益成本降低了部门利润在其投资网络中的比例。剩余的部门利润，称其为剩余收益，成为为团队创造财富（工业工程中称其为支付资本成本后的经济收益）的网络贡献评估手段，并且财务业绩现在完全由数字而不是百分比来评价。

尽管使用剩余收益确实能够解决评估和传统的投资返还方法带来的管理上的"博弈"问题，但许多与财务业绩评估相关的主要问题仍然需要解决。因此，团队的总体目标和为各部门和各功能区块制定的个体目标要达成统一，这是至关重要的。同样重要的是，这些目标相关实现的方式需要得到监管。在多数情况下，只有通过财务和适当的非财务指标的合理结合才能实现这一目标。

本书中接下来的章节阐述了在不同种类的大型集团背景下这些问题的解决方法。

第九章 单焦点企业

概 述

在某些简单的情形下，立足于单一产品和单一市场的企业在达成实现竞争战略和整体合作战略的统一这一目标上不会遇到什么问题，因为同样形式的竞争战略在企业的所有部分都被贯彻执行。也许企业会十分庞大，以至于需要建立一个功能性的组织结构来保证能对其所涉及的资源有效地进行管理控制。高层管理扮演的角色主要是协调这些功能区划的战略以便达成共同的合作和竞争目标。但是，要牢记的是，这个高于一切的目标会随着外部竞争环境和产品不同发展阶段的改变而改变。因此，必须要谨慎使用合作排序的职能，否则分散的职能战略会变得很不适宜。

随着时间的发展，由于现有产品对新市场的冲击和新的产品定位于现有客户，即使是最专注于少量业务的公司也会变得越来越复杂。一旦这样的情况出现，企业就需要有效地管理不同竞争策略组合，每一个竞争策略都会根据被执行的商业环境来量身制定。这就增加了集团高层管理角色的复杂性。这意味着基于高层的经理们需要来自不同业务单元（不考虑它们对应的产品和客户的一般特征）的不同财务信息，来恰当地管理发展中的集团组合体。这些经理确实需要合适的财务信息来为集团进入新市场和启动新产品进行评估。

对所有单焦点的企业来说一个关键问题是，尽管管理的风格和配套的财务管理方法随着企业的发展和成熟会发生改变，掌管控制权的经理们却没有随着企业变化而提高。这样会导致在企业的发展上（如一个增长战略被应用到一个成熟甚至走下坡路的市场上）制定错误的公司目标，或者应用错误的财务管理机制（如 DCF 分析被用于监管一个过时产品的资本投资）。任何一种情况都会对企业财务的成功带来灾难性的后果，并且会毁掉一个单焦点的企业的主要收益，这样的企业经理们都把精力集中到一系列明确定义的目标上。

导　言

　　许多企业在刚刚创业时其业务是十分单一的，企业所有人管理企业的方式是在一个十分严格的产品范围内，服务于一个定义十分明确的市场。在这一阶段，公司的各个目标之间很少或者根本没有冲突，这些目标是根据使命陈述来制定的，并且细致的竞争策略也会很好地被执行。当然正如大家认为的那样，在这个阶段很少有企业明确地阐明使命陈述、公司目标和竞争战略。即使这样，多数投资者和高级经理站在同一战线，这样的复合表明公司所有人的目标和重要的内部战略决策制定者之间没有潜在的隔阂。同时，机构严格的产品和市场界面一般意味着初始运营的竞争定位是很容易确定的。在稳步成长期和之后的一段时期，由于有一个成功的开始，更大的团队组织结构的复杂性开始呈现出来，并且对企业持续成功产生了威胁，除非企业能够发展和适应新的环境。

　　Body Shop 的有力成长是近期发生在英国的一个成功案例。Roddicks 于 1976 年从一家销售新潮化妆品和化妆用具的小店开始创办了他的公司。截至 1990 年年底，Body Shop 发展到拥有分布在 57 个国家的 580 所分店，股票市值达 4.7 亿英镑的集团。从战略会计的角度来说，有意思的是，尽管经历了 1984 年的大范围变动，初始的所有人兼经理人（Anita 和 Gordon Roddick）在壮大的集团中仍是坚挺的股东、常务董事和主席。并且它们的业务依旧专注于其主流产品：环境友好的、自主品牌的、天然的化妆品和化妆用具。但这并不能断言其业务仍像它们只有一家店时那样进行同样的管理和控制。

　　在英国的 173 家店中，有许多是特许经营的。随着将先前拥有的店铺卖给经理和职员，这一比例最近有所增长。显然这种控制集团零售经营的方法改变了高层所需要的财务信息，Body Shop International（大众所引述的集团名称）现在真正成为了一个制造、批发和培育市场的机构，而不单单是零售商。集团的角色深入到鉴定、设计、制造并引进吸引顾客眼球的新潮产品，这种产品是在零售商店中出售的。集团高层仍然时刻高度保持对所有商铺的市场战略控制，对集团来说尤为重要的是，它与环境密切相关的高端公众形象。

　　Body Shop 也正如它的名字阐述的那样，向国际进军，其战略很明显，向着复杂化进一步发展，但这种做法给高层带来了财务控制问题。尽管它仍在英国增加其店铺的数量，在其业界（它是有据可考的"环境友好零售商"的创世者）仍被冠以领导者的称号，而且在英国的分公司现在利润丰厚，同时还在不断盈利。最初的进军海外市场（如美国和日本）经历了惊人的挫折，而且还需要一大笔投资。但是，特许经营的使用使集团快速扩张，而没有在新增设的商店和流动资本上占用大笔的资金，所以它能够集中投资于产品和仓库，借助这两者快速赚取令人羡慕的营业毛利，并通过快速成长的集团返还股东资金。国际增长战略成功的重要一点就是，公司的高层管理根据新的、有大幅增长潜力的市场，连同内部创收能力对资金的需求，使不断增长的投资组合平衡发展。无力适应这种新增的财务控制复杂性在20世纪80年代导致了许多快速发展的企业破产。所以很明显，尽管 Anita Roddick 多次对负面的评论公开抗议，Baby Shop 高层恰当的负责的财务控制为其生存和不断的成功做出了主要的贡献。

必然发展的企业

即使是高度专注的企业也无法回避开发新产品进军新市场这一不可抗拒的诱惑，企业和相关的财务控制体系的本质是动态、连续的。外部的企业和竞争环境不断变化以及产品自身不断在其生命周期内的运动，表明即使是最恰当的财务控制机制也要不断发展以便跟上上述变化。因此，虽然单一焦点的企业能够使用一种直线功能的组织结构来进行有效的管理，各个功能区划的不相关联的目标必须在一种变更发展阶段的背景下进行定义。

企业这种必然的发展过程已经被强调过，并在第四部分做了详细的探讨，它改变着企业不同功能区划的相对重要性。在对不同区划的资源投资和核心管理层对不同区划的相对专注度上，这种改变应体现出来。在产品最初的研发和启动阶段，从逻辑上讲重点应当放在市场研究（得到新产品的潜在需求信息）和研究发展部门上。对这些区划的高投入应当与一个灵活的、信息通畅的、适应迅捷的管理会计信息系统相配合，因为很有可能需要一个果断的战略决定作为工程展望。

在增长阶段，起关键作用的职能区划是开发市场，所需要的投资也应该在管理会计区划内加以强调。企业要不间断地从财务上进行评估，评估那些可供选择的方案，例如在运用时会遇到哪些障碍，是否需要关注经济规模，或者经验曲线的其他方面，找出最具财务吸引力的程序去执行。选择一个范围广泛但有着轻微不同的系列产品来划分市场可供选择的市场策略，可能会创造更好地打入市场的机会。这种战略决策应当在财务上进行分析而不是仅仅凭借高级经理们的突发奇想。

企业战略猛攻的第一阶段会面临两个问题：①需要对在管理会计领域重新分配的资源进行适当管理。对于附加的资源，要求集中在重点买卖支出和增加在有形资产上的投入，需要注意的是，有形资产的投入不应该带来管理会计部门成本剧增和造成企业其他领域的失控。这就要求能设计出自动的会计系统，它具有提供会计报告的功能，以便于在技术成熟的会计资源发展时能集中精力对某些战略问题做关键性的分析。当然，对于全新的战略决策来说，任何程度上财政分析的自动化几乎都是不可能实现的，因为没有所需要的固定的历史数据，即使对专业的计算机系统而言，这些数据也需要进行研究。这些内容将在第五部分进行详细讨论。②当关键性的决策职能从研究和发展向市场发生转变时，企业自身也必须转移注意力。在实际操作中，这一点说起来容易做起来难，尤其是如果公司已经在某种战略模式上花费了很长的时间，而且具有关键职能的管理层也已经习惯了各自的职能技术。这些具有关键职能的管理层以鲜明的姿态接受集团管理层的领导，并且将很大一部分资源投入到其负责的区域。时间一长，这些管理者们建立起很雄厚的基础，可能会因此晋升到高级管理层。所以，他们不希望看到变化，有时他们通过有效的后卫战来延迟这些变化。而这种延迟带来的损失是惨重的，尤其是如果竞争者在竞争策略中能迅速对他们期望的变化做出反应时；有些大公司在经历过这些之后很难得到恢复，而有些公司，在遭受了他们承受能力以外的竞争策略后被其他企业兼并了。对于管理战略管理会计系统来说，一个重要作用就是能够提前显示出竞争战略的改变。

再回到企业发展生命周期所带来的影响这个话题上来，随着市场的日渐成熟，生长周期也就结束了。企业应该集中精力获得财政回报来平衡早期的净投资和再投资。所以，随着对生产区、分配区、销售区和行政支持区给予越来越多的关注，企业的操作区的效率对于主要竞争对手而言，就成为一个关键问题。战略管理会计系统应该提供对比竞争力成本分析，因为这些分析能指示哪些区域需要关注和提高，发展有竞争力成本优势的机会又在哪里。

更进一步说，通过生命周期可以看出，单一产品的生产和发展有下滑并消失的趋势。管理会计系统应该在这种周期结束之前对其他选择进行评估（选择退出或者选择"自动灭亡"），或者选择继续走下去。继续发展这一选择通常包括一系列依赖于周期性的再投资，而最好的经济选择是由企业来实施的，这一点很重要。这种选择的下一阶段很明显不会吸引企业里的高级管理者们。因为对于创始人和现有投资者来说，如果整个投资回报是令人满意的并且企业的任务得到了完成或因为随后的发展任务变得不重要了，结果就不会是损失惨重。有一个共识，也就是说，只要原始任务准备得很充分，或在竞争环境下考虑到未来的变化而使任务得到了更新，在这种下滑或冰冻期的企业不必宣布破产。西奥多利维特教授声明美国的铁路行业如果把自己当做运输业而不是铁路行业，就不会有如此严重的下滑。这说明，一个重述的任务声明会使高级管理者意识到，要使他们现存的企业在运输业得到新的发展所要面临的战略威胁。这也说明对于经营成熟、稳固的铁路行业有着长期经验的管理者来说，不仅要在不同技术和全新动态的基础上使企业快速进入发展竞争的状态，而且要具有与新公司抗衡的竞争优势。

当然，这些是假设。

进入新产品或新市场

在现金流成熟阶段，对于管理者来说，通常要能预见到未来的下滑与灭亡阶段，并运用企业的流转资金进入到一个新的更高层次的领域。只生产单一产品的企业，与多样化的企业是不同的，但这样的企业通常包括发现新市场和新产品，当然新市场是针对已知产品范围而言的，而新产品是销售给已知顾客群的。为了完成这些既定的任务，企业应该更加关注现有的业务以便有新的发展机会。

但是，进入不同发展水平的新领域，管理公司的复杂性明显增加了。集团正在经营一个投资搭配受限制的业务，很容易在特定业务的竞争策略和整个公司的策略间发生矛盾。这一点可以通过考虑一个全球化汽车公司的战略管理和汽车公司的产品生命周期来说明。如下图9.1所示，有些汽车市场的相关情况显示了发展的适合阶段。很明显，同一个公司的策略必须与市场的发展阶段和竞争环境相对应。期望的投资回报应该根据适合的投资机会以及根据不同发展阶段、不同的实际运营的财务控制来进行定位。有趣的是，这种程度的资金管理复杂性似乎不被那些大型的、具有高新技术的"全球化"公司所采纳。

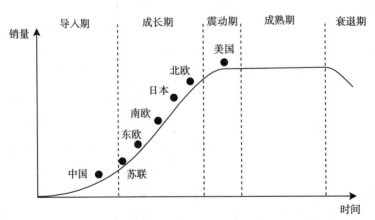

图9.1   汽车行业产品的生命周期（基于全球化市场）

为了能与其他的"全球化"公司相抗衡，进入新领域要有正确的定位。如果能从已证明可行的操作范围外获得大的经济规模，那么这一大众化的观点就成为一个合理的论断。这一直是近来私有化的英国公共事业公司（比如英国电信公司、英国天然气公司和自来水公司）所主张的。从它们对当地市场的垄断中可知，它们利用高额利润和暴利来投资新的或者更有前景的领域。当公司的高级管理者缺乏相关的经验或者在产品没有显示出较好的发展时，经营新产品复杂性的增加证明了内在的管理会计体制的冒险会对几个新的投机业务的整合带来更大程度的风险。这种战略转移不应该施行，一方面因为高级管理者在经营一个更大的企业，另一方面因为核心企业目前能够带来大量利润，即使他们意识到这种利润率不会持续，但对于这些他们不知道该怎么做处理。如果企业将来不需要流转资金，那么流转资金可以重新返还给股东，而新领域的转移应该依据资金来定夺。即使对于相关的产品和市场的战略转移来说，这也是很必要的，而对于一个相关性不大的转移来说，资金分配很可能会出现问题。

第十章 纵向一体化企业

个人观点

纵向一体化企业的存在相对于非纵向一体化企业而言，从经济上存在其合理性：它们增加了更多的价值。而从作者观点来看，这一直是企业界的一个伟大的神话。大部分纵向一体化企业集中从它们的价值链这一阶段去开始企业的生命。多数情况下在它们的发展阶段是非常成功的，并且凭借这个基础去进入其他的活动领域，以期扩大它们的利润范围，不管这个企业处在价值链的上层还是下层，如图 10.1 所示。从经济学角度来说，逻辑依据是：一个更好的经济收益可以通过这种纵向一体化类型的举措生成，而不是通过横向扩展。正如前面讨论的，通过这种战略举措生成附加价值的唯一方式是假设竞争优势已经开发出来。然而多数情况下，纵向一体化战略把企业从它们先前有竞争优势的领域带走了，并且使企业管理者卷入了拥有新科技和新生产过程的新产业中。因此，很难看出股东的财富是怎样通过这个战略生成的。特别是随着其他竞争者的加入，再去挑战那些已经在这个领域存在并且占

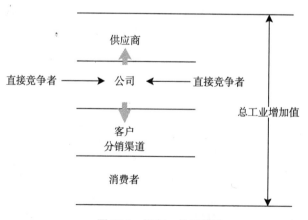

图 10.1 纵向一体化战略

注： 代表垂直业务的战略重点。

据了很好的发展地位的企业是很难的。

糟糕的是，对于这样一些纵向一体化战略投资者必定会有一个非常重要的影响，因为集中投资于一个单一的产业对于企业来说增加了整个企业的风险，这一点变得越来越明显。到目前为止很明显的一点是：任何风险的增加并没有伴随着一个相应的收益的增加，这导致了投资者价值的减少。

概　述

纵向一体化企业来自于企业管理者在价值链上向上或向下的决策。换句话说，企业承担着这样一种功能，这种功能交替地由提供者或者消费者来实现。在这个定义下，决策的选择是至关重要的。如果没有交替，随着企业的所有部分被单一的非分割企业组织所代替，企业也不能被看做是纵向一体化的。假如企业决定自己执行这项功能，一旦有一个有效的决策去获得外部卖家的供应，或是出卖给外部消费者，就说明企业做出了一个战略投资决策来实施纵向一体化。

对于所有的战略投资决定，投资之前应该有一个经济评估和一个持续的经济监控过程来确保预期的利益能够实现。这个监控过程应该包括定期检查现在的纵向一体化度是否应该被保持或者增加。进行这些经济评估时必然会用到机会成本的概念，而且如果纵向一体化引起内部转移，那么建立一个转移价格体系很有必要。根本原因很重要，比如为了发展转移定价，团队做出的整个经济决策的有效性被记忆，因为对于集团来说许多使用中的转移定价系统事实上并没有引导它们做出最好的经济决策。

很明显，纵向一体化集中团队可以在一个功能基础上被组织起来，和单一的竞争和合作战略一样，所有企业都应该是相同的。然而，随着时间的发展引发了对更复杂的组织结构的需要，因为有前面部分中所提到的原始单一集中的企业。无论如何，战略决策的类型在管理者面对不同的集团纵向部门时可能会发生戏剧性的变化。因此，需要支持和监控这些不同类型决定的经济信息，应该恰当地加以调整并适应这些发展变化。还有一点需要牢记：大部分内部执行功能的决策，当然这些功能可以由外部的提供者执行（比如许多企业服务的奖金），需要用机会成本技术去评估，因为这些决定代表一种纵向一体化的形式。

纵向一体化企业的发展

许多新企业在开始阶段和创新阶段可能面临很少的选择，只能去高度地纵向一体化。从外部提供者那里获得必要的供求服务是不可能的，或者对新的分配渠道的需求可能是不存在的，因此企业必须自己执行这些功能，至少到企业的基础设施已经得到充足的发展可以提供多种选择时，组织就需要决定继续在它的纵向一体化上发展，还是在供应者和消费者有重要的竞争优势的外部非关键因素上发展。

小汽车企业就可以作为一个很好的例子说明递减的纵向一体化战略的应用。最初，企业没有一个尖端的工程供应者的网络，大量的子零件需要生产出复杂的最终产品，因此福特汽车公司早期的建造者是美国 Baton Rouge 一家高速纵向一体化的生产工厂。这家工厂仅用一种方式潜在地实现了有意义的规模经济，同时保证了及时的、高质量的元件供应。因此，虽然也存在一些领域企业还介入的领域（比如轮胎生产），但铁矿石和其他基本的原材料都分发给这些站点并且完成汽车的分派。

随着企业容量的增加，不同模型的数量也在倍增，对于汽车生产商来说想要保证完全的自我满足，情况都变得更加复杂了。买入一定的通用半成品元件变得更为经济。同时，供应者能够通过提供给其他公司而产生更多的规模经济，这一过程贯穿汽车行业的输入和输出。渐渐地，一种新的成品零件的供应商发展起来了。因为这些公司不仅可以把它们的产品直接提供给生产商，也可以通过"后市场"提供给汽车拥有者用来替换产品（比如机油滤清器、火花塞、电池组等），这些容量再次产生出超出与汽车公司相匹配的更大的规模经济，因此对于这些新的公司来说成功地进入与汽车生产商的合作领域是非常有意义的。并且，如果它们把注意力聚焦于有限的领域意味着它们发展的技术优势和产品的改进可以包括在新的汽车模型中。对于汽车生产商来说问题在于这些新的产品对于他们的竞争者也是可以使用的，因为这些新产品是由外部的公司开发出来的。

纵向一体化经济决定因素中很重要的一点是，企业必须把限制其他竞争者使用一个新技术的价值或者产品开发的价值加入到经济分析评估中去。如果竞争者有可能复制这些想法（不能保密或者申请专利），虽然这些想法的提出者可能仍有一定的价值，但是拥有这些想法本身可能已经失去了其重要价值。对于许多服务产业这点是正确的（比如投资银行），在这些服务产业中个体生产者在每周或者每天的生命周期中存在竞争优势，因为竞争者可以立即分析这些最新投产的产品并且快速开发属于他们自己的版本。正如在第五章提到的，在一些行业中这样的做法已经变得非常老练，比如在汽车产业中所有主要的公司轮流参与每个新的竞争型产品去分析并且承担可能发生变化的费用。

如果现在去分析汽车产业，有一点已经很清楚，许多公司在最终产品的很大程度上非常依赖于外部提供者，包括其他的汽车公司。一些公司几乎被看做是设计者、装配者以及汽车的经销商，而不是纵向一体化生产者。事实上，在这些主要的竞争者中，一个更高的贴现率被用来评估工程现金的流量。这个评估是从工程的角度将内部产品需求与外部供应源做出对比。这种经济标准反映了与内部投资相关的可预见的风险收益。与使用外部提供者可以获取的更高水平的复杂度相对比，这不仅仅是产生一个更高水平的固定成本。当然，将风险转移到外部，将在由供应者要求的更高的买入价格上体现出来。但是大公司的购买力可能能够部分弥补这些额外费用。

随着企业的成熟以及技术的日益复杂，这种趋向于递减水平的纵向一体化趋势是非常符合逻辑的，任何公司都应该将其有限的能源集中在那些它们可以增加更多价值的领域，并且这意味着从其他公司那里买入一定的货物及服务。如果有一种可替代的方法去做一些事情，包括外部供应，这种交替应该被公司予以恰当的经济评估。

对于发动机产业来说，在价值链的其他节点考虑战略开发是很有趣的，因为汽车公司非常需要有一个专门的汽车经销商，尽管有来自政府的压力，政府会考虑限制涉及的交易活动。汽车是一个典型的高度商标化的产品例子，结论是汽车生产商想要控制它们产品的市场战略。然而，实际的销售过程，特别是在全球化基础上，设计和生产高度复杂产品的非常重要的售后服务功能需要各种技能，对于汽车公司来说没必要认为直接牵涉当地的集中经销商是合理的。这些经销商把汽车销售给个人，对于个人来说这是一个非常重要的资本投资。那些专业的经销商长期享有专业化，卖出和维修汽车的过程是一个符合逻辑的发展过程，因为它确保了汽车生产商进入市场的连续性。同时，允许汽车生产商维持全国性的控制，事实上，他们可以控制对于个人产品和总体商标的全球市场战略。

这个战略逻辑可以应用到完全不同类型的公司，比如 Benetton。当这个家族公司开始设计并生产编织衫（最初用外部的工人而不是大量地投资于资本装备），它必须决定怎样去接近目标客户，如果它通过正常的零售渠道出卖它的产品，它承担着失去对未来商标的开发和整体的战略控制的风险。作为小的时装提供者，公司也知道作为一个高级时尚针织衫的生产商，成功的关键是能够非常快速地获得对于实际销量的反馈，因此公司想要得到一个每日零售商销售数量信息，不是可以提供给零售商什么，而是哪些摆放在货架上仍然可以畅销。为了确保这个信息流并且使分配线尽可能短（因此减少商品在到达商店之前就过时的风险），公司建立了自己的零售出口链，只卖自己商标的产品。然而，与纵向一体化举措相关的风险就通过出售特许经销权得到了减少。这些就使集团获得了即时信息的优势，这些即时信息是办公室高层和零售出口商通过直接的电脑通信实现的。同时，保持对所有商标和市场战略的控制，减少对零售资产和当地市场的零售管理技能的投资。集团已经快速地扩展成为一个几乎全球性质的连锁店，并且没有丢掉企业的经济控制。

保持纵向一体化

如果纵向一体化逐步减少，或者它的继续存在挑战到了经济准则，这时就应该分析并检查公司提出的保持高度纵向一体化的论据。原油产业就是一个例子，大部分原油产业的主公司保持了纵向一体化战略。

大部分原油公司通过开发它们自己的油田，阶段性地实现纵向一体化。这个过程通过操作油槽船队来进行，拥有精炼和批发分配的企业，最终使企业聚焦于终端产品的品牌、市场和消费者。一些大的集团甚至拥有零售汽油站点链的管理权。很明显，这增加了管理集团的复杂性。这些企业的发展阶段和相对竞争定位是不同的，对于原油公司来说集中于一个单一水平的产业是一个完美的实践并且已经被一些产业参与者实现。因此，既然拥有可行的轮换战略，作为纵向一体化公司的决定应该在经济上、回报上或是减少整个联合团队的风险上被认为是合理的。

两种经济形式的理由都被纵向一体化公司的管理者加以使用，共同的论据是基于世界商品市场油价的波动水平，如果原油价格很高，那么企业开采和生产的短期利润剧烈地变化，因为销售收益的增加没有与任何管理成本的增加相匹配。然而，更高的原材料价格正常来说迅速地反映于最终产品销售价格的增加中。这些增加的价格将减少处在下游的团队管理的潜在利润（比如市场、分配和精炼产品的零售）。因此，当油价低的时候，这些下游管理可能改进它们原材料生产端的利润，最终企业受到不利的影响。因此有理由相信，被纵向一体化后，原油企业减少了它们整个集团利润的挥发，并且与聚焦于产业各个终端的原油公司相比，减少了联合企业的风险。

一个非传统地看待这个论据的方式是这种类型的联合公司从来没有制造出格外高的利润，甚至当公司的产业环境相当优越，因为企业的某一因素总是在某种程度上交叉补贴另外的因素。然而，即使一直保持在原油产业中，企业仍然承受与这种类型的产业相关的很大风险（比如政治的、环境的、经济挥发性的）。如果真心希望减少企业的风险，自然应该通过追加其他外部的投资以确保企业的多样化。但是大多数企业的高层管理者对这一战略有争议，因为他们缺乏相关的管理学专业知识，因此不能够发展且维持企业的竞争优势。

很难看到有多年开发经验并且有运行一个加油站的零售链经验的管理者去管理一个几十亿美元的油田工程所用的通用的管理学技能。事实上，一个非常不同的联合战略可以被用来分析一个成功进入产业下游部门的轮换路径，汽油在其更加成熟的市场是一个相对低商标程度产品。因此，汽油零售成功的关键因素是出售价格和出口位置。出售价格取决于拥有一个关键性的集中管理去实现从供应者那里得到最好的购买期限。然而，精炼的石油产品是全球化交易的商品，灵活和迅速地对购买力进行反应能够产生更短期的竞争优势。

因此，聚焦于汽油零售和从国际上最廉价的提供者的原油公司购买原油能够在市场上创造出适合自己的位置。如果公司成功地成为商品的零售商，那么它必须有效地保持它的管理费用最小化。以零售的、大区域角度存在的加油站，在客户生产量上效率很低，对于所聚焦的原油公司，一个明智的战略是管理大的加油站（这些加油站将占主导地位的固定花费传播到一个大的销售量），并且通过打折出售鼓励销售量（基于它自身的竞争购买优势）。这些团队不需要为了试图去建立一个强劲的品牌形象而花费大量的钱去做广告，因为目标汽车拥有者当可用的最方便、最廉价的汽油站的油耗尽之后就会购买他们的汽油。

这个战略附加的联合因素是把加油站看做合适的投资，以及出卖商品的入口，这些加油站最大的吸引力是，定位在主要的街道、大的居民区和商业区附近，如果这个位置买来用于原始的加油站，当附近的相关社区扩大能够到达加油站的时候，就有机会通过重新开发这个站点来获得重大的资本收益。这样的战略选择可能相对一个完全联合的石油公司来说缺少吸引力，这些完全联合石油公司可能把这些重新开发视为丢掉了下游零售市场的共享部分。

这些聚焦于原油的公司的利润流或许是更加易变的，因为当油价很低、供应很充足的时候，可以高效地购买并且创造很高的利润。当精炼产品的供应稀少而且市场价格很高，对于这些公司来说就更难获得供应，因此公司必须将增加的成本立即转嫁到对终端消费者更高的销售价格形式上，除非公司能够保持它的销售量和利润差额，或者通过增加利润差额去补偿销售量的下降，否则它的利润将减少。当然，公司不会从上游经营者那里获得任何利润补偿，因为这个上游经营者根本不存在。然而，企业将在当地的市场开发一个位置作为一个"廉价"汽油零售商。当零售价格迅速增加，正如市场上的实际情况那样，消费者可能变得更加理智地消费，努力从他们认为更加便宜的供应者那里购买。

这些都使得那些大的联合石油公司所作的油价改变的战略反应难以理解，当原油的报价改变后，这些联合企业立即改变它们终端产品的售价（比如汽油），尽管事实上它们内部产品的成本根本没有转换，并且油田的开发和下游的经营在长期基础上证明是合理的，同时这些商品价格的波动大部分是短期的，而且通过如此迅速且可感知的反应，它们削弱了这些非联合的原油公司的潜在竞争优势。它们将短期的价格波动暴露在国际油价上。如果这些大型公司真正通过纵向一体化实施一个长期的风险减少战略，缓和一些终端产品价格的挥发性看起来更明智，因此要求它们的产品这样做。与此相对的论据是推迟提高石油价格，当原油涨价的时候，会增加许多成本，换句话说这里涉及一个机会成本。这个概念被这些公司严格地使用作为价格增长的应用，支持的论据是因为随着原油价格的提高替代品的成本也增加了，既然出售价格增加得这么快，为了确保原油报价的减少，会出现公开的反对和政府的压力。这些行动明显地增加，而不是缓和了产业整体性的挥发。很难想象任何别的企业以这种方式行动，甚至当主要的公司不是纵向一体化的。例如，一个以巧克力为主原料的糖果点心类产品其成本中的一个关键要素就是可可粉商品的价格，在全球市场上它几乎每天都在波动。Mars 和 Cadbury 并没有根据原材料价格短期内的波动来调整其糖果点心类产品的销售价格，尽管他们没有一个人由于垂直一体化而能够自我充足地供应原材料。事实上他们采用了金融性套期保值战略，为了减少原材料成本的波动性并因此减少他们继续调整其完工产品销售价格的需求，该战略涉及在商品未来市场中占据贸易地位这一方面。

石油公司之所以认为它们需要反应如此迅速，部分原因是这些机会成本，然而这种压力也会因为在行业内部分离成不同运营水平的趋势而增加。尽管该集团已经垂直一体化，但上游和下游的运营通常作为独立的业务单位来运转，而且这些也将会分解成更多的分立单元。基于规模的原因，可能很有必要将企业分解成地理上或者功能上的次单元，但也可以通过引进一个部门结构来分阶段实现。这就应该将部门经理们的注意力聚焦于该行业中的一个更小的垂直区域，这毫无疑问是很有帮助的，但也使集团管理层变成了这些部门竞争战略的协调者和整合者。这在一个垂直整合的集团中尤为重要，这是因为其各个不同部门之间的内部关系。为了努力使经理们的注意力更集中，大部分石油集团采用利润或者投资回报率作为部门财务控制的度量方法。然而，当部门之间存在大量的内部交易时，这就要求建立一个有关任何两个部门之间的转移价格系统。为了确保客观性，转移价格通常由外部设定并引用现货市场价格，如原油或者提炼的产品。

这就意味着内部市场价格的变化会被立刻反映到部门财务业绩中。部门经理们尽可能迅速并充分地反映，这些变化的压力也会因此增加。由于内部转移价格调整而导致部门获利能力发生变化，毫无疑问可以完全相互抵消并对集团产生一个折中的影响。集团受部门所采取的内部行为影响，而这些行为是这些部门在察觉出其财务业绩变化后才采取的。有趣的是，这通常以这些内部产生的部门财务度量方法为基础，这些公司的管理者们主张其部门利润流的反周期性。由于这些内部集团的会计系统就可以使这些实现，所以结果没有什么值得惊讶的。

对于任何一个垂直整合的企业来说，它们都希望采用部门财务业绩度量方法，一个合理的内部转移价格系统是必须要有的，但在许多情况下，这样一个系统的基本要素却被忽略掉了。

转移定价

转移价格主要适用于下面情况的经济决策：集团内部资源的分配，以及是否应在内部执行一个特殊的功能。因此，这些内部价格必须采用恰当的相关成本水平，这些成本可能是附加的或是不可避免的，而不是以实际成本的分配为基础。当这些转移价格主要用于从产品中选出在财务上最具吸引力的产品时，就变得很重要。企业应该想要集中它们的资源到那些可以生成最大整体利润分布水平的机会上来。这清晰地排除了不被这个决定所影响的固定成本，但是没必要强调怎样计算相对分布率来使其大体相等。

所有的企业都经受过限制，限制它们无限发展的能力，这种类型的经济决策的关键是辨别主要限制企业目前发展的因素，如果公司集中资源于那些每个限制因素的单元能够生成最大的分配的产品，企业的整体利润将被最大化，下面的例子也许能够使这个概念更清晰。

纸制品企业的纵向一体化是非常普遍的，事实上对于斯堪的纳维亚林产品生产公司来说，这已经是最近的一个趋势，使得纸、包裹和尿布的生产厂商之间产生高度的纵向一体化，因为这些厂商都将木制纸浆作为原材料。对于这些联合建立于绵纸的生产企业，我们的例子是基于这样一个纵向一体化的绵纸生产商，这个生产商拥有一个大的作坊，用木制纸浆和循环利用的废纸生产大量的绵纸，在工厂里转化成成品形式，比如成卷的纸、面巾纸和厨房用的纸巾。这些产品随后被卖给大的零售商，产生外部收益。如果团队部分被作为一个利润或者投资中心运营，它必须对内部纸浆组织的转移收取费用，这个转移价格的问题更加复杂。因为有一个中间的全球纸浆组织市场，因此绵纸作坊可以把它的一些产品出卖给外部市场。类似地，转移分配可以从其他供应商那里买进一些纸浆组织，当这些供应商的价格和质量都具有吸引力的时候。

很明显，从团队的观念出发，外部购买力的水平是非常重要的，只有能够改进整个团体的收益率才会考虑出售。这必须通过设计转移价值机制来实现，作为每个团体的子部门，必须期望去最大化其自身利润，存在的转移价格系统由可变的每吨这种特殊产品的成本开始，到增加每吨的贡献去覆盖这些绵纸作坊的固定成本及所需要的利润水平。这点在图 10.2 中用一个小的产品的例子可以说明。

绵纸作坊的固定成本	=	£12m
每年预算的分配利润	=	£4m
		£16m
每吨预算产量	=	80000
每吨所需的贡献	=	£200

因此转移价格是：

绵纸类型	每吨的可变成本	每吨要求	每吨的转移价格
白色面膜	250	200	450
彩色面膜	230	200	430
白色卷纸	225	200	425
彩色卷纸	205	200	405
白色厨用纸巾	210	200	410
彩色厨用纸巾	195	200	395

图 10.2　已经存在的绵纸转移价格系统

然而，在绵纸作坊的转移价格系统操作下，管理者发现通过转变设备他们被要求生产更高比例的美容面膜和越来越少的厨房纸巾，如图 10.3 所示，当潜在的外部销售和购买力考虑进来的时候这点就更加明显了，图 10.4 中表示出这些分配中的一部分。

	预计的产量吨数	结构%	实际比例
面膜	25000	31.25	50%
手纸	35000	43.75	37.5%
厨用纸巾	20000	25.00	12.5%
	80000	100.00%	100%

图 10.3　绵纸作坊的产品吨数

	买入机会		售出机会		
	吨数	每吨的价格	吨数	每吨的价格	决策
白色面膜	100	£500	750	£460	出售
彩色面膜	300	£480	–	–	无交易
白色卷纸	–	–	200	£400	无交易
彩色卷纸	330	£400	–	–	买入
白色厨用纸巾	–	–	275	£375	无交易
彩色厨用纸巾	550	£380	–	–	买入

图 10.4　最后的市场价格

将价格市场的有效性与对于同样商品所需的转移价格相比来分析美容面膜的产品走向趋势，团体有机会以每吨 500 英镑的价格买入白色的面膜，以每吨 480 英镑的价格买入彩色面膜，它自身的转移价格分别是：450 英镑和 430 英镑。因此，这些交易是没有吸引力的。然而，它也有机会将 750 吨的白色面膜以每吨 460 元的价格卖掉，比内部转移价格高出 10 英镑。因此，绵纸作坊想要占据这笔交易，但这要求企业必须有空闲的能力做这些。这可以通过以每吨 400 英镑买入彩色的卷纸（对应 405 英镑的转移价格），和以 380 英镑每吨的价格买入彩色的厨房绵纸（对应 395 英镑的转移价格）来实现。

然而，这个战略并没有导致绵纸作坊增加分配利润，事实上它们仍然在预算以下，虽然作坊每周 7 天，一天 24 小时运作。一年中预防性维修在两个工厂关闭之前执行，因此最大的机器可用时间是一年 47~62 周，也就是最多 8000 个可用的小时，因为作坊拥有 5 个相似的造纸机器，整个生产时间是 40000 小时，这点很重要，因为在美容面膜和厨房面巾纸生产时间之间转换代表不同的产量吨位，因为它们有不同的处理特征。厨房面巾纸要比面膜更重（这是用基本重量测量的，纸浆的单位是克每平方米）。拥有了更重的产品纸浆机可以更快速地运行，不会有洞出现在绵纸中。这些因素的联合意味着由机器实现的不同吨位的输出取决于纸浆将被生产成为什么类型的产品，这些在图 10.5 中分析给出。

	基本重量（克每平方米）	每台机器小时的产量吨数 *
白色面膜	16	1.5
彩色面膜	16	1.5
白色卷纸	19	2.2
彩色卷纸	19	2.2
白色厨用纸巾	24	2.75
彩色厨用纸巾	24	2.75
* 假设每个产品经济地运转		

图 10.5 产品重量

这些不同点表明为什么产品不同形式的变化能够转化绵纸作坊的利润，因为用于制作面膜的纸浆比例增加对于作坊来说不可能实现其 80000 吨的预算产量。这意味着绵纸作坊没有随着产品形式的改变被它的总的吨位产量所限制，正如图 10.6 中所示。

	每小时吨数	全部小时数	组合产量（吨）
100%面膜纸浆	1.5	40000	60000
100%手纸纸浆	2.2	40000	88000
100%厨用纸巾	2.75	40000	110000

图 10.6 绵纸作坊的潜在吨位产出

对于绵纸作坊真正的限制因素是机器可用的生产时间，因为不可能从现在已经利用的 4000 个小时的基础上继续增加，如果团队想要确保其资源被高效地分配，就应该把注意力集中在机器可以使用的有效时间上，使用关键的约束作为基础设置转换价值可能获得最好的实现。这个价值被用来作为内部和外部的资源分配的决定，在这个例子中，意味着每小时基于转移价格的分配需要实现绵纸作坊的预算利润，这在图 10.7 中就显示出来了。

产品	每小时产量吨数	每小时分配 *	每吨分配	每吨的可变成本	每吨的转移价格
白色面膜	1.5	£400	266.67	250	516.67
彩色面膜	1.5	£400	266.67	230	496.67
白色手纸	2.2	£400	181.82	225	406.82
彩色手纸	2.2	£400	181.82	205	386.82
白色厨用纸巾	2.75	£400	145.45	210	355.45
彩色厨用纸巾	2.75	£400	145.45	195	340.45

* 每小时的分配的给定：-

固定成本	=	£12m
预算利润	=	£4m
		£16m

最大可用小时数 40000

所以每小时必须的分配 $= \dfrac{£16m}{40000} = £400$

图 10.7 使用每小时贡献的转移价格

转移价格变化的影响力是非常巨大的，我们可以看一下图 10.4 所示的最近的市场价格和图 10.8 所示的，转移价格设置的修订推翻了先前的产品买入及卖出的决策，它将推翻近来的用于面膜的产品资源的增加比例趋势。给予长时间的需要去生产 1 吨面膜并且限制产品的时间有效性，面膜对于相对关键的资源紧张性的要价是很重要的。

产品	新的转移价格	买入价格	售出价格	决策
白色面膜	516.67	500	460	买入
彩色面膜	496.67	480	–	买入
白色手纸	406.82	–	400	无交易
彩色手纸	386.82	400	–	无交易
白色厨用纸巾	355.45	–	375	售出
彩色厨用纸巾	340.45	380	–	无交易

图 10.8 新的转移价格的影响

这个例子主要分析了设计一个转移价格系统的问题，用企业的限制因素作为转换价值的驱动力。如果这个设计做出后，任何涉及分配这个关键的、有限的资源的决定将有坚实的基础。逻辑上管理者将集中他们的资源于那些每单元的限制因素能产生最大分配的产品。意识到最有利的位置对于公司来说去平等化产品每单元限制因素的贡献是很重要的。这将最大化企业的整体利润，因为产品之间关键资源的再分配不可能增加总体利润。

用这个系统设计转移价格和涉及的内部服务有同等的重要性，否则将会做出不良的资源分配决策，这些部分将在以下的章节中讨论。

第十一章 集团企业

概 述

全面合并策略与各个商业领域之间的个体竞争策略不同，需要实施全面合并策略最明显的例子是跨行业公司。按定义，跨行业公司由几个不同的企业组成，每个企业各自在自己的市场销售自己的产品。所以，每个企业必须考虑特定的商业环境、竞争水平以及市场发展阶段，从而形成自己适合的竞争策略。

这样的话，如果跨行业公司由一组不相关的、几乎是自治的企业组成，那么每个企业就会作为其中的一个部分由一个逻辑组织结构来掌控。为了证明组织持续存在的合理性，必须把这几个分离的部分团结在一起从而给组织的股东创造价值。

这部分增加的价值可以由操纵各企业的中心组织对均衡的投资组合的管理来获得。这种投资组合自身能由几种不同的方式来"均衡"。如果这几个不同的企业组织起来后的风险比它们各自作为一个独立的企业的风险要小，那么即使合并起来的利润会稍微有所降低，对于组织的股东们来说，价值也应该是增加的。但是，对于成熟的投资者来说，建立他们自己的均衡的各种投资组合相对要容易些，并且花销比发展一个大的跨行业公司一般要小得多，跨行业公司依据组织里的各个分属企业产生的现金流转来拥有均衡的投资组合。这就意味着不断更新的发展中企业所需的投资资金必须由更成熟的、资金充足的企业来获得。另外，如果那些成熟的投资者愿意的话，他们能够建立自己现金中立的投资组合。

跨行业公司的股东增值的一个更好的方式是形成和利用规模经济，这对于个体竞争企业单位是难以实现的。它可通过好多方式实现，包括在第八章讨论过的管理技术。在跨行业公司中通常规模经济的获得是通过与行业中的其他企业共享资源得以实现。由于大多数跨行业公司中不相关的企业的业务运营彼此之间不同，这些分享的资源通常都在企业支持的领域，在这些领域中相关的技术都是组织里所必需的。这样，集中化了的研究和发展、信息技术、市场研究以及金融部门都会变得很普遍，即使是多元化的组织。

虽然这种中央集权化在一定程度上可以产生非常重要的规模经济，但同样也会出现管控问题，那就是组织结构呈现复杂化。像上面提到的，有一个简单的分割式的结构是很切合实际的，在跨行业公司中，几乎不需要总部办公室员工，那里的企业几乎完全是自治的。一旦中央集权化给许多分部提供服务，那么这个简单的结构就不能满足了。这些集权化的支持领域需要功能性的基础，但是它们的经费和精力应该由附属企业来控制。这通常通过使用转移定价来完成，它意味着大多数的适当系统的调整必须使用转移定价。也有可能在这些功能化的领域缺少市场和产品，可能会导致更多的经济管理失当，这种失当更多来源于最初由功能的集权化带来的利润价值。

导　言

集团企业的字典解释（这种解释起初不是应用于一种企业结构类型）是："各种元素的混合体，这些元素不需要累积而集合起来。"乍一看，这似乎是一幅图画，精确地描绘着现在大多数的大型跨行业公司，它们确实包含了许多虚拟的不相关的企业。但是，如果这是真的，就不会有立即明显的经济理由来创造和维持一个跨行业公司的结构。运用前面讨论过的代理理论，在企业主和高级经理之间应该有一个共同的目的，经理们因此不会采取合作的策略，因为这会降低股东的价值。就像是前面已经讨论过的，在代理理论中先前的大多数细目分类都处于一种暂时的自然状态。例如，跨行业公司首先在哪里建造会使高级经营者的风险分散开，如果没有给股东带来多余的价值，那么公司的竞争者很有可能得到组织并驱散所属企业。大机构组织的股东完全有可能建立他们自己的投资组合，这样做一来可以分散他们的风险，二来可以给他们提供资本增长与现有利息的产出之间的平衡。所以那些为他们服务的分公司的经营者就不会给他们带来明显的经济价值。建立并经营这样一个直接的投资组合确实会需要大量的花费，如果没有利润的话，势必会减少股东的利润。

但是，有一类股东建立并经营跨行业公司是非常合适的。那就是家族式的公司，家族式的股东想没有风险地经营并完全掌控他们所投资的企业，通过建立一个跨行业公司可以实现这一点，由家族来掌握公司的中心。可以引进家族外的人，并且他们可以在很大程度上有一小部分股权，由个体公司组成跨行业公司。在这种形式下，跨行业公司为家族完成整个投资组合、分散风险或者平衡可能给"家族的"投资带来价值的现金流转策略的任务。这种形式的跨行业公司无疑是不一般的，因为许多大型的公共组织仍然由家族持有的股份支配（有些情况下取决于不同股份的投票权）。这类组织的整个公司策略很明显是由组织主要股东的兴趣和关注程度来决定的。一开始，一般不会有什么问题，因为在高级管理中的家族代表要么是占重要位置的，要么是很有实力的。时间一长，大概两三代后，非家族成员组织的高级管理就会逐渐成为中心组织的管理者。在这个阶段，对于家族的股东来说，很难确定那些新的经理执行不执行他们制定的策略。很明显，如果他们还能掌控公司，他们就有选出那些公司董事的权利，但是到那个时候，家族的股份就减少了并且分给了一些个体（堂兄、堂弟，侄子、侄女等）。所以，行使这些选举权会比过去更困难，并且公司策略会偏离原来的路径。虽然跨行业公司继续维持下去的主要经济的合理性现在已经渐渐消失，但是它自己的生命似乎都由自己掌控。

除了通过投资组合去建立一个跨行业公司这条理由之外，还有其他原因前面已经提到过。现在我们将重新考虑这些原因并且讨论一下管理会计在公司战略中的应用。

平衡的投资搭配方法

在第八章提到，几个不相关公司之间的投资搭配获得跨行业公司的利润可以有几种不同的形式。公司可以尝试有意的投资，由反周期风险的企业减少总的风险。这样即使个体企业的风险是大的，但是那些相关企业的总风险会相对降低。当然，这是基于风险是由回报的变更率的多少来决定的，因此可以通过合并这些反周期企业，从而减少整个回报的变更率来减少公司的风险。这就像是将一个生产水皮球和轻便折叠躺椅的公司和一个生产雨伞的企业合并起来一样。不管夏季天气怎么样，其中一个分公司的工作必须做好，而其他的公司要做得相对差一些。在某种程度上，这个论点已经被 Cadbury Schweppes 公司的总裁证实过，他将两个先前独立的企业合并起来并且获得了利润。如果夏天很热，顾客就会很少买巧克力，更多的是买软饮料；反之亦然。这样合并企业的周期就会减少。

这个论点的另外一个形式也包括部分经济规模。联合利华一个附属机构 Wall's，发展了两个不同的企业分支，分别生产冰淇淋和肉。这两种商品是反周期的，当合并了这两者之后，更好地利用冷库和分配设施给公司节约了资源。

发展跨行业公司的这种基本原理对这样一个组织中心的信息有一个特殊的要求，需要财政信息对合并公司以后减少利润的变更和资金流转产生的潜在利润进行评估。所以，公司中心的管理者需要财政信息，以使他们能够监控潜在的净利润的完成情况，以保证公司策略持续性的经济合理性。这种类型的财政分析只能在组织层执行，因为分属公司的管理者应该把精力集中在他们自己产品、市场方面的竞争策略上。这种基于中心组织的财政评估应该也包括因为要控制组织中的分属企业而增加的花费，只需要用净利润就行。不幸的是，如果完全从股东的观点来看，就是这些花费通常使跨行业公司策略无效。之前已经声明过，有经验的投资者用很少的钱就能使投资组合多样化，比大的团体花的少得多。所以，对于投资跨行业公司的股东来说，没有净利润。

更进一步，我们来重新考虑第二章提到的论点，关于在安索夫矩阵中提到的分散化。运用安索夫分类，分散化包括销售新产品（公司对这种产品完全没有经验）给新顾客（顾客之前从来没有与此公司交易过）。如图 11.1 所示，有一个问题就是分散到一个不相关的领域是不是真的会减少团体的风险。如果公司管理对这种分割没有专门的技术，无论是通过公司策略还是通过行使这种跨行业公司中心的财务控制，都不太有可能创造价值。所以，子公司之间的周期不仅能够抵消，而且企业的产品或市场具有能够给组织带来价值共同的特性，这种类型的反周期投资才能给组织创造价值。Cadbury Schweppes 公司和 Wall's 符合这样的标准，但是这种减少投资组合的风险会牵连组织中心所需要的财政信息。

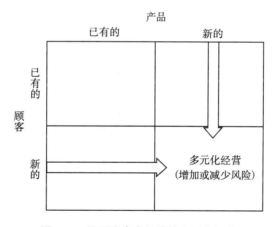

图 11.1　使用安索夫矩阵的多元化经营

如果合并了不相关的企业来减少风险，管理者的作用就是从减少这种风险的角度管理企业间的投资组合。在大型自治的分属企业竞争策略中很少有牵连，所以总部很少需要分部详细的财政信息。财政计划与财政实施之间的比较可以用来决定投资组合是否还保持平衡，但是一个关键的指示，将会预见未来在利润或资金流转方面的变更率。通过定义，平衡的"投资组合"应该显示一个分属企业的预测减少被另一个补偿分属企业的预测增加所抵消。如果做不到这一点，总部的管理者就需要重新调整一下组织，使之平衡。但是，由于缺乏详细的对不同企业的操作经验，这种重新平衡通常通过整个企业单元的获取与剥夺来完成，而不是修改所有分部的竞争策略。这表明了总部管理应该考虑买进适合的企业或者卖出不再适合投资组合的企业。很明显，这里把重点放在了总部财政信息上。期望分部管理者自告奋勇地说他们的企业应该被卖出是不符合实际的，因为它不再适合整个公司策略，而关闭它更是不行。

但是，反周期企业在某些方式上相关联的方面，分部之间以及分部与总部之间的信息交流在很大程度上很合理。这样，由一个分部产生的财政信息可能会对团队的其他企业有重要的提示。总部一个重要的作用是收集这些信息并且以适当的形式传递给其他相关的领域。如果这个作用不能在中心组织层实现，另外一个方式就是总部之间直接交流，这会大大增加不相关或没有意义的财政数据。有一个中心组织的作用就是总部管理者对整个团体单元操作的知识和理解会创造价值。这样，如果一个分部遇到混合产品的改变或者分配方式的改变这样的问题，并且通过同客户谈判把问题解决了，那么总部的管理者就需要知道其他哪个分部也有可能遇到这样的问题。这改变了中心组织管理者的任务，大幅度提升了支持更高水平的操作流程的财政信息水平。

这样的结果也会出现在跨行业公司使用的平衡的投资组合策略中，平衡可能超出整个组织的承受能力。在第二章和第三章中提到过分区组合的概念，它出自波士顿咨询集团的发展，它的发展是基于把成熟企业的资金流转投入到资金负增长的企业。公司的备选方案目的是把流转资金返回到企业拥有者手上，例如以股息增长的形式。如果再投资策略有经济合理性，那就再次说明了把资金留在总部比把它返还给股东更能创造价值。如前面所提到的，成熟的投资者如果愿意的话能利用增加的股息红利给自己发展的企业投资，并且这样能建立他们自己的现金中立的投资组合。虽然对于有些投资者来说不同红利和资本获得的税务处理会造成畸变，但这样做通常比建立并维持一个大的跨行业公司更容易。

通过中心组织管理得到一个更加好的收入这种方式，跨行业公司策略会更加具有合理性。从成熟的企业中得到的流转资金是由管理所得的股息，这部分股息经过再投资（那些管理者觉得合理）后会支付给那些成熟的企业，并且在必要的时候把所有应急基金放在一边，保护企业在交易活动中遭受经济周期和低迷期，换句话说，在资金流转过程中可能有些涣散，即会被股东再次投资到他们认为发展的企业中。如果这种企业作为跨行业公司的分属企业来操作，那么期望赚取的资金水平将会提升，从而使再投资带来最大的利润。

的确，每一阶段更进一步这一点非常普遍，同时这也是增加的利润的来源。如果对于组织来说，有比从现有的内部和外部资源来投资更吸引人的投资机会，对于中心管理来说可能要从一个比较成熟、专业、资金充足的附属企业抽取流转资金。要赚取这部分额外的短期流转资金，就要迫使附属企业在自己的市场实施一个次优的竞争策略（例如通过激进的价格策略，这样可能会使市场份额有损失）。通过抽取整个团队流转资金的一部分这种方式，中心管理能够给股东带来价值。但是，管理投资组合的作用可以通过跨行业公司中附属企业之间的交互来增强。中心管理可以很好地嵌入到组织的资金流转管理中，并且通过给分部提供资金管理和服务消除旺季与淡季带来的损失。如果分部确定流转资金非常充足的话，通过这个方法组织可能会增加借贷水准而不是强迫一个附属企业制定次优策略。如果组织只起到依据分部策略计划提供长期资金的话，就必须要求中心组织财务部更加密切参与分部经营管理决策。很明显，这是一个潜在的经济规模的例子，可以在中心组织的基础上实现，这也充分表明了管理会计系统必须为中心组织发挥新作用并提供充分的信息。

规模经济

在许多跨行业公司，可以有很多机会在整个组织中通过分享资源来扩大潜在的经济规模，但是这种分享的过程使跨行业公司的简单、多元化的自治分割结构变得复杂化。如果中心管理人员还想通过控制分属企业这样一种方式运用财务业绩措施作为中心的利润或投资，他们必须发明一种掌握每一个分属企业来供这种分享资源使用。因为按照定义，跨行业公司生产和销售多种产品，在整个组织中分享资源的潜能趋向于支持服务领域，可以研究和发展领域。在这些领域里，普通的加工技术可以应用在几个分属企业中。分属企业应该会更容易吸引相关的市场，而不是不同的产品（比如消费品市场），这样对那些普通顾客的基础市场研究就会有广泛的兴趣。

在一个大型的跨行业公司组织能够完成这种类型的经济规模之前，意识到这种兴趣是很重要的。这只能在组织的中心才能实现，通过一个功能集中管理人员负责发现并有效提供这些共同的需要。如果整个组织的能动性取得成功，分属企业和中心组织的管理者必须视之为符合成本效益。如果分属企业的管理者不相信中心组织的功能有效地集中在他们该特别关注的地方，他们就会忽略中心组织的作用，继续以独立的模式经营。这会导致中心组织管理团队中昂贵的重复并丧失动力。不幸的是，这种结果在许多跨行业组织中已经导致中心领域的目标与经营企业的需求之间缺乏有效的合作。例如，集中化的研究和发展领域经常会因为太过于理论化和长期集中在他们所关注的范围，而不关注经营企业感兴趣的产品和市场领域而被控告。

这种批评经常通过使用管理会计体制最适当的形式来解决。在这方面，特别是研究和开发的例子，中心组织的高级管理者可能想在更长期的"蓝天"研究上投入些资金，目的是为中心组织开放更长期的发展机会。但是，如果分属企业很明显地关注它们现有的产品和市场，如果中心组织要求其为这种一般的研究和发展投资的话，分属企业的管理者就会有抱怨的理由。所以，这种支出应该由中心组织来支付，分属企业只支付它们答应支付的那部分。

无论在哪儿实施费用处理，转移定价的基本原则是一体的，这一点非常重要。在第十章提到过，实施转移定价应该保证有效地把资源分配给企业。所有共享服务都有明显的相关性，但是许多负责这些服务的常用方法都没有完成。举一个详细的例子来说明。

IT 的转移定价

在大多数公司，信息系统和信息技术的许多方面都作为中心资源来管理，即使大多数技术现在已经肢解分散了。在信息系统和信息技术方面的花费，财政管理包括两个主要方面：前景评估和实际投资以确保资金和资源最有效地利用。

第一个阶段是通过普通经济评估来完成，评估使用按现值计算的现金流量的资本支出等并继而从工程中监控实际的回报，这样做一来可以了解过程，二来可以保证投资不会减少。但是，在 IS/IT 领域有一些问题就是很多利润难以计算并包含在存在支出企业的不同地方。为了评估这些利润并防止使用者不正当利用这些珍贵的资源，必须利用价格机制的某些形式。整个过程应该被视作定价演习而不应该视作任意的成本回收机制，在这种机制下，不管花费多少成本，制度部门都会自动地对经营部门交叉收费。这种成本分配制度在资源有效分配方面不起什么作用，在用户或 IS/IT 管理者们管理他们的资源消耗的可计量性方面也一样不起作用。

基于转移定价机制的所有这样服务的一个关键目标应该是，保证 IS/IT 资源的真实成本反映在用户为某种特殊的服务所支付的价格上。如果这能完成，用户可以把价格与利润做比较，利润是由资源的使用者得到的。只要他们的管理奏效，给公司带来价值，从整个团体前景来看 IS/IT 资源是经济合理的，就会激励用户使用这些资源。

对于公司来说，如果历史成本不代表真实的成本，那么它就不能作为转移定价的基础。在企业迫于短期的 IS/IT 资源受限制的地方，应该利用可以预知的利润的机会成本。或者，如果已经投资或者资源没有充分利用，那么通过放弃多余的资源保留可避免成本。这些不但不可能负责 IS/IT 部门的实际成本，也不应该看做是过程中的主要目标。

　　不管是外部的还是内部的，价格决策中的主要元素都会涉及提高整个企业的经济业绩，并且只能依据相关的时间和成本（即机会成本和可避免成本）来评估，如果管理业绩的指标可以与经济资源分配决策相叠加，那么显而易见，在两个准则之间就没有冲突，这一点是很重要的。这种目标跨行业公司的思想在第四章讨论过，但是我们经常忽略内部服务的收费。

　　在公司试图评估管理业绩的地方，例如计算机部门，通过一个"市场"价格机制，合理的收费制度应该采用适合"市场"有竞争力的备选价格。如果这种备选方案确实很合适，它可以作为管理业绩和部门的相关经济业绩的度量标准。在这样一个制度中，IS/IT 部门不再试图收回成本，它自身可以作为一个利润中心或者投资中心来运作。跨行业公司现在可以评估对预期的回报增加投资的需求。

　　这个想法的结果是应该有一个自由的市场，以便转移定价不会受人为的限制。片面的约束对于 IS/IT 部门来说不公平，在这样的环境下，应该允许它们对外销售所有盈余的资源。几家大的跨行业公司在 IS/IT 方面已经实现了这种类型的自由市场，以便于所有的用户部门可以任意买到计算机服务，包括内部供应，而且这种内务部门是对外免费开放的。这些策略应该建立在优化个体部门经济业绩的基础上。但是，在团队的整个企业策略方面这是一个潜在的重要的改变，因为它代表了 IT 行业的变化，这种变化对于有些团队来说已经创造了新的大公司，这种大公司几乎不会对其他企业的内部需要提供支持。

　　如果团队组织想在商业策略上避免这种类型的变化，就不应该运用完全自由的市场转移定价策略。收费制度应该在公司的真实成本的基础上分配有限的可用资源。用户部门责任的目标是关键，这可以通过集中在他们负责的资源上来实现，或者在他们的要求上实现。可以依据他们在计算资源上的支出所得的计划经济利润的完成情况来监控他们的业绩。

　　计算机部门的管理业绩也可以通过监控符合预先设定、商定的目标和预算的服务提供来控制，这与只有通过它们所控制的方面来判断管理者是否有违条款这个概念是一致的。

　　从经济的角度来看，对于系统发展或者硬件升级，通过运用一般的财政制定决策规则来比较备选的投资建议是可行的。最常见的问题出现在确定包含在所有工程中的机会成本上。但是在以前的例子中，相关的限制性因素使之非常简单，在 IS/IT 的案例中，变化的速度之快，科技的先进性是如此的稳定，以至于限制性因素可以变换得相当迅速。

　　在过去的 10 年中，硬件成本及硬件设施应付事件的成本已经有了相当程度的降低，基于这种不断变化的成本关系，以上所述显然是正确的。在发展一项新的系统应用软件过程中，无论是操作或者管理这项方案，关键的限制性因素是存在熟练的工作人员。这并不意味着这类熟练的工作人员只需要具备计算机方面的设计能力，甚至系统分析能力，因为这些技能完全可以从第三方引进，而是要求具有娴熟计算机操作能力的人员同时了解企业经营对系统的要求。方案的机会成本与这类关键性人物所花费的时间关系紧密，于是经济利益则可以用每年每人的贡献率来表示，这样一来可供选择的方案就可以进行相互对比了。

尽管硬件的有效性是一种制约因素，机会成本是可以基于制约因素来进行适当表达的（比如：硬件贡献度在用于处理事件的单位事件内是多少），但是我们应当予以关注的是怎样选择方案来避免这种制约的发生。例如，计算机容量的日渐短缺可以让计算机以不同的方式运行，这样一些有限的处理容量便可以得到释放。同时，一些特定的应用程序也适用于单机系统中采用，使这些系统又可以提高主体计算机的能力。

在所有价格调整的问题中，我们都应该明确地对待选方案进行经济评估、对已选方案执行情况进行跟踪观察，以及在管理执行中对财务控制方法进行应用。

规模不经济

在一些大型综合性企业中，支持性服务的完全集中化创造出大量的职能区域，这些区域不能作为同一个体来控制。因此，这些职能区域分解为多个个体，这些个体有其自身的组织构造和财务系统。显然，将共同的职能集中起来能带来潜在经济利益，这种观点并不正确。事实上，因此产生的附加成本很可能超过职能集中带来的利益。在许多案例中，甚至需要改善由于支持性区域集中于一独立实体引起的部门焦点转移现象。

只有当单独的部门无法解决区域中的重大问题时，或者可能存在可观潜在经济利益的情况下，将这些职能区域集中起来才是合理的。企业也必须避免由于个别职能区域过大而导致的经营规模扩大从而增减成本的现象。要做到这一点，通常需要集中那些共享区域，而不是集中全部职能部门。因为规模扩大而增加成本是跨国企业的常见问题，这类问题将在下面一章中予以关注。

第十二章 跨国公司与全球化公司

概　述

当今世界存在许多全球化产品及全球化市场，但迄今为止却没有真正意义上的全球化公司。然而，一些跨国组织已经将它们的目标定位为在全球范围内组建公司。

影响跨国公司财务决策的一个关键性因素是汇率的波动，这种波动无论对企业的局部或整体都存在长期影响和短期作用。就长期而言，其影响主要在于战略投资决策，其价值可以用标准现金流量现值来评估。而两种货币之间的汇率，在市场的影响力下，应该反映不同国家通货膨胀水平的差异。就短期而言，这种市场的影响力会遭到政府部门的干涉；而就长期而言，这种观点会被称为购买力平价。因此，当考虑长期战略时，跨国公司不妨假设汇率适用于抵消通货膨胀水平的差异。

这使得长期战略决策比较容易被评估，但是短期市场中汇率的变化无常必须引起足够的重视。跨国公司可以尝试通过实施适当的防御策略来减少短期损失造成的影响，但这种防御策略必须与全局的经营战略相结合，并且要考虑各国经营的有限利益。

对于跨国公司来说，无论在组织结构或财务控制方案的选择中，绝对不可以存在因经济规模扩大而增加成本费用的现象。

导　言

今天，越来越多的公司将它们的使命及经营意图延伸到加入全球化公司的行列上来，这样给世人造成的印象是，这类公司想要在世界范围内扩大其影响力。但是，人们很难相信这类公司已经成功完成了从一定数量国家范围内经营的跨国企业向真正的全球化企业的转变。作为一家全球化公司，自身不应该具有总部，并且其重要性胜过其他地区。这样一来，其事业才能拓展至世界范围，与相应购买力份额成比例。更重要的是，公司的所有权和管理层应该基于全球范围考虑。然而，跨国公司的经营中始终以投资者的支配为主，这样就限制了高级管理人员。

如此一来，尽管全球化市场与日俱增（尤其资本市场），但在这些市场中不必担心国界或时区，而且有些产品（比如可口可乐、万宝路香烟）已经稳销全球，这些市场和产品仍旧被跨国公司占据和生产。本章所选题目是基于发展全球化企业的热切希望，但内容仅涉及跨国公司及其特殊管理会计方面的问题。

跨国公司有多种形式，它们的产品品种范围狭窄却广泛销往其他国家和地区。它们可以纵向一体化，这意味着在一个国家生产而在另一个国家销售，或者在世界上多个区域形成完全一体化，世界上的主要石油公司就是很好的例子。这些公司只在有限的几个国家内采油，在另外几个国家提炼，然后在全球范围内分配并销售产成品。其销售是基于需求量，而非供给初级原料的数量。跨国公司可能是一个综合性企业，运用地理上延伸的经营方式，或作为减少全面成本的方式，或作为在其经营范围内达到规模经济的途径。这样，跨国公司则要面对全方位的经营控制问题，正如本章前面所述。本章关注的是跨国公司中特殊的、共性的问题，而不是组织结构问题。

这些共性问题显然包括跨地区经营管理的压力，但一般来说跨国公司会根据其组成团体的地域性提供多种经营战略选择。有时候选择有限，也相对明确。在上文提到的石油公司的例子中，跨国公司无法选择初级石油的产地，但它可以决定是否发展这一领域，或者将其出售，或将其置换为其他产业以更有利于整个团体。它也可以结合其产品领域和市场决定在何处提炼石油。这样的决策是在团体的层次上制定的，局部经营者的既定利益不能影响决策。决策的选择是根据可选方案对整个团体的影响，由此引发的任何问题都应当通过价格转换体系来解决。而这些问题将通过特定的跨国公司的详细案例加以阐明，这些公司在选择其所在地这一方面有高度的自主权。

一家发源于美国的大型汽车制造企业在欧洲的 5 个国家生产汽车及相关产品，却在欧洲的 15 个国家销售其终级产品。第一个财务控制方面的问题是考虑怎样在汇率风险的情况下对待其在不同地区制造工厂的投资。假设其最初在英国投资的成本为 2.5 亿英镑，汇率为 4 美元对 1 英镑，这样股东权益折合 10 亿美元（这类公司，其股东关心美元形式的投资回报）。然而随着美元的贬值，这项原始投资只折合 4 亿美元（2.5 亿英镑按照英镑 1∶1.60 的现行汇率计算）。对于美国的投资者来说，这并不意味着实质上的经济损失，因为这并不能迫使他们将工厂在未来的某一时间出售，并由此获得利益。此项投资的英镑价值经过一段时期，随着工厂及设备的折旧而降低的事实是不可避免的。但投资的目的在于生产汽车并且在欧洲范围内销售并盈利，由此产生的净现金流使原始投资具有经济意义。如图 12.1 所示，由销售产生的利润在现实条件下保持原来的水平，而销售量也并未下降。由此可见，实际上长期中的货币贬值现象并未对投资的经济利益造成负面影响。货币贬值是因为这段时期英国的通货膨胀水平高于美国。

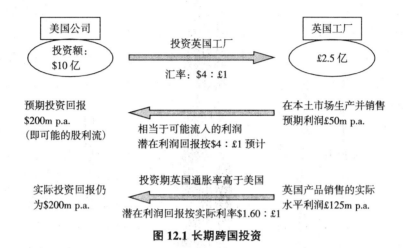

图 12.1 长期跨国投资

相对高的通货膨胀意味着，由于英镑的货币价值变化，英国的收入水平相对美国有所增长。如果美元与英镑之间的汇率保持不变，收入英镑的人们可以到美国旅行并且用相对低于英国的价格购买商品。当这种差距达到一定程度时，套汇商会开始向英国出口美国生产的产品，以收获欧元兑换美元而从中获利，再用获得的美元购入美国商品运往欧洲，以相对高的英镑售价出售这些商品，如图 12.2 所示。当越

	产品价格			汇率
1. 最初的形式	USA		UK	US$: £
	$10000	汽车	£5000	2 : 1
两个市场中产品的等值价格相等：转移不能获利				
	产品价格			汇率
2. 英国的通货膨胀率高 于美国 20%	USA		UK	$: £
汇率不变	$10000	汽车	£6000	2 : 1
投机商现在可以用相当于£5000 的美元在美国买入汽车，运至英国以£6000 的价格出售。				
	产品价格			汇率
3. 英国通货膨胀率较 高——	USA		UK	$: £
汇率随之变化	$10000	汽车	£6000	1.6667 : 1
现在在美国购买汽车的成本是 1000 美元，其在英国的售价相当于 6000 英镑				

图 12.2 购买力同等

来越多的人这么做时，外汇兑换市场中，美元的需求量会增加，相应地也增加了英镑的供给。在任何自由的市场中，这种需求与供给的转换都会导致价格的补偿性变动，直至供给与需求再次达到平衡。

无疑，在短期条件下，如果政府通过货币政策或财政政策进行间接干涉，或者通过直接的调整影响进出口，这种平衡形势也有可能被打破。然而随着时间的推移，市场的压力会迫使政府与潜在的经济现实站在一边。因此有理由认为，就长期而言，所有购买力在本国货币政策条件下都是相等的，这种经济学观点被称为购买力平价理论。其含义是，相对高度通货膨胀率的国家会放任其货币贬值，以储备相对购买力来应对来自其他货币的冲击。在图 12.2 中，英镑相对美元的贬值，是由英国历经的高度通货膨胀引起的。

这种高度通货膨胀意味着汽车的英镑售价也已经上涨，那么投资回报的关键问题就在于在通货膨胀期间，英国企业是否能够维持盈利水平。如果可以，其所获得的英镑利润也将增加，并可以被换算为等值美元的投资回报。

对于这类企业来说，这种分析对于其他种类的长期投资仍然有意义。19 世纪 70 年代，许多跨国公司基于工业化的先进区域以及加入欧洲共同体的预期，在西班牙建造了制造工厂。其经济评估结果完全为相对于英国低廉的劳务成本所控制（相对生产力已经考虑在内）。在过去的 15 年中，相对通货膨胀率已远远超过了 19 世纪初的预期。随之而来的是西班牙劳务成本的显著增加。然而这种货币投入的增加却可以完全被其货币的相应贬值抵消，其劳务成本的相对优势也因此得以保持。这样，就长期而言，购买力平价理论在长期实践中得以证实，这也说明长期战略决策可以以潜在的经济原理为基础。然而在短期情况下，跨国公司的经营成果在很大程度上受到汇率变化的影响，但财务决策仍然应遵循经济学规律。

再回头来看发源于美国的跨国汽车生产企业，在 19 世纪 80 年代它还面临着另一个重大的资源调配问题。公司在德国的生产能力超出了其在德国的销售能力，而企业则期望充分利用自身高效率的劳动力。实现此目标的方法是将德国生产的汽车出口到其他欧洲市场，但是如果德国本土存在汽车生产企业，就应当慎重评估这项方案的经济合理性。这样的企业一直在本土生产汽车，然后将产品出口至英国，甚至它们在英国的分支机构的生产能力也未达到极限。企业可以选择一些财务对照方法对方案进行评价以确保所选方案最有利于其整体利益，但这些方法的采用必须以预计的利率为前提。如果实际的汇率与预计的汇率存在差异，则需要监控其影响并随时准备应对其变化，而尝试减少降低汇率波动带来的风险使得最初的决策没有意义。在图 12.3 中，同样的汽车产品分别在英国、德国生产及出售的情况可用等值美元来表示（此跨国公司以美元评价收入成果），这样就得出了原始决策的逻辑基础。

重要的是，决策的逻辑中必须存在两个先决条件，才能在闲置英国本土生产力

	英国		等值美元		德国
预计汇率	£1	:	$2	:	4DM
英国售价	£7500	按$2∶£1	$15000		
英国生产成本	£6000		$12000		
利润	£1500		$3000		
			$12000	德国售价	DM24000
			$10000	德国生产成本	DM20000
英国售价	£7500		$2000	利润	DM4000
德国产品	£5000	按 4DM∶£1 ⇐		出口产品	DM20000
新利润	£2500	按$2∶£1 ⇒	$5000	← (改进后的企业利润)	

图 12.3 资源决策——汇率影响

的同时，使产品在德国生产运至英国销售的方案具有经济意义。第一个条件显然是德国的成本相对低于英国；这一点从图 12.3 中可看出，德国的等值美元生产成本是 $10000，而英国为 $12000。第二个条件是成本的差异必须达到足以覆盖产品从德国到英国运输过程中的自然损耗，以及另外增加的制造成本（如制造英国规格的右侧驾驶车辆）。

如果这些高效率产品能够以均价在本土售出，则企业完全不必选择上面的方案。一来可以规避为运输生产而造成的成本复杂化，同时英国市场的需求也可以用英国本地的产品来满足，利用了空余生产力。在这种决策逻辑下，公司就不得不以相对低于英国市场的等值美元售价出售其产品。在图 12.3 中，德国的等值美元售价为 $12000，而英国为 $15000。实际上这种较低的售价意味着即使生产效率再高，企业在德国生产并且销售一辆汽车的利润（$2000）也要低于在英国生产并且销售同样的汽车利润。然而，较低的生产成本与价格较高的市场相结合，则可以增长企业的利润。产生这种形势的原因是英国市场的价格被有支配地位的本土生产商控制着，这些生产商都面临较高的生产成本，而德国高效率的、当地对市场有支配权的生产商却压低了本国市场的产品价格。同时，不同企业的产品在各市场中的价格受相关市场份额的影响，这也促成了英国市场的高价格。

如上所述，以预期的汇率为基础，在德国生产产品并出口至英国市场的决策有合理的经济学意义，但是这种方法也给企业增加了来自外汇方面的压力。如果实际汇率背离预期，决策将失效，而企业也将陷入财务困境。如果采用实际汇率，如图 12.4 所示，那么决策将会被推翻。最初假设汇率的波动是由通货膨胀率的不同引起的；美国的通货膨胀率为 0，英国的物价普遍上涨了 20%。在此过程中，由于价格上涨提高了生产率，德国马克的实力得到了加强，生产的实际成本也就减少了。

如果德国公司能够维持其产品的本国货币标价，其等值美元利润就会有小幅的增加（即由 2000 美元增至 2307 美元），但如果公司不得不将降低的生产部分转移给

	英国	等值美元	德国
实际利率	£1 :	$1.667 :	DM3.25
上升后的英国售价	£9000	固定的德国售价	DM24000
上升后的英国产品成本	£7200（变为£1：$1.667）		
利润	£1800 等同于	$3000	
		减少后的德国成本	DM19500
在德国生产和销售的利润增加		$2307 ⇐ 利润	DM4500
进口产品上升后的英国售价	£9000		
进口成本	£6000 ⇐ 按£1：DM3.25 ⇐ 减少后的德国成本		DM19500
利润	£3000 等同于	$5000	

图 12.4 资源决策——实际汇率

顾客，就不能维持其盈利能力。英国企业可以根据通货膨胀率调整其商品价格，以此保持盈利水平，所以获得的等值美元利润保持不变。这样的规律无论对于本地产品还是进口产品的销售都是一样的。因此，对于进口汽车的经济逻辑结论与之前相同。在英国出售德国生产的汽车其相对的等值美元利润也大大高于在德国本土出售。

然而，短期条件下汇率并不直接随通货膨胀率的变化而变化，随之而来的风险在于汇率为实际水平，而不能体现任何对通货膨胀差异的弥补。结合对原始决策含义的认识，深入理解图 12.4 和图 12.3 能更加体现研究的重要意义。如果企业根据图 12.3 所示，以预期汇率为基础得出的财务评估结果，那么从德国出口汽车用于英国的销售，则涉及许多经营上的重要问题。英国的生产力会被闲置，同时需要增加资源用于满足德国预期增长的需求。这需要一段自然的计划时期，在此期间方案一旦成为事实就不可能改变，若改变则需要付出昂贵的代价。在规定的时期内，如果由于汇率波动过于猛烈而推翻了经济推理，企业将损失惨重。比如利率忽然变为£1：DM3，企业进口德国汽车比本地生产要花费更多（汇率为 DM3：£1 时，德国马克成本为 DM20000，进口的成本为£6666.57，而本土产品成本为£6000）。事实上，图 12.4 中在利率为 DM3.25：£1 时，更有效率的德国成本转化为英国成本则变为每辆车£6000。在防御成本不影响原始决策逻辑的情况下，企业应当考虑防御一种可能，即原始决策由于外部环境的改变而变得具有经济上的破坏力。

在这个案例中，采用的防御方法是固定从德国进口汽车的汇率，要达到此目的，可以订立以英镑为基础的未来购买合同，并且规定需要支付的德国马克数额。如果未来合同的利率好于 DM3.33：£1，则公司可以有效确保进口汽车的成本低于本地汽车。采取防御策略的目的在于降低由于汇率变动引起的风险，同时保持汇率向有利方向运动时的潜在利益。这样，如果英镑相对马克升值，比如 DM4.25：£1，进口汽车于英国市场出售则更具吸引力。如果企业获得在金融市场购买所需的马克的选择权，则这种潜在的优势将被保留下来。如果实际利率下降，则执行购买权；反之，则放弃购买权（如第五章所述，未来汇率由利率的差异决定）。

这个特殊的案例说明了企业如何运用合理的财务分析方法，从其组织结构决定的可选方案中获得利益最大化。然而，除非企业有足够的人力资源实施方案的整体评价，否则方案的经济合理性应该与部门经营成果紧密联系。

跨国公司管理业绩的衡量方法

关键目标是实现部门经理目标与集团目标的一致性。就集团而言，其目标就是利用内部可用资源来提高总的获利能力。这不能与各国的个别部门所设定的单独目标相冲突。同时，也不应该对这些部门经理所不能控制的地方进行评价。

对于德国的部门经理来说，关键目标就是以最有效的方式来生产汽车，以及使提高的产量让产品出口到英国成为可能。把该部门作为一个利益中心来运营，并允许这两个国家协商一个转移价格，在不考虑汇率的情况下，应该尽可能实现这个目标。德国的部门把几乎所有的成本都命名在德国马克上，正如它们当地的财政收入。在德国马克上确定出口转移价格也是简单的，并且用当地的货币流通去评判管理绩效。如果相对美元的汇率是有利的，正如图 12.4 中所示，可以使部门管理者更好地执行决策?然而在进口部门定位有少许的不同。因为进口部门的管理者为了改进本部门的绩效，需要承担进口汽车的附加交易风险，转移价格可能在德国马克上是固定的，但是它们的性能可以用英镑的尺度评判。这就鼓励管理者去管理现金流通风险，确保他们进口汽车的风险是原始的，而且经济上是明智的。因此，团队的目标是与分立的部门紧密联系在一起的。

集团可能想要上一个更高的台阶并且鼓励部门聚焦于它们以美元为单位的利润，因为这是用来评判整个团队绩效的标准。这可以用美元表达的部门利润作为评判部门性能的尺度，但是现在可能将经济和管理手段与管理动机的不利影响相混淆了。

对于主要以美国为成员的团队来说，它的可被感觉的经济性能可能因为国家的不利交易率的改变动向而对其产生不利的影响，在这些国家中交易率的改变是重要的操作（正如早期提出的，一个真正的全球化企业不应该从交易率的改变中面对相同程度的问题）。如图 12.5 所示，一个用美元的标准评判德国标准和英镑相对于美元的贬值，两者结合起来可能对整个团队产生重大的影响。因为德国成本的剩余和乌克兰成本的剩余引起财政收益。然而，迫使本国领导人完全对改变交易率的行为负责是不可能的。

乌克兰公司计划以£7500 的价格卖掉 10000 辆进口汽车	–7500 万英镑
德国这些汽车的成本是每个按 4DM：£1–£5000	–5000 万英镑
预期的本地货币利润	2500 万英镑

计划时间的远期交易率：$2：£1
计划这些销售基础上的美元利润–5000 万美元
[做计划的交易点率是：$2.095：£1]
乌克兰公司可以确保美元利润通过前向出卖它的英国货币利润网，比如在前向交易市场以$2：£1 买入美元
然而，以一些方式增加风险
1. 公司必须在乌克兰实际售出 10000 进口汽车，因为经济衰退等
2. 英国货币形式的利润也许不同于计划的 2500 万英镑，并且团队可以找到它自己用多余的美元购买力
3. 团队的其他部分可能对于外币有相反的需要，因此可以将美元出售然后在远期交易市场购买英镑
4. 实际的交易率点可能没有在远期率中预报的贬值（因为利率差异），因此通过不承担前向交易合同，集团可能将会解体

图 12.5　前向交易率和交易率点——对绩效的影响

对跨国公司的部门管理者来说存在共同的抱怨，他们自罚（通过管理上的刺激方案等），因为他们没能控制不利的交易率运动。很少有管理者抱怨用被赊购的相似的失控收益的交易率来活动，这点不足为奇，如果跨国公司决定它想要鼓励的部门水平的经济风险程度，设计并履行一个恰当的经济上的和管理经济性能上的评估系统是一个完美的实践。

这种类型系统的一个关键部分是能够确保当地的货币评估政策是合乎逻辑和公平合理的。任何经济决策，与实际的执行效果相对比，都取决于一定数量的错误的假设和预报。为了在实际的结果和计划的结果中做出有意义的分析，这些计划或者预算可能灵活地反映这些错误的假设的影响。比如，预测的通货膨胀率可能证明比实际水平低很多，这些不同可能使得实际和预算销售收益的对比无意义，除非这个计划被调整。如果价格目标建立在实际项的基础上，比如将销售价格比通货膨胀价格增加 2%，而不是绝对价值的增加，修订经济计划就变得相对简单，以包含期望的目标。实际的实现可以有效地与修订计划作对比，同时展示两个计划预报的错误（这通常称为修订变化）。

这种类型的分析在涉及交易预报率时是更相关的，已经有人提出，在一个相当长的过程中，购买力等价于理论工作，因此通过调整交易率去补偿不同国家之间的通货膨胀率的差额。然而，在短期内可以很容易地看到基于乌克兰的汽车企业怎样能够在一个相对较高的乌克兰通货膨胀率时期，对外执行同时做出包含英镑利润和美元利润方面的计划。在交易率没有快速地反映更高的乌克兰通货膨胀的情况下，如果跨国公司想要减少暴露于这些交易率运动的风险，它将评判基于美元形式的部门性能，还应该将交易率设置在一个水平，这个水平可以在远期市场实现即期汇率。这将鼓励基于当地的管理者避免通过采取远期货币交易，使它们的利润返回到美元水平，因此确保了实现目标交易率。如果管理者满足了当地的货币流通利润目标，他们可能也因此自动实现美元利润。这个影响力在图 12.5 中展示出来，图中也展示

了潜在的、由于远期交易率没有很好地指向未来的日子中的短期交易率而引起的潜在的问题。

在图 12.5 中，乌克兰部门没必要把交易风险覆盖到它的销售收益上，因为在很大程度上可以被管理成本补偿，即使许多管理成本最初在乌克兰之外，正如前面讨论的，基于乌克兰的管理者应该确保他们通过外币暴露的因素去进口的决定符合经济逻辑，因此无论是固定还是最大化地提供英镑进口成本，美元是从他们销售的预期利润上暴露的，这可以通过在计划的交易率上购买美元覆盖。假设计划交易率代表在接下来的一年中的平均远期率。然而，正如图 12.5 中显示的，前向交易的覆盖不仅真正确保了基于美国的母公司将收到要求的美元的利润，也增加了其他方式的风险。

特别的，如果实际的短期交易率稳定地保持在 $2.095：£1，团队将增加它的美元利润 $2.37500 万，不用做任何事情。在占优势的交易率点上覆盖它的实际的乌克兰利润，这就是为什么对于跨国公司来说规定希望它的海外企业去承担何种类型的风险，考虑到外币的因素。它们的行为将有条件通过其性能的评判方式评判，但是很少有跨国公司对于在团队全局水平上的外国的交易管理有清晰的政策。在这个例子中将相对容易地划分责任，以此来将管理者的注意力集中于他们可以实行最大控制的领域。因此，所有国家的执行经理可以在他们的美元利润上评判。但这将用远期交易率获得。这意味着管理者当他们确信能产生当地的货币利润时，将仅仅考虑买进远期的外币流通市场。然而，一旦他们确定产生如图 12.5 所示的 £2500 万的利润，他们将通过固定远期交易率排除没有实现 $5000 万的交易风险。

这并不意味着团队将自动进入市场并且立即买入 $5000 万用于未来的分配。银库经理可以当利润已经作出后，决定等待哪个或实行哪个交易率点将更好，又或者去安排一个不同形式的保护合同，以此作为一个选择去保护下面的交易率风险。他们被雇用来使用这类型的专业知识并且其绩效应该相应地通过他们能将暴露于外国的交易管理的好坏来评判。这可以通过对于实际交易率对比计划中的远期交易率来实现。但是这对于这些任意计算的远期交易率有更多的重要性，这些远期交易率可能在一年之内不会实现。一个更好的方式是监控他们的执行性能，与"无所作为"交替对照，用一年中实际的短期交易率与积极的银库管理者的角色实现的交易率对比。

综上所述，跨国企业现在有一个多级的途径去管理它的外币暴露，基于德国的出口公司有一个用其本国货币设置的出口转移价格，但是将以母公司的货币形式通过只用远期交易率管理利润，基于乌克兰的进口企业不得不管理它的外币暴露于其进口成本，以此确保对于德国的源头是合理的。它也应该设法通过使用远期交易率把当地的货币利润转换成美元，但是这些利润交易的管理实现是通过银库经理独自评判做出的。他们可以在没有积极的货币管理的情况下，依靠市场短期交易率评判哪个将被实现。

规模不经济

这样的一个精密的系统对于一个大型的跨国公司来说是重要的，但是必须各自调整以适应特殊集团的需要，它必须考虑到在整个集团企业和每个基于当地的企业单元使用的企业战略，中心点必须清晰地指示，通过经济控制系统，大型的跨国公司希望其管理单元通过行动以承担防线和作为一个集团一起工作，因此这个集团（比如第八章提到的原油公司）可能通过坚持一个平衡的地理供应源来限制部门的操作。它会继续经营下去并且确保市场分配，在缺少原材料供应的区域，能够获得其他区域以合理的市场价格提供的原料，如果他们不能这样做的话，会被允许去开放市场以购买外部团队的供应吗？

一旦跨国公司的中心卷入到这类问题中，集团是否变得太复杂而且是否结束附加价值就成为了一个简单的问题。对于许多跨国公司和资深的管理者来说，规模不经济是一个严肃的问题。一般说来，关于企业的综合性，跨国公司和资深的管理者好像忘记了很大程度上他们有责任创造公司的综合性。跨国公司的规模和扩张应该有其存在的理由，因为它凭借不断提高的规模经济为集团内的股东增加了价值，如果财务控制和管理激励的问题已经变得如此严重以至于超过了规模和地理扩张带来的优势，那么跨国公司就应简化它的结构或其业务范围。

许多跨国公司所涉及的复杂问题可以通过讨论一个集团所涉及的转移价格问题来给予简单的说明，这个集团有四个生产厂址、三个销售和营销部门。如图 12.6 所示，介绍了 12 种可能的内部转移情况，这些转移价格一方面必须在经济上是合理的，另一方面又必须可以正确地激励管理者。大部分跨国公司会涉及远远超过 12 种内部转移选择，并且这样巨大的企业也会通过声明其拥有超过 200 万种的内部成本类别来"自豪"地证明其业务的复杂程度。原因之一可能就是惊叹这么庞大的业务将会给这个集团内的关键股东增加多大的价值。不幸的是，同在第五部分中讨论的那样，这种复杂问题的绝对规模使得这些巨大的跨国公司充分运用起新的信息技术解决办法来更难，而这些解决办法可以使得这些庞大的数据处理以及有关方面的加工处理更具操作性。这个拥有 200 万种成本类别的集团需要一个新的、能为其提供有意义的、财务决策支援信息的成本计算系统，但这些系统不能弄明白该集团如何来开发这样一个巨大的计算机系统。

　　两种更好的见解是：首先，当其竞争对手已经拥有这些信息时，它不能不开发这样一个新的决策支持系统；其次，如果它被分解成了更小的部门，那它将根本不需要这样一个复杂的成本计算系统。

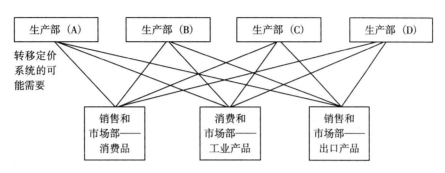

图 12.6　转移定价：跨国企业分部之间的销售

第十三章　非营利性组织

概　述

非营利性组织，涵盖的"业务"范围非常广泛，相对的，这些业务有着非常广泛的、各不相同的目的。唯一统一的特征，就是没有商业导向公司标准的、高于一切的目标，即为公司的股东带来满意的利润回报。事实上，对于这些组织中的大多数人来说，连这个差别都不是那么完全有根据的，因为它们的确是用利润的度量标准作为衡量它们绩效的关键经济指标。

但在非营利性组织的背景下，利润只能真实衡量非营利性组织在创造收入和控制成本过程中的效率，然而主要的绩效判断的标准应该是评价原则上战略目标的有效性。

对于大多数非营利性组织来说，他们对战略目标和使命都作了清晰的定义和陈述（例如慈善事业）。但是，对于一些刚创立的实体来说，它们往往在创立的主要目标方面有一些混淆，这是很危险的（例如，医院看护，从逻辑上讲，是更高效，更加关注患者，更加自由地选择，更加竞争化还是所有这一切？）。更为重要的是，这些非财务目标能被所有参与人员清楚地理解，并与确定的财务目标兼容。然而，更关键的是这些目标的集合，不是与组织的高层管理人员的目标完全相兼容，就是被充分、完全地定义了，以致限制了行为的自由。

现在，许多非营利性组织都是有巨额收入和相当多成本基数的大团体，但是它们不得不像商业公司一样，非正规地面对金融市场的最终评判。就本书的范围来说，代理理论的这一观点已经被用作一种保证的手段，虽然从长远观点来看，管理人员一定会表现得以股东和其他重要相关利益者的利益为重。如果他们不这样做的话，最后"市场"会将他们淘汰。可是，如果没有"股东"，或者股东们不可能成为一个统一口径的团体，并且公司外部对公司没有"收购"的期望，在这种情况下，公司就会面临风险，即高层管理人员为了达到个人目标而执行他们自己的战略。

总体规模大小不一定是衡量非营利性组织成功的好方法，也不是衡量商业企业的好方法。因此，应对计划提高收入的市场活动开支在收入中所占比例进行财务控制。我们可在慈善团体方面清楚地看到这一点，慈善团体很可能会"为了发展慈善事业"而有一定的开支，开支是现有的捐款按照一个不断增加的比例得到的，为的是吸引新的捐款，特别是针对外部的职业艺人和利益导向的募捐者。

对其他支出的比例也要进行财务控制，其他支出是指未直接花费在实现组织的主要目标上的支出。管理部门的开支就不是实现慈善团体、学校或医院这些主要目标上的支出。它们有点儿麻烦，应该保持在最小值并可以通过此类财务比率对组织运行效率进行监控。

非营利性组织和商业运作公司的真正区别在于，非营利性组织不必对其盈余进行分配。通常，额外的资金是允许再投资于它们的组织的。虽然这些听起来很好，并可能帮组织实现最重要的目标，但事实上，即使作为组织发展的目前战略来说，这个战略并不是很合适；但从长远来看，往往能使成长战略贯彻执行。

导　言

非营利性组织涵盖了所有的类型和规模。它们包括真正国际性的慈善团体，这些慈善团体在许多国家同时从事大型项目，还是非常大的住宅互助委员会。它们拥有大量国有化的公用事业股票，这些股票控制了多数国家非常高比例的国内生产总值。

事实上，英国政府通过最近的私有化政策，已经提供了一个理想的机会来考虑非营利性组织和重视利润公司的主要不同之处。最佳的范例是"私有化垄断"，爱尔兰共和国以前政府拥有公用事业企业，但是现在至少部分出售给了外部的、有谋利动机的投资者。这种产权上的变化引起了许多方面的重大变化，包括这些组织的构成和相对实质的财务控制，更引人注目的是，它们的管理会计系统也发生了改变。很多情况下，我们能够观察到，在做出使组织私有化的决定后发生了许多改变，这些改变被认为是对先前的管理控制系统的严厉指责；爱尔兰共和国没有利润衡量的动机，高层管理人员显然不需要不同业务部门的财务信息，或者详细而精确的集团开支水平的信息。

但是，在公司面临的不同环境推动下，财务控制的其他方面已经发生了变化。例如，英国电信是首家被私有化的公共事业垄断公司；由于对家庭电话系统实施的垄断，这种垄断是与其商业电话市场的优势相结合的，于是政府提出了一个计划来控制它的价格政策。为了激励其效率并控制价格上涨、调整主体（被称为 OFTEL），坚持英国电信的价格上涨幅度应低于普遍的通货膨胀水平。不幸的是，从总体上来说，这种价格控制机制是为组织提出的，这将会赋予管理团队实质性的竞争自由。英国电信会对家庭用户（存在垄断）以高于通货膨胀很大的幅度增加收费，但事实上又降低了对商业用户（面临逐渐增加的竞争压力）的收费。为了支持未来类似的、相对的价格转移，公司已经开展了大量的成本分摊训练来显示相对的成本和利润，其中利润能够说明不同业务部门的水平。公司最近还尝试用这个会计分析来证明为什么费用的收取会发生变化。在家庭电话部门中，英国电信想要提高对目前的电话线路的租金费用，但降低每一通话的费用。这样做的理由是国家的电话基础设施建造需要很高的投资，而英国电信拥有家庭电话线路的垄断地位，这个垄断地位现在刚刚面临着为家庭用户提供电话服务的竞争。不幸的是，英国电信已经公布了的财务分析基于错误的基础，因为它已经对历史成本完全进行了分摊，包括主席薪酬和相关成本，而这些成本是与决策无关的。

在组织中，现在管理会计系统的实质性变化正逐步显示出来，将政府对两方面研究的曲线记录了下来，包括为使全体的垄断行业私有化和依据规则减少这些垄断行业潜在的弊端。对于水电行业的情况，政府已经尝试在行业内制造一些竞争因素；虽然造成区域性的垄断者的主要竞争要素是通过它们对相关的财务绩效的比较来进行的。

这些私有化了的组织在战略焦点上的变化很引人注目，还伴随着之前"社会行政上的"重点的更换，同时之前的重点被财务标准所取代，这些标准既包括企业潜力新领域方面，又包括风险变化方面。尽管英国的公共部门包含的私有化的数量仍然占据了相当大的业务量，而这些业务基于原始目标，并没有把焦点放在利润上。

因而在英国，国民医疗服务制度，陆、海、空三军，所有形式的教育，法律的实施和法律体制，还包括政府，都应该被视为非营利性组织。另外，还有大批的行业协会和志愿机构（例如童子军、女童子军、全国青年俱乐部联合会）也被包括在其中。事实上，随着当前政府推动更多的、小型的财务上半自治组织发展的趋势，这样的组织还包括学校、医生实习地点和医院托拉斯，非营利性部门被认为得到了非常快速的发展。

很明显，这样大批组织所面临的会计问题会有很大不同，并且我们会适当地应用在本书的其他部分所讨论的材料来对此进行说明。唯一统一的特征就是缺乏"利润动机"，而利润动机对更加明显地以商业运作为焦点的公司来说是非常重要的。利润是销售收入和与销售收入相配比的费用的差额部分，并且可运用它来对组织营运效率进行衡量。但是，在许多大型的、多元化的商业公司，这种财务绩效的衡量是公司股东最关心的。但对许多非营利性组织来说，这种情况并不存在，因为通常所说的非营利性组织没有"股东"。组织之所以建立，是为了达到特定的目的和目标，也就是说要与组织的使命陈述相一致，并且应用这些战略目标作为判断组织是否成功的标准，而不是仅仅从会计盈余或者利润所达到的量的角度来进行判断。

效果而不仅仅是效率

·

　　这就要求对组织运营的效果进行衡量，而不仅仅要关注其财务效率。确立一个标准来衡量管理效果对所有公司来说都是重要的，但是对于商业导向的公司来说，许多股东都会对持续增长的利润作连续的记录，以此清楚地指出效果，还有效率和管理成果。如果手术的等候批准的申请人名单在逐渐变长，或者对病人护理的其他标准在下降，那么区域卫生当局的记录可能不会把其表现有效地显示出来。因而对非营利性组织来说，必须结合组织全部的目标背景，对财务表现进行全面的考虑；这个领域就可以因此被看做是执行战略管理会计最好的领域之一。

　　这些目标中的大多数不能用财务术语表达出来，因此绩效的非财务衡量是非常重要的。然而，对于其他公司来说，管理会计起着非常重要的作用，其重要作用体现在将这些战略目标和对财务决策的合适控制联系起来。对于资金投资的财务决策必须由区域卫生当局做出，并且这些评估要反映出组织主要的非财务目标。对非财务目标还有财务评估，所涉及的控制技术必须谨慎地进行综合。如果卫生当局的一个关键目标是减少手术的等候时间，那么对选择性项目的财务评估必须关注对这一关键目标的影响方面。所以，最显而易见的财务技术就是识别最关键的限制因素，这一限制因素目前限制了医院的发展，还包括对去除关键限制因素集中支出的技术。这将在之后引起一个新的关键限制，并且之后会运用资源来解决这一问题；一旦把关键的战略目标作为指引，这一分析就与制造业工厂的一条产品生产线基本相同。例如，卫生当局可能正在考虑一些潜在的计划，包括增加手术室的数量和医院的床位，通过雇用更多专业的医疗人员来改变医院引导的术后护理程序。对照这些减少患者的等候时间的关键目标，这些程序的相关成本效益必须进行评估，这将根据每节约一千天的成本来表示。

　　在非营利性组织中，管理会计这一角色所面临的挑战是，把所有主要的战略目标分解成为财务上可控制的要素。如果不这样做的话，组织执行的可能就不是最理想的战略，而这些战略更多的是基于高层管理人员的个人愿望。

　　在一个注重商业利益的企业里，对盈利的需要和与股东相连的直接代理通常会作为对管理者行为的合理限制。然而，在没有对绩效进行明显财务衡量的地方，和与组织的"所有者"的联系经常是特别不清楚的地方就存在着一个风险，即管理者的个人战略取代了组织最初的目的和目标。如果这样设立的目的和组织的目标是明确的并且是可以衡量的，那么风险就会大大地降低。如果这些衡量方式能够与财务评估联系在一起，同时对组织系统进行监督和报告，风险不仅可以降低，而且几乎可以根除。不幸的是，到目前为止，在非营利性组织（尤其是慈善团体）中，仍有太多个人滥用自己的职位权利的实例存在，包括直接的欺诈行为和窃取行为，这些都有可能因为缺乏充分的财务控制而受到谴责。

管理权限过大的一个主要结果，可能是将重点不适当地放在扩大组织的规模上，而不考虑组织规模的扩大对实现组织绩效的影响。

收入控制和成本控制的效率

大多数职业经理人更愿意控制一个规模大一点儿的组织，如果这些经理人能够更自由的话，他们做出的成长战略通常可以得到执行。对于商业运营公司来说，市场地位扮演着一个对此类增长起限制作用的角色，因为在没有降低公司的全部的盈利能力的情况下，它可能不会产生额外的销售收入。但是，对于许多非营利性组织来说，这种经济制裁不是那么轻易就能够达到的。增长企业的销售是"一个好主意"这样的说法，可能也会显现出来，因为全部目的和目标可能获得实现。

一个很好的例子就是在大型的慈善团体中，不断增加的捐款的流入可能显示出组织更加有能力承担有益的、慈善的项目。然而，任何慈善团体潜在的、含蓄的目标都是通过成本效用的方式来做善事，并且如果没有财务控制通常是达不到这个目标的。国内的或国际范围的销售资金增长是十分复杂的，这一过程要付出昂贵的代价，例如很多人将自觉地放弃他们的时间来募集善款，出售旗子等。而慈善团体应该建立资金增长的财务目标，不仅在所需资金的总量上，而且在不同可能的、能够使用的方法的相关成本效率方面也应作出考虑。使用外部专业的资金募集者存在着一个增长的趋势，这些募集者会得到他们募集资金总额的一部分。当这个成本增加了慈善团体国内的成本时，很多钱就会花在资金的募集上。有时这样的情况是存在的，也就是说即使慈善行为的显示范围已经显著地增大了，但是慈善项目的净现金流却为负值。

有很多例子证明慈善团体也需要对非营利性组织花费的成本实施财务控制。其中，管理成本是慈善团体必须支出的费用，因为这些成本能够保障慈善项目的顺利实施。因此，这些成本必须被定期监控，以确保成本的最小化。这可能就意味着建立项目的最小化范围，由于慈善团体的组织结构，这些项目可能会被实际的慈善团体实施有效的成本控制。财务控制可能会指出在这些营运项目上，不同方法产生的成本效果不同。例如，如果慈善团体正在一些欠发达的国家实施灌溉项目，这就要评估灌溉每一公顷土地最少的成本方法，并且这些比较成本应该包括这些可供选择方法相关的可归属的成本。在一个慈善团体中，资金募集成本和管理成本两者实际上都没有管理得非常好；他们正在以一种简单的方式使慈善团体能够去做好事，因此要对他们的成本有效性予以监督。所以，要针对具体项目，采用适合的成本有效性方法，对于未来项目的评估，这一监督过程同样能够被证明是一个有价值的过程。

盈余或利润的再投资

使用管理会计技术去评估和监督效率及效果的逻辑，应该被所有的非营利性组织所采纳。然而，存在另外一个更普遍的特性，这一特性是真正主要的、使非营利性组织和更加关注营利性企业相区别的因素。大多数非营利性组织没有传统意义上的股东或所有者，这些股东或所有者对他们的投资希望有直接的财务回报。因此，这些组织对在组织内的任何剩余资金，通常都可以进行再投资。这种再投资可能包括拿之前项目产生的盈余来进行再投资，而且这能够帮助组织持续成长。这样没有股利支付的财务战略的一个好的方面就是，组织可以做出更加长远的投资决策，而不存在要对股东支付短期回报所引起的不必要的限制。不幸的是，这对于英国政府控制的组织来说是不现实的，这些组织的大部分资金来源于每年的现金分配。根据现在荒谬的预算系统，下一年预算分配则需完全用完今年的预算。这种方法对长期不利，也许会影响到未来建立的更大的工程。

然而，再投资能力更加普遍的、重大的后果是非获利性组织会实行增长策略，无论适合与否。这种现象在许多组织中都是真实存在的，因为这是与管理者期望的战略相符的。很少的公司目标会设想一旦组织完成了目标就会为之振奋，或者说这些观点已经过时了。这些组织一般会将注意力转移到另一些甚至有时是含糊的相关领域，将它们残留的资源投资进去。随着时间流逝，这种做法导致非获利性公司会在全球范围内采取不同的行动。换句话说，它变成了非获利性联合公司，这样的公司常常遭受第十一章中谈到的问题的冲击，或者说变成了第十二章中所说的全球化企业。糟糕的是，由于这些复杂的非获利性组织内部管理会计系统的强词夺理，引发了许多的期待，期待其对于效率及效果的贡献。

第四部分

根据企业发展状况改变战略

第十四章　控制的普遍问题

导　言

在第三章，我们已经提出了所有产品都有生命周期的观点，并简略地讨论了任何产品在其经济生命期都要经过从一个阶段到另一个阶段变化的必然性，以及在各个阶段都要加以考虑的各种恰当的竞争战略及其相应的影响。本章将更加详细地讨论随着生命周期的形成，这些不断变化竞争与合作战略的企业，其战略管理会计系统的内在关系。第十五章至第十八章介绍产品生命周期的某具体阶段以及与财务策略和财务控制相关的具体因素，总括见图 14.1。本章也将进一步讨论已在第六章和第七章中提及的有关产品生命周期与品牌和顾客需求之间的适应性和相关性。

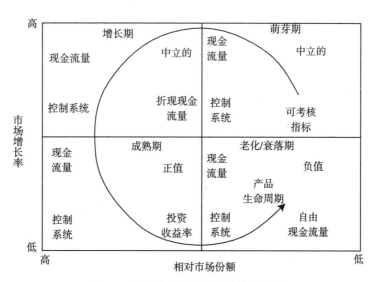

图 14.1 产品生命周期与财务控制参数

产品有生命周期，而品牌没有

众所周知的营销策略都是建立在一个原则上，那就是品牌和潜在的产品具有可分离性。事实上，如果有一个好的营销支持，那么品牌可以辉煌很多年，甚至可以比几代潜在的产品生存得更久。然而，任何品牌都有极限性，最终为了维持品牌形象而进行的财务调整可能不再是可行的。对于任何一种产品，品牌会随着其慢慢成熟而最终衰落。因此，有人说品牌是有生命周期的，尽管有时候这个生命周期比较长。这种情况会随着伞形品牌、分支品牌的使用，以及企业名称和品牌的结合进一步复杂化。

不同的品牌策略能改变营销费用目标化的方式，并且应该因此从各种不同角度来进行财务评估。在很多行业中，具体某一种产品的生命周期越来越短（比如某种型号的汽车），在品牌中融入大规模新产品的能力毫无疑问是非常重要的。然而，时间久了该品牌形象本身就会过时，以至于企业接下来不得不做出决定，是重新定位已有的品牌还是创造新的品牌形象最终来代替旧品牌。

有些时候，基础产品在它的整个生命周期中进行了很多次的改变，但品牌以及内在的消费价值观却是一直不变的。事实上，最初的品牌可能囊括其他相关的新产品。例如，Colman 芥末酱有百年历史，这期间，它的成分、包装、外观改变了很多次，但一直保持着相同的基本品牌形象和价值定位。即使 Colman 芥末酱最初的品牌形象有一个很大的缺陷——需要与正在衰退的红色的肉搭配食用，但是它的价值定位也一直没有改变过。Colman 芥末酱的这种缺陷甚至阻碍了新产品的发展，这些新产品运用了整体品牌，并将目标锁定于不同的市场。在这种情况下，企业不得不权衡两个方面，一是因免于为新产品开发独立品牌而节约的费用，另外就是旧品牌对新产品的不良影响。当新产品是为了其他食物而不是红色的肉而设计（例如，有一种新产品叫有机芥末酱），而且顾客目标群是更年轻、更富裕的消费群体，这些人不食用传统的芥末酱，不想购买在他们看来是过时的产品时，无可置疑这对新产品的发展是存在很大的风险的。因此，公司必须通过将 Colman 与芥末酱紧密联系在一起，来协调上述的两个方面，同时，通过改变新产品的形象来有效地尝试重新定位品牌。

显而易见，当决定是否使用新产品或替代产品还是继续使用旧品牌时，通常会依据财务评估进行策略。在考虑财务评估时，第四章讲述的扩展和保全营销活动中考虑总体营销支出是非常重要的。营销保全支出的目的在于保全营销资产既有的价值，如品牌；而扩展支出则是为了提升这种资产的价值。这种价值的提升可以通过扩张整个市场规模或者利用特定产品提高市场份额来实现。扩展营销活动通常是一个漫长的过程，因此应该使用现金流量折现法来进行财务评估。

如果当扩展营销支持可能撤回时，品牌资产价值最终并没有相应地下降，那么此时为确保资产不减值的保全市场营销达到了最佳状态。考虑到保全营销活动自身必须找到财务上的说服力，并且随着时间的推移它还必须包括品牌从一种产品到另一种产品的一系列转移，因此直观地看起来，保全市场营销好像并不是一个合理建议。

品牌投资战略

然而，可以借鉴产品分析时所使用的产品分析模型，建立与之类似的品牌分析模型来说明假设的不合理。图 14.2 是一个以市场份额为纵坐标，品牌投资现金支出为横坐标的矩阵。随着新产品的开发，新品牌需要大量的初始投资，再加上早期的销售收入很低，这就意味着现金总流量将是负值，见图 14.2 右下方框。

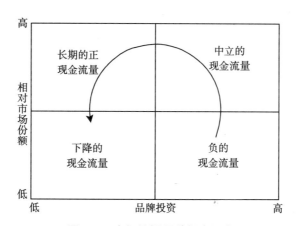

图 14.2 市场份额/品牌投资矩阵

初始投资是为扩展新品牌而投入的资金。采用现金流量折现法对初始投资进行财务评估这一工作应贯穿于整个预期的有效生命期中，此内容本章将随后阐述。然而，在财务评估中使用的折现率应反映与开发新品牌相当的经营风险，这种风险来自于新品牌相对较高的失败率。如果扩展成功的话，该品牌将会提高它的市场份额，纵坐标就会往上平移。随之产生的更高的销售收入会形成更多的现金流量，但在成长阶段，由于扩展营销和保全市场营销，品牌还需大量的投资。品牌的现金总流量净值应该在一个更高点达到平衡，如图 14.2 右上方框所显示。尽管此时品牌已经形成了一个相对强大的市场地位，但是还没有开始回收现金总流量为负值时的资金。这些现金流量为负值的资金是初始阶段投入的发展资金。

然而，最终收入会逐渐减少，为提高相对市场占有率而采取进一步的尝试是不划算的。这标志着品牌成长阶段已经结束，品牌的主要营销动力应从扩展转变为保全。企业应尽可能准确地意识到品牌营销战略所需要的根本改变，这毫无疑问是非常重要的一点。随着品牌逐渐加强，企业有必要进行保全营销活动，但扩展营销活动中减少的支出与为达到既定水平的保全营销活动所增加的支出并不相等。因此，品牌的现金流量变成正值。如果重大投资将不会迅速出现故障的话，那么企业还需从一个长远的角度来看待品牌的资金回收。

只在几个有限的阶段内现金流量才会逐渐变成正值，所有的品牌都是在这一假设下形成的，因为从某些无形的市场"黑洞"开始投资是荒谬的，这些黑洞会无限地吸收大量的资金。这样看来，品牌管理的主要问题好像是由于职能经理对于有限的周期应是什么持不同观点而造成的。许多营销经理好像不愿意承认他们的特定品牌其从扩展到保全的转折点已经到达的事实。同样，一些目光短浅的财务经理希望从拥有强大市场地位的品牌中快速地获取巨大收益。如果这些品牌收益太迅速，那么品牌将可能由于市场份额的急剧下降而失去优势。短期现金流入可能会产生，如图 14.2 左下方框所显示的那样，但这些都不足以支持品牌的初始投资。为了减少已有很大知名度以及忠诚度的品牌其营销活动的可操纵度，提供充足的营销支持是非常必要的，尤其是在过渡阶段。因为它在短期内看起来肯定非常具有吸引力。由于在许多情况下市场分割对销售收入并没有立即的影响，这个问题会越来越严重。因此，品牌的获利能力以及创造现金的能力在短期内能得到提高，但它的长远定位可能受到致命的损害。

一个更明智的长远营销战略是逐渐将品牌营销支出的总量减少到一个稳定的可维持的水平，在此水平下，品牌不会枯萎，但同时也不会提高它的市场份额。从逻辑上讲，这就要求将品牌管理策略当做长远战略管理的一个有机部分来对待，并且对其进行相应的财务评价。因此，品牌投资与否应根据品牌未来产生现金流量的能力来决定，这在很大程度上取决于品牌在其生命周期中所处的阶段。

品牌种类的相关性

如果一个品牌足够强大，即便产品在设计、包装、技术等方面已经发生了巨大的变化，顾客对品牌的认识（以及相应的对品牌的忠诚度）也不会因此而改变。当产品进入成熟期时，在供销再次达到平衡之前，这种强大的品牌能够使企业远离在生命周期中的动荡时期经常发生的激烈价格竞争。这种优势对于那种价值大、不经常购买的产品和耐用品尤其有利，如汽车。

然而，这种强大的消费认知自身就暴露了品牌未来发展的局限性。IBM 在商务电脑领域中已经形成了强大的品牌形象。这创造了高度的消费忠诚，但这些忠诚的消费者以及其强大的商业电脑品牌形象与它转向个体消费者销售家用电脑都没有直接的关联。这些个体消费者已经建立了对其他复杂电子产品供应商的忠诚，如Amstrad。这些公司在这些新的领域已经占有非常高的初始市场份额，尽管没有人知道他们同时也是电脑生产商。IBM 不得不采取新的营销计划，从而使其品牌优势更加适应这个市场以及该市场的特定消费需求。

因此，品牌生命周期的另外一个限制因素就是需要特定品牌满足在不断改变的消费需求。弄清楚品牌的关键限制因素是消费需求还是在促销过程中确定的产品属性是非常重要的。这可以很容易通过将次品牌和主品牌进行区别来加以确认，这在第七章中已经讲述过。次品牌是指介绍产品物理性质和外观以及强调部分消费期望的品牌。该品牌的价值通常表现为超额价值，这种超额价值是多于同类无品牌产品价值的部分（如溢价），并且它是建立在品牌包装和营销成本基础之上的。先前在第七章已讲述过，一组品牌属性能够转移到其他具有相同重要因素的产品上面，且将会被相同的或类似的顾客识别。

主品牌介绍更多的是消费的自身形象而不是产品的特定功能，且主品牌因此在消费产品中更普遍。倘若很可能有新的品牌产品的消费形象与之类似，那么这种品牌就能转移到与产品联系很少的、更广的范围中去。为了不破坏与品牌相联系的消费，企业在增加新产品时不得不非常小心，因为它会削弱这个代表具体产品消费属性的总体品牌优势。

与企业关键战略动力之间的关系

把品牌管理作为企业总体战略的一部分毫无疑问是非常重要的，但必须考虑在第二部分中讨论过的关键战略动力这一前提。每次将强大的品牌转移或者附加到一种新产品上面时，我们都必须将其视为一种风险，因为如果该转移不成功的话，已有品牌的价值可能会受到损坏。用新的品牌来支持新产品，或者以无品牌的方式销售新产品，这两种方案也应该从财务的角度上进行评价。

如果企业的主要竞争优势和品牌的关键特征具有共同的联系且转移时间也很合适，那么该转移很可能会成功。因此，如果企业正努力通过为产品寻找新的市场来提高已有产品优势，那么强大的已有次品牌就可以用来将这些产品推广到新的市场中去。该品牌的属性必须与这个新市场的发展阶段相适应，从定义上讲，该阶段很可能在生命周期之前。这能意味着当企业成熟的、更久经世故的、聚焦于品牌优势的产品可能不相关时，企业在推广它的产品之前，应采取等待新市场开始发展的策略，而不是致力于创造一个新的市场。

另外，在已有消费忠诚的基础之上，关键战略动力可以通过增加向忠诚消费者销售产品的种类来建立。如果是这样的话，合适的已有主品牌可加速已有消费者对这些新产品的接受。这种促销可以用来在新的市场中推广某些消费品，在这些新的市场中主要目标是通过向人们推广具有吸引力的、不同的生活观念来使品牌差异化。这种方法被可口可乐和马波罗香烟用在全球营销战略中，它们在所有的市场中都使用了相同的促销方式，而不管它与顾客的本土生活方式是否有直接关联。

贯穿于所有促销战略的共同主线是它们都需要大量的长期投资。因此，必须进行恰当的财务评估，另外对当前以及预期的未来业绩进行定期监管也是很有必要的。

产品生命周期中的财务控制机制

任何长期投资在资产的整个寿命期间很可能产生一个变动的未来现金。投资的财务评价要求评估这些未来现金流量以及将它们与投资所需的成本进行合理的比较。合理的比较只有使所有现金流量都直接相等时才能进行。这就要求通过采用一个合适的转换率（称为折现率或负利息率）将所有的未来现金流量都转换成其相等的现值。折现（现金流量折现法）将不同时期的现金流量折算为同一时点的货币，相关价值从而能够直接进比较。不同的外币（如美元、日元、英镑、法郎等）只有换算成某一种货币，才能对其价值进行合理的比较。在外币价值比较这一例子中，具体选择折算成哪种外币并不重要，但任何一个企业在正常情况下都会换算成它的本位币，因为其管理对用这种货币计量的相关价值非常敏感。与现金流量折现分析类似，未来现金流量可以换算成任何特定年度的相等价值，但把其换算成当期的现值是最合理的，因为使用当前货币术语能使管理者更容易地对相关价值进行再次比较。

该过程的关键在于选择和运用合适的折现率，它将用到所有预期未来现金流量中去。折现率不仅要反映货币的时间价值，还要反映未来现金流量的风险。可以通过评估预期的不确定性来评估风险（无风险的现金回收必须在时间和数量上都是确定的，也只有这样才可能没有风险）。现金流量折现法如今被广泛地用于投资前对长期投资项目进行财务评估。毫无疑问，该方法可以有效地用于投资有形的固定资产，如厂房和机器，以及无形资产，如品牌。然而，许多企业还没有将相同原理的财务评估用于大规模的营销投资。

甚至更重要的是，尽管对于初始的项目财务评价来说，现金流量折现法是一种很好的方法，但是项目一旦开始，不论是对现金流的控制，还是对一个规模大、业务存在多样性的企业中不同工程业绩的比较，它都未必是个好方法。在第三部分已经讲述过，整个企业可以看成是各种项目（在特定市场上销售的品牌和产品）或者是处在不同发展阶段的 SBUS 的集合。因而一个拥有多种产品的企业很可能有的产品正处在萌芽状态，此时现金流量是负的，有的则已经成熟，产生大量的现金流量。为了实施恰当的财务控制，每种产品都应考虑其在生命周期中所处的阶段。直接比较处在相同阶段的两种产品的业绩也许是适当的，但要是将一种新产品同另一已经成熟的产品的业绩进行相同的直接比较，那将会犯致命的错误。

因此，尽管在所有长期投资项目的初始评估过程中使用现金流量折现法是很合理的，但采用任何单一的标准来进行财务评估都是很危险的。如果整个时期的财务状况都被预测到相当不稳定的话，那么还试图使用一个短期财务业绩度量方法将会尤其危险。因此，非常受欢迎的投资收益率这一业绩标准应该仅仅用在产品生命周期中的稳定时期，这通常是发展的成熟阶段。但不幸的是，调查研究仍然表明大部分企业在评估部门财务业绩时，运用与投资回报相关的评估标准时完全不考虑该企业所处的发展阶段。关于投资收益率作为一种财务控制指标的合理使用，在本书中并不陌生，第十七章中有关成熟企业的内容中将会提及这一问题。产品生命周期中的每个具体阶段其更恰当的财务控制方法将在下一章中详细讲述。然而，不管什么时候运用了最恰当的控制方法，仍有一个潜在的风险，那就是经理们"控制业绩比率"而不是控制经营。这意味着企业经理如部门经理，会过分地强调用以判断的度量结果（不管是什么）都必须是合适的，尽管这对企业整体或者长远来说是不利的。但这也无须惊讶，因为追求成功是人的天性。如果管理成功的标准不合适，那是他们总经理的错误。

没有单一的财务指标能够完全恰当地控制一个复杂的企业或者运营部门。因此在接下来的一章中讨论财务控制的合理使用是非常重要的。它们也应依据其他管理指标和经济指标来加以利用，这些指标反映经理和企业特定部门预期业绩的其他方面。

第十五章 初创型企业的战略管理会计

概 述

在产品生命周期中的萌芽时期，企业很显然会对产品的技术开发进行投资，但它也应该将资金花在营销上，来弄清楚这种产品在市场上是否能成功及什么时候能成功，并且如果可能的话，也要弄清楚它将得到最终的发展是什么。营销支出在寻找新的合适的目标市场及新产品的机遇中扮演着重要的角色，而新产品机遇的探测可以利用企业已有的和潜在的竞争优势。因此需要进行市场调研，不仅是因为有计划的产品会成功，企业还可以开发潜在的重要客户的"消费问题"。否则的话，会有一个大的风险，那就是正在形成的新的市场需求因此会被竞争产品所满足。

对于许多产品，竞争成功的关键因素是在竞争对手开发相似产品之前的时间尺度。如果相关的话，应将时间作为初始财务评估程序的一部分加以考虑，同时当与竞争对手比较时，它通常还受到特定企业所需的总体开发和促销时间的影响。实际上，有很多英国公司经常说他们善于开发新的、具有创造性的产品理念，但不善于在跨国竞争者之前将这些理念灌输到具有市场的产品中去，尽管他们最初的优势在于开发这种理念。

毫无疑问，在开发阶段使用任何形式的投资收益率作为财务控制的标准都是完全错误的，在这个阶段企业应该向产品和市场投资，而不是试图创造会计利润。甚至更重要的是，在第十四章已经提到，企业并没有通过减少这个阶段的投资水平来控制财务业绩比率。

投资新产品开发的初始策略应该使用已经成熟的现金流量折现法来加以评价，其合理的原因在第十四章中已经讲过。然而，萌芽时期的主要特征就是及时地改变内外经营环境。因此，作为最初财务评估依据的预测现金流量如果作为度量及控制后续财务业绩的依据来用的话，将会证明这是不够准确的。

普遍认为，不存在可以运用于产品的开发初期阶段的具有完整体系的财务控制系统。尤其认为主要以成本费用的日常支出作为控制研发类活动的手段是错误的。研发部门的经营目标不是根据前期预算或者分配的开支总额来开支，而是为了通过开发或者促销已设计好的新产品以协助企业实现总目标。这些目标可以通过参考一些具体的、可度量的标准来解释，但是标准本身可能在财务方面无法进行度量。然而可以说明的是，最初的项目评估应该包含开发项目理想的结果，即预计的最终经济收益。

结果普遍认为，随着项目的进展，为了确保预期收益仍可能实现，通过参考前期已确认标准的实现情况及重新参考最初的项目评估，来有效地控制萌芽阶段。考虑到对许多这样的企业来说，开发新产品及其时间规划的关键因素，将研发的相关支出水平同相关竞争对手的情况加以比较，这种外部的财务比较通常是很有意义的。第五章将会讨论利用技术可以获得这些信息。

同样重要的是，在企业内部把与研发相关的重要支出看成是企业长远成功的内部投资，而不管这些支出的会计处理是如何。如果真是这样的话，那么在财务困难时期，资深经理就不大可能把频繁的短期投资作为削减研发支出的权宜之策。

导　言

将财务信息用于计划或执行一个开发新产品的战略时企业应考虑两个方面，即全新的经营项目，如一个绿色领域的启动，以及一个已建立的用以开发一个全新项目的机构。毫无疑问，它们有很多共同的问题，但为了能更好地看到它们之间的差异，这两种类型的例子都会在这章有所讲述。在启动完全崭新项目的情况下，将企业的目标和目的与最初的想法和（或）任务的陈述相匹配是没有什么问题的，但是所有的财务预测都非常欠缺历史依据。已有的经营项目可能已经建立了非常完善的财务信息收集和处理程序，这可以给新项目的预测提供更好的参考。然而，新项目与整个综合目标的相关性可能更少。为了避免将来的分界问题，对于企业来说，为新的经营计划清楚划分产品（或市场）的界限是非常重要的。

生命周期的开发阶段对企业来说一直是一个重要的净投资时期（现金流量为负值）。研发和市场调研都需要支出，如果成功的话，还需要在固定资产、劳动资源以及促销上有更多的支出。所有这些都必须在产生大量的现金流入之前支出；事实上，如果最终证明开发不能成功的话，那么这些现金流量就不会流入。因此所有这些新产品的开发都有相当大的经营风险，见图15.1。对投资进行的期初财务评估应该将这些风险考虑进去。现金流量折现法通常应该用于对这些新产品的开发，因为最终

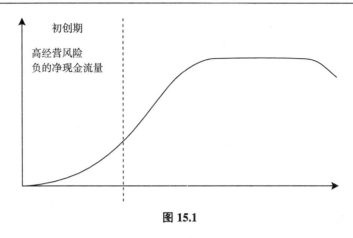

图 15.1

的回报通常是对未来的预测并且货币时间价值的相关影响也应反映在计算结果中。折现率也应根据项目的预期风险来加以调整。这点突出了许多企业会计系统中的一个有趣的问题。财务评估和审核的程序通常和投资规模成正比，例如，价值巨大的项目需要更严密的财务分析。这未必就是对企业有限资源的充分利用，因为在这些大规模的项目中有些可能具有非常可观的收益；像对销量已经非常稳定的产品，利用已有的技术来进行一个有效的改进。而一些价值很小的项目其重要战略性可能更大，开发工程就属于这一类。这种项目的价值包含某些单一项目的支出，它也取决于时间尺度。大部分新产品的开发项目在几年内的支出发生在若干个阶段。一些企业将总支出切割为若干个相对企业标准而言较小的项目。这些切割方法完全有可能使财务评估失效，因为只有当包含在小项目内的所有支出都发生了，才可能从高销量的产品中获得最终回报。财务评估应整体进行，并横跨预期的产品生命周期，并将项目的总体风险考虑进去。

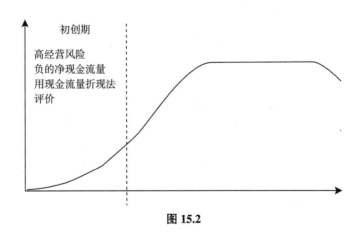

图 15.2

　　然而，综合财务评估通常是以未来销量及不确定的净现金流量作为评估依据的，尤其是那些有很大创新的新产品更是如此。这两种情况的例子在本章中都有所讲述。为了发展和销售以培训产品（CBT）为基础的电脑，建立一个新型企业，在这里电脑系统会自动回答客户输入的具体问题。至少可以这么说，未来销售收入的趋势很可能是变化无常的，因为不同的销售价格对应不同的潜在销量。开发任何特定产品的预期成本也同样是不确定的，因为这些开发以前从未尝试过。任何最终销售的利润率几乎可以肯定是非常高的。它们实际产品仅包括软磁光盘和说明指南。这个新型公司还打算提供咨询服务，该服务能提供更有利于预测销量的资料。尽管有很多不确定的因素，但这个公司还是研制了一个有很高可信度的经营方案，它能从风险投资者那里筹集大量的资金以启动交易。

一个规模巨大的跨国食品企业，它曾对一种人工肉食产品的开发和投放市场进行了前景评估，这种产品经过由尼龙纺纱改造而成的技术进行处理过的大豆蛋白制成。尽管总体的潜在市场能够估测，但开发成本同样是不确定的。如果把所有肉质产品的全球市场看做是潜在的市场，那也没什么作用，尤其是在公司不知道最终产品的推出形式的情况下。因此，未来销售收入和利润率是非常不确定的。但是，由于哪怕是巨大的潜在市场中很小的一部分，其财务收益都是足够大的，因此该公司决定继续进行该项目。

信息需求

在进行了最初的财务评估后，结论是肯定的，那么企业就需要思考应该怎样进行财务控制。上述两个例子以及许多相似的新产品开发都将面对一个充满未知的变化无常的经营环境。

随着项目的展开，企业很可能需要对由内外因素引起的重大的经营变化作出反应。因此，为了适应环境，会计系统必须能够灵活及时地对变化作出快速的反应。只有企业结构和财务报告方式上不存在官僚主义和形式化，才能达到上述的要求。灵活性以及非正式化的要求对一个全新的企业来说可能不是一个问题，但是对于已建立的大企业，如我们这个跨国食品公司，往往由于在很多的成熟部门中已经建立了非常完善的管理会计系统而出现一些问题。为了应对与新产品开发项目有关的高风险，这些企业需要形成新的财务报告和财务控制方式。对这些新的活动领域缺乏认识而导致的更加变化无常的外部环境也很可能产生更多要求快速解决的突发问题。

因此，首要目标之一就是收集信息，以便减少由于信息不足而导致的高风险。部分信息很显然将会通过研究和开发活动来获得，但企业还应该考虑花费一定的资金用在市场调查上，使得潜在市场规模的初始评估更准确。营销支出也可以以使用更综合的方式，以便识别出在企业已有竞争优势基础上的新产品所可能拥有的机遇。

事实上，这也是人工肉食品项目创意的产生方式。这个公司在肉食加工市场已经拥有一个成功的品牌，并且以往的新型产品开发也很成功。这些因素再结合公司的国际品牌及分配能力，就意味着这种新产品项目是有利可图的。

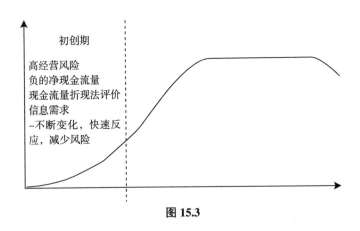

图 15.3

　　确保新产品的机遇与企业的内部能力相匹配通常是非常重要的。如果不是这样的话，那么随后形成的市场就很可能被实力更强的竞争对手所占据。应持续进行市场调查，这不仅是因为已计划的新产品的需要，还因为企业持续进行市场调差可能会发现关键的消费"购买决定因素"。很多时候，这些营销支出可能发生在重大资金投入调研之前，因此，营销活动可能改变最初的策略（研发支出作为一项投资已经有意地提及过，并且这也展示了应该如何将其作为内部策略来对待，而不考虑表面上的会计处理）。

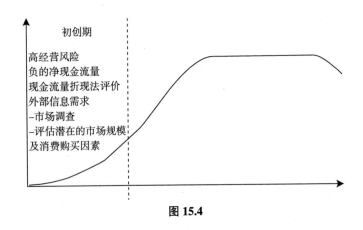

图 15.4

　　在项目的各个阶段重新审核初始策略是非常重要的。总体财务评估通常需要建立在一系列预测和假设的基础上。如果最后证明有些重要假设是错误的，那继续项目就没有什么意义；不管已经投入了多少资金，这些资金都应看做是沉没成本。因此，为了避免在项目涉及的其他方面浪费资金，应尽早确认这些关键假设是否符合逻辑。在这个人工肉食品项目中，可以通过对这个非常具有吸引力的最终产品做广泛的市场研究来达到上述目的，甚至可以在初始产品生产和加工之前将这些调查做好。

在企业内部，关注初始重要信息是很正常的，并且这应该成为在该领域使用一个战略管理会计系统的优势之一。

关键成功因素

信息收集过程在减少与初始假设相关风险的同时，还应识别出个别产品的关键成功因素。这些可能关系到销售价格最大化的实现，并且应该重视最终产品的成本结构控制。另外，市场研究可能表明，需要有一个强大的品牌形象来确保新产品开发成功。对营销成本进行评估，促使开发战略必须进行财务评估，总体项目的评估也应按要求更新。因此应重新考虑初始的项目评估，并且根据所收集到的更具体的信息将其提炼；在每个这样的阶段，初始策略都要进行重新审核。换句话说，初始策略不应该看成是企业在项目的整个过程中投入资金的最后决定。当然，投入必要的资金使企业到达下一个合理的阶段也是一项策略，并且接下来整个项目的财务生存能力也应该再重新评估。有关这方面的运用将在下一节讲述。

对于许多新产品来说，关键成功竞争因素是在竞争对手能开发类似产品之前的时间尺度，以及企业是否能在这段时期内建立充分的进入壁垒。对这些因素的评估很显然对初始项目财务评估来说是非常重要的，同时随着收集到的信息越来越多，这些评估也应加以更新。在很多情况下，有个增加的风险，那就是在企业初始产品准备好之前，竞争对手可能实际上就已经开发出了一个类似的产品。此时，关键成功因素毫无疑问就是将新创意投放到市场所花费的时间，汽车行业就是一个很好的例子。当一个汽车生产商决定开发和投放一种新车型时，其设计都是建立在最新市场可行性调查的基础上。然而，如果开发设计距实际生产出第一部新汽车之间相差三年五载，那么这将会有很大的风险，因为在重要的介入阶段市场需求可能已经改变。进一步来说，如果一个竞争对手能更加迅速地开发出它的新车型，那么其设计就应依据更新的市场信息。一般来说，开发时间越长总成本就越大，竞争对手也可能利用它们的竞争优势来更加频繁地变换它们的车型，从而给其他着手研发的汽车生产商增加压力。日本汽车生产商就非常善于运用此战略。

我们前面提及过的 CBT 公司也有很大的风险，因为据所知，其他公司也在该领域投入了大量的资金。有一些方法可以尝试用来减少开发和投放一种新产品所需的

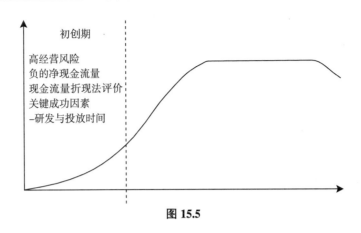

图 15.5

时间，但时间如果是一个关键成功因素的话，这些方法还要进行财务评估。一个很明显的方法就是从其他人那里购买产品从而避免研发程序而造成的延迟。这对于那些在其他市场已经可行，并且最初的开发商并没有跨国计划的情况下，是一个非常普遍的选择。产品销售权有不同的获取方式，有的产品可以直接购买，有的则需要销售许可证。许可证使用费用可能是固定的，也可能是一定比率的销售收入，或者是这两者的混合。

如果市场非常新且具有高度的创造性，那么总风险可以通过协商以许可经营市场中的销售收入作为许可证使用费用的计算基础来加以降低。这就是 CBT 公司采用的方法，它获得了专门为 CBT 客户设计的 USA 开发电脑写作系统的欧洲销售许可证。这个许可证允许公司以很大的折扣购买写作系统的版权，并且公司既可以将其直接向顾客销售也可以与自己的培训系统进行捆绑销售，许可证使用费用根据最终的销售收入确定。但不幸的是，这项交易还要求其在前三年至少要购买一定数量的写作系统，如果没有实现这个要求的话，将会面临失去许可证的风险。这使得有些变动成本变成了递延的固定成本，结果增加了该交易的总体风险。

另外一种获取产品技术的方式是从开发商那里直接购买产品。有些企业专门开发产品创意，提供改良等，可以把他们看成是研发行业。它们并不打算自己推广产品，而是更热衷于销售成功的或近似成功的模型，然后继续开发下一个创意。其他企业发现他们已创造出一个新的潜在产品，但是他们没有技术或者计划将产品投放市场。可能对于那些他们并不在行的市场，或者不具有产品开发其他程序所需要的技能这一情况，这也许是一个合适的选择。当人工肉食品公司自己的研发已有一定的成果时，这种机遇对它来说变得可行。一个规模巨大的公司已经开发了一个相似的尽管不是很好的加工技术，其最初来源于一个大型的尼龙生产商。尽管尼龙生产商也曾经尝试以现有的技术来生产和销售食品，但它们在食品行业没有专门技术，因此它们战略决策的部分内容就是回到它们的核心项目中去，这些项目只有几个不具有竞争力的公司在经营。我们的人工肉食品公司决定购买这个公司，主要是为了避免潜在的竞争对手获得这项技术，因为它能大大地缩短竞争对手开发竞争产品的时间尺度。

用这种方式获得新产品相对来说是很少见的，大部分企业都自己开发产品，尽管这可能大大延长了时间尺度。事实上，英国公司经常抱怨说他们很善于开发新的具有创造性的处理程序和产品创意，但是在将它们转变成成功的在市场上可行的产品方面却太慢了。结果其他更注重产品开发阶段的企业通过开发最终产品来抢夺市场。切割研发的传统方法是把它分成三块，依次是纯粹研究、运用研究及产品开发。纯粹研究主要是大学的任务。如果企业自己做的话，那么这将要求对部分高层管理有一个很强的信念，最终开发成功的这种产品未来将有一个巨大的潜在市场。一个很好的例子就是，一个制药公司决定在研究大脑如何运行方面投入大量的资金，希望通过该研究能够攻克很多疾病。纯粹研究通常非常花费时间，因此现在许多企业更愿意为大学研究者提供资金来做这个项目，而它们对项目成果的任何商业收益都享有权利。

运用研究是指将纯粹研究项目成果转变成有利可图的产品的阶段，它通常也是企业研发部门进行的第一种研究。这种分类可以用在人工肉食品公司中，同时 CBT 公司也才真正地开始产品开发。在研发的这个阶段，产品已经清楚确定，但还没有符合预先设计的规格。因此，产品开发一般在目标市场和主要的产品属性都确定后进行。在这种分割理论下，英国的公司和大学都很擅长纯粹研究和运用研究，但在产品开发阶段则处于竞争弱势。这可能是由于在研发阶段对时间这个关键成功因素没有重视造成的。

另外两个方面也可能加剧了这种不利的状态，那是就在企业内部对会计系统不重视，以及对研发活动采取了不正确的财务控制指标。

财务控制指标

本书全书都在强调把财务控制指标同企业战略联系起来的思想，尤其强调了战略的关键成功因素。新产品尤其如此，因为在这种情景下，运用传统的常规的财务控制如投资收益率，是极其不明智的。鼓励经理们从一个重要的具有战略性的长期投资项目中获取短期收益显然是不对的。投资回报率还可能导致经理们试图通过尽量减少新产品的投资来提高业绩比率，通常这也是反生产性的。

尽管最初的投资策略也应采用整个经济周期的现金流量折现法来进行评估，但是现金流量折现法并不是一个合适的项目财务控制方式。未来现金流量是非常不稳定的，并随着项目的进展不断发生变化，因此这种成熟的方法并不能作为日常的控制措施。前面已经讲过，只要有任何与关键假设或预测相关的新信息，现金流量折现分析都要进行更新。这种不断更新的财务评估应该运用到初始投资策略的重新评估中，但如果仅将其作为一项财务控制指标来用，情况就不同了。

　　没有将现金流量折现法用于控制新产品开发项目有两个主要的实际原因。第一个原因在书中很早就提过，它是由于项目潜在的未来现金流量大幅度变动造成的。为了进行财务评估，而采用这些变动幅度很大的现金流量预期值是可以接受的。因此要对各种可能的现金流量其可能性进行预计，并计算加权平均预期值。但不幸的是，这些预期值实际上很可能不会发生，因此作为一种控制措施来说是无效的。假设某新产品如果非常成功的话，每年会产生1000万美元的净现金流量，如果仅仅是在市场上刚好能够生存的话，则每年会产生200万美元的净现金流量，假设每种情况发生的可能性是50%，那么它的期望值为每年600万美元，这个数值可以用来支持该项目的投资策略。然而，作为一种财务控制指标，每种可能发生的情况都与期望值每年相差400万美元，这并不是一个好的可以实施的有意义的财务指标。

　　第二个原因是，这种方法对财务投资策略并不一定有用。未来现金流量剔除掉预期所需的投资后，如果还能产生正的净现值的话，那么就可以支持投资。不像以研发为基础的项目，其预期的投资总量很难估计。为了进行财务评估，很显然应采用最准确的评估值。然而当投资的一部分支出已经发生时，即便它没有产生预期的效果，但具有相同净现值的潜在未来收益还是很可能实现的。因此，为了努力实现这些收益，企业为其投入相同数目的资金又找到了财务方面的理由。为了获得相同的经济收益，企业一次又一次地投资，这时它已经弄混了现金流量折现法的作用。

　　现金流量折现分析为整个投资策略提供财务评估的基础，但随着费用不断增加，在项目的具体阶段需要有更具体的财务指标。许多企业为了达到这一点，把研发部门看成是一个成本或费用中心来加以控制，这在第十四章中已经讲述。然而，这样做导致的问题比解决的问题还要多，因为企业并不希望它们的研发部门只是花光它们的预算，或者是稍微少一点。研发部门的作用是根据战略计划来产生能够投放市场的产品其所需要的现金流量。这些产品应该以有效成本的方式来加以开发，但是，在许多情况中，投放的时间规划可能比开发总成本更关键。换句话说，如果增加支出能加速开发，从而使得企业在参与竞争之前就能创造一个可持续的竞争优势，那么就财务方面来说它是值得的。如果把这个部门看做是成本中心，那么它的经理就可能被鼓励减少总成本，从而可能延长某活动而不是加速开发。

　　在研发阶段运用纯粹的财务控制方式还有另外一个主要问题，那就是在产品开发阶段延迟的财务影响仅仅在计划的销售额没有实现时才能够被反映出来。那时企业再对这个问题作出有效的反应，通常都来不及，因为竞争对手可能已经在市场方面采取了重大的措施。由于潜在的收益和支出都是不确定的，因此普遍认为，没有一个真正可行的方法可以在财务方面控制该领域。

然而，整个项目或其某一领域可以用可考核指标来加以控制。一个可考核指标代表项目中的一个关键策略点，例如在项目进行到下个阶段之前必须提高一个非常重要的程序其技术的灵活性。这些取决于项目能分割成几个确定的部分，每个部分其自身都要有可测量的目标。这样促使总预测成本能得到类似的分析，以至于能确认其所需资源。为实现指标所需的实际成本，可以用预算来加以控制，这对于更新总预计项目成本以及评估未来类似项目的成本来说，都是一个非常有用的学习过程。如果指标无法达到，那么可能要放弃这个项目，除非有别的办法来解决已发现的问题。这就突出了一点，那就是常规的项目管理技术能够非常成功地用于这方面，尤其是当时间被看做是项目的一个关键成功因素时更是如此。关键路径分析、项目评估及审查技术都是确定项目所需总时间的限制因素的成熟方法。企业可以通过在项目依赖的关键路径的要素中投入更好的资源，或者加速这些要素的支出来缩短总时间。这些技术还能指出项目中哪些部分还不能投入资金，直到某些早期的关键指标实现。

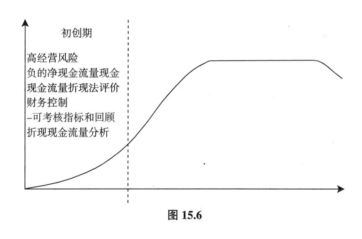

初创期

高经营风险
负的净现金流量现金
现金流量折现法评价
财务控制
–可考核指标和回顾
折现现金流量分析

图 15.6

因此，支出的投入变成了一个逻辑的实施过程，大大减少了与项目总资金预测相关的风险水平。这是因为，预算的很大部分可能不需要支出，直到先前一些高风险的部分已经成功地完成。但是，相应的程序不能没有必要地推迟总体产品的开发，因为这能摧毁它得以存在的财务依据。当指标已经实现时，项目应该重新进行审核且财务评估也要更新，以便确认项目仍然可行。对此，项目是否需要重新审核应取决于影响实际策略点的事件，而不是像很多企业所做的那样，定期检查（如每三个月或六个月一次），或者根据支出水平来决定（如当支出达到 10 万美元）。

财务控制应该引导行动，并只在对这些关键标准来说有必要且有用时才采取。

显然，时间和预算草案应该与实现这些指标相匹配，在这段时期，还有可能并有必要进行简单的再审核过程以确认时间和预算仍是符合现实的。如果时间和预算不再可行，那么该项目可能需要进行详细的再审核以便看看是否需要作出重大的改变。

对于一些非常漫长、复杂的研发活动，一开始就把整个项目分成几个小部分可能是不大现实的。这时重要的财务控制问题就是资金还没有分配和投入到项目后面几个不确定的阶段。只有第一个阶段取得成功时，企业才有可能详细地描述这些阶段的目标、预计所需的资源和支出，只有到那时才能进行财务评估。

对不断更新的财务评估进行再审核时，如果将可考核的控制以及财务控制同时使用的话，那么应该能够有效地控制将进行的项目研发活动。有效是指有助于该部分实现企业总目标中有关这部分的目标。然而，如果时间被看成是一个关键成功因素的话，可能有用的内部财务信息有另外一种情况。如果两年的周期被认为是非常快的话，那么开发新产品所需的时间就是一个有效的标准，但如果对手在一年内就可以完成的话，那相对来说它就非常慢了。相对的速度可能是很多因素共同作用的结果，包括企业结构、高层管理对这部分的重视、后续的能力水平，但一个重要的原因很可能就是研发支出是有效的。采用第五章介绍的方法可以获取这些信息，同时在企业内部传达大量的信息时，应该强调企业所处的相对优势和弱势。

当短期利益受到压力时，应抛弃减少研发支出的普通做法。当竞争对手正维持它们的支出时，企业的长期竞争地位就会被那些由短期利益所驱动的行为减弱。研发活动应该看做是企业未来重要的长期投资，而不管财务会计实际上是怎么处理的。如果不这样想的话，企业可能就不会开发那些将会进化成未来成长产品的新理念。

第十六章　成长型企业的战略管理会计

概　述

前一章中已经讲述过，在新产品开发前或开发期间，详细的财务控制指标是没有作用的。然而一旦产品开发成功了，财务指标就变得非常有用。最初支持产品的现金流量模型这时就能进行更新，并且被采用的预计的新现金流量应该更可靠，因为其不确定性已经降低。

在开发的成长阶段，营销活动是关键成功因素。营销支出受两种情况支配，市场总体增长速度及提高特定产品的市场份额。有很多研究都支持在产品生命周期快速成长阶段采取扩展市场份额战略。尽管竞争对手失去了相应的市场份额，但是它们的销售收入和销量也可能在快速地增长。事实上，它们可能有能力在足够快速的增长中保持它们的市场份额，以至于在激烈的竞争性反应中没有压力。如果在生命周期的成熟阶段，在市场份额战略中能实现同样的快速增长，那么竞争性反应通常是非常迅速的，同时也是相当具有攻击性的，通常会引发一场激烈的价格大战。

在成长阶段，一个常用的竞争战略就是利用品牌或者强调产品的特定属性使产品差异化，这种差异化战略在其成长阶段通常需要有很强的市场支持，同时还会增加总的营销支出。企业把这些营销支出看做是长期投资来进行财务评估是非常重要的（同样，在生命周期的萌芽阶段，也应把研发支出看成是长期的）。在这个阶段，强调短期经济收益，使用投资收益率来测量财务业绩是不对的，它会使营销活动达不到最佳投资，很容易对企业未来的成功造成损害。营销投资的经济收益在产品生命周期中的成熟阶段才会实现，它有更高的利润，而这更高的利润则由更大的总体市场，以及更大的市场份额和更高的利润率相结合所创造，在成长阶段创造的强大的营销平台使得这些都成为可能。

因此，给这些增长的营销支出寻找存在的理由时应使用预计未来收益的现金流量分析法，这个方法在萌芽阶段也使用过。但由于预测的精确度此时应该有一定的提高，因此，将可考核指标与财务指标相结合作为企业当今财务控制的设定方式是可能的。在成长阶段的关键可考核指标是市场的总体增长率和特定产品以及主要竞争对手相对市场份额的变化。

为了使促进市场总体增长而发生的各种支出能达到相应的效果，我们要对市场的总增长率加以监管。在该过程中，还能发现市场走向成熟的早期征兆，以至于在进一步增长所需的额外营销支出浪费之前，能恰当地改变竞争战略。同样，相对市场份额的变化也要进行日常监管，以至于能够评估出为提高市场份额而发生的各种营销支出产生的相应效果。既然营销支出很重要，那么掌握竞争对手营销支出的有关状况就不足为奇了，它是产品生命周期成长阶段所需的竞争性会计信息。

除了这些可考核指标，此时把定期不断更新的现金流量模型（如既包括实际的现金流量又包括修正后的预计现金流量）既作为一种评估方法，又作为一种财务控制工具是可行的。使用着眼于长期的现金流量分析方法有助于避免任何为获取短期收益而对企业更长久的财务收入造成损害的管理倾向。然而对为促进市场增长和提高市场份额而进行的营销投资进行财务监管是非常重要的，因为只要在营销上投入更多的资金，实现其中一个甚至两个目标一直都是可能的。但在有些情况下，收益会逐渐下降，额外的营销支出在财务上并不具有说服力，甚至对长期收益不利。另外，定期的监管能够将支出与其相应的效应之间的关系模型化，从而预测出最优支出点，尽管它也只是一个近似的数据。

导 言

如果新产品成功开发，企业就希望能快速转入生命周期的成长阶段，那么企业也应该因此做好准备。一些初始经营风险在开发的这个阶段之前将会消除，因为产品的技术可行性已经得到证明，初始销售率也预示产品已被市场接受。但经营风险如图 16.1 所示的那样，还是相当高的。这是因为对开发的初始投资进行财务评估时，采用了高销售额以及相应的高现金流量，而这些都是期望在产品生命周期的成熟阶段实现的。

这意味着在成长阶段的关键战略因素是促使市场增长并使产品在市场中的份额最大化。一个巨大市场中的一个巨大份额应该能为企业带来非常可观的经济收益。但这些高的正收益时期是在未来，因此在成长阶段，利润还不是战略的重点。在产品销量快速增长时期，营销支出应该看成是一种投资，就像是把研发支出看成是开发阶段的投资一样。尽管不断增长的销量会带来不断增长的现金流量，但为了市场

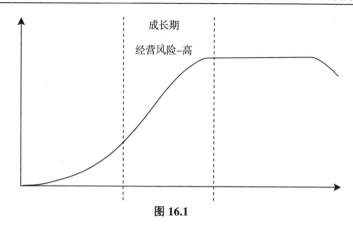

图 16.1

以及产品销量的增长，有机会的话企业仍应把这些资金再投入到市场中去。因此，在这个阶段，净现金流量仍然是负的或者保持总体平衡，如图 16.2 所示。如果企业致力于使快速增长的产品其现金流量变成正值，而竞争对手却在自有产品的开发中投入更多资金的话，那么通常情况下产品的市场份额就会减少。

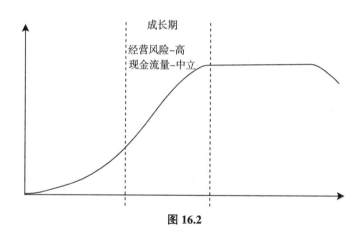

图 16.2

本书一直在强调要把重点放在营销上，目的是为了创造一个可持续的竞争优势。在第二部分已经详细地讲述过，有很多不同的方法可以实现这个一目标。在快速增长期间，采用最普遍的战略之一就是为潜在的竞争者设置很高的进入壁垒。这可以持续地为企业经济收益提供保证，但是这个特定的进入壁垒必须要合适，且相关战略也要成功地执行。在这个阶段可以利用品牌或者强调特定产品的属性来实现产品的差异化。如果促销已经很完善，已建立的企业可以有两种选择来支持产品的成长，开发一个新品牌或利用已有的品牌。已有的品牌可以从那些不再适合品牌属性的产品中转移过来。或者使用伞状品牌战略来促销新产品，已有的产品此时仍然使用该品牌。如果只采取最好的战略决策的话；那么要对所有可供选择的方案都进行财务评估，并且在这一过程中还能发现成长阶段主要的信息需求。

信息需求

　　营销是开发快速增长阶段成功的关键。许多证据表明，当一个产品的总销售率正在增长时，赢得市场份额在财务上就非常有吸引力。竞争对手可能甚至没有注意到它们正在丢失份额，因为它们自己的销量仍在快速地增长。到那时，尽管它们已经使出了浑身解数，但也于事无补。市场的快速增长也可能引来一些后来者，它们或许能使行业能力超出成熟稳定阶段的需求。这将促使销售价格在持久的价格大战中大大下降，其目的就是为了重新获得市场总份额。营销战略的设计应通过设置有效的进入壁垒来阻止后来者。

　　这个时候，营销支出应该分成不同的类别。其中一个要素就是，通过确保所有可能的客户都注意到产品的特定属性，来帮助总体市场增长到其全部的潜在规模。市场中所有竞争者的收益及相应的支出一般都是由该行业的领头企业承担（且仅仅是当它们很自信地认为其在市场上的地位足够强大，并将获得大部分利益）。企业在这段时期的营销活动的主要目的是提高一系列产品在日益增长的市场中的份额。必须把开发支出看成是一项投资，因为它正在创造一个营销资产。当产品成熟时，这个资产的最终收益应该在增长的现金流量中获得，因此要用现金流量折现法进行财务评估。这种方法也应该用在能提高份额的各种可供选择营销战略的对比分析中，本章很早就讲过这一点。

　　分析最重要的方面之一就是要预测收益在什么时候会逐渐减少。因为市场支出提高了，市场份额也会提高，存在的财务依据也应该能计算出来。但不理想的是，这种关系并不是线性的。一旦关键的重大支出已经发生（例如，根据产品的市场份额来说明），市场份额就可能增长得非常快，但一旦超过某一特定范围，企业会发现想获得更多的市场份额越来越困难，而且成本也会越来越大。这通常是由市场的竞争性导致的。至少是因为当市场份额增长率超过某一特定数时，销量方面的竞争就会减少，尽管这时总的需求还在继续增长。如果产品已经成熟，企业还想努力提高它的市场份额的话，那么通常情况下它将会面对迅速剧烈的竞争性反应，这将会使最初追求提高市场份额的策略没有意义。同样在成长阶段也有一个点，在这个点上，从增加的营销支出中获得的收益减少，不再是经济可行的。

　　财务分析系统应该努力把这点找出来，但更重要的是，财务控制系统的设计应该考虑监管开发营销支出增长部分的实际收益问题。这样企业可以避免在无利可图的营销支出上浪费大量的资金。一个好的战略管理会计系统应该能为下一代快速成

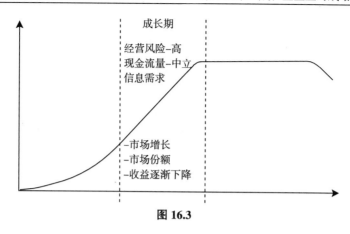

图 16.3

长的产品的未来营销战略提供非常有价值的信息，并将其作为一个学习的过程。

　　由于产品成长的需要，支出还要用于其他目的而不仅是营销开发。在营销领域中，需要不断投入资金来保全已经实现的市场份额。如果没有这样做的话，初始的财务投资就会被浪费。通常主要的投资还要花在固定资产上，因为企业的生产能力必须符合增长的需求。增长的收益促进了对生产力的投资的增加从而为所需的存货以及大量的应收款项提供资金。这些资金需求可能代表了一个快速增长的企业的一个主要限制，因此会计系统就应该事先重视任何潜在的问题（企业倒闭的一个普遍原因就是在快速增长时期没有可用资金）。建立一个财务模型就能实现上述目的，该模型综合考虑企业已有的以及未来的财务能力后显示企业可实现的最高可持续增长率。如果该模型显示企业不能为保持或提高其市场份额所需的预期投资需求提供资金时，那么它就应该选择另外一个可行的战略。允许市场份额在这个时期下降是非常令人不悦的，因为当市场成熟时企业可能将会处于非常不利的竞争劣势中。因此，企业可能决定通过寻找合作伙伴，或者如果该产品是拥有一组产品的组合中的一部分的话，那么企业可能决定改变组合中的其他产品的战略以便能提高这种产品的现金供应来引进额外的资金。另外，企业可以考虑另外一个方案是否更好，那就是将产品卖给其他人，而这些人有开发产品及促使市场达到潜在规模所需的资源。

　　对为提高市场份额及为保持新的市场份额而需要的营销支出进行评估时不能孤立地进行。同样，战略管理会计系统需要企业外部的信息。在成长阶段，强调的是营销，此时最重要的外部信息毫无疑问必须是与市场增长率及竞争对手的营销活动相关。在最终选取提高市场份额和设置有效进入壁垒最合适的战略之前，企业需要获得有关竞争对手营销战略及相关产品定位的信息。所需求的详细信息将会需要依据一些特定的可供选择的战略来加以细化，但这些战略必须在被考虑且拥有一些一直可有利的点。

　　竞争对手相关市场支出及与该支出性质相关的信息在这个阶段是非常重要的。它们已有的使用状况也是重要的，因为企业如果想提高其市场份额的话，这可以预

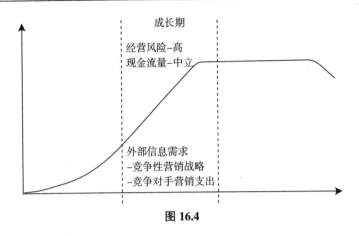

图 16.4

示可预测的竞争性反应的类型。在了解已有的使用状况的前提下，企业应该注意任何已经利用或计划扩展的能力，因为这将会影响这些竞争性反应。又一次证明，对于高增长的产品来说，一个好的战略管理会计系统需要重视外部状况。

关键成功因素

在开发的这个阶段，对营销支出进行相关比较是非常重要的，同前一章讨论过的研发比较一样，企业需要识别出更具体的能运用在财务控制程序中的关键成功因素。从任何产品中获得的长期经济收益的一个关键因素就是在产品成熟前保持一个强大的相对市场份额。因此，对相对市场份额的变化进行监管应该是成长阶段控制程序的一部分。然而，营销战略一般已经形成了提高的市场份额，并将其作为具体计划的最终目的。这些计划可能是为了提高顾客的注意力、寻找途径、提高已有顾客的使用率、或者是提高产品的有效属性，以此作为实现提高市场份额的方式。管理会计系统应该重视这些非常重要的营销目标，并把这些具体的目标整合成财务报告程序。这样能对相关支出的有效性进行更直接的监管。这也有助于将这些具体目标同总的营销目标联系起来，以便于总体战略的各种可选择方案进行财务比较。同为当前的产品提供支持一样，这个系统的一个主要的优势就是它能作为一个学习过程，可以用来改进未来成长产品的财务评估。

对于任何一个成长产品来说，其战略的一个关键因素是在增长阶段的末期给予产品恰当的定位。研发投资，开发成本及后续的开发营销，还有更多的有形资产，它们的最终目的都是为了企业能在产品的经济生命期获得超出可接受水平的收益率。这个收益主要产生于生命周期的成熟阶段，但整本书都在重复的是，额外的价值仅

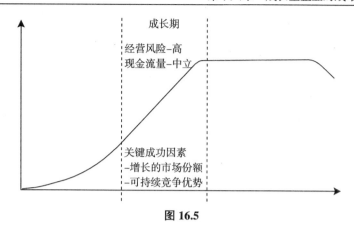

图 16.5

仅来自于可持续的竞争优势中。这种竞争优势可以有很多不同的形式（品牌、更低的生产成本、销售渠道的控制、技术突破），它们一般都必须在增长阶段结束之前形成。因此，战略管理会计系统应该认真地监管可持续竞争优势的开发，既包括内部的也包括外部的，既涉及实际的也涉及潜在的竞争性反应。

财务控制指标

这些关键成功因素包括为提高未来经济收益而现在投入的资金。因此，以重视短期投资收益率为基础的财务控制指标总体来说是不合适的。如果所有的营销费用在它发生时就已勾销，那么运用常规的财务会计标准尤其错误。这样一个惯例意味着短期的利益可以通过削减快速增长时期的开发营销来提高。企业必须通过使用一个更合适的长期控制措施来防止这些在战略层次上的错误行为。

由于增长的现金流量收益具有长期性，因此这些投资策略将以现金流量折现法的财务评估为基础。在前一章，我们讨论了由于所有现金流量具有很大的变动，因此把现金流量折现法作为一种财务控制指标来用是不合适的。一旦产品开发成功，市场也开始明显地增长，这时现金流量就能够被更准确地预测。但不可避免的是它们可能不是准确的，所有的预测通常都是这样的，不过此时应该能解释这些偏差，另外已经被重新修正的预测能用来控制下一个时期。把最近的现金流量折现分析作为主要的财务控制指标来用，其目的是为了确保经理们考虑其行为的长期财务影响。同时，它也能解决由于有形资产和无形资产不同的会计处理而导致的问题。资产负债表的披露要次于相关的现金流量的影响。当主要支出可能以无形的相对长久的投资形式发生时，这一点尤为重要。

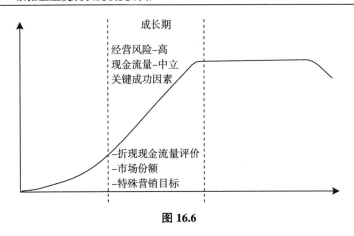

成长期

经营风险-高
现金流量-中立
关键成功因素

-折现现金流量评价
-市场份额
-特殊营销目标

图 16.6

然而，用一个单一的财务指标如现金流量分析不能充分地控制开发的这个阶段。因此，相关的非财务指标也必须加以采用，以确保关键成功因素能理想地实现。在快速成长时期，关键成功因素是相对市场份额和总体市场增长率的度量尺度。这些因素能进行日常管理，并可与计划水平相比较。任何重要的差异都可通过进一步分析细化的潜在因素的变化来加以解释。如果建立了一个合理的系统，将潜在因素的数量以及它们相互影响的程度考虑进去，很明显能非常容易、全面地做到。任何这样的一个模型都应该包括主要的竞争对手，因为他们没有预料到的行为往往是导致与战略计划产生偏差的最常见的原因。任何这样一个动态环境下的预测模型都将不会是精确的，然而定期地管理和分析过程能够不断地更新和修改，使得未来的策略能以更具有说服力的财务信息为基础。

任何战略管理会计信息系统的一个主要目标就是尽早突出战略变化的需求。在开发的这个阶段，这意味着要根据用以促进的市场份额增长的额外营销，来识别一开始不断减少的时点。这个早期的预警信号应该有助于实现最优化的市场份额营销投资，这种信号在改变企业的总体竞争性战略方面也是很有价值的。如果会计系统对市场增长率进行了监管，那么它就可以识别出市场增长在什么时候下滑。这可以使企业预测到产品在什么时候开始进入成熟时期，相应地，将一个增长型战略转换为一个在生命周期中更稳定、更成熟的阶段来说更合适的战略。

举　例

在下一章开始讲述之前，举一个例子对于理解成熟阶段所涉及的管理会计要素可能有帮助，这个例子将本章和上一章所涉及的有关成长阶段的财务策略要素都融入了进来。

　　有意将这个例子设在一个虚拟的环境中，这样才有可能使得在阐述关键要素时使数据相对简单。这种推理方法可以运用到很多行业中去，而且这些简单化的假设并不会破坏财务分析潜在的完整性，因而在本例子中忽略了税和通货膨胀的影响。

　　A 公司是一个多元化的大企业，有一个新的产品概念，并为生产这种产品，公司决定在厂房和设备上进行投资。为了使相关风险最小，企业最初仅仅投资了一个年产 50000 件的生产规模（假设如果产品发展需要的话，可以对额外的产量进行后续投资）。它的成本结构如图 16.7 所示，资本的有效成本率是 20%，为了增加股东财富，因此公司就要像这个项目表面上所显示的那样，获得大于 20% 的投资收益率（见图 16.7）。

投资的生产总量 – 每年 <u>50000</u> 件
投资需求 – 厂房 <u>500000</u> 英镑
（假设根据生产能力的投资，这个产量是适中的。）
预计厂房的使用年限为 <u>10</u> 年，无残值。（所有公司用直线摊销法）

		每单位 £	每年 （£000's）
销售价格		10	500
变动成本		<u>4.50</u>	<u>225</u>
贡献		5.50	275
固定成本 – 管理折旧	1.5		75
– 摊销	<u>1</u>	2.50	50　　<u>125</u>
利润			<u>150</u>
投资成本			<u>£500</u>

一年的会计投资收益率 = <u>30%</u>（包括固定资产的成本）
折现现金流量分析（按 20%）

年	现金流量	折现系数	现值
0	（£500000）	1	（£500000）
1~10	£200000	4.192	<u>£838400</u>
		净现值	+ £338400

注释：现金流量折现法使用每年产生的现金流量，而忽略任何时间差，即利润加上折旧。假设厂房在10 年末没有残值。

图16.7　A 公司的初始成本结构和项目评估

　　由于在十年的生命周期内，预测会有很高的经济收益，因而该项目有一个很高的净现值。因此当这一项目被宣布时，A 公司的股票市场价值大大提升。至少当股票市场相信 A 公司在十年期间能维持现有的高收益水平时，这种情况应该是会发生的。然而，在这个例子中，由于 A 公司的加工技术一般，它们的产品也没有大力地促销，因此 A 公司没有形成任何可持续竞争性优势。一旦"超额利润"被他人所知时，其他的公司肯定会被这个市场所吸引，尤其预测需求还会快速增长时更是如此。实际上，当出现了一个新的直接的竞争对手时，A 公司的营销部门经理不久就被外部的投资者解雇了。一个新公司，B 公司，在一年后成立，专门生产这种产品。A

公司的总营销经理决定重新建设丢弃的厂房。B 公司作为一个新的小规模专业化公司，它能保持低于 A 公司的生产成本，但由于固定成本是完全孤立的，因此 B 公司的要比 A 公司的稍微高些。它的成本结构如图 16.8。被提高的总量现在是 100000件，这使单价降到了 9 美元，目的是为了有效地提高市场需求，A 公司别无选择，也只能是把价格降低到新的市场水平。

		每单位		每年
投资的生产总量－也是每年 50000 件 （进入年度－第二年）				
投资需求－厂房 50000 英镑				
		£		£000's
销售价格		9		450
变动成本		4		200
贡献		5		250
固定成本－管理折旧	2.00		100	
－折旧	1.00	3	50	150
利润		2.00		100
投资成本				£500
第一年的会计投资收益率＝20%				

折扣现金流量分析（按 20%）

年	现金流量	折现系数	现值
0	(£500000)	1	(£500000)
1~10	£150000	4.192	£628800
		净现值＋£128800	

注释：正的净现值建立在一个重要假设的基础上，即销售价格在 10 年中一直保持每件 9 英镑，或者仅仅随有效的改进而降低。

图 16.8　B 公司的成本结构

　　尽管销售价格降低了，但财务评估表明 B 公司在产品十年生命期的投资有一个正净现值。如果它的投资者也要求 20%的收益率，那么它们也将会对这个更高的预计总收益非常满意，尽管会计上的投资收益率（包括折旧费用）在第一年降到20%。当它们以资产的净账面价值作为分母时，与会计上的投资收益率有关的问题之一就是收益好像随着时间的推移自动地增长，因为随着累计折旧的影响，固定资产的价值会不断地下降。A 公司和 B 公司这些收益的计算都假设现金流量在资产的整个经济寿命中都能维持相同的比率。在一个成长的市场中，随着市场价格的降低及市场的扩张，这个假设是不符合逻辑的。然而，在许多行业中，降低的销售价格要大于甚至以更快速降低的变动成本其在该行业内产生的偏差。如果生产总量的增长率由于新竞争者的进入而不断地增长，那么这些相对比率的降低可能正好相反。作为经验曲线效应的一种结果，销售价格要比成本降低得更快。这在列举的行业中已经发生，因为尽管 A 公司的变动成本通过有效的努力已经降低了，但降低的销售价格已经从反方向影响了收益的实现，如图 16.9 所示。

		每件		修正后
	初始		修正后	每年
销售价格	10		9	450
变动成本	4.50		4*	200
边际贡献	5.50		5	250
固定成本-管理折旧	1.5	1.5		75
-折旧	1	2.50	1	2.5	50	125
利润		3.00		2.5	125

* 由于经验曲线的效应，每件变动成本已经降低了，如在第一年生产期间已获得的学习曲线收益。

图 16.9　A 公司修后正的成本结构（在 B 公司进入后，生产的第二年）

　　如在图 16.9 中所看到的那样，由于第一个进入该行业的学习曲线优势，A 公司的变动成本已经降到和 B 公司一样的水平，又由于它的固定成本更低，因此在这个阶段 A 公司仍然有一个高于 B 公司的净利润率。然而，A 公司在最初投资时所做的初始假设不再有效，财务评估也需要加以更新。在做这些时主要涉及两个问题，首先，公司应该考虑根据新的信息是否需要采取一些补充策略。在这种情况下，A 公司不能撤销依据初始投资已经采取的行动，但它可以考虑在此时退出这一策略是否合适。不断降低的成本基础以相对小幅度下降的销售价格证明退出策略不合理，因为它仍然显示了一个非常好的收益。实际上，即使最初就预料到销售价格会下降，如图 16.10 所显示的那样，这个项目在利润上仍然具有吸引力。

年	现金流量	折现系数	净现值
0	（£500000）	1	（£500000）
1	£150000	0.833	£125000
2~10	£125000	3.359	£420000
			净现值+£45000

图 16.10　A 公司已更新的投资项目评估（按 20%）

　　然而，已经变化的竞争环境可能使得公司想要重新评估其未来战略，同时这样的策略也应该建立在最新的可用的财务信息的基础上。更具体地来说，一个新的竞争对手的进入可能使得 A 公司关注其他新进入者的可能性，尤其是当产品的需求快速地增长，而销售价格只是小小地下降时更是如此（总量需求已经翻倍，而单价只降低了 10%）。

　　分析进行更新的第二个理由与这一点相关，那就是财务评估将这些项目的敏感性延伸到了后续的销售价格和利润率的变化中，尤其是由于一些没有预料到的新进入者进入了这个行业。在未来的项目中，这个公司可能努力地更加迅速地设置进入壁垒。当经验曲线可能实现的时候，这个公司也用这些更新的分析来重新评估其未来开发定价战略。由于进入到该行业如此迅速，B 公司可能被鼓励在开发时使用更低、更大胆的渗透定价政策。

但在这个例子中，当 C 公司在第三年进入该行业时，不管是 A 公司还是 B 公司都能够足够迅速地重新评审它们的竞争性战略。这个新进入者关注着由价格小幅度下降而导致的需求的快速增长，并且相应地，追求一种规模经济战略，成本基础将会更低。成本基础如图 16.11 所示。它表明更低的单位成本和更低的相关资本成本相结合（产量是原来的四倍，而投资需求只是原来的两倍）可以在投资的十年里产生一个高的期望经济收益，尽管不得不把单位销售价格降低到 7 英镑。

投资的生产总量 – 每年 <u>200000</u> 件
（进入年度 – 第三年）
投资需求 – <u>1000000</u> 英镑

	单位 £		每年 £000's
销售价格	7		1400
变动成本	<u>3.2</u>		<u>640</u>
贡献	3.8		760
固定成本 – 管理折旧	0.8	160	
–摊销	<u>0.5</u>	<u>100</u>	
	<u>1.3</u>		<u>260</u>
利润	<u>£2.5</u>		<u>£500</u>

投资成本 – £1000000
第一年的会计投资收益率 = 50%
折旧现金流量分析（按 20%）

年	现金流量	折现系数	现值
0	(£1000000)	1	(£1000000)
1~10	£600000	4.192	£2515
		净现值	+£1515000

注释：现金流量折现法计算结果也忽略降低的变动成本和销售价格在项目生命期的前景。

图 16.11　C 公司的成本结构

更显著的销售价格下降影响了 A 公司，需要再次更新其成本基础来重新评审它的战略性选择，如图 16.12 所示。很清楚的是，经济收益现在不再具有吸引力，如果在初始投资前已经预料到了这种状况，那么最初的决定则与此相反。然而，A 公司不能回到从前，现在必须为未来做最好的策略。如果它正在考虑通过关闭它的厂房来退出该行业，那么投资的初始成本是不相关的，该公司应该用可实现净值来代

		每件		每年 £000's
销售价格		7		350
变动成本		<u>4</u>		<u>200</u>
贡献		3		150
固定成本				
–如管理折旧	1.5		75	
–摊销	<u>1.0</u>	<u>2.5</u>	50	<u>125</u>
净收益		<u>0.5</u>		<u>25</u>

图 16.12　A 公司修正后的成本结构（C 公司进入以后）

替。在这个例子中，50000 英镑还仅仅是它的残值，在计算退出价格时，公司还应
该把残值的机会成本包括进去。A 公司已决定通过将产品的固定成本和其他已有的
产品结合起来形成规模经济，来进一步降低它的成本。它也将考虑变动成本的进一
步降低，通过在下一年有效的改善来实现。

　　根据退出策略的财务评估显示，尽管 A 公司不再那么乐观，但留在这个行业比
离开还是要好些，因此它将成本进行了重新定位，见图 16.13。但更糟糕的是，D 公
司在第四年进入了该行业，并且拥有该产品的一项生产专利技术，因此建立了一个
潜在的可持续竞争优势。由于这项技术，巨大的经济规模降低了变动成本和资本成
本，因此 D 公司决定追求更高的产量，初始投资规模为每年 250000 件。它的成本结
构如图 16.14 所示，在该图中，销售价格已经被降到了每件 5 英镑。这次价格下降
对该行业所有已存在的公司都产生了重大的影响，假如它们当初就预料到这种前景
的话，那么没有一个人的初始投资是有说服力的。

	每件（英镑）	每年（000's）
销售价格	7	350
变动成本	3.6*(1)	180
贡献	3.4	170
固定成本	1.2*(2)	60
净收益	2.2	110

退出评估
残值机会成本的净现值 = £50000
留在该行业的未来现金流量的收益
第一至第七年 每年£110000×3.605（折现系数）= £396000
很明显应待在该行业
*（1）由于经验曲线效应，变动成本将会降低。
*（2）固定成本仅仅包括必须的支出，以及和其他产品分担的一些费用。

图 16.13　A 公司的退出策略计算

投资的总产量 – 每年 250000 件
（进入年度 – 第四年）
投资需求 – £750000

	单位 £		每年 £000's
销售价格	5.00		1250
变动成本	3.00		750
贡献	2.00		500
固定成本–管理折旧	0.70	175	
–折旧	0.30	75	250
	1.00		250
利润	1.00		250

投资成本–£750000
第一年的会计投资收益率 = 33.3%
折现现金流量分析（按20%）

年	现金流量	折现系数	现值
0	（£750000）	1	（£750000）
1~10	£325000	4.192	£1362400
			净现值+£612400

图 16.14　D 公司的成本结构（新的专利技术）

　　A 公司和 B 公司采用最新的销售价格数据来重新考虑它们的退出选择，计算见图 16.15。由于 B 公司的固定成本基础更高，并且主要是为该产品服务，要是倒闭的话，那也是完全不可避免的，因此它应该离开这个行业。这是最好的财务策略，而它的厂房没有任何残余价值。然而在很多行业中，倒闭与净成本有关，即便有时现金流量是负值，但留在该行业在财务方面可能仍然具有说服力。

	A		B	
	每件	每年	每件	每年
销售价格	5	250	5	250
变动成本	3.6	180	3.2	360
贡献	1.4	70	1.8	90
固定成本	1.2	60	2.0	100
净收益	0.2	10	(0.2)	(10)

当销售已折现的现金流量按 20%
残值-现值 40000 英镑
未来现金流量的收益

B 毫无疑问最好离开该行业，因为价格是 5 英镑时，它的现金流量是负值。

第一年至第六年每年 10000 英镑 × 年金现值系数 3.326 = 33260 英镑
根据这个现金流量分析，结果是 A 也最好离开该行业
但是：
(1) 变动成本将会继续下降。
(2) 如果 B 离这个行业，产量将会减少，销售价格就会上升，因此鼓励了 A 留在该行业。

图 16.15　A 公司和 B 公司——D 公司进入后的退出选择

　　A 公司如今进退两难，如果 B 公司离开该行业的话，刚好能使 A 公司的留下有了意义。尽管事实上，A 公司希望它从来没有听说过这个产品。A 公司决定再待一年看看，B 公司离开后，销售价格涨到了 5.5 英镑，因此，暂时证明了 A 公司应该留下来。

　　然而，在第五年初，E 公司进入了该行业，并具有更大的投资规模。此时它使用的是更便宜的初始技术，并且作为一个跨国公司，它的生产成本基础甚至比拥有专利权的 D 公司更低。E 公司准备比一般企业看得更远，并且相信它们的厂房能使用 15 年（不同于先前估计的 10 年）。当它获得了更便宜的长期资金资源时，它只要求 15% 的投资回报，相应的成本结构如图 16.16 所示，同图中所显示的那样，总产量的增加促使价格降到了每件 4 英镑。在这个价位上，A 公司必须跟随 B 公司的脚步，离开这个行业，因为它的净现金流量现在也是负的。A 的离开并没有影响销售价格，因为 E 公司在决定它的投资规模时已经预料到了这种情景。

　　留下来的公司不得不根据新的竞争结构重新审视它们的战略，有关情况见图 16.17。

　　尽管 C 公司显示的是净损失，但在厂房需要更新之前，它不应该离开这个行业。机会成本决策应该包括已有厂房历史成本的折旧，并用可实现净价值代替公司的资本成本。这样将会表明，当 E 公司进入该行业时，C 公司与离开该行业的 A、B 公司相比，留下仍有一个正回报。

投资的总产量－每年 <u>250000</u>	（进入年度－第五年）		
投资需求－<u>750000</u> 英镑			
（资产的寿命假设为 15 年）			
	单位		每年
	£		£000's
销售价格	4.00		1000
变动成本	<u>2.50</u>		<u>625</u>
贡献	1.50		375
固定成本－管理折旧	0.8	200	
－折旧	<u>0.2</u> <u>1.00</u>	<u>50</u>	<u>250</u>
利润	<u>0.50</u>		<u>125</u>
投资成本－750000 英镑			
第一年的会计投资收益率－<u>16.67%</u>			

折现现金流量分析（按 15%－更低的资本成本）

年	现金流量	折现系数	现值
0	（£750000）	1	（£750000）
1~15	（£175000）	5.847	£1023200
		净现值+£273200	

图 16.16　E 公司的成本结构（更便宜的初始技术和更远的眼光）

公司		C		D		E	总量
总产量（千）		<u>200</u>		<u>250</u>		<u>250</u>	<u>700</u>
单位数据（£）							
销售价格		4		4		4	
变动成本（包括 C 和 D 的学习曲线）		<u>2.75</u>		<u>2.8</u>		<u>2.50</u>	
贡献		1.25		1.20		1.50	
固定成本－管理折旧	0.8		0.7		0.8		
－摊销	<u>0.5</u>	<u>1.30</u>	<u>0.3</u>	<u>1.00</u>	<u>0.2</u>	<u>1.00</u>	
净利润		<u>(0.05)</u>		<u>0.20</u>		<u>0.50</u>	

图 16.17　相关成本结构（在 A 公司和 B 公司离开后）

　　虽然 C 公司和 D 公司的回报不断减少，但它们都将继续留在该行业。结果，E 公司会决定选择使该行业保持一段时间的稳定的政策。因为收益大于其资本成本，所以在预计的生命周期内，能为股东创造价值。尽管资产只能用 10 年，但仍有正的净现值，保本期接近 7.5 年。然而，对于一个已有的竞争者来说，用它们先前的标准，这个投资是没有什么财务意义的。以 20%的资本成本为折现率，10 年期间的净现值是负值。

　　本例子不仅强调这些战略投资决策的复杂性，还强调财务评估中包含潜在的关键竞争者反应的重要性。这个行业的前四个公司在进入之后，立刻将它们的财务评估建立在现实的基础上，而不是关注一个已有公司或完全新的公司的潜在反应。像本章的正文所讨论的那样，一个成长行业成功的关键因素是设置和保全进入壁垒，它能使公司保留由其初始竞争优势所创造的价值增量。

第十七章　成熟型企业的战略管理会计

概　述

当市场增长率开始下降时，便进入生命周期的成熟阶段，企业的战略重心应该转为使在萌芽和成长阶段投入的资本成为现实的经济收益。这些产品现在应该有很高的收益，并且不用再投资，所有这些收益将不断地增长。因此，随着一段又一段的时期的过去，企业呈现了高的正现金流量，产品的累计现金流量净现值也迅速地变成了正值，让人充满希望。

为此，财务控制程序应该开始关注企业的短期业绩，同时强调提高获利能力及创造现金流量的能力。通常，在这段时期内的长期投资水平会下降，项目类型也会改变。投资项目不再快速地增长，相反，由于成长良机不断减少，它开始在财务上失去吸引力，大部分项目趋于关注已有经营水平效用的提高。随着成熟时期的到来，竞争性战略的动力也可能发生变化，因为频繁的价格竞争已经变得非常重要。在产品及其属性都被顾客熟悉的市场中，保持差异化定位的困难是导致频繁的价格竞争的一个原因。对许多产品来说，当所有潜在的顾客不仅被吸引到了市场，并且还成为了他们未来的产品使用者，这时成熟阶段就到来了。因此，总销售取决于日常一定数量的稳定的置换采购。顾客也对产品了解得越来越多。这样就不断地把基础产品还原到了一个商品的本性，并且突出了企业在真实的商业产品市场中的关键战略动力，即成为一个低成本供应商。

唯一可供选择的有效竞争战略就是通过强调产品的差异化及产品的属性（如质量、服务等）来努力创造消费忠诚。该战略因此会关注市场中的一个更细微的部分，如愿意支付溢价的顾客。这些更高的价格要求在成熟阶段产生更高的收益，以便为产品差异化战略中的额外投资提供有力的证据。当产品已进入成熟期后，再努力开发一个品牌或者其他的差异化因素通常太晚，并且很有可能已成功进行差异化的企业在生命周期早期进行的投资会更早实现经济收益。

如果战略是以价格竞争为基础的话，那么一个关键成功因素就是成为所选择目标顾客群的低成本供应商，这时战略管理会计系统的重点就应进行适当的更改。与竞争产品相关的产品成本进行信息比较是非常重要的，这会使得竞争战略建立在一个非常实际的分析的基础上，而不是建立在有关竞争优势的区域和规模错误假设的基础上。同第四章中讲过的一样，产品要有相对成本差异，且在成熟阶段非常小的成本差异就能创造显著的营销机会，牢记这一点是很重要的。生产机构选址独特也能创造出一个显著的销售成本优势，应该把该优势利用到企业的营销战略中去，因为对竞争对手来说，想除去这个优势是很困难的。

此时能被运用到成熟企业的财务控制标准就是通常所说的投资回报率标准，但这些还应通过监管利润率及经营现金流量来增强。使产品尽可能更长时间地处在成熟期，即生命周期中产生利润和现金的阶段，应该是企业的一个战略目标。实际上，单从财务的角度上来看，成熟阶段是一个产品生命周期中唯一一个具有吸引力的阶段。因此花在成熟期的时间及产生的总现金流量都应该是最多的。

导 言

像在前一章提到的那样，决定竞争性战略什么时候需要改变是任何企业进行决策时都需要考虑的一个关键性问题。当生命周期中的快速成长阶段即将结束时，尤其需要改变竞争战略，因为生命周期是战略变化的一个重要因素。然而，对于任何企业来说，在产品成熟之前就采取成熟期所应当采取的竞争性战略会有很大的危险。快速增长的路线可能导致企业失去市场份额，尤其是当主要竞争对手仍在执行增长战略的时候。因此，对企业来说，辨别所有在市场增长中产生下降作用的因素是暂时性还是永久性的是很重要的。当市场需求受到经济环境的重大影响而上下波动时，进行这种判断是非常困难的。一些快速成长的产品其短期销量在严重的经济衰退期会大幅度地下降，但产品销量的长远趋势仍然是快速增长，这些应该在竞争性战略中得到相应的反映。

在成长阶段即将结束时，一些重要且普遍的问题就是该行业生产过剩的问题。继续高幅度增长的现象及在成长市场中经常看到的可观利润率，通常会吸引一些新的企业进入该行业。如果已有的竞争者为了提高生产总量也投入大量的资本，从而维持或者努力提高它们在正在扩张的市场中的份额，那么总的结果就是在产品可实现的供应中出现了非常严重的生产力过剩问题。过剩的生产力最终会被继续增长的需求所接纳，但如果这种增长发生在市场开始成熟的时候，将会缺少进一步增长的需求来吸收这些过剩的生产力。如果这真的发生了，那么该行业就会进入激烈的竞争活动阶段，最后该行业会降低总的生产能力。由于激烈的价格竞争，或者一系列的合并和收购，有些企业被踢出该行业，合并和收购可以使那些遗留下来的更少更强大的企业的总生产能力更合理，最后该行业恢复供需平衡。只有动荡时期结束了，开发的成熟阶段才能开始完全稳定下来。

为此，对一个企业来说，关注与进入和退出该行业相关的成本是很重要的。同前一章后面的例子所显示的那样，当进入该行业所需的投资与该投资随后的可实现净值之间存在重大差异时，将已有的竞争对手挤出去一定是很困难的。但建立有效的进入壁垒有助于成长阶段向成熟阶段平稳过渡。

当增长速度开始下降时，是产品还是它的相关品牌开始成熟也是企业决策时的所需考虑的问题。像第十四章前面部分所讨论的那样，产品和品牌的生命周期是不同的，品牌的生命周期通常要比任何具体产品的长很多。但如果品牌已从一种产品转移到另外一种产品很多次的话，那么它可能在当前相关产品快要成熟前就已接近其生命周期的末期。通常，不断下降的市场份额会显示这些问题，尽管营销支援还具有一个相对较高的水平。如果总市场仍在增长，那么在市场份额下降导致维持未来竞争力非常困难之前，企业可能需要改变一下该产品的营销战略。

一旦企业肯定市场已经成熟，竞争性战略就必须从通过将所有的经营现金流量再投资到企业中去以努力提高市场份额中的战略中转变出来。生命周期中的成熟阶段是为先前所有产品投放和开发投资提供有力证据的阶段。为此在该阶段，产品的现金流量应该是比较大的正值，而且实际上，累计现金流量在此期间也应该变成正值。如果先前的竞争性战略已经成功执行的话，那么企业在成熟市场中就会拥有一个相对强大的份额。为了实现上面的目标，企业应该进行很好的定位。由于已经形成了稳定的销量，为此产品的经营风险现在已经减少了，如图 17.1 所示。现在主要风险集中在高销量相对稳定期的持续时间。

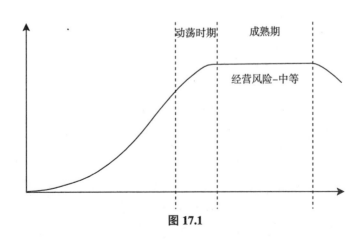

图 17.1

从财务的角度来看，现金的正值期间是产品生命周期最重要的阶段，企业应该尽可能花费最多的时间，努力产生强大的正现金流量。既然适当的控制模式就是最稳定的控制，那有人就会认为这些主要的选择方案很枯燥乏味，很多企业尽可能在开发的成熟阶段花费更少的时间。如果这个产品是一大组产品组合中的一部分，且为一系列新的开发项目提供投资所需的资金的话，那么企业现在集中精力于创造为初始投资提供有力证据的正现金流量是很重要的。

正现金流量可以从具有相对较高利润率的高销量中产生，但在正常情况下，由于价格竞争越来越激烈，此时的总利润率要低于成长阶段。成熟阶段与成长阶段的一个主要差别就是不用怎么把资金再投入到企业中去，企业有更多的经营现金流量可以用到企业的其他地方或者分配给股东。因为相应的营销支援比率要大幅度地下降，净利润现在提高了。企业不应该再努力扩展市场，因为如果市场确实已经成熟了，支出将会是一种浪费。企业也不应该努力提高它的市场份额，因为这个战略很可能通过激烈的竞争反应就能马上实现。在成熟市场中的份额的提高意味着竞争对手正遭受销量的下滑，这严重地影响了它们的获利能力，同时使得竞争对手没有任何长远发展的前景，所以竞争对手会迅速反应且具有攻击性。

因此，营销支出现在的主要目标就是维持已有市场份额，并且实现这些目标所要求的在成长阶段末期就应该达到了的支援水平。因而，建立在支出基础上的增长，需求的消失表明利润和现金流量的增加。固定资产和生产能力的投资现在主要是替代已有的资产，这表示投资没有真正消耗经营现金流量。

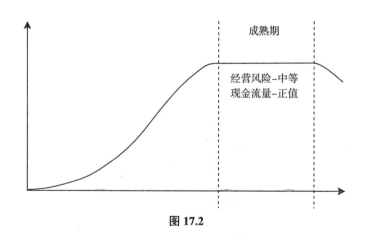

图 17.2

尽管现在强调的是保持市场份额，但由于在某些方面还缺少临界值，企业可能感觉到了竞争劣势。相比通过有机投资来努力提高它的市场份额，现在并购可能会更划算。并购之所有在经济上有说服力是因为它能产生规模经济。

信息需求

感觉到竞争劣势，强化了企业在生命周期成熟阶段对关键信息的需求。企业现在关注的是利润和现金流量的创造，因此经理们需要获得财务信息，确保利润和现金流量实现最大化。像前面讲述过的那样，企业希望处在正现金流量阶段，因为在正现金流量阶段待的时间越长，在经济上越具有说服力。但这并不意味在下一个会计期间也能使利润最大化，因为本期最大化的利润可能是以现有水平的市场份额为代价的，也可能因为重要的资产没有适当地保留而导致下一个会计期间的利润缩小。因此，企业要用长远的目光看待利润最大化问题，并且采取适当的财务控制标准。

当然也要采取适当的竞争性战略，并且这时应考虑企业相关产品的竞争优势。在正常情况下，除非在成长阶段已经建立了一个非常明确的差异化战略，否则是很难在产品成熟以后成功建立差别化战略。事实上，使差异化战略在这个时候仍然有利可图通常是不大可能的。消费者对产品的属性了解得越来越多，因此他们可能不愿意再支付溢价，而更高水平的市场支援需要这些溢价为其提供资金以保全产品的差异化。有趣的是，许多非常成功的成熟产品其特征非常具有代表性。很明显，如果一个企业打算保持一个强大的品牌竞争战略，那么它就必须获得详细的市场研究信息，以便可以符合那些对顾客购买决定来说很重要的品牌属性。同样，对相关溢价和有关额外营销支出也应该仔细地进行财务评估。通过市场研究测试，使一些假设在其可能实现的地方生效。

如果产品已经开发成实质的商品，唯一符合逻辑的竞争战略就是成为这种商品的低成本供应商。一个相对市场份额巨大的企业，应该能使即将获得的经济规模最大化，但企业的成本定位也必须尽可能充分地进行检测，而成为低成本供应商就是其相对定位。因此企业为了评估和监控竞争对手的成本结构和实际成本水平成立一个综合的系统是非常重要的。牢记这些成本比较是相关的，这很重要，并且还应强调这些成本的差异。这样做不仅能使运行更具实践性，还能预示在竞争战略中应该强调的因素。如果一个企业在某一区域相比其他竞争对手有很大的成本优势，那么这个企业在它的营销战略中就应该关注这个区域。

考虑两种情况是否可能，一是维持已有的差异化战略，另外就是通过保全或者创造一个强调特殊竞争优势的差异，这是一个好的方法。建立可持续的竞争优势是很重要的。把战略建立在一个随着时间推移会自动退化的竞争优势的基础上在财务上是不可行的。因此，如果公司的产品质量或者相关服务的质量大大好于竞争对手，那么在建立围绕更好质量形象的竞争战略之前，企业应该确保能够保持这种优势。因此无须惊讶，许多非常具有可持续性的差异化基础都趋向于集中在实体优势，如果可能的话。对竞争者来说这种优势是很难攀比的。如果销售成本或储存成本也作为一个实质性的成本项目且因此影响购买决策的话，那么工厂或者销售机构靠近大多数消费者可能会给公司创造一个很大的优势，公司应该确保从这个优势中获得最大化收益，例如，根据分区来给予它方便；给顾客提供最大的服务灵活性和最高的服务水平。这对竞争对手来说模仿成本会更高。

为此，成为低成本供应商这一可选的战略可能主要关注产品全面包装的某一特定方面，如服务。如果关注的地方代表重要竞争优势的某一方面，那么由于给顾客提供了这么好的全面包装，所以公司可能甚至不需要索要溢价。在某些情况下，将市场进行切割并找到这么一个顾客群，他们愿意支付溢价以获得更好的服务；或者找到由聚焦战略带来的其他任何形式的"附加值"消费品，这也是可能的。但是同先前提到的那样，在正常情况下，一旦市场已经成熟，建立这种差异化战略是很困难的。竞争对手在市场上将会拥有自己的一席之地，并且在成熟期很少有新的顾客进入该市场。在许多成熟的市场中，主要销量来自于已有顾客的置换采购，吸引他们购买重新定位的产品是很困难的，除非"附加值"商品非常具有吸引力。创造这样一个非常具有吸引力的附加供应对有关企业来说成本非常高，而企业竞争性战略在这个时期更应该关注获利能力。

同样，尽管市场的这些分割部分能够辨别，但是公司不得不考虑它们是否足够大到在财务方面能维持下去，是否能充分利用公司的生产能力。在第三章和第七章中讲述过的成本、数量、利润之间的关系在成熟且缓慢增长的开发阶段中利用得非常好。在销售需求高速增长且激烈波动的成长初期，生产力的利用状况会不可避免地发生大幅度的波动。一旦产品成熟且行业的总供给与需求达到更加稳定的平衡，要想获得更多的利益，保持生产力的高利用是一个重要因素。为此公司需要取得有关它们成本结构的信息，这些成本被分解成固定成本和变动成本，并分析不同产品的贡献率。但更重要的是获得竞争对手的这些信息，因为它们相关的成本、数量、利润之间的关系将会决定它们对竞争环境变化的反应。如果某一个竞争对手的固定成本非常高，那么它将会非常渴望保持它的生产力利用水平，尽管市场需求已暂时下降。因此公司可能通过在低迷时期执行促销活动来降低它有影响的售价，因为相比失去销量，降低单位贡献但获得更高销量的这种结果可能对公司更有利。

实际上，一些公司在成熟阶段投资于资本更密集的工艺是很常见的。尽管这会提高它们的固定成本基础，且相应地提高了它们的财务风险水平，但这可能还是可以接受的。因为销量变动的减少，经营风险已经下降。由于获利能力现在是一个关键目标，为此公司正在寻找提高获利能力有效水平的方法，并因此降低了它的总成

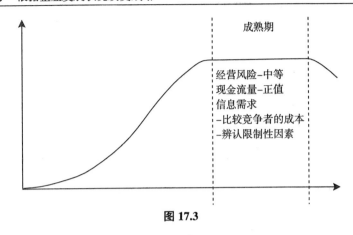

图 17.3

本。在许多情况下，通过自动化来减少劳动成本可以实现总成本的减少。这些投资项目的存在理由应该是可以实现的节约成本，而不是预计增加的销量。因此，尽管公司不再提高总的生产力，但它可能仍然投资于一些新的可以提高公司经营效率的固定资产。随着固定成本比率的提高，这些资产通常会提高企业的运行速度。

如果公司的主要销售来源是已有顾客的置换采购，那么对有些成熟的企业来说，这可能是一个问题。在经济低迷期，这些消费者可能会延期它们的重置购买，这将会大大延长销量的经济周期。在这方面耐用消费品就是一个很好的例子如美国汽车行业。在 1990 和 1991 年的经济萧条期，由于已经有车的顾客决定延期他们的重置购买，所以新车的需求急剧下降。如果最大的消费群是市场的新来者，那么在经济萧条期就不会发生这么急速的变化，因为他们仍然需要购买产品。公司需要注意这些潜在的问题，因为如果稳定、长远的销量水平可能发生剧烈的破坏，那么公司就不应该过分地加快运行速度。美国汽车行业的反应在第三章中已经讨论过。

像我们看到的那样，在生命周期的这个阶段，关键战略动力是尽可能地提高经营的有效性。这是基本投资的焦点，因为总生产力在过去并不需要持续提高。为了使成本效用最大化及相应地提高获利能力，公司必须尽可能有效地分配它的资源。

关键成功因素

如果资源分配有限，那么辨别出束缚企业的限制性因素是非常重要的。它可以是产品加工的某一要素，如一个关键机器的可使用时间，还可以是销售力量或销售网络中的可用资源。只有这些关键限制性因素得到最优化利用，企业才能使它的获利能力最大化。在第十章转移价格中已经讨论过，利用最优的方法是使每个这样可用的限制性因素创造的贡献最大化。因此，当限制性因素能运用到几种共享生产设施的产品中去时，其对每种产品的单位贡献率都必须相同。如果资源分配不合适，那么企业可以通过适当地重新分配来提高企业的综合获利能力。

必须记住的是，限制性因素可能由于内部管理行为或者外部环境而发生变化。为提高剩余资源的利用率，经理们可以投资，例如提高特定机器的生产能力或者再雇用一些销售人员，但是企业将会面对一个新的局限。可供选择的资源需求可能会下降，直到不再要求具有限制性机器的潜在的能力得到完全利用，这时企业将会再次面临一个新局限。这就意味着潜在的限制性因素必须给予日常管理，不仅要看看哪一个被运用到企业中，还要看看可供选择的局限性将在什么方面发生作用。如果公司这样做，那它就可以对环境变化做出迅速且适宜的反应。

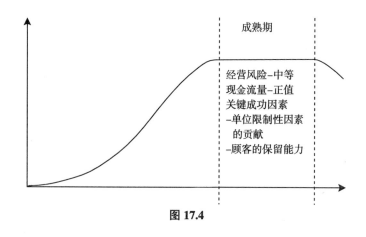

图 17.4

然而，利润应该在一个长远期间内最大化，为此，企业保持在成长阶段形成的市场份额是很重要的。考虑到总体市场不再迅速地增长，企业最有效最划算的方法就是留住已有的顾客。然而，公司也应提高其总利润和现金流量的创造能力。这就意味着企业需要一个良好的顾客账户获利能力分析系统来突出那些尽一切代价都要保留住的最重要的客户。在第六章中已经讨论论过，一个企业的大部分获利能力通常由其顾客中相当小的一部分创造。因此利润产生阶段成功的一个关键因素就是保留甚至发展这些有利可图的顾客。公司必须牢记，这些顾客也会成为它们竞争对手战略计划中的重要的潜在顾客。

一个良好的顾客账户获利能力分析系统还有另外一个优势，即它将突出那些没有产生令人满意的贡献的顾客。在快速增长时期，公司应该乐于对各种各样的顾客给予投资，因为当市场稳定时他们可能变得有利可图。如果公司没有这样做的话，那么它也必须采取措施来减少服务这些顾客所发生的成本，或者将产品销售给他们来提高总贡献。如果结果证明这些是不可能的话，那么公司就应看到重新分配这些资源的方法，重新分配资源将改善总的贡献。停止向这些客户提供服务且相应地减少总资源可能是必要的，但在成熟阶段这通常不是最恰当的反应。

财务控制指标

在生命周期成熟阶段的关键战略动力毫无疑问就是尽可能产生最大化的经济收益。因此用一个利润标准来对企业实施财务方面的控制现在就变得合适了。投资收益率现在就能作为利润标准几种形式中的一种被采用，但是要牢记任何这样的会计标准关注的都是短期的财务，而公司的主要目标是使整个成熟期的财务回报最大化。

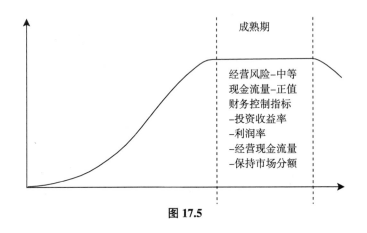

图 17.5

因此，除了投资回报率，公司还需要其他一些控制标准，有些将是非财务标准。一个关键问题就是保持相对市场份额，直到不能进行财务评估为止，这个也可以作为一种合适的控制标准来使用。任何反方向的改变都应进行快速的调查，并且财务分析应该预示各种可供选择的行为路线及其影响。因为补救工作要做很多事情，例如重新获得丢失的市场份额与适当的预防性保全支出，所以补救的代价通常会更高。因此，为了保持已有的市场份额，公司应该确保提供了充分的保全营销支援。

在使用总投资收益率这一财务标准时，公司也应该监控这个时期产生的利润率水平。这是很重要的，因为经理们既可以通过提高利润又可以通过减少投资水平来显示一个提高的投资收益率的业绩。当生产能力已经耗尽时不再重置，投资水平可以通过这一途径来减少，并且短期内投资收益率会提高。但是产品的长期总现金流量创造能力会遭到破坏，并且它是非常重要的长远经济收益。通过将利润率和经营现金流量水平作为一部分财务控制标准可以预防这个问题。用单一的财务比率作为业绩的度量方法从来都不是什么好主意，因为如果这样的话，经理们接下来一定会集中精力经营这些比率而不是公司。

过分地强调会计标准，尤其是投资收益率会导致一些其他问题。投资收益率的分母通常只包括投资中的有形资产，如果公司的主要战略动力是在生命周期中的成长阶段开发品牌产品，那么这就有问题了。像前面提到的那样，当产品成熟时，价格竞争不断升级是很正常的，这是营销主导战略的一个特点。当顾客被少数非常强大的公司所支配时，尤为如此。然而这些问题在财务控制标准运用后的一段时间内就会得到加剧。

　　一个很好的例子就是，任何生产商最初向大多数超市、零售商提供的都是品牌产品。一旦产品成熟，供应商就想使获利能力最大化。对生产商来说，这就要求很高的厂房利用率。如果生产商主流品牌产品的销售没有充分利用它的有效生产能力，那么它就会寻找别的方法来提高生产力的利用率。更确切地说，由于它们的固定成本基础已经在那里了，所以许多这样的公司愿意以收益不大的价格销售额外的产品，直到适度的贡献小于它的变动成本为止。大型零售商非常愿意购买这些以它们的名义而不是已有品牌生产的产品，而制造商则把这个作为提高它们投资收益率的一种方法。

　　不幸的是，贴上大型零售商标签的产品通常要和制造商的品牌产品直接竞争，尤其是在成熟的产品区域。成熟产品区域中的顾客对产品的特性了解得越来越多。因此，品牌产品的销量受到了反面的影响，这些制造商总的长期财务业绩并没有像计划那样得到改善。这个战略毫无疑问削减了在过去投资和开发的无形资产——品牌的价值。在战略决策过程中把这些无形资产适当地考虑进去是非常重要的。

　　如果公司过于强调财务业绩的某一方面，那么它将会遇到其他战略问题。根据财务业绩评估来思考，这样的常规处理可以说明这一点。可以永久拥有的土地和建筑其主要的财务作用是通过价值折旧来实现资本回收的，而不是出租它们。实际上，由于这个重要的潜在资本回收，通常可能会以比购买相同建筑所需资金的利息成本还要低的租金将建筑物出租。这是因为在租赁交易中，房东能保持潜在的资本回收，并且因此愿意将租金收益降低到该房产全部的财务费用。

　　在这种情景下，对于那些只判断其投资回收率业绩的经理们是很有意义的，他们希望把公司占据的所有建筑都出租出去。经营成本将会降低，并且用于计算投资回报率的资产基础也会减少。如果企业不想放弃从拥有的建筑中获得潜在的资本回收，那么它就应该改变经理财务业绩的评价方式。如果给经理们定下了具体的业绩目标，那期待他们自觉行动这是不符合逻辑的。公司必须确保目标被运用一致，这一点当产品离开成熟阶段走向最终的衰落时甚至更重要。

第十八章 衰退型企业的战略管理会计

概　述

在上一章中讨论过，从财务的角度来看成熟时期是最具有吸引力的，并且公司因此应该努力使产品尽可能长时间地维持在高的净现金产生阶段。不幸的是，产品将会不可避免地走向饱满、衰落或者老化阶段，因为替代产品或者顾客需求的变化会导致总销量开始下滑。

在这个阶段，不存在努力为促销或者差异化战略中的任何长线营销投资提供的理由。实际上，成熟阶段隐含的假设，即应该保持有形资产和无形资产（如产品和品牌）已有的投资水平，在这个阶段也受到了挑战。因此，在一个奄奄一息的企业中，在资金被再次套住之前，应该对所有资产的重新投资严格地给予财务评估。这样做会有一个显著增加的风险，那就是经营环境的突然变化几乎能立即毁坏已经逐渐衰落的产品所有未来的潜在销售。因此，企业在这个时候应该努力使其对该产品的残余投资最小化。

这就意味着使用会计比率（如投资收益率）使利润不再是合适的财务控制方式，折旧这些地方的定期配比惯例，一定会显著地影响它们。甚至以长远为导向的现金流量折现分析是更不合适的，因为现在主要强调流动性及短期现金流量的创造性。因此产生"自由现金流量"被认为是生命周期中晚期最好的财务业绩标准。自由现金流量代表资金生产的水平，它可以被分配到公司之外（如以分红或者总机构资本性分配的形式进行分配）。因此逐渐衰落的企业不需要为其未来的预计活动提供资助。随着活动的减少，逐渐下降的生产资本投资需求及不需要再重置的固定资产、折旧费用创造了可供利用的资金，为此自由现金流量就能在相当程度上超过会计利润水平。

衰落时期的一个关键问题就是什么时候停止生产。很明显，当产品不再产生正的现金流时应该这样做。尽管产品在现金流量方面仍然产生一些正的净贡献，但如果产品关闭清算价值超过这些期望的未来现金流量贡献的现值，那么停止生产也许是明智的。如果该决策还涉及其他机会成本，那么更是如此了，例如，将一些可用于生产其他产品的有限资源清理出来。在第十四章中已经讨论过，品牌的相关性使得是否停止生产及什么时候停止生产一个正在衰落的产品这一问题变得更加复杂。尽管这个特定产品可能正在衰落，但是品牌还有可观的潜在价值，这些价值可以通过将品牌转移到一个新的或者替代产品上得以实现。将品牌的能量从旧产品中转移出去可能会导致旧产品提前灭亡，但如果该品牌资产与正在衰落的产品连在一起太久，那它就有被扼杀或者被严重破坏的危险。

导　言

当产品已经成熟后，经理们应该使企业集中精力于获利能力，而不是大力投资于开发营销活动。否则，经理们在产品最终走向饱满和衰落时，还在努力执行一个不恰当的战略，风险一定会大大地增加。任何产品其生命的最终阶段对大部分专业的经理们来说都是没有吸引力的，因为监视企业主要产品的有序灭亡看起来并不是一个良好的职业举措。然而，因为持续成熟阶段的战略其成本是非常高的，所以在这段时期执行恰当的竞争性战略是很重要的。当已有资产需要重置时，资金不应自动地用于再投资，但当产品销量仍然很高并相当稳定时，企业通常都会这样做。所有这些再投资都必须根据正在衰落的产品其销量水平来给与财务评估。

因此有一点是很重要的，那就是拥有一组产品的一个巨大组合来确保对经理们适度管理一个正在衰落的产品进行恰当的鼓励。这个经营项目应该把不可避免会越来越糟糕的财务业绩评价和经理们在产品生命最后期间里的表现清楚地分开。如果经理们被恰当地给以评价，那么他们将会愿意在这个时候执行最优的竞争及财务战略。

有趣的是，经营风险在衰落阶段达到它的最低水平，因为每个人都知道产品正在走向灭亡，而唯一不确定的就是它会持续多长时间。经营风险减少意味着可以提高它的财务风险，这在前一章的成熟阶段中已经讨论过。然而，当销量预计在未来期间会稳定下降时，通过提高固定费用的比率来加快企业的运行是不明智的。在晚期阶段，提高财务风险更好的途径是增加所有需要的借贷资金而不是吸收新的权益资金。事实上，由于债款资本的风险低于股权资本，所以债务的有关成本一直要低于权益的相对成本，为此在这个时候增加借款并支付非常高的红利通常是很明智的。公司比预期提前停止交易并不会增加借款人的风险，因为公司只借入其剩余资产最

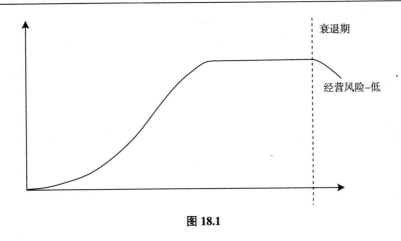

图 18.1

终可变现价值的资金，正好可以偿还。相比其他可能的方式，这个财务战略只是使股东提前收到他们的资本。

对衰退期来说，强调现金流量是很关键的。没有一个公司会考虑在一个正在衰落的产品上进行长期投资，只要经营环境稍微再恶化一点，长期投资决策在财务方面就可能无法维持。现金流量折现分析不能考虑到充满太多不确定性的未来，因此不管是用在项目评估还是作为一种财务控制标准，它都是不合适的。公司的投资战略应尽可能迅速地减少该产品的残余投资。这也意味着用会计比率（如投资收益率）不再是合适的，因为在这些比率中有一个隐含的假设——企业应保持投资基础。实际上，成熟阶段的一个关键的非财务指标将会监管这个产品的有关市场份额，以确保它在产品销量仍然非常高时不会衰落。一旦该行业的销量开始下降，保持已有市场份额所需的营销支出应该用一个短期的财务评估方法进行评价。当销量可能突然急剧下降或者意外地全部消失成为主要相关风险时，最恰当的财务决策就是回收期分析。但这样会提高一个风险，那就是如果产品的灭亡要比现在预计的快得多，那么所有投资的资金都不能回收回来。

不使用以利润为基础的财务控制标准其另外一个理由是利润依赖于应计或者配比的概念。因此折旧费用要在资产预计的经济寿命期间进行分配，但如果产品停产的话，这些资产在不远的将来就需要变现。因此资产的可变现价值比它的初始成本减去折旧后的账面净值更贴近实际。如果一个正在衰落的产品使用的某个资产具有很高的可变现价值，那么为了从该资产的销售中获得收益，企业可以考虑停止生产这个产品。在许多情况下，这些资金很大一部分可能来自于与该可变现价值对等的借款，但是这种决策预示了企业在此时的一个关键因素。

一旦一个产品开始衰落，它的停产仅仅是一个时间问题。企业希望能够使得这个过程的时间最优化。这只有求助于产品能够创造的总的未来净现金流量。一旦产品的净经营现金流量变成负值，这个产品就要应该停产，因为没有哪个公司愿意投资于一个奄奄一息、正在衰落的产品。在开发和成长期间，这样负的现金流量可以接受，因为它们在成熟阶段将会产生更高的收益。因此，如果正在衰落的产品其现金流量变成负值，那么它的成本基础就必须减少以使得该现金流量至少为中性。这些削减成本的活动可能会导致营销支援水平下降，并且它还可能导致产品的市场份额下降。前面已经讲述过，在这个期间，产品的所有支出都必须在财务方面具有说服力。

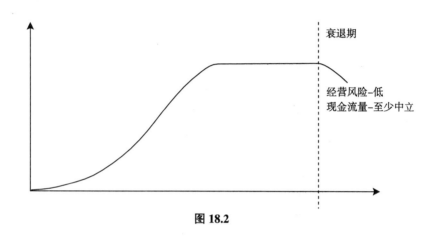

图 18.2

信息需求

既然强调现金的产生，那么未来现金流量的预测毫无疑问就是所需财务信息中最重要的部分。这些现金流量能受到外部环境变化的显著影响，并且战略管理会计系统应该努力辨认出影响产品持续生存的外部关键因素。随着销量逐渐下降，产品从稳定的成熟的阶段出来进入晚期阶段，其原因各有不同。如果这是由于开发了能够以更好方式满足相同顾客需求的替代产品所导致的，那么旧产品衰落的速度就取决于替代产品的开发进度。因此，如果新企业进入了该行业且大大扩展了新产品的生产能力，那么衰落阶段就会飞快地加速。

企业在这个时候所面对的另外一个退出该产品的关键决策因素，是用在生产和营销产品中的资产的可变现价值。毫无疑问，与初始的历史成本即账面净值无关。退出的决策将会导致产品停产，这些资产将会被变现或者被转移。因此，需要估测可变现净值，并且这可能只是有些有形资产的残余价值。然而这些有形资产中的某些资产，如可以永久拥有的土地和建筑物，其可变现价值可能远远超过它的成本或者账面价值。在这些情况下，应该在进行停产决策的财务评估中，考虑到与继续生产衰落产品有关的机会成本。由于公司缺少财务再投资，大多数这些资产的价值，会随着时间的推移下降。与这些衰落产品捆绑在一起的无形资产如品牌也是这个情况。在这个阶段，无形资产的价值经常会超过有形资产的可变现价值。因为品牌可以转移到新产品中去，因此延长了它们的生命周期，这在第十四章中已经讨论过。

但如果转移被拖延得太久，那么品牌可能会因为与失败联系的太久而被腐蚀从而导致其价值显著下降。因此，这些无形资产从衰落产品中转移出来所费的时间是关键。这依赖于对各种可选方案（预计未来现金流量）的比较。这些支援资产的撤销可能使得产品的继续销售不再合算，并导致它立刻停产。初始决策的财务影响必须考虑到该品牌转移决策的评价中去。

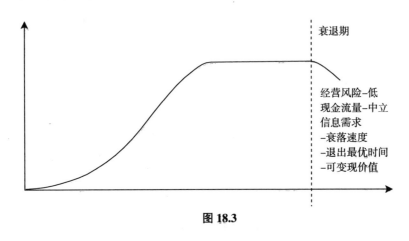

图 18.3

把这些资产转移到更合适的产品中去有另外一些可供选择的方法。这其中可能就包括将它们卖给外面的第三方，或者任它们与衰落产品一起走下坡路。然而一个更大胆的选择就是并购其他相似产品，从而把公司的市场份额提高到继续产生正现金流量所需的临界值之上。该并购战略的理由是关于相似的衰落产品，其他竞争对手也在面临着同样很不具有吸引力的战略决策。这个大胆的公司可以以一个非常具有吸引力的低价买到一个完整的公司，尤其是当这些资产的可变现价值很低时，这更是可能的。如果这些资产中有些还具有很大的可变现价值，购买者可以在交易中将其排除出去；如果公司对产品继续生产不重要的话购入之后还可以把它们卖掉。甚至也有可能仅仅购买该产品的权利而不必购买整个公司。该战略的目的是通过并购一定数量的这种竞争产品来创造在衰落行业中的支配地位。这个支配地位可以用来提高经济收益，例如使产品在其剩余生命中至少有一段期间的经营现金流量又变成正值。这个可以通过各种各样的方式来实现，包括使总生产能力合理化从而提高售价，或者利用由于运行规模扩大而形成的规模经济来降低成本。但最普遍的方法是利用最近并购的支配性市场份额来改变同顾客谈判的控制力，从而提高产品遗留价值链的分享。在一些衰落行业中，很多公司都成功地运用了该战略。

财务控制指标

在衰落时期强调现金流量就预示了最恰当的财务控制方法。如果再投资不再是自动的，那么由于折旧费用不用再投资，经营现金流量就可能会比利润大很多。不断减少的有形资产可能仍然足够供应这些不断下降的销量。实际上，更低的销量应该需要更低的生产性资本投资，并且这也是腾出现金进行的其他投资之所在。

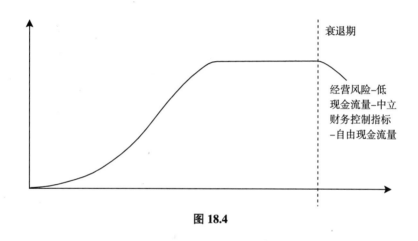

图18.4

产品不再需求的"自由现金流量"，是衰落产品一个很好的财务控制标准，因为它鼓励经理们集中精力创造短期现金流量。因此，他们可能会卖掉一些对继续销售这种产品来说不是必不可少的资产。实际上，如果所有高价值的资产都是必不可少的话，那么他们应该考虑继续保留这些产品的机会成本。

企业可以把这些自由现金流量投资到其他地方，或者以红利的形式分给股东。要利用这些自由现金流量时，重要的退出决策肯定会自动地关注与产品有关的、必不可少的可分离成本。因此，所有不能改变的分配成本都要忽略，且随着销量的不断下降企业应该考虑任何可能中断的固定成本。固定成本在销量显著提高时也不得不增长，但随着销量的下降，它并没有必要相应地下降。常见的是，这些固定成本一旦投入根本就无法减少。进一步来说，比如一个必须支付资金的租赁房子，即使它不再需要，产品停产后也还是不可避免地产生费用。所以关注未来现金流量只确保了有关成本因素被考虑。

第五部分

战略管理会计的信息需求

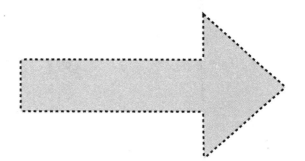

第十九章 设计战略管理会计系统

概　述

　　战略管理会计系统是用来帮助决策的，而不是历史报告系统。战略决策应考虑企业的目标和目的。因此，目标越具体，决策就可以越精确。如果决策可以确定，那么财务信息需求也就能确定。

　　然而，这说明了设计这样的会计信息系统的基本问题：大部分战略决策是一次性不可重复的。因此，这些信息需求很可能是独一无二的。

　　设计信息系统必须考虑会计人员同少数战略决策者（如高级营销经理）之间重要的潜在沟通缺口。该系统必须把必要的财务信息传达到经理的决定过程中。有句话是这样说的，对于特定的经理在合适的时间给予正确的信息，对战略决策来说甚至更真实更有效。

　　这些问题要求会计系统辨别出这些很可能需求且需要的财务支持信息的决策。这些决策是进入型还是退出型，决策的特征是不一样的。进入决策包括已有企业的扩张，这两种类型的决策都需要运用增量成本和增量收入。退出决策包括留在目前的经营区域或者完全将其关闭。这些决策应该建立在可避免或者可分离成本概念的基础上，包括对所涉及的机会成本进行评估。不幸的是，这些决策没有一个需要大部分管理会计系统所提供的以分摊历史成本为主的财务信息。

　　同支持战略决策一样，好的战略管理会计系统应该也能辨别出恰当的财务控制标准。第四部分已经讨论过，随着时间的推移，企业发展的关键战略因素会有所不同，因此这些业绩度量方法也应有所不同。评估经济业绩和管理业绩必须使用不同的财务业绩度量方法。评估团体的经济业绩必须运用所有相关的财务信息，而不管经理们是否能够直接控制它们。任何企业有关的总体财务业绩都应从具有相似风险水平的可能收益与机会成本的比较中获得。这个可能的收益随着内部经营环境的改变而改变，因此企业要自动地使这些经济评价保持动态。它也使得经济评估更客观且独立于有关的管理业绩。换句话说，在经济非常萧条时期，世界上最好的经理们要比那些差点的经理们少损失一些钱，尽管他们也不能创造一个正收益。更重要的是，一个非常好的管理队伍没有必要劝阻公司从一个在经济上没有吸引力的经营区域中退出来。如果可能的话，这些良好的管理资源应该重新分配到该公司经营中一个更具吸引力的部分中去。

管理业绩评价应该只考虑那些经理们实际可以操控的因素。这些评价应该参考提前设定的目标，忽略那些经理们不能控制的因素，但这些目标可能需要灵活地反映内部经营环境的变化。这些管理业绩评价通常不应全部是财务的，并且这些财务因素应该认真地融合到企业的竞争性战略中去。

管理会计系统应该根据战略决策者的期望来设计，甚至仅提供与具体决策相关的信息。当考虑一个公司的附属部门时这更具有相关性，因为许多管理信息系统混淆了决策者和无关的会计净度。例如，在一个将所有成本都分摊给产品或顾客的部门获利能力分析中，这样的设计需要一个高水平的团队合作及决策者的资格审定。

设计过程应区别约束成本和可控成本。约束成本是无法操控的，尽管费用还没有实际支出。因此，财务控制过程应该集中于这些判断并选择能操作的成本。可控成本 应根据不同的类别来加以分析。对于一个受战略关注的系统，应保全和扩展活动之间存在重要的差异。实物资产如厂房和机器的费用通常会自动这样，然而营销支出也应这样。营销扩展支出能进一步划分为用于扩展总体市场的支出和专门用来提高特定企业总体市场份额的支出。保全型营销活动用来保持已有的市场份额。所有这些类型的支出都应通过将实际完成的情况同计划相比较来给以评定，并且这些比较还应包括非财务的目标。

可控成本还能从技术成本中区别出来。一个技术成本在投入与已实现产出之间具有非常清楚的可界定的关系。通常，投入与产出关系用物理单位而不是财务术语来解释，并且它还能用来度量相关效益。这些技术成本绝不局限于企业产品和经营区域。该技术能非常成功运用于营销、研发及行政支持方面，全部需求是投入与产出之间的实体关系。

这个实体关系可以作为操控效益的主要方式，但是需要忽略财务价值，以便能进行比较评价。这能使标准成本在整个企业中得到恰当的运用。这种标准成本要求对所涉及的实体关系有一个很好的理解，而这些实体关系应一直受到监控并且在必要的时候进行模型化。为了实现最大的战略价值，综合目标及竞争性目标应该置于这些关系之中，而不是纯粹的财务术语，这样才能让他们后续的监控能成为一个有意义的学习过程。财务控制系统应该看成是一个学习过程而不是一种分摊过失的方式。

当这些实体关系作为战略管理会计系统的一部分时，必须要记住：随着时间的推移战略目标和实体关系都会发生改变。因此设计完好的系统不应该仅仅能足够灵活地处理这些变化，还应该预示出这些可能发生的变化及其可能的影响。这可以通过使用模拟技术和建模技术并将敏感性分析融入到战略计划程序和后续的财务控制系统中去实现。

导　言

管理会计在一个组织竞争和合作战略中的作用讨论遍及全书。该作用对战略管理会计系统的设计有重要的暗示，本章将会讨论这一内容。有大量的综合项目需要放在这些设计中，而不管所考虑企业的具体类型。在经过大量公司的管理会计项目运用以后，战略管理会计已经得到了提炼和发展。因此，本章将会以战略管理会计系统设计的十个关键成功因素的形式来讨论。

关键成功因素(1)——支撑战略决策

在组织的总体目标和目的与用来实现它们的所选择的战略之间必须建立一个清楚的联系。这些战略必须分解成总体经营战略和特定市场公司独立部门在销售产品实际时需要的专用竞争性战略。战略管理会计系统应该能够识别这些联系，如果成功的话，并保证这些被选择的战略能实现期望目标。另外，还应该检测各种竞争性和功能性战略与企业总体经营战略的相容性。

更重要的是，管理会计系统应强调对这些战略的成功结果具有重要影响的关键战略决策。这是对第一个关键成功因素真正的强调；战略管理会计系统远远不只是一个历史财务记录和报告程序。它应有助于战略决策，然而这一目标引发了许多关键问题。在第一部分中已经讨论过，战略管理应该是一个连续的综合的管理企业方法，而不只是用可选择的措辞和战略计划来传达信息。当企业采用这种战略管理方法时，其会计系统不仅只是援助战略计划决策，还应援助监控、更新，如果可能的话，这些决策在其战略计划执行时应对其予以修正。

如果合适的财务信息及时地提供了这个连续的潜在战略决策，那么应该能够辨别出战略决策的类型，进而提供所需求的信息，这一点是很重要的。这些决策应该考虑企业的关键目标和目的。因此，如果对这些目标和目的给予清楚的表达并能依据具体的区域进行分解，那么预知需要什么样的原始财务信息及这些信息需要怎样的分析才能使企业做出未来决策会更加容易。例如，一个公司为自己设定了一个含糊大体的目标如"使现在做的事情更好"，那么想要弄清将会需要什么样的财务信息来支持为实现该目标所需的未来决策是很困难的。但如果目标是这样表述："在未来5年内将市场份额提高5%，同时，利润率至少保持为销售收入的6%，在5年内的投资收益率达到25%。"那么就可以确认所需的财务分析和比较数据。

这些信息中有些东西需要用来评估如与这些具体目标有关的公司现状，以使得实现该计划所需的战略能得以展开。其他需要的信息则用来监控这些目标在5年计划中的实现情况。这种监控还要包括内部经营环境的变化，因为战略管理的完整概念不是一个静态的计划过程，而是一种管理企业的动态改进方法。因此，当企业的经营环境发生变化时，企业的关键战略动力也需要改变。事实上，当这些战略计划目标因内部事件而可能变得不相关时，可能需要对它们重新评论。

战略决策的这些方面会导致战略管理会计系统的其他问题，因为大部分战略决策是一次性、不可重复的。大部分传统会计系统设计的目的是为了定期处理日常庞大的数据。这对于支持那些能够容易预测到的、日复一日的运营决策是很好的。频繁的历史财务分析能很好地为未来决策系统提供一个健全的体系。然而，如果未来决策是独一无二的，那么这些支持性的财务信息就很可能需要依据每个这样独一无二的情况进行划分。因此，仅仅根据过去的情况就足够用来推断是不大可能的，尤其是当企业的关键战略动力即将改变、产品市场层面反作用时，更是如此。这一内容将在下一章中更详细地阐述。

关键成功因素（2）——消除沟通缺口

如果管理会计系统依据其作为一种决策支持系统的功能来设计，那么向战略决策者提供有帮助的财务信息很重要。这就意味着会计系统必须产生信息，且不是那些未经加工的需要接收额外处理的财务数据。这些额外的处理也许并不一定会延迟决策，但如果由非专业人士来处理这些财务信息，有可能会从这些数据中得出错误的结论。这对作为结果的战略决策会造成潜在的危害。

同样重要的是，会计系统还必须产生战略决策者可理解的且能使用的有用信息。然而会计人员做出的内部财务管理报告仅为会计人员设计，这种现象仍然是很常见的。换句话说，采用一个更容易理解的方式来陈述财务信息，即使关键决策者没有受过财务方面的培训或者培训得非常少也能够理解的会计系统，目前还没有能够设计出来。毫无疑问这样会使非财务的经理们更难为企业做出最佳的、建立在可用财务信息基础上的决策。有些讽刺的是，这个可以看做是财务经理们在组织内部保持或扩张权利的一种好方法，因为如果没有人能理解或诠释这些财务信息的话，那么他们对决策过程来说就是非常重要的。在第一章中已经讲过，会计是共同的企业语言，但这并不能用来把财务经理们提升到主要战略决策者的地位。语言的作用是用来帮助沟通的，为此管理会计系统必须设计成更合适、更容易理解的方式来陈述财务信息。考虑到现代计算机的作用和灵活性，尤其当一个相关的数据系统在使用的话，那么以特别细化的报告形式来向所有的战略决策者提供信息就变得非常可行了。因此，较少的经理能够收到以图表、饼图、直方图或者其他直观形式的相关信息。用于沟通的财务信息形式设计消除了决策者误解的风险，并减少了决策之前吸收信息所需的时间。

　　如果会计人员与非财务的决策者之间的沟通缺口能够消除，那么这个公司就很可能从更好的战略决策中获利。这将会得到进一步加强，由于决策者变得更适应在其决策过程中融合这些财务信息，他们将能请求额外的信息来支援未来决策。

关键成功因素（3）——辨别决策类型

　　这个被细化的沟通程序以一个简单但非常有用的逻辑为基础，即"在适当的时候向特定的管理者提供合适的信息"。这就要求确保战略决策者能够及时收到相关且有用的财务信息，以便在决策过程中将其融入进去。考虑到战略决策频繁且一次性的特点，实现这个是很困难的，除非会计部门能事先预知最可能需求什么类型的决策，以及最可能需要的财务信息。

　　幸运的是，财务决策按性质可以清楚地分为四个主要类型。财务决策主要涉及企业资源分配的改变。这种决策一个明显的特征是涉及企业某一个特定区域的资源分配。这种决策的财务评估应当建立在将企业会发生的成本同其产生的收益对比的基础上。成本和费用都应在更宽泛的概念上给予评估，例如忽略已有的资源分配，但应考虑机会成本。机会成本来自于企业其他没有开展的可供选择的决策，它是该决策的一个直接结果。一个相似的战略决策使企业进入一个新的领域。这肯定会涉及开发新产品，进入新市场，如果可能的话，两者都有。另外，财务评估应该以企业所涉及成本和费用的净增量为基础。在决策时要考虑到这些收益在实现前通常会有一段延迟期，因此，财务评估必须通过使用一些现金流量折现的方法来考虑时间的影响。

另外两种类型的财务评估是退出决策评估的两种形式。如果经营环境变得对企业经营的某部分不利，那么企业可能需要考虑是否留在该经营区域，或者是否把它卖给其他人。财务评估应通过比较留在该行业和可选的最好关闭方式（如既可以是作为持续经营来出售整个企业，也可以是清算任何残余资产）所需的成本或产生的收益。应记住的是，这两种收益一定都是负值，所以应该选择成本最低的方案。这在需要退出资金的企业中是一定会发生的。因此尽管已经没有什么好的经营，但也没有必要花费更多的大笔资金将其关闭，继续经营可能成本会降低。关闭的收益很清楚是所有可出售的资产的可变现价值加上由于停止经营而节约的某些成本。因此，相关成本可以定义为可避免的或者可分解的成本，关闭决策的一个直接结果是它们将会被节约出来（有一点应该清楚，退出类型包括任何减少现有活动水平的决策）。

这些类型的决策给战略管理会计系统带来的问题是它们必须以增加或可避免的未来现金流量为基础。几乎大部分管理会计系统仅仅集中于分析历史会计成本，而忽视分析与财务决策相关的未来现金流量。同样，这些系统也包括被曲解的分配基础，它将历史成本伸展到了整个组织。增加的以及可避免的成本，仅仅包括受到考虑中的某个特定决策的直接影响而发生变化的成本。因此，这些可归属的成本不包括那些将不会受决策影响的已分配成本。这些差别意味着，一个定位于战略管理会计系统决策的系统，其设计一定不能以传统的历史会计原则为基础，因为这些不会为决策者提供合适的财务信息。

财务决策运用成本（收益）分析引起了另外一个问题。毫无疑问，设计和执行这种定位于会计系统的决策也需要很大的成本。所以要通过比较增强的信息系统中获得的预期收益和付出的成本，来获得说服力。这些收益应产生于决策者根据这些已改善的支持财务报告而采取的更好的决策。不幸的是，和几乎所有的经营决策结果一样，这些收益是无法担保的，然而在收益实现之前成本是一定要发生的。

关键成功因素(4)——选择合适的财务衡量指标

战略管理已经被定义为一个持续的管理模式。这就要求设计完好的战略管理会计系统，并在其执行时应有助于经营战略的管理。因此，该系统应确定出恰当的财务业绩度量方法。在第四部分中已经讨论过，这些财务业绩度量方法必须依据企业正在使用的特定战略来加以划分。更重要的是，随着企业的发展，它们必须适合这些竞争战略的关键战略动力。很显然，这就要求业绩度量方法应随着时间的推移而改变，并且一个好的战略会计系统的一个关键特征就是能预示什么时候应该改变这些度量方法。这些变化能非常及时地提醒指示系统战略动力改变，以适应变化的经营环境。如果这些变化没有给予及时且恰当的反映，那一定将是个代价很大的错误，并且这通常是由于没有从内部会计系统中接收到充分清楚的信号而导致的。

有一点也很重要，那就是这些业绩度量方法应该不仅是财务的，并且财务标准应该完全融合到具体的竞争战略中去，这在第十四章中已经指出来了。

关键成功因素(5)——经济绩效与管理绩效

这些细化的财务业绩度量方法必须区别于企业的经济业绩和管理者的财务业绩。虽然这两个是相关的业绩评估，但是如果用参考管理者无法控制的因素来评价他们的业绩，那么就没有任何意义。然而，这些不可控的因素对于一个企业已实现的总体财务结果具有重大影响。因此，对战略决策进行财务评估时必须把它们考虑进去。

因此，经济业绩评估应包含所有对财务结果有影响的因素，而不管它们对管理层来说是否可控。这些战略决策必须选择能给企业带来最多经济利益的方案，尽管最佳选择只是比其他选择带来最小的损失。这个最大经济收益的选择应考虑企业的战略目标和目的以及现有的经营环境。前面我们已经提到过，当现有的目标和目的一致，并且它们可能不再相关或者交叉时，经营环境可能已经发生了很大的改变。因此，经济业绩的总体评估必须考虑机会成本，即在相同的总体风险水平下企业可获得的其他经济收益。

然而，战略决策是由高层管理者来决定的，而且如果假设所有的管理者都有动力实现这些总体目标，可能是很危险的。这些总体战略可能具有相当高的风险，但也相应提高了期望收益，因此对股东来说，它们也是可以接受的。对某一个特定的管理者来说，最终可能增长的职业风险与增长的收益不配比，那么管理者与组织之间就缺乏一致性的目标。

如果通过度量企业目标实现的情况来评价经理们的业绩，那么，根本就不需要反映经理们的有关贡献了。在经济繁荣时期，公司可能会超标实现它预先设定的目标。尽管如此，这些目标还应像它原有的那样，随着外部环境发生有利的改变而改变，结果产生的经济业绩仍然可能是理想的。这依然不能说明管理业绩非常好，却能够简单地反映经营环境非常理想。相反，在同样经济萧条的情况下，即便是世界上最优秀的管理者都可能无法避免持续的损失；然而，他们会使损失低于平均水平或低于较差管理团队。例如，规模较大的英国银行可能会察觉出在创造经营失败记录的经济萧条期保持或者改善其经济业绩是非常困难的。

然而，银行经理能够采取各种措施来减轻经济衰退的影响，并使企业对必然会发生的经济复苏做好准备。为了鼓励管理者来做这些事情，他们的业绩应当主要依据那些他们能够实施控制的领域来评价。如果管理者对外部环境的预测促使企业做出了某种战略决策，且这些决策影响企业其他领域的话，那么管理者就要对这些预测负责。那些受预测影响但不用为其负责的经理们，他们的总体业绩将不会考虑这些因素。为了融入已经改变的外部环境，可以在必要的时候将计划弹性化，允许战略计划的偏差。如果这些做得合适，那么当其他不可控制的因素已经给予精确的预测时，经理的业绩就可以同他应有的情况进行比较。

管理业绩评估的主要目标不仅要使经理努力实现组织的目标和目的，还要让优秀的经理凸显出来。这些良好的管理资源应该得到认同，并能被企业保留下来，分配到组织能取得最大利益的地方。在很多情况下，这或许意味着需要把这些经理用到一些产生利润最少的部门，因为他们能够扭转这种局面。如果事实证明使用一个优秀的管理团队也行不通的话，那么，退出该领域就是最明智的解决办法。这并不意味着不用那些拥有责任心的经理，因为他们可以被重新分配到新的经营项目中去。除非恰当的管理业绩度量方法被融入到会计系统中，否则最好的经理们不可能愿意去企业那些产生高经济收益的领域；如果不这样的话，就可能没有促使管理强度的最优化分配。

这就突出了一个问题，那就是管理绩效度量方法并不只是财务方面的，且财务度量方法也不能只关注利润或者甚至是贡献水平。通常这些财务要素也必须仔细地整合到企业的关键战略目标中去，并且它们将会随着时间的推移而有所改变，管理业绩度量方法也应如此。

关键成功因素（6）——仅仅提供相关信息

如果总体一致的目标已经实现，那么高级经理们就会有很大的动力来实现企业计划的战略目标。因此，他们将会从组织的角度来看待战略决策，这也是在设计战略管理会计系统时应当考虑的。战略决策者没有时间来整理那些大量的无用财务数据。因此首先，经理们应该将财务信息而不是数据，以容易理解的形式提供给决策者，这点是很重要的。其次，仅仅向决策者提供相关的财务信息，这点也是关键的。毫无疑问，这需要一个迅速处理数据的能力，然而大多数情况下，只有将一个良好的计算机数据库与先前对战略决策类型的分析相结合才能满足这一需求。战略决策类型分析可以辨别所需财务信息的种类。因此，管理会计系统需要收集大量的原始数据，并对这些数据进行初步分析以获得基本财务信息来支援未来的战略决策。

以影响一个巨大集团再分割的战略决策为例来说明这个问题。许多这样的决策将会影响特定产品和特定市场所分配到的资源。因此，这就要求获得有关这些产品或市场现在及未来获利能力的财务信息。日常按类进行的获利能力分析可以获得这些信息，但是这些准备必须以未来决策为向导。如果采用传统的会计方法，即将所有的成本都按比例分配给产品和市场，那结果就是，同第二部分所显示的那样，看起来很完美，实际上完全没用。

这样一个会计系统只是用牵强的完美来迷惑决策者，而不是凭借其相关性为企业带来价值。决策者需要辅助信息，这些信息要显示任何一个特定决策是如何影响企业经济收益的。毫无疑问，这就要求采用前面所提到的增加成本或者不可避免的成本，而不是不相关历史成本的分配。

关键成功因素(7)——从可控成本中分离出约束成本

要想设计一个对特定的一次性的战略决策需求做出迅速反应的战略管理会计系统，实际决策者就必须紧密合作。只有当他们知道未来很可能面临哪种决策，更重要的是当他们还知道对于每个这样潜在的决策哪种可能可供选择的战略应该加以评价时，才可能实现紧密的合作。因此，设计过程需要团队努力，财务经理们必须确保为每个选择方案提供合适的信息。

关键战略决策者的提及还强调了选择方案的实际可操作水平及其所需要的时间规模。在战略管理会计系统内，成本应分成约束成本和可控成本。大部分会计系统基于它们只参考约束成本——只有当成本实际发生时才将其确认。这是权责发生制和配比原则的理论基础。但实际上，它没有反映成本通常是什么时候发生的。

在实际业务发生及会计分录记录之前的很长一段时间内，企业可能进入了一个合法且束缚的协议中。例如，企业签订了一个 25 年的房屋租赁合同，那么即使它不再想占用该房屋，但它还是必须支付整个租赁期的租金。因此，对于该花费的资金其决策唯一可控的时间是在协议签订之前。在这之前，企业有能力判断是否花费该资金。但一旦协议已签订，后续的会计业务就是不可避免的。

因此，基于战略决策的目的，公司必须关注可控成本，因为约束成本没有考虑时间点，尽管其实际支付日期可能在很遥远的未来。财务控制虽然能用于这些真实的可控成本，但是这种区别对于战略分析来说还是不够的。大部分企业的目的和目标一般都是这样表述的，即将企业现有状况提高到某目标水平上。实际上，任何战略计划过程中的一个重要的初始要素都是结合特定的经营环境对企业现有状况进行详细的评论。该评论及后续的战略计划应该预示出哪种活动或者必须维持的现有初始状态。事实上，所有公司的财务计划都包含厂房和机器的维修预算，但是这种管理方式应延伸到企业战略计划中的所有关键方面。

　　换句话说，如果把市场份额及顾客对品牌关注的相对水平作为战略计划的关键因素，那么在企业计划中辨别出维持这些项目现有水平所需的支出是很重要的。这是因为对于这些方面的支出，公司实际能够实施的判断是相当少的，除非经理们打算看到这些关键指标在计划期间不断恶化。在掌握现有活动维持状况的基础上，战略计划可能将目标锁定于改善公司相对的营销状况。企业应当对支出的发展水平加以确认并将其与具体的相关目标联系起来，例如，在未来五年内将市场份额提高5%。如果这个做到了，那么财务监管过程就能设计成对这些营销支出与相对市场份额变化之间发展关系的报告。在营销领域中，该扩展支出仍然能进一步分割到为提高市场总规模及提高公司总市场份额而设计的各种活动中。毫无疑问，财务评估及后续的管理方法应依据每个特定类型的扩展或保全活动的需求来加以划分。

关键成功因素(8)——区别可控成本与技术成本

　　通过将可控成本进一步分解成更具体的要素，将分析资源集中于企业，这些战略选择实际可操作的方面是有可能的。将可控成本从技术成本中区别开来能进一步帮助实现目标。像它的名字所暗示的那样，技术成本具有一个能够在相当程度上预言的投入与产出关系。换句话说，对于任何给定水平的支出资源，最终的预期产出可以计算出来，反之亦然。例如，数吨沙子必须生产出既定数量的玻璃。这些固定的关系通常是物理上的而是不财务上的，因为有关投入成本的变化将会改变产出的价值，但不会改变产出的物理数量。然而，对于一个给定的投入成本，确实需要利用这些物理关系来比较实际结果与计划结果。

　　运用这样一个投入与产出的关系可以使得在初始计划中将活动水平调整到实际水平是可能的，其目的是为了为弄清在变化的环境里已经发生什么事情。强调比较只是用来度量运营效益，这点是很重要的。而它也不一定反映所涉及的相关效率。例如，一个成本分配模型已经根据某企业的实际情况进行了改进，那么即使实际销量与战略计划销量不同，但利用这个模型来计算实际销量应有的摊销成本也是可能的。已修正的计划支出可以与实际发生的成本进行比较，以度量分配函数的相关功效。然而该比较没有依据对企业战略目标与目的贡献来评价分配函数的效力。

如果我们公司向零售商销售和分配短期上架的新鲜产品，那么其分配函数的功效可以依据它使产品到达零售商所花费的时间最小化，或者产品在商店销售时期的可实现上架时间最大化的能力来度量。相对于分配函数的性能价格比相关效率的小小改善，这个因素可能更重要。度量和控制功效与效力的问题对设计一个好的战略管理会计系统来说都是很关键的。工程类投入与产出关系限制了组织可实施的判断，但这有助于控制运营效力。如以前一样，对功效的控制依赖于将会计系统与总体目的和总战略的紧密联系。如果这样做的话，那么企业的每个区域其关键成功因素都可以辨认出来，这意味着如果每个区域都真正实现了这些"关键成功因素"，那么企业应该能实现它的总体战略目的。在许多情况下，这些功效的度量方法很大部分是非财务的，如果较早地进行财务价值比较，那么这其中的一些度量方法可以成为评估管理业绩和企业经济业绩的好方法。

投入与产出关系绝不仅仅限于企业的产品领域，因为在其他领域也能建立许多这样可预言的物理关系。销售能力问题就是一个很好的例子，在该问题中销售经理能实际判断的是销售人员的数量，而不是总的销售成本。这是因为任何行业都有一个逻辑成本关系，它决定具有有效操作性的区域成本，即销售人员成本。因此该成本可以看做是一项技术成本。决策程序因此也应集中于这个问题，再就是投入与产出模型的有效性得到验证后，考虑销售能力能有多大。销售管理队伍的业绩因此也应根据已利用的可用销售人员的效率来评价。如果使用了合适的业绩指示器，那么经理们就能正确地解决效率更高与效益更低之间的冲突，反之亦然。

因此，工程类成本能运用于任何一个可预言的投入与产出关系的地方，这使得战略决策者能够没有干扰地将其时间集中于他们的可控能力上，以便能最有效地利用这些资源。

关键成功因素(9)——战略性的使用标准成本

这些物理上的投入与产出关系使得无法对已有资源的有效利用实施控制，甚至当活动水平偏离期望时也是如此。通过使用一个标准的单位，这些物理上的度量方法就能转变成标准成本，因此可以进行更多的综合比较。同在第四章讨论的那样，把标准成本作为战略管理会计系统的一个关键因素来用是可能的。然而，在战略上使用标准成本要求企业对各种物理关系相互作用方式了解得非常清楚，因为战略决策通常会涉及公司运营方式的重大差异。例如，组织在阐述开发以销售人员为基础的标准成本关系之前，可能希望考虑一下可选择的销售方式，如直接写邮件或者利用第三方的销售能力来为某顾客群服务。该比较应以相关顾客群的每个可选择销售方案其成本模型的运用为基础，能让它们相关的成本效益得到评估，但也应考虑到各种各样的变化对剩余内部销售力量的影响。

将这些物理及财务成本模型化是一个很大的优势，因为它很容易将外部原因导致的变化融入进去。仍就销售能力来说，其成本中的一些重要因素受外部因素影响，并且企业在制订战略计划时就应预测这些成本。同别的预测一样，石油价格、住房费用等这些成本的估计很可能同结果不一样，这导致了实际与预算的比较也变得没有意义。然而如果已经建立了一个模型，那么通过将新的正确的实际单价输入并将这些成本运用到计划用量中去，预算弹性化就非常容易。这可以使销售经理的相关效率得到公平评价，更重要的是，它能使企业根据修正后的实际成本水平来考虑所有能使它更具效率的销售团体的变化。

运用这些物理上的成本关系另外一个好处就是它有助于将战略管理会计系统作为一个连续的学习过程，而不是一个消极的过失分摊方法。采用这些工程类关系来陈述战略目的，并使得该目的能参与改善关系管理的效力及所涉及资源的有效利用，就把连续学习过程变成了可能。

关键成功因素（10）——在不同时间内应有所变化

当这些物理关系作为战略管理会计系统的一部分来用时，必须记住的是，战略目的和物理关系都应随着时间的推移而有所改变。当投入与产出关系不是真正的工程关系时尤为如此，因为随着时间的推移那些影响该关系的事情其实施方法可能有一些变化。战略决策一定是长期的，并且能显著地影响组织的性质（例如，从企业的某一区域中完全退出来）。因此，可考核指标的应用需要加以监管以确保物理标准，在现在及未来，仍然同与当前同样状态的企业相关。

设计完好的会计系统不应只是足够灵活地处理这些重大变化的影响，还应能预示出这些变化的可能结果。在这种方式下，该系统就能成为策略的主要协助者之一。这可以通过将敏感性分析融入到战略计划程序和财务控制系统中去及在标准成本领域中使用以计算机为基础的模拟技术和建模技术来实现。

第二十章　运营战略管理会计系统

概　述

许多公司都失败于将管理会计与总战略及竞争战略的发展保持同步。事实上，管理实践中的许多其他方面，如营销和信息技术，对竞争激烈的经营环境带来的挑战反应更加快速。当信息技术上的优势给企业计划方式的变革及企业控制创造了巨大机遇时，尤为不可思议。不断降低的成本和不断提高的信息技术处理能力使得这个变得实际。但不幸的是，许多公司对此的反应仅仅是更迅速地简单重复地做同样事情。

如果更新更快的财务信息没有依据企业具体的需求来加以细化，那么光提高信息的处理速度是不够的。企业的关键战略动力越来越受到关注，并可以依据新的环境状况迅速地做出改变。这些战略动力突出了各种不同的关键成功因素，例如融入战略管理会计系统的时间。在一个完全不同的竞争环境里，尝试采用适合于40年前的管理会计技术和实践来实现是不符合逻辑的。

因此，管理会计人员必须采用企业其他领域运用的方式来抓住信息技术在战略上的运用机会。建立真正的财务数据库对许多企业来说是一个关键起点，但是这样一个数据库，其价值依赖于思索怎样收集所需要的信息并进行处理得出结论。如果必要的信息没有包括进去或者不够全面，那么快速获得所需求的，并以特定形式报告财务信息是不大可能的。这引发了战略会计信息的很多问题。战略决策通常是一次性的策略，要求具体的财务信息支持。这些信息不大可能通过个别经济交易的常规历史记录来加以收集，而这些交易是会计数据库的大部分输入资源。

解决这个问题的一个办法是利用计算机的处理能力来将这些重复的会计职能自动化，以使得其所需时间和精力最小化。这使得企业能毫无顾忌地将熟练的财务资源集中于一次性的战略决策，但要是采用历史分析，价值就会下降。

如果企业的会计系统能辨认出很可能需求的战略决策的类型并突出相关的支持财务信息，那么就可以找到解决该问题的其他办法。许多这些信息将是往前看的或者在外表上看来是有依据的，但是重要的基础信息在许多情况下仍然可以自动收集。这样一个全面的财务信息库使得对一个独一无二的财务分析的紧急需求做出反应就更容易，从而为一个关键经营策略提供支持。

实际上自动收集信息在大部分情况下是不大可能的，并且接下来最好的可选方案就是确保信息被尽早地输入到经营业务系统中。这通常意味着许多信息的输入是常规行政记录功能的一部分。财务策略支持信息因此通过原始数据的处理来获取。如果和通常一样，这意味着，信息由企业某一部门产生，但由其他部门进行后续处理，那么就会有"垃圾进、垃圾出"变成现实的风险。当数据输入是所涉及的记录人员的一项额外工作，但他们没有看到最终的输出，且很可能不清楚这些数据最终用来干什么时，这个风险尤其高。激发这些关键员工保持清醒，能够清楚由其正确且及时输入的数据是很重要的。如果可能的话，应将所有尤其重要数据的审核管理融入到管理会计系统中。

为了使公司的管理会计系统能作为战略决策支持系统起到真正的作用，这些变化表明管理会计人员正在面临严峻的挑战。然而，当这些主要变化已经发展和发生时，会计方面的基本支持功能绝不能丢失。需要的只是一个进化过程，而不是变革，然而企业需要为会计功能的改变创造一个良好的环境。这很可能需要通过一种途径来实现，那就是在企业内寻找一些迅速简单的，对其他管理者们尤其是战略决策者来说容易察觉的变化。当他们看到了这些简单变化的有利影响时，他们很可能会支持管理会计对企业的支持方式发生更重大的变化。并且，管理会计人员很可能对做出这些改变更有信心。

导　言

在前一章中，已经讨论了设计一个战略管理会计系统的关键成功因素。本章将会讨论执行及运转这样的一个会计系统引发的问题。然而首先必须关注的是，迄今为止，相当少的企业对作为战略重点的在第十九章中强调的会计系统其类型做出任何有意义的处理。

许多公司采用的各种技术在本书中都有讨论，但它们大体上仍然只是沿着一个非常传统的管理会计系统来运作。这些传统的系统一般主要关注企业内部，并且常常集中于分配责任和过失，并没有关注企业外部，以及为提高未来策略的质量而将其作为一个学习过程。这些新管理会计系统的开发缺乏创造性，处理过程好像源于会计人员的一个看法，那就是它非常困难和复杂，并且对于经理们来说可能不需要。

该看法好像并没有得到同事们的认同。实际上，在一些大型企业中高层管理者们认为管理会计对于企业的现代需求来说已经过时并且不相关。这样一个极端的看法将管理会计人员扔入了"记分员"这一落后的队伍中，并且还抱怨现在的甚至是历史的记录都提供得太迟而且不相关。

一个更中立客观的观点可能是许多公司的管理会计被公司其他方面日益加快的变化抛在后面。为了适应越来越激烈的竞争环境，管理的性质已经发生了显著的变化，并且管理者自身也变得更专业。新环境更强调管理者更频繁更迅速做出策略的能力。管理者们不断增强专业技能，以促使对更好地支持这些策略的财务信息需求。在这种环境下，更好并不意味着更多，而是对每个特定的策略来说更具体相关和更及时。这些策略的影响可能被强大的竞争压力给放大了，以至于任何没有迅速更正的错误可以对整个企业造成灾难性的影响。

技术进步已经为管理会计创造了反映所有这些需求的能力，但是信息技术的变革应比很多公司现有状况更具创造性。可能由于会计系统是早期计算机的第一个主要商业使用者之一，所以在会计领域仍然有一个趋向，那就是认为计算机能力的唯一好处就是快速处理大量信息的能力。计算机的其他好处，如选择、分析、预测、精确及根据需要进行储存和恢复等功能通常被忽略。然而它就是被企业其他领域作为它们的信息技术在战略上运用所利用的特征。

这个情况很大一部分是因为企业对建立在特定竞争优势上的竞争策略的不断重视而产生的。不幸的是，这些发展有的已完全超出了其关联的财务控制系统。例如，管理会计方面的变化就一直就没有跟上制造业的近期变革。许多成熟企业仍然使用生产成本系统，它取决于作为关键控制因素的直接劳动力，如变动成本。引入自动的弹性生产系统、及时的存货管理程序、计算机控制以及机械化资源的仓库在 40 年或是 50 年内大大改变了生产环境，因此这些成本系统也跟着发展了。直接劳动力对许多企业来说只是总成本结构中比较小的一部分，因为它还包括固定成本。但是许多公司仍坚持一个逻辑，即把这些其他类别的成本变成直接劳动力组成的一部分。

弹性生产系统使公司能够依据不断变化的市场需求来划分它们的输出，不会导致经营效率的显著下降。这些成熟的、计算机控制的工程化装置成本是很高的。额外投资的财务评估应以这种弹性带来的增加的附加值为基础而进行。管理会计系统能评价这种投资。

更重要的是，一旦安装了弹性生产系统，其设计的关键成功因素就完全不同于一个传统的、劳动力更密集的、单一的加工生产线。昂贵的高度自动化的厂房在不进行运作时不能创造经济收益。因此，保持这些自动化厂房每天 24 小时，每周七天都在运转，有很大的压力。该成本系统应该突出新的关键成功因素，如机器利用、单位时间内创造的产品贡献值。为了确保加强弹性生产系统的**成熟度**以及相应提高的投资得到恰当的评价，企业应事先将大部分产品的变动成本同使用更传统方式生产而需要的成本进行比较。

所有战略管理会计系统在这方面的主要问题是它们必须依据每个企业所采用的特定战略动力的具体关键成功因素来划分。然而，由于这些战略动力很可能会随着时间的推移而改变，再加上不断变化的竞争环境，因此会计系统必须依据一系列新的关键成功因素进行足够灵活的调整。实现这些目标最合理的方式就是利用不断提高的信息技术能力。

信息技术的影响

对于许多创新型公司来说，关键的战略重点就是改变产品（或市场）的运营方式，并且通过这一点将一个新的关键成功因素引入到竞争领域中去。这些公司往往在这些关键成功因素方面具有显著的竞争优势。

一个很好的例子就是，时间被越来越多地运用，许多公司将其作为一个关键战略动力，在某些方面，这些公司的战略比其他竞争对手更强调速度。他们的竞争优势可能是在某方面的营运周期更短，或者能比其他企业更快地做出策略。这就要求更好、更迅速的财务信息。如果该战略的主要因素是节省运转、销售及分配链时间，那么管理会计就可以用很多方式来提高价值。时间必须作为财务分析过程的一个关键限制因素来对待，并且每个领域的营运时间都应加以度量。毫无疑问的是，所有将目标锁定于减少任何功能所需时间的战略，都要依据该关键成功因素来进行财务评估。该评估只能在一种情况下进行，那就是节约的时间能创造价值，并且这种评估对这种竞争战略的总体评价来说非常重要。该战略的动力就是比竞争对手更快交货，且为了实现这一目标，企业可能需要相当大的投资。该投资的经济价值必须创造一个可持续的竞争优势，随着时间的推移，该优势会带来更多的经济收益。这个更多的经济收益其现值必须大于增加投资的现值。新鲜产品如水果和蔬菜，就是这样。如果某一公司能更快地且以更好的方式将其产品传递给最终消费者，那么它应该会创造更大的经济收益。由于其更好的质量及更早的服务，消费者很可能愿意支付溢价；或者它可以以正常的销售价格来销售，从而获得更大的市场份额并且因此而实现规模经济。这些公司因此应该将所有精力集中于减少摘收水果和蔬菜并传递给顾客（可能是顾客、批发商、零售商或者是食品加工商）之间的时间间隔。

然而，如果时间优势有经济价值的话，那么它必须有一个最小化的规模，并且在日常期间是可以维持的；"每天仅仅早五分钟供应新鲜产品"并不能创造一个显著的竞争优势。甚至接下来，一旦显著的时间优势实现，其收益就很可能开始逐渐下降。在此基础上，"更早地供应新鲜产品"也许并不能带来很多价值。只有当竞争对手几乎已经赶上了公司的现有水平时，为了继续大步前进，它才具有投资的吸引力。该说法表明时间价值的财务分析必须依据相关比较来进行。例如，竞争优势不是由"快"而是"更快"创造的。有关分析必须经常进行更新，以至于可以确保有关优势能得以维持。

一个显著的时间优势，其内容完全取决于具体的竞争环境。在一个竞争非常激烈且时间就是关键的经济市场中，早几秒收到关键信息其优势肯定非常显著。将时间作为一个关键成功因素来加以关注将导致整个企业的成本分配方式发生变化。依据每个部门其产品所耗的时间比例来将直接成本分配到产品中去。分配方式作为"产量"会计而被大家知晓，因为某一特定部门的任何产品产量的提高都会促使每单位产品的成本下降。

产量会计的概念只有当竞争战略的关键限制因素是时间时才是相关的，并且同前面讲过的一样，战略和限制因素都会发生改变。企业需要建立一个灵活的会计系统来处理这些被关注的变化需求，且这也是现代信息技术的一个主要作用。一个相关数据库至少应该为企业记录最基本的信息，并且它还能在初始输入时根据与这些单个信息记录相关的编码目录来将它们进行归集。只要编码目录足够全面，那么任何两个信息之间的所有相互关系都可以通过计算机系统加以归集，尽管在最初的系统设计过程中并没有理清这些关系。然而，这肯定会产生一些无用冗长的编码目录数字，如果它们每次都必须输入到该系统中去，那么将会导致严重的管理无效。一个更具成本效益的方法就是在设计相关数据库时，应花费更多的时间来确定在战略上非常重要的相互关系。另外，计算机的储存功能及交叉引用能力可以用来扩展随后肯定会被访问的目录的范围，而不需要每次都要将整个编码目录输入进去。

目前，客观地说，对于许多公司来说，利用信息技术创造价值的能力的关键束缚就是理解及运用软件和硬件所有可利用潜力的管理能力。几年前，人们还在谈论这样一个前景，在一个无纸的办公室里，所有做出的内部报告都可以显示在视频屏幕上，并且一个公司的计算机可以同其供应商及顾客的计算机直接交流。这其中有些已经实现了，但对大部分公司来说，这些作用的不断提高及更迅速的系统却使得其纸质的输出多得已经快要爆炸了。常常为了弄清楚这些管理报告是否包含某些价值，需要花费许多时间，其在许多管理时间中占有很高的比例。同前一章阐述的那样，这是完全错误的，也是对信息技术的滥用。计算机系统应该能够将只包含相关财务信息的个别细化的报告传送给每个经理。

然而，信息技术这种支配性的利用会导致管理会计系统几个潜在的问题。战略决策通常是一次性的，例如是否开发某一新产品，或者是否关闭某一特定的工厂。

一旦该特定的工厂被关闭，那么毫无疑问它就不可能再关闭一次，所以在这种情况下决策是一次性的。但这并不意味着从这样一个决策的财务分析中获得不了任何未来利益，因为如果当未来面临另外一个工厂关闭问题的话，它可能可以提供很大的帮助。所有决策作为一部分学习过程来用是有根据的，但该种决策导致的信息收集方面的问题也必须给以解决。进入和退出决策不应该建立在包含历史数据的计算机数据库的基础上，每个这样的决策都应使用相关的未来现金流量来加以评价，当然这些现金流量不会有任何记录。

最简单的解决办法就是尽可能使重复类别的财务实现自动化，以至于有限的、技能熟练的会计资源能将精力集中于在战略上很重要的一次性决策中。到现在，太多企业的管理会计人员把他们绝大部分的时间花在了这些日常的、不断重复的地方。因此，他们太忙而不能为战略决策涉及更重要的财务分析。许多这些真正重要的战略决策是由于外部经营环境突然、没有预料到的变化而造成的，例如，一个主要的新竞争对手在晚些时候出现了。几乎可以肯定地说，在这种情况下，历史财务数据仅仅可以提供非常有限的帮助，战略决策者需要有经验的内部财务经理提供所有可能的帮助。在本章随后就会讨论，对于大部分这种情景，对变化预料到某种程度且迅速产生一些财务信息是可能的。在考虑这方面之前，弄清怎样通过提高日常运营会计问题的自动化水平来使得财务技能得到充分利用这可能是有用的。

信息技术使公司运营一个"无人欠账"的系统变得非常可能，在该系统中没有人实际涉及现在通常所说的应付账款。一个综合的计算机系统能将订购部门与实物接收部门连接起来，而不需要任何会计人事的涉入。该系统拥有主控文件，包含与所有供应商有关的全部的必要详细资料（包括最终应支付贷款的银行详细资料），每个供应商提供的全部供应产品的最近价格信息及一个包含所有重要且未发出的订单的细目文件。

当一个已经批准的有效订单（例如在细目文件中某一订单）交货付款时，价格会自动从主控文件中获得，且在其他细目文件中将会计算正确的货款并将其储存。到了货款支付日，这些资金就会自动汇到供应商的银行账户中且供应商的计算机会收到正确支付的通知。这些都是自动地进行，而没有给大部分应付账款系统带来非常多疑问及错误的人为干扰。使这些实现的技术在未来某段时间内就可以变成现实，并且一些公司正在迈向这样一个系统。在大部分那些愿意走出第一步的公司中，它们的主要问题要么是信任方面（它们看起来并不信任电脑、它们自己的员工或者它们的供应商），要么就是降低向供应商实际支付款项的灵活性方面。许多这样的公司正在执行一个以销售高质量产品为基础的经营战略，然而最终产品的质量取决于这些供应商提供的原材料和零件的质量。减少货款流失到这些重要的供应商中并同这些供应商在订货、发货、开发票等过程中进行更密切的合作，这看起来是发展必要信任的一种好方法，目的是为确保从供应商那里得到持续高质量的、及时的供应。这是解释许多公司如何失败于贯彻它们的竞争战略和进入会计领域的新战略动力的一个典型方法。如果在同样的条件下，90 天以前就已发出的商品其货款还没有支付的话，那么还期待供应商在四小时的通知内发出没有任何瑕疵的零件这还合理吗？

自动支付系统的一个明显的基本要素，就是计算机主控文件以及细目文件的输入信息必须是精确且不断更新的。因此，如果重要的订货文件不够全面的话，那么货物接收部门将会无法接收到已经发出的某些商品，尽管生产部门需要这些商品。在一个快速的生产环境中，这种混乱导致的延迟其代价将会非常大。同样，使主控价格文件处于精确的更新状态也是非常重要的。如果价格上升没有给予及时反应，那么当供应商因此而收到以原来低价计算的货款时就会非常恼怒。这种错误将会迅速破坏最初引进该系统时所提高的信任感。围绕这些问题的方法就是一个对如何解决许多与战略管理系统相关的信息收集问题的非常好的说明。

信息收集问题

在许多公司，运用这些新系统所涉及的主要问题之一就是企业哪个部门应该对保全计算机主控文件的完整性负责。从以往来看，当涉及财务记录时，通常是会计部门负责，因为几乎只有它们保管及使用这些信息。随着现代数据库系统的运用，许多部门可以获取以及使用这些相同的记录，但有一点是非常重要的，那就是必须有一个部门为这些信息的准确性负责。会计部门除了对采购部门给其能提供的价格信息的正确输入这一范围负责之外，它们不可能对购买价格文件的准确性负责。换句话说，它们的职责是输入功能，同时采购部门对与供应商实际谈判的价格负责。

因此，避免对具有一定错误的重要信息进行不必要的双重控制，且由采购部门直接对将所有新供应价格的详细资料输入到计算机主控文件负责，这看起来好像是符合逻辑的。当它们将不得不解决所有由供应商所造成的错误支付（由于价格错误）而导致的问题时，它们有充足的理由确保价格信息被准确且及时地输入。事实上，这个系统应该允许新的价格一旦谈判成功就可以输入，尽管它们还没有生效多久。当新的价格应该运用于支付这一目的时，关键日期也应反馈到系统显示的信息中。

如果这样做了，那么它就能够提供非常有用的决策支持信息。这些未来价格真正代表重置成本，它们当然也被许多财务决策所需求。战略管理会计系统因此能够获得这些供应价格文件并为特定决策选择最合适的信息。如果没有输入这些未来价格并且需要取得重置成本，那么该系统就应自动根据系统内保存的最新实际价格给予回复。这个实际价格可能来自于一个当期的重要订单，且因此公司可能还没有实际执行。

毫无疑问，这样一个系统在自动准确收集未来战略决策所需的一些信息方面具有主要的优势，而且这样做并不会提高公司任何部门的工作量。事实上，它使得公司可以没有顾虑地将财务方面具有熟练技能的资源集中于分析相应产生的财务信息。然而，如果这种思路也被运用到该系统业务部门，那么它在企业功能领域中就会有另外一个显著的优势。采购部门应将订单输入该系统，因为它们接下来就可以核查正确的价格文件数据是否包含在主控文件中。这些订单必须受到充分的关注，以至于一旦货物或者服务已经依据该订单给予供应时，后续的支付就必须依据订单的协议条款自动进行。这将管理的注意力集中到了公司的财务协议上（如出售订单）而不是后续的开票支付。同本书早先讨论的那样，管理者们仅仅在他们签订支付产品协议之前才具有真实的判断能力，并且这也是决策分析和财务支持必须受到关注的地方。在太多企业中，发出订单与实际开票支付之间仍然具有很长一段的时间间隔。授权开票以及签署支票与签署订单它们相关的权利状况通常是完全不合逻辑的。

战略管理会计系统的信息收集过程应该尽可能自动化，并且当信息被其他目的所需求且不会带来额外的工作量时还要反馈这些输入的类型。不幸的是，许多必要的财务信息并不是常规的以交易为基础的会计输入。需要有关竞争对手、外部市场等比较信息的战略决策其对外部的关注使这一问题变得更复杂。

然而，许多这样需求的信息已经存在企业中，而没有必要记录在系统内以一种易于获取或者加工成相关的、以支持决策为重点的财务信息的形式存在。例如，所有大部分的新投资项目其部分常规的财务评价过程将会涉及对所涉及资产的可变现净值的评估。如果项目是非常糟糕的，以至于不得不将其中断（这将会作为项目风险评估的一部分来进行），那么在该项目预期经济生命期的末期或者更早些时候将会进行价值评估（最终的可变现净值）。在大部分公司中，一旦采取继续往前的决策，这些可变现净值就会丢失，然而它们可以容易地依据资产的实际成本输入到系统中去。如果这样做的话，这些评估将会随时用于以后任何一个潜在退出决策的评价。很明显的是，当在有关资产生命期内收到更好的信息时，应将这些评估进行更新。

在重置成本方面，大部分公司基于保险目的会每隔三年对其资产进行全面的评估。这些评估可作为重置成本概率预算输入到数据库中的依据，同时以索引为基础的调整系统也可用于其所涉及的年度。如果通过精确的调查或者其他资源获得了更好的信息，那么这些评估也要更新，如分析竞争者的投资。从讨论中可以很明显地看出这些输入并不准确或精确，但这应该成为努力收集信息的原因。所有的财务决策，尤其是长期的战略决策应建立在该决策可能带来的未来收益评估的基础上。任何提供随时可供获取的相关财务信息并对其评估进行日常更新的信息收集过程必须支持这些决策，例如重置成本和可变现价值应看做是延迟更新的、无关的历史成本的一个显著提高。

甚至对于外部产生的信息，许多公司已经拥有相当多的有关竞争对手、顾客以及供应商之间的比较信息。因此，运行一个战略管理会计系统的问题就是将这些零散的资源综合起来并将它们整合成一个有用的、综合的信息库。要克服的主要障碍之一是已经汇编好的基础信息其所有权上的问题。公司许多部门，如营销部门，在日常将会依据它们自己的目的来收集竞争对手的信息。这些信息可以被公司更综合的分析所采用可能被它们看成是一个潜在的危险。因为公司部门可能相信它可以用来评价它们的相关业绩，或者它们能对任何包含在信息或者从这些信息中得出的推断中的错误负责。通过允许输入部门保留所有权及由它们控制其原始信息可以解决这一问题，对原始信息的控制可以通过仍由它们自己输入来实施。更重要的是，组织内的文化需要加以改变，会计系统应首先看成是一个学习过程而不是过失的分配员。通过证明一个结果也可以使重要的合作得到激励，那就是一个综合的系统能给所有部门提供的信息要比它们现在从其单独分析中所能获得的要好。在一个充分全面的系统中这通常是可能的，因为相对市场份额的变化能够与产品质量的变化联系起来，或者竞争价格的变化能与相关成本结构的变化联系起来等。

为了充实这个唯一的战略管理会计系统，因此目标应是获取在第五章中已经强调的所有外部竞争信息的潜在资源。一个唯一的系统毫无疑问可以避免重复收集和分析信息所导致的成本，但是它也应提高基础信息的综合性，因为这可以使得企业相应的"专家"部门对所需信息的输入负责。这通常意味着信息将会在企业一个部门内输入，而作为结果的财务分析其好处则被另外一个部门获得。

信息输入问题

由于劳动力分配目前需要通过规模经济获得最大化效益等原因，信息输入与作为结果的利益相分离等问题已经发生在很多企业中。例如，许多销售信息系统为了进行分割分析而需要依赖对销售订单和发票处理负责的记录员所输入的编码目录。所有这些非常有用的销售分析需要附加码，这些附加码被添加到产品以及顾客的参考数据中，而这些参考数据则被系统用来辨别单个的产品或顾客及它们的群体。这些增加的参考数据毫无疑问会增加有关记录人员的工作量，然而在许多情况下，他们并不清楚后续的财务分析能有多么重要。除非他们意识到准确性的需求，或者系统已经建立了对编码输入（这些编码通常会进一步增加参考数据的长度以及复杂程度）准确性的审核机制，不然就有后续财务分析以这些错误基础信息为依据的风险。

当其他部门需要的信息并不是由企业初始部门反馈到系统中去的重要信息时，这个问题尤为明显。一个很好的例子就是，一个在保险费收入征收方面有些问题的规模巨大的保险经济公司，在其不得不向保险公司支付资金之前，这种情况就会发生。对于许多这样的中介服务结构，在当今竞争环境中，成功的一个关键因素就是确保企业有效地管理它的运营资金。这个公司正不得不投入大量的资金来追踪那些拖欠大笔数款的顾客。它也正在破坏其在保险公司中的声誉，因为它尽量拖延付款直到资金从顾客那里收回。一个已有的成熟的计算机系统能够预见这些问题，并且包含所需的有关保险市场最优支付日的信息。该信息应由经纪人在安排保险及进入该交易中时输入到系统内。该系统然后就会自动依据所接收的最优支付日建立一个监管程序，向顾客发出催款函并就重大账户的情况发布管理报告。如果所需的支付日没有给予准确反馈，那么该系统一个也不能完全工作，然而这将要求部分做经理的记录员做出额外的努力，因为他们不得不把这些日期找出来。如果没有人不厌其烦地告诉他们为什么需要这些信息或者怎样使用这些信息，并且计算机系统也允许这些输入区域空白，那么他们就不会这样做。

企业需要在管理上花费小小的努力来提高他们的动力并因此改善整个系统的运营。这个例子可以与前面讲述的"无人欠款"的例子相比较，在那个例子中，系统发展的途径之一就是使实际对特定信息负责的部门也对该信息输入到系统中负责。

进化而不是变革

同已经阐述的那样，许多企业已有的系统并没有依据企业当今所执行的竞争战略而得到充分的利用。如果最可能的战略决策被采用，那么管理会计系统在支持决策方面必须起到显著的作用。这说明了管理会计在头几年的主要挑战，因为太多这样的系统仍然主要是作为一个历史分析以及协调的功能，而不是一个往前看、以决策为导向、关注战略层的方法来用。

但是，现有企业的财务控制仍然是管理会计人员一项重要的职责，并且进行太激烈太迅速的改变可能导致失控因此带来潜在的灾难性的后果。程序应该进化，但是如果大范围地支持来自企业其他领域，那么进化将会被加速。如果会计领域计划接下来迅速并成功地对其现有系统进行非常直接的改进，那么这些支持就能得到激励。一旦其他的经理们尤其是战略决策者开始看到会计领域所发生的变化以及它们的作用，他们很可能就变得非常积极地要求进一步改进。这些积极的领先队伍给予的压力对激发创新和改进来说是很有效的，但同样重要的是，管理会计人员应该更自信地进行这些改进，成功进行初始开发并使它们被顺利地接收到。

对于大部分公司来说，最容易着力的地方就是陈述已有的财务信息。如果在前一章中讨论的当今沟通缺口已经消除，那么企业其他部门就能理解已经可用的财务信息。它们应该因此也能论述其他所需以及所想的，并且可以通过担负起它们自身收集和输入所需数据的责任来帮助实现许多目标。总的来说，战略管理会计应真正地参与将这些原始信息转变成与战略相关的财务信息而不仅仅是收集信息。